1945年6月3日柏林，菩提樹下大道。（Imperial War Museum）

重建柏林。（The Berlin Cathedral）

一座全新的城市——1960年代的艾森許滕施塔特。（City Administration of Eisenhüttenstadt / AKG images）

1964年，奧比塔普拉斯特（Orbitaplast）——最大的塑膠生產商。（© Peter Leske. Bundesstiftung Aufarbeitung）

1956年7月，波羅的海，庫隆斯博恩海灘。（ddrbildarchiv.de / Siegfried Gebser）

1960年，弗賴堡礫石坑。（ddrbildarchiv.de / Klaus Morgenstern）

約1965年，圖林根鄉村市集。（© Peter Leske. Bundesstiftung Aufarbeitung）

1964年6月，東柏林的母親們。（ddrbildarchiv.de / Klaus Morgenstern）

1963年，勞動節。（Axel Springer, Ullstein Bild）

1960年代，火車上。（© Peter Leske. Bundesstiftung Aufarbeitung）

1963年，孩童迎接太空人范倫蒂娜·泰勒斯可娃。（© Peter Leske. Bundesstiftung Aufarbeitung）

1960年，東柏林的貓王粉絲。（Archiv Robert Lebeck）

1960年，瓦爾特·烏布利希。（Hulton Archive / Getty Images）

1976年，埃里希·何內克。（Das Bundesarchiv）

羅斯托克造船廠的焊工。（Imago）

馬德堡國營重型機械製造廠。（Imago）

東柏林國營電碳廠的休息時間。（Stiftung Deutsches Technikmuseum Berlin）

1973年，自由德國青年團。（ddrbildarchiv.de）

1973年東柏林，第十屆世界青年與學生聯歡節。（Alamy）

1972年東柏林，暑假開始。（ddrbildarchiv.de / Klaus Morgenstern）

1982年，玩具。（ddrbildarchiv.de / Manfred Uhlenhut）

1976年，共和國宮。（akg-images / Straube）

1979年，德勒斯登的社會主義重新塑造計畫。（BEBUG mbH / Bild und Heimat, Berlin）

1980年代的邊境警衛。

1971年，東柏林報攤。（ddrbildarchiv.de / Klaus Fischer）

1990年2月，哈雷，一名男子將煤炭從街道鏟入地下室。（IMAGO / Rainer Unkel）

慶祝柏林圍牆建成25週年的少年先鋒隊。（Alamy）

1975年，洗車的男孩。（ddrbildarchiv.de / Manfred Uhlenhut）

1984年，來自莫三比克的合約移工。（Das Bundesarchiv）

奧得河濱區的一對情侶。（OSTKREUZ / Harald Hauswald）

越過高牆

一九四九至
一九九〇年
的東德

BEYOND THE WALL

EAST GERMANY 1949-1990

KATJA HOYER

卡提雅・霍伊爾——著

王琳茱——譯

八旗文化

謹以此紀念哈利——最忠誠的伴侶，最可信賴的知己，風暴中永遠寧靜的港灣。

目次

推薦序一

徘迴在社會主義與民族統一之間

王立（部落格與臉書粉專「王立第二戰研所」版主）

越過高牆之外，是要從哪一側越過柏林圍牆？由東往西，還是從西往東？這堵牆是實體的，或存於人心之中？德國於一九九〇年統一，東德的人民用選票決定不要社會主義，併入西德體制內。然而，兩德真的統一了嗎？或僅僅是形式上的？

《越過高牆》闡述的是東德史，一九四九到一九九〇年，四十年的時間說短不短，足夠讓成長於東德的人有完整的記憶，德國又是和平統一，這些記憶就不可能被當成歷史的插曲，任之消融於時間之中。

若要找一個可以貫穿全書的核心，那麼「德國共產黨的幽靈」或許最為合適。掀起二次大戰的納粹，將共產黨當作敵人，極左與極右的意識形態在一九二〇年代的德國對撞，最終希特勒獲勝，德國共產黨成為非法，必須在被捕下獄與逃亡之間做出選擇。

在當時，德國在一次大戰戰敗後，經濟陷入困頓，好不容易復甦的美景又在經濟大蕭條下被摧毀殆盡，年輕人在絕望之中找尋極端路線，極左極右派成為改革的方法。反正在當時也沒夠久的社會實驗，可以驗證理想鄉是否存在，投身共產黨並不奇怪。

悲慘的是，身為德國精英的共產黨人，逃向表面實行共產主義的蘇俄，可說是跳進另一個深坑。史達林生性多疑，對反共的納粹德國從未放下戒心，雖一時接納德國精英來建設，又在往後將這些德國人看成間諜來清洗。

能在史達林的清算下活命，除了忠誠以外，還是只有忠誠。二戰後新生的東德，在蘇俄扶植下成立，需要夠聽話的德國人管理，但又還有什麼人可以用呢？有自尊的精英不會屈服，活到一九四五年的德共，可說經過了反淘汰。能力當然有，卻不見得是頂尖的。

這些存活下來的德國共產黨，依靠竭誠擁護史達林而重返祖國，將在往後數十年主宰東德政局。因為路線相同而獲得莫斯科扶持，也因為路線不同而失去支援，最終加速了統一進程。

東德的成立先天不足，境內沒有富裕的礦藏，主要工業地帶都在西德，又是二戰中最慘烈的東部戰場，遭遇到全面破壞。且史達林認為德國要償付戰爭賠償，屢將東德戰後的產出拿走，多重打擊下經過了十幾年，東德人才能重新回歸到正常生活。

這些不利條件沒有擊垮東德人，他們依照過去的慣例，兢兢業業地在生活中付出，工作上努力，一點一滴地恢復平穩的日子。掌管東德大權的前德共成員，其實很清楚東德的經濟仰賴蘇俄的供養，沒有廉價的石油與原料，想達成社會主義的理想根本做不到。於是就像作文比賽，東德政治家得要花費力氣說服莫斯科當局，在社會主義的路線上，東德可是模範生。

在台灣的課本中，對東德的描述極少，因為立場問題又多是負面，在我們年輕時遇到兩德統一的大事，後來卻又很少追蹤報導，我們對東德人可說一無所知。東德人面對的是戰後的殘破，在重新站起來的過程中，還得對蘇俄賠償，又要符合老大哥的政治喜好。

而這對比西德，記取《凡爾賽條約》過於苛刻的教訓，英美亟欲恢復德國的自給自足，且對納粹的清算上，西德相對東德溫和許多，留下夠多的專業人士，又有足夠的工業產能，加上歐洲復興計畫（「馬歇爾計畫」），西德恢復得更快。這導致了東德大量專家外流，到了危及社會運作的程度，這時遇到冷戰高峰，圍牆建起，澈底的隔絕兩德之間的交流。

但也因為如此，停滯帶來一時的穩定，封閉的世界形塑安穩的社會，在鐵幕集團的聯合發展下，東德重建後，走出廢墟的人民反倒看到希望。即便我們現在知道，這種發展建立在很不健康的基礎上。

主導東德的成員依然是前德共的幽靈，守舊的他們無法改變這一切，也無力對抗蘇俄無所不在的控制。這讓東德若想要進一步發展，處處受到限制，明明西德同胞的貨源比較近，卻得捨近求遠的朝遠方購買。對蘇俄的不滿並非冷戰結束後才開始，且不是後來選舉上的民主政客，東德的政治寡頭們早就如此。

一樣是心懷社會主義的同胞，也還帶有德意志的民族主義，就在這種情境下，漸漸與私下西德聯繫。兩德的統一會水到渠成，不完全是民族主義的結果，更是在蘇俄無法繼續支援東德後，經濟衰退下不得不找的出路。

在圍牆之外，有與自己血脈相通的同胞，但意識形態已然不同。統一後又過了三十年，極左跟極右政黨在東德都有不少勢力，且對選舉不熱衷的比例依然很高。對戰後才成長的東德人來說，失落高於喜悅，又發現過去的一切被否定，誰來執政有差別嗎？融入不了新德國，又不見容於舊德國，投給左派右派，又有那麼重要嗎？或者說，我們所熟知的意識形態，其內容真的合乎東德人的認知？

東西德的分裂或許是近代最大的社會實驗，同一個民族在不同制度下，活出不一樣的生活，我們真的能稱統一後的德國人，都是德國人嗎？

推薦序二

挑戰流行敘事，寫下不為人知的東德史

林育立（旅德記者）

談起共黨統治的東德，台灣人的印象不外乎貧窮落後、蘇聯附庸或情治機關無所不在的監控。這個隨著兩德統一從地圖上消失的國家，彷彿被掃進歷史的垃圾堆，僅剩下負面的聯想。本書就是要打破這些刻板印象，提醒大家不要忘了東德留下的豐富歷史和文化遺產，甚至是認識今日德國和歐洲的重要切入點。

作者霍伊爾一九八五年生於東德，定居英國逾十年，本業是歷史研究。《越過高牆》二〇二三年在英國出版，出版後即備受好評，馬上成為暢銷書，隨後在德國也引發熱議。今年十月，德國統一即將屆滿三十五週年，這本以東德歷史為主軸的新書有什麼特色，為何值得一讀？

首先，過去與東德相關的著作，主旋律是回顧威權過去，說出被壓抑的幽暗記憶，凸顯政治高壓的一面。回顧德國二十世紀歷史，戰敗後與納粹決裂，在廢墟中重建民主自由是最常見的敘事，即便因冷戰對立被迫分裂，最終還是達成美好的統一結局。東德同一時間固然存在，卻被視為無足輕重的配角，因為獨裁體制，還經常被拿來與納粹相提並論。

霍伊爾的出發點是東德不像一般描述的那麼糟糕，多數東德人既非對黨國體制絕對效忠，也不是挑戰禁忌的異議人士，他們接受體制而且與圍牆和平共存。霍伊爾想挑戰時下流行的敘事，用新觀點寫出東德從建國到消亡的故事。

其次，霍伊爾出生四年後，柏林圍牆即倒塌，不算真正經歷過東德；不過，她從小耳濡目染，見證東德消失和兩德統一對身邊親友的衝擊；她收集大量訪談，將個人親身經驗放進大時代來看，執筆盡可能不評價，讓讀者自行判斷。我們既讀到獨裁政權對個人生活的介入，也讀到樂觀上進的精神。

東德與西德一樣位於冷戰最前線，內政外交受美蘇兩大超級強權左右。圍牆倒後不到一年兩德統一，從制度來看是東德併入西德，從此談東德多從外交和政治面切入，聚焦蘇聯附庸和體制壓迫的一面。事實上，東德領導人對蘇聯又愛又恨，而且東德發展歷經不同階段，難以一概而論，讀了本書我們才發現存在四十一年的東德，比想像中豐富許多。

本書從最早的萌芽階段講起，一群對史達林崇拜的德國共黨人士，在二戰結束前從莫斯科回到柏林，打造一個無產階級專政和經濟國有化的社會主義國家。這段歷史是理解東德的關鍵，可惜過去很少人提。

一九五〇年代，這個全新的國家必須支付蘇聯戰敗的賠款，還得負擔與西歐軍力抗衡的軍費，經濟很快就陷入危機，靠蘇聯坦克鎮壓才得以平息全國性的大示威。為阻止人民出走西德和西柏林，一九六一年興建圍牆，德國分裂從此成為常態。圍牆是資本主義與社會主義競爭的分界，撕裂家庭和對逃亡者格殺勿論，也讓圍牆成為壓迫的象徵。

一九七〇年代，東德生活水準提升，外交上獲國際認可，開始與西德來往，不過內政上也發展成高效率的警察國家。到了一九八〇年代，東西德交流漸趨熱絡。蘇聯領導人戈巴契夫一九八五年上台，渴望與西方交往，東德領導人卻思維僵化，與中東歐風起雲湧的民主運動背道而馳。終究人心思變，人民不僅推倒圍牆，還要求與西德統一，為東德的命運劃下句點。

一如作者所言，東德的經濟、文化與社會傳統，不會在一夜之間消失。東德存在的時間，其實比同一世紀的威瑪共和與納粹統治都要長，影響到今天仍在，卻是談到德國時經常被忽略的切入點。舉例來說，由亞歷山大廣場卡爾・馬克思大道構築的東柏林市中心，當年曾富含理想和進步的精神，東德建築至今仍主宰柏林的景觀。在東德，公寓租金低廉是常態，由於就業率高和完善的托兒服務，出身東德的女性往往比西德更有自信，這些都成了德國社福政策的施政目標。

德國統一後，東德人將全部力氣用在適應新體制之上，每個人的工作和生活都歷經巨大的斷裂，被迫與過去一刀兩斷。他們先是無暇回顧，過去重要的一段人生經歷彷彿虛度，加上對經濟期待的落空，在與西部磨合的過程中充滿摩擦。每隔五年和十年，德國總是大肆慶祝統一週年紀念日，東西德的生活水準差距每次都成為話題，統一似乎只能從物質生活的角度談，少有深入探討東德人的觀點，也缺乏東西德的對照。

近年，情況終於好轉，包括霍伊爾在內，多位出身東德的作者推出新書，在全國引起熱烈討論。其中奧施曼（Dirk Oschmann）的《東德：一個西德的發明》（*Der Osten: eine westdeutsche Erfindung*）尤其頗受爭議。奧施曼與霍伊爾一樣，反對將東德簡化到只剩下獨裁和監控，他指控西德對東德的征服和掠奪，從未把東德當成主體，不在乎東德人的想法。身為文學史教授，奧施曼在學術生涯中受夠了西德人的侮蔑和嘲諷，把壓抑三十年的憤怒一股腦兒發洩出來，果真寫出了一本驚世之作，高踞暢銷排行榜。

歷史學家依爾可—科瓦卻克（Sascha Ilko-Kowalczuk）在新作《自由的震撼》（*Freiheitsschock*）中，批評東德人雖然推倒圍牆獲得自由，卻沒有負起相應的社會責任，思維至今仍受威權統治思維的宰制，因此傾向美化獨裁過去，這是對極左勢力最近在東部崛起的批判。前總理梅克爾任內少談東德，卸任後出版的傳記《自由：回憶錄1954-2021》卻大篇幅回顧過去，原來東德的青少年階段對她從政風格有決定性的影響。

霍伊爾這本書在德國也是暢銷書，讚譽者稱她從人民的角度寫出真正的東德，批評者則指她美化威權，不提意識形態和政治高壓對人的烙印，讓人誤以為東德是一個成功的故事。

無論如何，圍牆倒下後三十多年的今天，中生代的寫作者拉開時間和距離，似乎更能打破偏見，擺脫意識形態的對立，冷眼回看東德和檢視統一的進程。人的故事是本書的核心，在威權底下的生活有期待、有失望，也可能多采多姿。本書只是開始，東德留下的豐富歷史、文學和藝術遺產，正等待世人去發掘。

華沙公約
北大西洋公約組織
不結盟國家
芬蘭
赫爾辛基
瑞典
斯德哥爾摩
愛沙尼亞
拉脫維亞
莫斯科
波羅的海
本哈根
立陶宛
蘇
聯
華沙
柏林
德
波
蘭
布拉格
烏克蘭
捷克斯洛伐克
維也納
布達佩斯
地利
匈牙利
羅馬尼亞
薩格勒布
南
斯
拉
夫
貝爾格勒
布加勒斯特
黑
海
保加利亞
索非亞
地拉那
阿爾巴尼亞
安卡拉
土
耳
其
利
希
臘
雅典
0
300 英里
0
500 公里

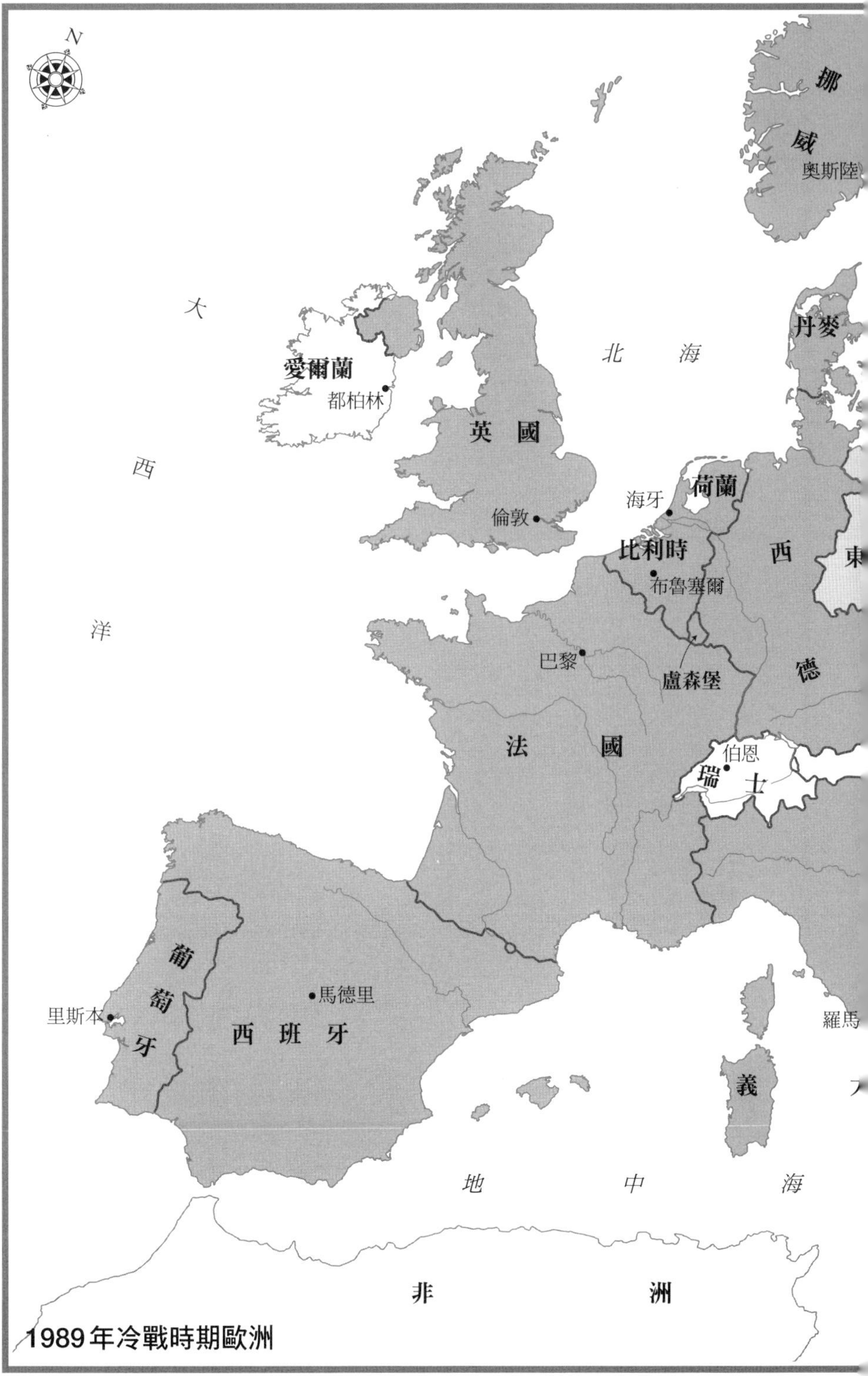

1989年冷戰時期歐洲

德國分裂後劃分為邦

德意志民主共和國於1952年解散了五個邦的劃分，
但在本書中將繼續使用這些地名以保持清晰和一致性。

1952年至1990年德意志民主共和國行政區劃分

丹麥
N
卑爾根
波羅的海
史特拉頌
里布尼茨－達姆加騰
格里門
巴特多貝蘭
羅斯托克
格賴夫斯瓦爾德
格雷弗斯米倫
維斯馬
比措
德明
特特羅
安克拉姆
馬爾欣
於克明德
施威林
新布蘭登堡
瓦倫
帕塞瓦爾克
哈根諾
帕爾希姆
施特拉斯堡
新施特雷利茨
普倫茨勞
路德維希盧斯特
維特施托克
普里茨瓦爾克
滕普林
德意志
聯邦共和國
佩爾萊貝格
施韋特
安格爾明德
基里茨
新魯平
波蘭
埃貝斯瓦爾德－菲諾
薩爾茨維德爾
奧拉寧堡
巴特弗賴恩瓦爾德
貝爾瑙
拉特諾
施騰達爾
瑙恩
施特勞斯貝格
柏林
西柏林
加爾德雷根
根廷
布蘭登堡
波茲坦
菲爾斯滕瓦爾德
法蘭克福
哈爾登斯萊本
柯尼斯武斯特豪森
布爾格
沃爾米爾施泰特
艾森許滕施塔特
馬德堡
魯肯瓦爾德
奧舍爾斯萊本
舒內貝克
猶特波格
哈爾伯施塔特
呂本
威廉皮克古本城
施塔斯富特
采爾布斯特
羅斯勞
韋爾尼格羅德
德紹
威登堡
奎德林堡
貝恩堡
科特布斯
阿舍斯萊本
克滕
福斯特
黑特施泰特
芬斯特瓦爾德
比特費爾德
施普雷姆貝格
艾斯萊本
托爾高
森夫滕貝格
諾德豪森
德利茨施
海爾巴特
哈雷
艾倫堡
霍耶斯韋達
魏斯瓦瑟
海利根施塔特
桑格豪森
諾伊施塔特
萊比錫
武岑
松德斯豪森
梅澤堡
奧沙茨
里薩
格羅森海因
卡門茨
尼斯基
米爾豪森
蘇默達
魏森費爾斯
格里馬
鮑岑
哥利茲
博爾納
德貝倫
邁森
比肖夫斯韋達
瑙姆堡
巴特朗根薩爾察
德勒斯登
呂堡
艾森納赫
威瑪
阿波爾達
蔡茨
阿爾滕堡
弗賴塔爾
澤布尼茨
哥達
愛爾福特
耶拿
艾森納赫
海尼興
弗勒哈
弗賴貝格
皮爾納
齊陶
巴特薩爾宗根
阿恩施塔特
格拉
施默倫
卡爾－馬克思城
施馬爾卡爾登
魯道爾施塔特
維爾道
佩斯內克
格勞豪
茲喬帕烏
伊爾默瑙
邁寧根
蘇爾
格賴茨
薩爾費爾德
茲維考
萊興巴赫
安娜貝格－布赫霍爾茨
奧爾巴赫
施瓦岑貝格
普勞恩
希爾德堡豪森
桑博格
厄爾斯尼茨
克林根塔爾
捷克斯洛伐克
東德
0
40 英里
0
50 公里

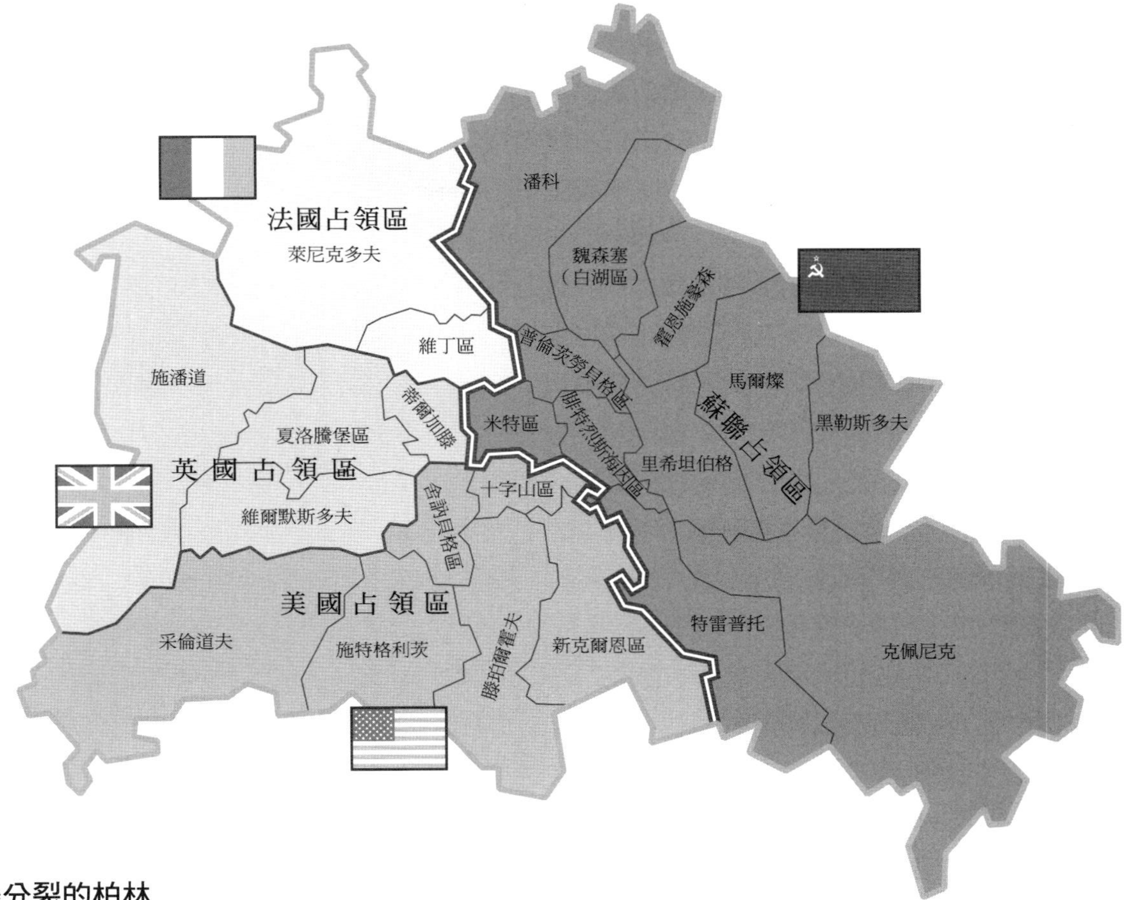
法國占領區
萊尼克多夫
維丁區
潘科
魏森塞
（白湖區）
霍恩施豪森
施潘道
蒂爾加滕
普倫茨勞貝格區
馬爾燦
蘇聯占領區
米特區
腓特烈斯海因區
黑勒斯多夫
夏洛騰堡區
英國占領區
十字山區
里希坦伯格
維爾默斯多夫
舍訥貝格區
美國占領區
特雷普托
采倫道夫
施特格利茨
滕珀爾霍夫
新克爾恩區
克佩尼克

二戰後分裂的柏林

前言

二〇二一年十月三日，薩克森—安哈特邦（Saxony-Anhalt），哈雷市（Hall）。

一名身穿奶油色西裝外套與黑長褲的六十七歲女性邁步上台，以套裝、金色鮑伯頭、就事論事的態度打出名號，形象鮮明、一眼就讓人認出的她，堪稱地表上最有權勢的女人。她走到德國國旗與歐盟旗幟間站定，調整了一下台上的麥克風，台下許多觀眾感受到他們即將見證歷史性的一刻。即將卸任的德國總理梅克爾（Angela Merkel）在歐洲最大民主國家掌舵十六年後，準備談論國家團結。

十月三日是德國最接近國慶的日子，這天稱為「德國統一日」（German Unity Day），因為在一九九〇年的這一天，德國重新統一了。過往曾有長達四十一年的時間，世上存在著兩個德國，分別是西邊的德意志聯邦共和國（Federal Republic of Germany, FRG），即西德，以及東邊的德意志民主共和國（German Democratic Republic, GDR），即東德。統一至今已三十一年了，但時間還不足以將德國的分裂埋入歷史深處。事實恰好相反，梅克爾總理在她的演說中開門見山地表示：「我們大多數人都深刻經歷過統一，生命也因此而改變。」[1]

一九九〇年不只對德國來說是分水嶺，對梅克爾個人也是。這一年開啟了她在德國政壇的登峰造極之路。一九五四年，梅克爾三個月大時，父親舉家從德國西部搬到東部，梅克爾前三十五年的人生都在德國分裂下的東邊度過。東邊這塊土地看著她從牧師之女成長為一位有成就的科學家，這前半段人生對她的影響不亞於一九九〇年以後的三十年生涯。

梅克爾在德國政壇頂端的漫長職涯印證了統一帶來的諸多好處。曾經的家鄉東德在一夕之間瓦解，與過去一直視作敵人的西德合併，此時梅克爾頭也不回地展開新生涯，至少在大眾眼裡看來是如此。她心裡明白，對於現在這個積極展現統一姿態的國家來說，自己的東德背景在理論上是重要政治資產，但實際上她的東德出身也僅能作為背景，萬萬不能成為她的認同。執政者不希望有人時刻提醒他們，東德和西德人民心中的那堵牆，比實際上的圍牆更難拆除。

梅克爾很少提及自己過去在東德的日子，而少數提起的時刻，皆立即遭到前西德政治人物主宰的政治圈砲轟。一九九一年，她提到自己在一九七八年時為了完成博士學位，她寫了一篇論文，題為〈何為社會主義式生活？〉，於是所有記者上窮碧落下黃泉，就為了找到這篇論文。梅克爾後來笑道：「不曉得他們到底希望挖出什麼醜聞。」[2]這類政治文章與東德統治下的大學生活密不可分，許多人都是敷衍了事，梅克爾也是，甚至因此成了她亮眼學術成就中唯一的汙點。

這個故事呼應了東德時期的許多社會面向，就如同梅克爾在二〇〇五年成為總理之前曾扼要提及過的：「要理解我們當時是怎麼過活，顯然是件很困難的事。」[3]

梅克爾認命地閉口不談自己的東德歷史，但她依然無法放棄這一部分的自己。二〇二一年十月，她即將告別政治舞台，因此把握任內最後一次的德國統一日，點出許多東德人也像她一樣，生命經歷被國家當成不可告人的醜事。十分親近梅克爾政黨的德國智庫「康拉德阿德諾爾基金會」（Konrad-Adenauer-Stiftung）曾頌讚梅克爾，說她對政治事務相當得心應手，即使背負著他們口中所謂的「東德包袱」。[4]這句話顯然惹惱了梅克爾。「包袱？」她氣憤地回應這番對她早年生活的評論，「一種隨時可以丟棄的負擔？」[5]這是她難得在公共場合展現個人情緒的一刻，她強調自己當下並非以總理身分發言，而是「一位來自東德的公民」，她接著說：「我們有一千六百萬人曾經生活在東德，我是其中之一，我也跟這些人一樣不斷地接收到這類評論……彷彿在東西德統一前的這段日子都不算數……不管這些經歷是好是壞。」[6]

令梅克爾沮喪的是自己早年在東德的生活，至今依然被德國人視為無關緊要，許多前東德民眾也有同樣的感受。一九九〇年起，有一系列的調查顯示，他們在統一後覺得自己像是「次等公民」，至今依然有三分之二的前東德人有這種感受。[7]許多人感受到或明或暗的壓力，被迫拋棄自己的東德「包袱」，必須順利地融入對他們而言全新的文化之中。這點就連梅克爾都無法倖免，即使她成功適應了統一後的社會，並且一路登上政壇之顛，媒體依然點出她時不時「流露出」她並非「生來就是西德人和歐洲人」，[8]似乎在這個選擇她作為領導人的國家裡，她終究不是「本地人」，不是「原生的」。在這片土地的最高領導位置掌舵了十六年後，身為東德人的梅克爾依然必須證明自己的忠貞，斷開與過去的連結。

每位東德人都要淡化他們在一九九〇年前的生命經驗，同樣地，整個國家也難以接受東德是自己歷史的一個篇章。從許多方面看來，東德早在消失前，就已經開始逐漸從國家論述中遭到抹除了。一九八九年，就在柏林圍牆倒下後，西德前總理布朗特（Willy Brandt）說過一句廣為人知的話：「如今，歸屬在一起的將會一同成長。」（Now what belongs together will grow together.）

在冷戰時期，對於許多德國人來說，不論他們來自東德或西德，國家的分裂看起來再正常不過，如今，這卻成為非自然狀態，是二戰的產物，甚至可說是懲罰。都已經一九九〇年了，難道德國做得還不夠多，還不足以跨過這黑暗的歷史篇章嗎？難道不能停止提起這段歷史，讓德國重新開始嗎？美國政治學者法蘭西斯．福山（Francis Fukuyama）將冷戰的結束形容為「歷史的終結」，這似乎特別適用於德國。這個國家渴望且需要將統一視為快樂圓滿的結局，來為動盪的二十世紀劃下句點。若是承認德國過去數十年的分裂仍持續發揮著影響力，而非將其視為遙遠的過去，就會破壞這份讓人安逸逃避的幻想。如果真的要記得東德曾經存在，就只能將其視為德國歷史上的一個獨裁政權，就跟納粹一樣遙遠、萬惡且罪不可赦。

另一方面，我們也不可能草草劃下東西德的句點，並且把一九九〇年視為所有德國人的嶄新開始。西德人早就將一九四五年看作自己的「零時」（zero hour），因為就在這一年，民主幼苗從二戰的餘燼中探出頭來。對於自一九一四年起就終日面對動亂的西德人來說，不論新興的德意志聯邦共和國面臨什麼問題，這個政權帶來如一床毯子般舒適的繁榮與穩定，是個令人驕傲的國家。西德被宣告為過往德國的延續，東德則成為反常的存在。一九九〇年，被迫分裂的狀態結束了，統一因此成為圓滿的結局，對許多東德人來說也正是如此。一九八九年與一九九〇年，許多東德人在言語與行動上都投票支持解散自己的國家。

但雙方合意統一，並不代表東德的生命經驗就該遭到遺忘，或視為不重要的歷史而逕行歸檔。東德作為一場政治、社會及經濟實驗，有好也有壞，並在前東德人身上留下了印記。這些東德人帶來的是經驗，而非「包袱」。至今還有數百萬德國人既不能、也不願否認自己曾經活在東德統治下，儘管在一九八九年，形塑出他們的那個世界已隨柏林圍牆倒下，但他們的生命、經驗與回憶並沒有遭到摧毀。然而，在大部分西方世界的人們看來，東德在德國領土上成為冷戰中完敗的一方，也因此所有與之相關的事物都不再具有道德正當性。一九九〇年十月三日，東德一夕之間消失了，也失去了撰寫自己歷史的權利。相反地，東德成為了歷史。歷史是由勝利者書寫的，東德也難逃此命運。

西方世界大多難以理解怎麼會有人希望記得鐵幕下的日子，冷戰的勝利看來已經印證另一種生活模式是錯的。西方的消費主義與自由價值以鮮明的方式存活在人們的記憶中，而東德則被描繪成灰暗、單調的模糊形象，是個沒有個人、能動性或意義的世界。在西方的想像中，東德是個高牆聳立的俄國殖民地，受到名為「史塔西」（Stasi）的國家安全部掌控，東德就在這個狀態下虛度了四十一年的光陰。這一切究竟有什麼值得紀念的？

把東德全然視為德國歷史的注腳，並置之腦後，這是罔顧史實的看法。東德政權存在了超過四十載，比第一次世界大戰、威瑪共和國以及納粹德國的存在時期加起來還要長。東德絕非一處在一九四九至一九八九年間，遭時間遺忘的靜止之地，這數十年間也出現了鉅變。事實上，許多影響著東德發展軌跡的人物與事件，不僅發軔於一九六一年圍牆建立前數十年，更是在一九四九年東德建國前數十年就已成形。從一九一四年起，接連不斷的動亂蹂躪著德國，而二十世紀前半葉的動盪時期所遺留的經濟、政治、社會與心理影響並未隨著東德的建立而立刻消散。

本書試圖追溯東德建立前的蛛絲馬跡，以提供一九四九年建國的背景脈絡。我羅列出四十年來的發展，而非將之視為不變的整體。一九五〇年代，剛成立的德意志民主共和國幾乎全心全意忙著扎下政治與經濟的穩定基礎，採用的政策有時徵得人民同意，有時卻並非如此，因此在接下來的十年，他們建立了一個自信積極的社會，但同時也引發人民強烈不滿，造成暴力衝突。

一九六一年柏林圍牆建立，技術人才無法再外流到西德，東德看來已經安頓下來。為了建立進步與國家團結的形象，出現了大型建造計畫，例如重新改造柏林的亞歷山大廣場及具象徵意義的柏林電視塔，還有太空競賽以及諸多科學突破。許多東德人對他們的成就引以為傲，因為社會流動為勞動階級帶來了前所未有的機會。

一九七〇年代，東德靠著勤奮勞動打造出共產世界最高的生活水準，因此獲得各國矚目，成功加入聯合國，許多國家也承認東德的國家地位，東德產品還外銷至英國與美國。但同時期的石油危機揭露了東德先天的問題以及對蘇聯的依賴，蘇聯後來無法提供原本承諾的石油，東德再也無法維持過去人民習慣的生活水準，只能宣告破產。

逐漸老化的東德變得光芒黯淡，黔驢技窮，到了一九八〇年代，政權已僵化，不再靈活且十分脆弱，亟需改革。眼見改革無法進行，東德人民決定自己來。這十年間，東德開始陸陸續續對西德開放並進行交流，而東德的生活經驗，不論好或壞，都在這波複雜的歷史浪潮下受到影響。

史塔西在整個東德時期都干涉著人民的生活，但東德人並未因此失去動力。同樣地，雖然東德政權仰賴莫斯科的庇蔭，但東德從來都不是被動的蘇聯附庸。整個二十世紀後半期，東德人經歷並形塑了一場獨特的德國實驗，在政治、經濟、社會和文化上都獨具特色，不該只是視之為圍牆後的「史塔西之國」（Stasiland），①而應該在德國歷史上獲得應有的一席之地。

本書根據採訪、書信與檔案紀錄，讓東德各式不同意見得以發聲。這些人的生命故事組成了我在書中所敘述的國家，即他們所形塑，同時也形塑了他們的國家。本書採訪的對象包含政治人物與藝人，例如東德末代領導人克倫茲（Egon Krenz），以及流行歌手法蘭克．蕭貝爾（Frank

① 譯注：澳洲作家安娜．芬德（Anna Funder）所撰寫的《史塔西之國》（*Stasiland*），二〇〇三年出版。

Schöbel）。大多數的受訪者都是推動國家運行的人物，包括老師、會計、工廠工人、警察與邊界警衛。他們為東德歷史帶來全新面貌，展現出這個已消失的國家從政治高層到日常生活的每一個面向。

冷戰背景下，鐵幕兩邊的世界皆創造出對他者的簡化形象。東德以粗糙且敵對的筆觸描繪西方的形象，而這個據說存在於牆的另一邊的世界，也同樣被西方以諷刺漫畫的方式描繪成一個單調的共產主義世界。如今東德已經消失三十年，已有一整個世代的德國人在成長過程中沒有經歷過以實體邊界去隔開彼此，從未見識過兩個德國之間的體制競爭，也沒有經歷過兩個德國互相以武器瞄準對方的時光。隨著冷戰以及它所帶來的緊張敵意退到歷史布幕之後，如今我們獲得全新的機會，可以在不受情感與政治影響下細看東德。

分離的創傷、獲得身分與失去身分的創傷，這些情感在剛統一後的時期都過於強烈，令人難以檢視，寧可任其結痂。現在時機已成熟，可以試著以全新視角看待東德。若願意直視東德，我們將會看見一個多彩的世界，而非一個只有黑白的世界。確實，當時的社會壓迫且殘酷，但同時也可獲得機遇和歸屬，這是大多數東德人的生命經驗，他們有落淚與憤怒的時刻，但也有歡笑與榮耀的時刻。東德人民曾經努力生活、彼此相愛、勤奮工作並年華老去。他們會度假，也會譏笑政治人物，並將自己的小孩撫養成人，他們的故事值得寫入德國的敘事當中。是時候了，讓我們正眼看待圍牆之外的另一個德國。

第一章

在希特勒與史達林的夾縫間求生存（1918-1945）

Trapped between Hitler and Stalin

西伯利亞會凍住你的大嘴巴！

德國共產人士

一九三七年八月十六日，西伯利亞，斯維爾德洛夫斯克州（Sverdlovsk）。

二十四歲的柏林青年艾爾文．約里斯（Erwin Jöris）被推入一間狹小牢房，裡頭一片漆黑，空氣中飄著濃濃的汗味、糞臭與恐懼。牢房裡已經擠了五十八名受盡折磨的政治犯，其中只有幾位抬起憔悴的臉，疲倦地打量門口的新成員。艾爾文環顧四周，想找一處安身之地，但擁擠的地板沒有一絲空間，唯一勉強能容身的地方就是茅坑旁，而所謂茅坑也不過是一個附蓋的大桶子。他就這麼站著，幾個小時過去，接著幾天過去，然後幾週過去了。他的雙腳浮腫，口舌乾燥無比，每次吞嚥喉嚨就會發出刺耳的聲音，疼痛不已。一日，他終於倒下了。他虛弱的雙手緊抓著胸口，就這樣一路被拖到醫務室。一名醫師將他全身檢查了一遍，診斷結果為他在裝病，便又將他送回了原本的牢房。

斯維爾德洛夫斯克監獄的食物配給少得可憐，就連像艾爾文這樣健壯的年輕人也撐不住。每天獄中會發下一塊「史達林糕」（Stalin Cake），不過就是一塊硬掉了的麵包加上一匙咖啡。艾爾文再度倒下，這次無人理會。在神智不清的狀態下，他聽到牢門開啟，士兵對著裡頭喊出一個人名，某人回應：「這裡！」「你獲判十年。來吧，帶著你的東西。」四周的囚犯開始談論起審判以及「逮捕潮」。有個人說：「這些審判都只會匆匆掃過你的檔案。如果他們前晚睡得不錯，你就走運了，只會被判五年。如果他們醉了，就是二十五年。」每次門一打開，眾囚就陷入一片死寂——這次又輪到誰？[1]

艾爾文在一九三〇年代從德國前往蘇俄，成為當時前往蘇俄的眾多德國共產黨員之一。共產主義與社會主義此時早已在德國發展成大眾運動，這些意識形態自十九世紀中期開始就從其晦澀的知識根源成長茁壯，並在工業化與都市化的推動下擴散開來。這些意識形態面臨國家的各種打壓，這點德國極左派政治人物和社運分子早就習以為常，不過希特勒的崛起著實立下了新的里程碑。一九三三年一月三十日，希特勒當上德國總理，開始全面打壓左派，艾爾文及其他同志因此被迫逃離納粹政權下的德國，前往蘇聯尋求庇護。一戰後共產人士經歷了多年苦難與飢餓，蘇聯成為他們第一個也是唯一一個夢想中的政治烏托邦實現之地，這是因為一九一七年的十月革命在蘇聯埋下了政治及意識形態根源。流亡的德國共產人士將在蘇聯貢獻所長，協助建立更美好的世界，以表達感激之意。歷史學者彼得．艾勒（Peter Erler）指出，大約在一九三〇年代中期，居住在俄羅斯的成年德國政治流亡人士來到八千名，[2]他們之中除了政治上活躍的共產黨員，還包含工人、演員、音樂家、藝術家、建築師、科學家、教師、作家等各式各樣的人，這些人皆因為對一九一四年以來祖國所發生的一切感到失望而團結起來。

一九一二年艾爾文出生於柏林東郊，他和其他同世代的年輕社會主義者都不是在第一次世界大戰的戰壕中磨練經歷，而是在德國城市的街頭，這也是他們許多人童年生活的一部分。一九一八年德國十一月革命爆發，艾爾文的父親參與其中，協助推翻威廉二世（Wilhelm II），迫使這位末代德意志皇帝流亡。當時艾爾文年紀尚小，他的童年回憶包含一九一九年斯巴達克斯同盟起義（Spartacist uprising）的血腥故事，以及一九二三年超級通膨為他的家庭所帶來的貧窮與飢餓。

艾爾文所身處的工人階級瀰漫著憤怒、骯髒與暴力的氛圍，這塑造了他的成長背景。資本主義辜負了勞動階級，對他們而言，一生中幾乎只有痛苦。因此毫不意外的，到了一九二八年，十六歲的艾爾文認定自己的世代勢必得尋求其他出路。他加入了德國青年共產主義聯盟（KJVD），這是德國共產黨（KPD）的青年分支。他們舉辦遊行，訓練成員進行街頭游擊，並且撰寫和分送文宣，甚至推出了《勞動報》（*Die Arbeit*），這些行動的目的是讓青年成員延續父母輩的階級鬥爭。三萬五千至五萬人加入了德國青年共產主義聯盟，為理想中更美好的德國而奮戰。

一九三三年一月三十日，希特勒成為總理，艾爾文跟他的同志就此陷入水深火熱之中。就在短短不到一個月後，一九三三年二月二十七日，德國國會發生縱火案，納粹聲稱縱火的兇徒是年輕的荷蘭共產黨員范．德．盧貝（Marinus van der Lubbe），他在遭受嚴刑拷打後認罪。希特勒說服高齡八十且羸弱的興登堡總統（Paul von Hindenburg）授予緊急權力，以粉碎原本荷裔的盧貝所試圖煽動的共產革命。年邁的興登堡總統已日漸顢頇，他答應了希特勒的要求，動用《憲法》第四十八條賦予德國總統的緊急權力，簽署了惡名昭彰的《國會縱火法令》（Reichstag Fire

Decree）。這項法令限制了公民自由，並且允許希特勒的手下任意逮捕政敵，不需經由任何指控或審判，導致死刑降臨在許多德國共產黨員身上。

普魯士大約有一萬名共產黨員在大火後兩週遭監禁，艾爾文為其中之一，他先遭到預防性羈押，接著送往桑博格集中營（KZ Sonnenburg），這是最早設置的集中營之一，建立於今日波蘭的科斯琴（Kostrzyn），於一九三三年四月三日開始運作。像艾爾文這樣的年輕人對納粹來說簡直微不足道，他們的目標是那些德國共產黨領袖，因為這些人能夠阻撓納粹在國會中通過法案，使納粹無法在法律的掩護下瓦解民主。自一九三二年十一月的選舉後，共產黨代表在國會五百八十四席次中依然占有一百席，國會大火過後，他們每一位都遭到無情追捕。

大火過後短短幾天，就在一九三三年三月三日，納粹逮捕了綽號「泰迪」（Teddy）的德國共產黨領袖恩斯特．台爾曼（Ernst Thälmann）。同一天，一個普魯士委員會解除了新祕密警察組織蓋世太保的法律限制，等同是允許蓋世太保毫無阻礙地執法和祭出懲罰。手下無情的蓋世太保擺脫禁令後，台爾曼就是第一名受害者。他在等待當局蒐集他的審判資料時，不斷遭到不當對待，數次從摩阿比（Moabit）監獄被拖進位於阿爾布雷希特親王大街（Prinz-Albrecht-Straße）的蓋世太保總部，一個無法無天的保安部門所能祭出的最嚴酷懲罰，就這麼降臨在台爾曼身上。一九三四年一月八日當天，他的四顆牙齒遭打落，他們還用犀牛皮製的「重皮鞭」將他打得鮮血淋漓，這種鞭子後來被南非警方廣泛使用，甚至成為南非種族隔離政權的象徵。一九四四年，台爾曼命喪於布亨瓦德集中營（KZ Buchenwald）。

為了逃離希特勒政權下的暴徒，許多德國共產人士出逃，有些人持續活躍於政壇，他們在布拉格或巴黎建立組織，背後支持著他們的是共產國際（Communist International），這個組織由蘇聯領導，負責推行全球共產主義。許多前德國共產黨員則直接搬到莫斯科，為共產政權效力。他們於一九二〇及三〇年代奮鬥過程中，將莫斯科視為理想之地，如今他們攜家帶眷，開始在這裡打造新的社群。德意志土地上的共產主義發源地為莫斯科，而非柏林。

在天堂的時光

一九三六年十月底，莫斯科。

年輕的弗拉迪米爾・萊昂哈德（Wladimir Leonhard）已開始逐漸習慣住在俄羅斯首都的生活。弗拉迪米爾的母親蘇珊娜・萊昂哈德（Susanne Leonhard）為德國共產作家，這對母子在一九三五年夏天一同搬往莫斯科。他們兩人十分親近，因為他們有著共同的政治觀點，這份理念也導致他們流亡。蘇珊娜甚至將獨子以偉大偶像命名，即弗拉迪米爾・伊里奇・烏里揚諾夫（Vladimir Ilyich Ulyanov）——他以列寧（Lenin）的名號為人所知。在弗拉迪米爾的記憶中，一直都只有他跟母親相依為命。他的母親在一九一九年與他的父親魯道夫・萊昂哈德（Rudolf

Leonhard）離異，婚姻只維持短短一年，接著她就從柏林搬到維也納，進入蘇聯大使館工作，隨即愛上米耶奇斯瓦夫・布朗斯基（Mieczysław Broński）大使本人。但這又是一段短命婚姻，兩人隨即分道揚鑣。這對母子保留蘇珊娜第一任丈夫的姓氏，並搬回柏林，蘇珊娜在此擔任記者，全心投入共產活動，就如同許許多多共產同志，這對母子被迫逃離納粹政權，流亡到了俄羅斯。

蘇珊娜無法在莫斯科為自己以及十四歲的兒子找到合適的住宿，因此弗拉迪米爾被安置在第六號兒童之家（Kinderheim Nr. 6），蘇珊娜則住在莫斯科另一處的破爛公寓。第六號兒童之家是一間孤兒院，這裡專門收容遭殺害或消聲匿跡的奧地利共產人士的子嗣，年輕的弗拉迪米爾很享受這間機構給他的特殊待遇，但每每看到母親還是興奮不已。

一九三六年十月底的一天下午，這對母子相聚，弗拉迪米爾跟往常一樣享受著跟母親碰面的時光。她從東方甜點店（Vostochnye Slastosty）帶了甜食給他，這是他最鍾愛的甜點店。他跟她傾訴自己課業上的煩惱，他要完成一些製圖作業，母親承諾會幫他完成。他們道別後，弗拉迪米爾因為還有其他事而匆匆離去，而他的母親則站在街上揮手。隔天弗拉迪米爾回來與母親相會，但她卻不見蹤影。她已遭到逮捕，被帶到沃爾庫塔的古拉格集中營（Vorkuta gulag），這個地方距離莫斯科東北將近兩千公里，而在接下來的二十年，會有大約二十五萬人命喪於此。

弗拉迪米爾對母親遭到逮捕感到震驚，這對母子就跟其他數千名德國同胞一樣，認為搬到蘇聯是安全無害的好事。他們已經有眾多友人和同事遭到納粹逮捕，而進入集中營或監獄，如今他們不僅逃離納粹的掃蕩，還有機會協助打造更美好的世界。一九一七年的俄羅斯革命後，第一場真正的共產實驗展開了。但德國社會主義者及共產主義者卻希望落空，他們曾經渴望看到同胞馬克思在上一個世紀中期所提出的革命，然而就連第一次世界大戰都未能成為他們祖國德國走向共產的關鍵時刻。儘管如此，一九二〇年代時，眾多貧困的勞工依然殷殷期盼迎來一場能拯救勞動階級的全球革命，即使眼前是無止境的街頭暴力，永遠入不敷出的工作，以及種種混亂和苦難，人們依然相信馬克思是對的，革命終將來臨。

到了戰後的一九二〇及三〇年代初期，數百萬工人失望透頂、飢腸轆轆且心力交瘁，他們在德國的工業城市中賣命，城市裡富裕的精英階層卻對他們視而不見，只忙著追求自己的欲望，終日沉浸在麻痺心靈的娛樂中。精英們毫不關心街頭上奄奄一息的人，或是經歷轟炸後精神受損而抽搐的人，也不關心那些自尊受損且夢想破碎的人在戰爭中的經歷，德國勞工因此心懷憤恨且變得冷酷。一九二九年華爾街股市崩盤，引發全球經濟大蕭條，幸運的人還保有不穩定的飯碗，很多人則完全失去工作，只能眼睜睜看著自己微薄的存款逐漸蒸發殆盡。他們秉持保守價值，卻遭到擁抱美國文化的德國人踐踏並加以矮化。讓中產階級感到振奮的新事物，在勞工眼裡看來既輕浮又毫無道德，他們沒有時間也沒有金錢享受。

許多德國勞工需要生活重心以及歸屬感，他們參與共產主義的聚會以及勞工組織舉辦的社交活動，甚至與民族主義退役軍人組成的自由軍團（Freikorps）爆發街頭衝突，後來也對上了希特勒衝鋒隊，這些活動對於勞工來說都是必要的解脫，讓他們得以逃離這個毫無未來可言的世界。在這樣的局勢下，一九二五年一本小冊子出版了，名為《五十八名德國勞工眼中的俄羅斯》（*What Did 58 German Workers See in Russia?*），這本書協助將蘇聯形塑為勞工天堂。啟發這本出版品的是共產黨員赫爾曼・雷梅勒（Hermann Remmele），他曾經帶領一團同志踏上一段堪稱壯遊的俄羅斯之旅。小冊子的內容寫下了他們的觀察，並強調「女性勞工自豪地談論自己所獲得的平等待遇」，還提到工資相當於「高出三成三」，因為勞工不必付房租，而且擁有優良健保。[3]在失業且一貧如洗的人以及懷抱理想主義的知識分子眼中，以上這些都讓蘇聯看似應許之地。老一代的德國共產黨人經歷了第一次世界大戰及其慘痛後果，如今他們希望能有其他更好的選擇，對他們來說蘇聯就代表著希望，當一九三三年柏林出現大逮捕後更是如此。

對於大部分德國政治難民來說，他們在莫斯科的日子是一場很大的冒險。「莫斯科有德國人嗎？」[4]年輕的弗拉迪米爾・萊昂哈德跟母親抵達莫斯科車站時這樣發問，當時他們正準備搭車前往格拉諾夫斯基街（Granovsky Street）五號的友人家，對方同意讓他們借住幾天。他意外的發現，他所在的街區有數千名德國人。這裡有一群背景多元的流亡人士，他們都希望在此找到更為公平的社會，畢竟這座首都出現了第一個「現實社會主義」，在德文裡以很長的方式表達：real existierender Sozialismus。可想而知，這裡有許多工人和政治人物，但同時也有演員、藝術家及包浩斯建築師，這些建築師在德國威瑪時期的活躍氛圍下建立起名聲，但因為他們的左傾思想而遭到納粹唾棄。流亡社群當中還有許多猶太人，對他們來說，一九三三年以後的德國變得更為險峻。

大部分知名的德國共產黨流亡人士都居住在莫斯科的力士飯店（Hotel Lux），這裡的住客都是共產國際的顯赫人物，其中最有名的包括胡志明，還有日後將在東德成名的作家約翰尼斯‧貝歇爾（Johannes R. Becher），以及一九五六年因匈牙利革命而遭處決的匈牙利人納吉‧伊姆雷（Imre Nagy），還有德國最早期的共產黨員兼女性權益倡議家克拉拉‧蔡特金（Clara Zetkin），她後來於莫斯科逝世，骨灰甚至是由史達林本人安放。一九三三年，力士飯店有三百間房間，總共可以容納六百位賓客。自一九二一年起前來參加共產國際會議的旅客一開始對這家飯店讚不絕口，飯店因此新添了兩層樓，在一九三〇年代中期德國大量人口出走告一段落後，這裡依然人滿為患。但一九三三年以後，每當談起這裡，賓客們愈來愈常提到的是破敗的門框以及鼠患，而非精緻的宴席和絲綢窗簾。

德國包浩斯建築師就跟其他下榻力士飯店的賓客一樣，深受打造新世界的想法吸引，而且他們是真的有能力建造。威瑪共和時期，這些建築師的左傾思想與德國的保守主義相牴觸，甚至早在納粹於柏林掌權以前，許多人就一心嚮往在蘇聯開啟新人生。最多產的一群德國流亡建築師被稱為「麥爾旅」（Brigade Meyer），這群人追隨著瑞士建築師漢斯‧麥爾（Hannes Meyer），當中包含各式各樣的男女，他們都就讀或就職於德紹（Dessau）的包浩斯學校，麥爾就是這所學校的著名大師，一九三〇年他獲得莫斯科的職位，前往教授建築，吸引了一群德裔追隨者。

這個由德國人組成的包浩斯群體很快就對他們在蘇聯的工作感到失望，一開始他們以有遠見的精英身分而獲得歡迎，但逐漸受到諸多限制，包括蘇聯的官僚體制、建材的短缺，以及令人沮喪的低劣建築品質。他們所建造的全新建築物上出現裂痕，呼應了他們與周遭蘇聯人的關係。他們的合作對象對他們的特殊地位感到嫉妒，而政治上級則開始對這些外國人起了疑心。麥爾本人最終受夠了，決定搬回瑞士，他有庇護所這點可說是相當有利，反觀追隨他的那些德國人卻得在希特勒與史達林的夾縫之間求生存。

瑪格麗特．門格爾（Margarete Mengel）是一位猶太裔德國共產黨人士，她曾經擔任麥爾的祕書和伴侶，和他育有一子，取名約翰尼斯（Johannes），但瑪格麗特未能取得瑞士簽證，被迫滯留莫斯科。一九三八年八月二十日，她遭到逮捕並慘遭射殺。約翰尼斯在母親被害時年僅十一歲，最終被送進管束少年犯的機構。後來他被遣送到烏拉（Ural）地區進行強迫勞動，被迫在礦區工作，當時他還只是一名青少年。約翰尼斯一直到一九九三年才終於得知母親的下場，當時已經六十七歲的他因此決定搬到德國。[5]

麥爾圈子內的其他人也沒有好下場，例如出生於慕尼黑的猶太裔建築師菲利普．托欣納（Philipp Tolziner），他於一九三八年被逮捕，遭判刑十年，被送到索利卡姆斯克鎮（Solikamsk）附近的古拉格勞改營。在飽受凌虐下，他承認曾擔任德國間諜，並且供出了兩位他誤以為已經離境的同事。

史達林的德國計畫

蘇聯內務人民委員部（NKVD）第〇〇四三九號命令，一九三七年七月二十五日，由尼古拉．葉若夫（Nikolay Yezhov）頒布：

> 根據近期由特務提供的資料與調查顯示，德國總參謀部與蓋世太保在最關鍵的產業都布下了全面的間諜行動，特別是國防產業。他們仰賴的是居住在當地的德國公民……故以壓制這些德國偵察行動為目的，特此下令：
>
> 從今年七月二十九日起，逮捕所有在軍事工廠、國防用品製造廠以及鐵道系統零件製造廠工作的德國人，曾經在這些工廠遭辭退的人也不例外。[6]

這道命令以蘇聯內務人民委員部部長葉若夫名義頒布，但卻不見葉若夫的手寫簽名，盛傳是由史達林直接下達這道指令。納粹不斷與蘇聯針鋒相對，到了一九三七年，獨裁的史達林深信很快就會發展為實質侵略。早在一九二六年，希特勒在《我的奮鬥》（*Mein Kampf*）的第二冊中就提到：「在俄羅斯布爾什維克主義當中，我們必須察覺猶太人在二十世紀試圖主宰世界的野心。」[7]德國與俄羅斯之間的爭端，在他的描繪下成為兩個水火不容的文明之間的生存鬥爭。到了一九三〇年代中期，希特勒明目張膽地違反《凡爾賽條約》（Treaty of Versailles），進行再軍事化，還大張旗鼓宣傳，而大部分西方國家皆袖手旁觀還出言道賀。對史達林來說，納粹入侵只是遲早的問題，他深信一旦發生，蘇聯將孤立無援。

史達林生性多疑，因此他「將蘇聯官僚制度轉為個人內在特性的延伸」，這是政治心理學家瑞蒙·柏特（Raymond Birt）的說法。[8]柏特在史達林身上觀察到許多偏執性格的特點，其中一項是他傾向扮演受害者，而且需要「證明壓迫真實存在」。[9]史達林開始處處看見希特勒特務的蹤跡，認為他們準備隨時發動攻擊。史達林想到他讓德國建築師參與建造他的新城市。德國政治人物似乎開始滲透共產國際，這件事史達林早就起疑，因為德國在共產國際的代表占了五分之一，卻依然未能阻止納粹在自己國家掌權。德國男女在礦場和軍火工廠工作，德國學校和孩童收容機構在他眼前訓練新兵，總而言之，處處是德國人，而且一旦他們與家鄉的同胞共謀，後果將不堪設想。

史達林的恐懼自一九三三年起就不斷醞釀，到了一九三六年達到沸點。希特勒的第五縱隊必須根除，一個也不能留。史達林懷疑的不僅是近日流亡的德國人，舉凡會說德語的人，擁有德國公民身分的人，具有德國血統的人，甚或是沒有德國公民身分但與德國有所關聯的人，都全數被視為目標，他描述的可是數十萬的人口。

內務人民委員部第四三九號命令開啟了所謂「德國行動」（German Operation），造成五萬五千零五人遭逮捕，其中四萬一千八百九十八人遭射殺，一萬三千一百零七人遭判處長期徒刑。[10]這當中包括四分之三的政治流亡者，不論史達林政權過去如何接納他們，如今沒有人是安全的，整個家庭、整個街區、整條街、整座工廠都遭到肅清。死在史達林手中的德國共產黨高級委員會人數更甚希特勒。

帶領團隊撰寫《五十八名德國勞工眼中的俄羅斯》的赫爾曼・雷梅勒與許多德國共產人士都經歷了相同的命運，他曾經是蘇聯政治精英的寵兒，季諾維也夫（Grigory Zinoviev）曾經稱他為「德國黨內最優秀且珍貴的資產……無產階級的黃金」，但他卻在一九三七年五月於俄羅斯遭到逮捕，罪名是間諜與破壞。兩年後，一九三九年三月七日，他遭判死刑，在同日遭射殺。他的兒子赫爾穆特在前往西伯利亞古拉格的路途中死去，他的妻子安娜則在莫斯科的布蒂爾卡（Butyrka）監獄中歷經磨難，身體健康大受影響。[11]相同的悲劇在數千個家庭中重複上演，而史達林的共產烏托邦就此轉為反烏托邦煉獄。

在命運無情的捉弄下，曾經在一九三三年遭納粹關進早期集中營的人，如今在蘇聯擠上了可疑人士清單的頭幾名。在史達林及其黨羽眼中，任何逃離希特勒魔爪的人，勢必曾以某些方式來換取自由，或許他們承諾會滲透蘇聯，在軍火工廠謀得一職，並且開始組織系統性的破壞計畫，準備進行德國的入侵行動。

艾爾文・約里斯於一九三七年在西伯利亞的工作崗位上遭逮捕，當局立即發現他曾經逃離納粹集中營，如今他在史達林的一處工業中心工作。在西伯利亞的斯維爾德洛夫斯克監獄待了四個月後，艾爾文被轉送到莫斯科的盧比揚卡（Lubyanka）監獄。這是一座美輪美奐的新巴洛克建築，有著獨特的黃磚外觀，在世紀之交落成，所在地點曾經作為葉卡捷琳娜大帝（Catherine the Great）的祕密警察總部。在這棟建築物的三樓，史達林麾下惡名昭彰的治安首長葉若夫指揮著大清洗（Great Purge）。艾爾文就跟其他的德國流亡者一樣，並未意識到肅清的規模和本質，因此讓自己陷入險峻之中。

德國行動只是恐怖時期的一小部分，由於史達林個人的偏執已經成為國家政策，所有工廠、街道和社群都淨空了，數百萬人在一九三六年至一九三八年間遭到逮捕，大部分是以「反革命」的名義。大清洗時期的總死亡人數預估有百萬之多。處決就在艾爾文所在的盧比揚卡監獄地下室的專門房間，或是在尼古拉街附近的法院內執行，日後許多德共流亡人士將這裡稱為「射擊屋」。盧比揚卡至今依然營運，除了作為監獄，同時也是國家安全委員會①的繼任組織俄羅斯聯邦安全局（ＦＳＢ）的總部。

盧比揚卡監獄的牢房沒有窗戶，至於當初囚犯究竟是被監禁在地下室，還是樓上沒有窗戶的

① 譯注：此組織最早的名稱是「契卡」，於一九一七年成立，隨著蘇維埃政權的演變，多次易名，也曾由俄語G. P. U. 譯為格別烏，後稱為「國家安全委員會」（ＫＧＢ）。

牢房，這點至今依然懸而未決，因為囚犯遭監禁時被蒙上雙眼，也被剝奪睡眠以讓他們失去方向感。我們從倖存者口中得知的是，在盧比揚卡身陷囹圄的男女都未經審判，他們慘遭凌遲，直到承認自己是法西斯分子或托洛斯基派（Trotskyist）陰謀論的一員。有些人飽受屈辱，赤裸著身子被銬在冰冷的地板上，一旁的警衛對他們辱罵且拳打腳踢。其他人則遭射殺、吊刑或乾脆自殺。倖存者被送到東部的古拉格。有一則黑色笑話是這麼說的：盧比揚卡是首都最高的建築——你從地下室就可以看到西伯利亞。

內務人民委員部對艾爾文．約里斯的處置相對簡單，他的國籍是德國，因此被判驅逐出境。許多流亡的德國共產黨員都面臨相同命運，因為這個做法一石二鳥，首先是透過不庇護希特勒的敵人來讓他安心，為締結《德蘇互不侵犯條約》②鋪路，同時也可以在不弄髒蘇聯雙手的情況下去除可疑的外國勢力。蘇聯內務人民委員部深知他們正在將前同志直接送進海因里希．希姆萊（Heinrich Himmler）的德國納粹警察機構手中。一九三八年四月，艾爾文被送上一班火車，在抵達波蘭邊境前，一位蓋世太保官員早已在等候他這位棘手的共產黨員。一抵達柏林，他就被移送到摩阿比監獄，也就是德國共產黨領袖恩斯特．台爾曼被蓋世太保刑求至死的地方。

即使是顯赫人物也難逃相同命運，像老牌德國共產黨人威利．布迪赫（Willi Budich）。他從一九一〇年起就是社會主義政黨的成員，卻被指控與納粹達成某種協議以獲得釋放。布迪赫代表著德國共產黨的悲慘故事，明明逃離了希特勒，卻又落入史達林手中。[12]他一生都為了自己的共產理想奮鬥，他的妻子露巴・傑比爾斯卡亞（Luba Gerbilskaya）是一名俄羅斯法律學生，在一九二二年十二月的共產國際代表大會上他們首次相遇，當時的布迪赫已經因為追求理想而留下心理和身體上的疤痕。日後回想起來時，她說：「當時他看起來比實際的三十二歲來的老……這是因為身為革命共產黨員英雄而造成的，但他的眼中閃爍著幽默，並且有著一顆溫暖的心。」[13]一九三三年納粹掌權前，布迪赫就已經進入國會擔任共產黨代表。他早在一九三二年就證明他會用盡全力阻止「棕色害蟲」入侵。他有一次在國會辯論時，與納粹的暴徒發生激烈肢體衝突，他的膝蓋骨遭椅子打得稀巴爛，那條腿終身殘廢。一九三三年德國國會大火之後，納粹衝鋒隊追捕他，把他送到柏林的哥倫比亞集中營，在那裡將他凌遲至半死不活。獲釋後，他的雙腳受了重傷，視力及聽力也嚴重受損。先前他的妻子已經跟兩名年輕女兒伊麗娜（Irina）和瑪麗安—萊奧尼（Marianne-Leonie）逃至莫斯科，在他離開集中營後，妻子同樣替他安排前往莫斯科。然而數十年的意識形態奮鬥與為此殘破不堪的身體顯然仍然不夠作為證明，布迪赫不知怎麼地逃過了納粹集中營的長期監禁，這點讓他顯得格外可疑。一九三六年九月，布迪赫遭逮捕，名義是他作為「沃倫貝格—赫爾茲組織」（Wollenberg-Hoelz-Organization）的一員，這個組織由內務人民委員部所捏造，好讓他們能以參與「反革命、恐怖主義、托洛斯基主義」之名起訴七十名德國共產

② 譯注：《德蘇互不侵犯條約》也稱為《莫洛托夫—里賓特洛甫條約》（Molotov–Ribbentrop Pact）。

黨員。[14]布迪赫在一九三八年三月接受審判，同日執行槍決，他死後要等到一九五六年才獲得平反，當時史達林已經逝世三年。

蘇聯一直深深畏懼西方特務會煽動反革命，而德國派出間諜的這個論點恰恰助長了這份恐懼。懷疑猜忌落在長久以來遭受暴力的人心中，宛如一顆種子掉入沃土，迅速發芽茁壯。一戰時，東線的血腥戰場就已經草菅人命，但一九一七至一九二二年的俄羅斯內戰簡直更上一層樓，死亡人數共計八百萬至一千萬條性命，令人瞠目結舌。一九二四年列寧逝世，往後的十年不斷出現鬥爭，史達林成功崛起，隨之而來的現代化計畫則出現穀物徵收、饑荒、工業意外、不人道的工作環境，以及進一步的政治迫害，造成更多人喪命。數萬名德國人遭到逮捕和殺害，史達林卻高枕無憂。

同一時間，一九三七年大逮捕潮引發共產流亡人士的恐慌，過去只有想飛黃騰達的人以及意識形態極端分子才會努力證明自己對史達林堅定不移的忠誠，如今此舉攸關生死，而要證明自己不是「披著紅色外衣的法西斯」，除了舉報別人別無他法。史達林在一九三七年二月突然大發雷霆，猛然表示「所有共產國際內的人都效忠敵人」。[15]共產國際內的德國代表驚慌失措，隨之而來的是一連串的舉報。葛蕾特．魏爾德（Grete Wilde）在一九二一年德國共產黨成立初期就入黨，在大逮捕潮的當下也在莫斯科擔任共產國際幹部組織的職員，她未有片刻遲疑，寫了一份超過二十頁的文件，來舉報自己德國共產同胞，其中包含四十四位同事的生平資料，聲稱他們是

「德國共產黨中的托洛斯基派及其他惡勢力的一分子」。[16]但就連這種惡劣至極的出賣手段都救不了她。內務人民委員部深信她掩蓋了真正的首腦，因此在一九三七年十月五日逮捕了葛蕾特，遣送至哈薩克加拉甘達州（Karaganda）的集中營，據說她於一九四四年命喪於此。這類猜忌、舉報和背叛的行為，讓倖存下來的德共人士留下深深的創傷，戰後他們將帶著這些傷疤回到自己的祖國。

共產孩童

一九三七年，莫斯科。

大清洗時期的大規模逮捕造成了大批德國孩童慘遭遺棄或成為遺孤。一旦他們被認為年長到足以擁有政治觀點，有時也會遭驅逐出境。通常留下來的孩童最終會被送到孤兒院，或遭改名並送往管束青年罪犯的機構。就連曾經享有特殊待遇的共產精英後代，也開始感受到箝制著首都的這股恐怖勢力。

大多數德國共產流亡人士的小孩就讀的是卡爾．李卜克內西學校（Karl-Liebknecht-Schule），這是一所位於莫斯科的德語機構，成立於一九二四年，由德國知識分子營運，並將此打造為坐落在社會主義國境內的「夢想學校」，[17]因為他們認為在德國愈來愈難實現自己的理想。他們想在此培育新一代理想主義者。左派的德國教師受此理念感召，因此搬到莫斯科教書。這所學校形成了一層防護罩，將學生與周圍的俄羅斯環境隔絕開來，而且令人驚訝地維持了相當長的一段時間，但這層防護終究擋不住全面襲來的大清洗。弗拉迪米爾．萊昂哈德在回憶錄中如此描述：

一九三七年三月起，老師一位接著一位遭到逮捕。第一位是我們的德語老師日爾辛斯基（Gerschinski），他是一名德國共產黨員，曾經就讀柏林的馬克思學校（Karl-Marx-Schule），一九三三年移民蘇聯。接著被帶走的是歷史和地理老師呂森（Lüschen），他也是馬克思學校校友。最後連數學和化學老師考夫曼（Kaufmann）也被帶走……剩下的老師不僅過勞，同時也自身難保，他們每個人都知道明天就可能輪到自己受害，信心全失，往往無法教完一整堂課，身為學生的我們當然也察覺到了。[18]

這些德裔孩童與青少年生命中的大人逐一消失，而他們對此幾乎無動於衷，因為他們長久以來被教導要默默忍受苦痛。深深烙印在他們腦海中的意識形態告訴他們，派系鬥爭是全球革命的大敵，而且內部質疑者和異議人士必須被噤聲和掃蕩，以免他們的謊言像癌細胞一樣擴散，導致共產主義分裂，被敵人擊敗。[19]萊昂哈德的孩子待在莫斯科的一間機構，當中一位十歲女孩的父親遭到逮捕並驅逐出境，某日晚間女孩和萊昂哈德一家一起坐下來，談及這件事時，她的言語洩漏了她如何渴望堅守支持著自己世界的支柱，這是她對史達林為何帶走自己父親所提供的解釋：

> 我相信最好的解釋方式就是舉個例子。想像一下，我們其中一人有一顆蘋果，這對他非常珍貴，因為這是他唯一的蘋果。而在這顆蘋果當中有一處腐爛了，甚至可能有毒。如果想要挽救這顆蘋果，就必須把這塊有毒或腐爛的地方切除，以保留剩餘的部分。而在切除的過程中，為了不要碰到有毒的地方，你可能會切除比所需更大的範圍，以確保只有健康的部分留存。或許這些肅清行動就是這麼一回事。[20]

李卜克內西學校製造了一批兒童共產幹部隊伍，他們從來未曾接觸其他意識形態。這些人的家長皆是信念堅定的德國共產黨員，並且決定在史達林開始改革時，將孩子帶到蘇聯。在校園中，所有老師都如出一轍，甚至在肅清行動開始後更是如此。對於這些孩童來說，自己的父母親遭犧牲是完全符合意識形態的一件事。

有些德共的小孩年紀較長，例如弗拉迪米爾，這些小孩也了解他們為何被禁止接觸祖國。這個恐怖的情境對心理造成深遠影響。李卜克內西學校的學童年紀尚輕，未落入史達林致命的網中，因此許多畢業生日後成為二戰後返回德國群體的核心，協助自己的國家打造社會主義。弗拉迪米爾日後以沃爾夫岡·萊昂哈德（Wolfgang Leonhard）自稱，他在一九九七年的訪談中提到

「東德的歷史大概始於李卜克內西學校」，[21]這點言之有理。

自我審查

一九三八年至一九三九年，蘇聯。

就如同萊昂哈德的小孩所待的機構裡的那位十歲小女孩一樣，許多德國共產黨員也成功說服自己肅清可能是必要手段，甚至有一種更強烈且長存的想法，認為「史達林這位睿智的父親」對他手下以他的名義實施的極端暴力一無所知。赫爾穆特・達梅利歐斯（Helmut Damerius）是一位德國共產黨員，於一九三八年三月十七日遭以不實指控逮捕入獄，成為「德國行動」的典型受害者。他生不如死，首先被關在莫斯科盧比揚卡監獄，接著是索利卡姆斯克鎮的古拉格，他在此做了七年的艱苦勞動。在這段期間，他一共寫了十七封信給史達林，日後他解釋之所以這麼做，是因為「我期待此舉能讓正義獲得伸張，我可以寫信給史達林，一切就會解釋清楚，回歸正義。在此同時，我會表現得像一名共產黨員，並且為了蘇聯的利益賣命。」[22]他的信石沉大海。

這種強烈的想法也影響了海德薇格・雷梅勒（Hedwig Remmele），她是赫爾曼與安娜・雷梅勒夫婦的女兒。自從父母被逮捕後，海德薇格被命令跟女兒們一起待在西伯利亞好長一段時間，此時她的父親、手足與丈夫全數慘遭內務人民委員部毒手，儘管如此，她依然深信史達林會伸出援手。她堅持不懈地寫信給當局，企盼他們終有一天會准許她回到德國，結束在西伯利亞的流放。一九五三年，史達林逝世的消息傳到她耳中，當時她人還在西伯利亞，一聽到這個消息，她便經歷了一次精神崩潰，在她看來，她獲釋的最後希望就此消失。她最終於一九五六年回到德國，此時她離家已長達二十年。

對於一九三六至一九三八年間大清洗的倖存者來說，以及對那些還沒有完全對蘇聯式共產主義幻滅的人來說，眼前有一道新的挑戰，測試著他們對史達林的忠誠，即《德蘇互不侵犯條約》。一九三九年八月二十三日及二十四日間的那晚，希特勒統治下的德國以及史達林統治下的蘇聯簽下了互不侵犯協定，徹底改變了位於蘇聯的德國共產黨員的世界。即使大清洗慘絕人寰，部分人依然能從心理層面與意識形態上找到合理解釋，不論內務人民委員部殺害了多少他們的同志，這一切都是為了更宏大的公共利益，也就是擊敗家鄉的「希特勒主義」及法西斯主義。德國共產黨在莫斯科依然極力鼓吹這種反法西斯的目標，這是他們意識形態中最強而有力的工具，但希特勒與史達林的協定戳破了這個幻想。

即便如此，德國共產黨流亡領導階層依然心甘情願地扭轉他們的宣傳，以應對這個令人難以置信的敵友協定，而領頭的就是威廉·皮克（Wilhelm Pieck）及瓦爾特·烏布利希（Walter Ulbricht）。他們立刻開始推崇一套新的論述，主張迫在眉睫的戰爭是由法國與英國這兩個帝國激起，蘇聯支持的是德國「和平」的野心。想當然耳，倫敦、巴黎與布拉格的共產反抗組織義憤填膺，因為如今他們被要求接受希特勒的政權。當時流亡到英國的德國共產黨員庫爾特·哈格（Kurt Hager）以假名菲利克斯·阿爾賓（Felix Albin）寫道：「我們德國反法西斯主義者絕不在任何情境下放棄抵抗納粹政權。」[23]

在莫斯科的僅存德國共產社群經歷了兩年的肅清，既驚恐又疲累，而德國共產黨連這群人都說服不了。一九三九年九月九日，德國剛在幾天前進攻波蘭，此時烏布利希受命要對負責執掌黨內事務的政治局提出說服大眾的計畫。烏布利希為這場會議準備的筆記十分耐人尋味，顯示了強詞奪理需要多高的創造力：「蘇聯與德國的協定支持著國際勞工階層，因為這逼迫德國法西斯主義服從蘇聯，進而牴觸了他們散播的關於蘇聯的謊言。」[24]這就是後來對外的一致口徑。「法西斯」、「希特勒主義」等詞皆禁止出現在德國共產黨的宣傳中，其他地方的黨辦公室即將關閉，特別是巴黎的辦公室，因為他們顯然過於獨立，不受位於莫斯科的共產國際掌控。

經歷了肅清行動，德國共產黨內部掃蕩，以及希特勒與史達林簽署協定後導致的意識形態荒謬大翻轉之後，位於莫斯科的德國共產圈子如今濃縮到剩下極端狂熱的核心群體，這一小群人對史達林展現無比忠誠，並且切斷一切與德國前同志的連結。在這個小圈子的正中間，就是烏布利希及皮克，他們日後將被交付一項任務，要在德國打造具有史達林面貌的社會主義。

領袖

皮克及烏布利希在個人魅力及演說能力上都缺乏領袖特質。他們兩人自一九一七年革命後都對莫斯科展現無條件的忠誠，並且比任何人都仰賴蘇聯提供的保護和支持。皮克是早期的共產黨員，出生於一八七六年，於一八九五年加入社會民主黨（Social Democratic Party），並且在黨內極端左翼的環境中自然地找到意識形態歸屬。一戰時，他大部分時間都待在監獄，此時的他持續與反戰的領袖卡爾・李卜克內西（Karl Liebknecht）及羅莎・盧森堡（Rosa Luxemburg）合作。一九一八與一九一九年間的冬天，德國共產黨誕生了，皮克是創始成員之一，並且立刻鼓吹應當無條件服從莫斯科。他甚至在一九二一年春天見到了列寧本人，當時他前往共產國際的領袖會議接受指令。長久以來，皮克的意識形態純正且對蘇俄保持忠誠，因此安然度過莫斯科的肅清行動。他一臉親和力十足，掩飾了他內心的冷酷無情，沒有人能夠靠個人聲譽挺過史達林的恐怖清洗，因此皮克趕緊舉報前同志，並且協助黨內清洗，透過不斷貢獻，打消莫斯科政權的疑心。一九四一年六月，巴巴羅薩行動（Operation Barbarossa）登場，希特勒入侵了皮克移居的第二祖國，此時皮克已準備好為國效力。

皮克的同志烏布利希也證明了，德國共產黨員在一九三〇和四〇年代要平步青雲以及存活，靠的並非個人魅力或領袖特質，而是展現服從與貢獻程度。烏布利希相貌平平，結實粗壯，身高約一百六十五公分。他來自薩克森（Saxony），說話帶著濃濃的鄉音，而他的主要說話對象為城市居民，在他們耳中他聽起來略微滑稽。他的聲線異常高，因此面對大批群眾時聲音穿透力不足。此外，他的文筆空洞且了無新意，難以激發革命情懷。烏布利希擔任國會中的德共代表，納粹的宣傳首長則是約瑟夫・戈培爾（Joseph Goebbels），兩人在柏林針鋒相對時，烏布利希缺乏口才這點更是相形見絀。雖然如此，他們兩方的唇槍舌戰往往激起各自擁護者的暴力衝突。一九三一年一月二十二日，烏布利希與戈培爾在柏林的腓特烈斯海恩（Friedrichshain）活動大廳分別對四千名聽眾演說，最後引發大型鬥毆，造成一百人受傷。但這些衝突往往是情勢所致，而非受到烏布利希的言詞所煽動。烏布利希死板又官腔，豈能與舌粲蓮花的戈培爾相提並論。在某次國會的辯論過後，戈培爾在一九三一年二月六日的日記上寫道：「與德共的烏布利希發生了小插曲，這個人在空無一人的場地前滔滔不絕地批評我，接著輪到我登場……我的表現無懈可擊。我在滿座的聽眾前整整講滿一個小時……現場歡聲雷動，整場的人都見證了，每個人都愛死了。」[25]

烏布利希生於一八九三年，同樣屬於早期的德國共產黨員，不過比皮克小將近二十歲。一九一二年，烏布利希加入社會民主黨，一戰時他在波蘭、塞爾維亞和比利時參戰。一九一九年，他也參與成立德國共產黨，並且在一九二〇年代早期前往俄羅斯，他當時聽到了列寧的演說，終身難忘。烏布利希就跟皮克一樣，也在納粹統治期間流亡，他先到了巴黎，接著落腳莫斯科，並在此同樣展現出對史達林堅貞不移的忠誠。大清洗期間，烏布利希的行為充滿道德矛盾。他曾以受蘇聯壓迫的德國流亡人士名義，寫信給共產國際領袖格奧爾基・季米特洛夫（Georgi Dimitrov）以及史達林麾下惡名昭彰的治安首長拉夫連季・貝利亞（Lavrentiy Beria）。例如在一九四一年二月二十八日，他替那些丈夫遭逮捕或被殺害的德國婦女求情。[26]另一方面，他也費盡心思地舉報前同志，以討好史達林的恐怖政權。例如他舉報了反蘇聯宣傳活動的包梅特夫人（Frau Baumert），理由是她曾說過部分捷克移民後悔搬到蘇聯，因為他們的生活從來沒有這麼苦過。[27]長年下來，烏布利希在莫斯科的行為顯示他並沒有明確道德標準，而且唯一的目標就是投靠蘇聯，他的忠誠可以信賴。

希特勒於一九四一年六月二十二日進攻蘇聯，皮克與烏布利希再度改弦易轍，一夕之間翻轉了德國共產黨的政宣，重新提出過去的口號「毫不留情地抵抗希特勒法西斯主義」，而其他共產領袖立刻跟進。烏布利希的任務是「教育」德國人關於民族社會主義（national socialism）③的罪惡，並且解除希特勒為國人同胞帶來的災難。烏布利希負責規劃和播送莫斯科廣播電台（Radio Moscow）的德語廣播，同時也指揮一個再教育營，裡頭關押的對象是蘇聯當時開始逮捕與監禁的德國戰囚。

一九四一年六月二十六日，烏布利希播報了第一則電台廣播，他呼籲他的同胞：「德國

③ 譯注：即納粹主義，也譯作「國家社會主義」。

與蘇聯的勞工必須共同奮鬥打敗挑起戰爭的法西斯分子，為兩國人民之間永續的和平與真摯的情誼打造基礎。」[28]這則宣傳成效不彰。當時德國採用由納粹大量生產的「人民收音機」（Volksempfänger），這個機型刻意設計為必須改機才能接收外國電台訊號，而且收音機本身接收到的訊號也十分不穩定。

此外，烏布利希早在一九三三年就離開祖國，並未長時間活在納粹統治下。他在莫斯科流亡，導致他跟德國同胞不在同一個頻率上。許多德國人滿腔熱血地擁抱納粹意識形態，而就算沒有支持這個意識形態的人，也被希特勒的某些政策吸引，例如擴大就業計畫，以及讓人人能負擔度假開銷的「力量來自歡樂」（Strength through Joy）計畫。另外，再軍事化和戰爭初期頻頻告捷也讓希特勒受到愛戴。一九四一年十月，烏布利希的德國共產黨代表團試圖在鐵木尼可夫（Temnikov）的臨時集中營向一千五百名德國囚犯演說，聽眾卻充滿敵意，烏布利希對此感到大惑不解。他在報告中抱怨道：「過去十年來，兩邊人群在不同制度下生活及思考，他們之間的共同點不復存在。」[29]

德國人在東邊替元首浴血奮戰，而烏布利希與他們完全脫節，史達林格勒（Stalingrad）④的案例即為最終徵兆。到了一九四二與一九四三年間的冬天，德國第六軍團受困於史達林格勒，面臨物資斷絕且遭敵軍包圍的困境，缺乏足夠冬季物資的士兵凍死在戰場上。士兵們飢腸轆轆，士氣動盪，上一秒眾人萬念俱灰，下一秒又堅決抵禦。烏布利希試圖讓這群絕望的人加入共產陣營，因此他扯開尖細呆板的嗓子，對著同胞凍僵的雙耳喊話。巨大的擴音器被運送到前線，暴露在德國戰火下，隨時可能危及生命安全。烏布利希想告訴這些悲慘的同胞，他們的抵抗是徒勞一場，應該要投降並加入抵抗希特勒的陣營。從一九四二年十二月十八日烏布利希的報告中可以看出當時的情境：「我們對著第三七一步兵師說話，才發表第一則公告，對方就以地雷回敬。」[30]史達林的其中一位蘇聯共產黨人民委員，曾經受派到史達林格勒視察，他在整個過程中抱持著懷疑的態度。這號人物是尼基塔・赫魯雪夫（Nikita Khrushchev），這是他首次與德國共產黨領袖會面。看完這群領袖試圖說服德意志國防軍的危險舉動後，他在晚餐時忍俊不禁地說：「烏布利希同志，看來你不配吃這頓晚餐，因為沒有任何德國人歸降。」[31]

莫斯科的德國共產黨員或許在戰爭中對史達林的幫助有限，但是戰後，他們成為歷史正確的一方，準備以勝利者之姿榮耀歸國。

倖存者

史達林的整肅影響深遠，最終在俄德國流亡人士只有四分之一存活。德國共產黨政治局的九

④ 譯注：今日的俄國南部大城伏爾加格勒（Volgograd）。

位德國成員流亡到蘇聯，最後只有兩位撐到戰爭終結，他們就是皮克及烏布利希。

一九三〇年代搬到俄國的德國共產黨員到了一九四五年依然存活的機率極低，因此必須要問，這些倖存者究竟有哪些共通點？要在蘇聯的流亡生活中倖存，只能仰賴三點。最有可能的是將自己完全奉獻給史達林，清楚證明自己毫無保留地遺棄那些可疑的德國同胞以及自己的國家。在這種情況下，像弗里茨・埃爾彭貝克（Fritz Erpenbeck）這樣的人得以在一九四五年回到德國重建國家。[32]埃爾彭貝克很快就發現整肅行動會害死大部分的德國共產黨員，於是便迅速在一九三六年十二月放棄德國公民身分，搶在內務人民委員部第〇〇四三九號的命令頒布前，因為命令頒布後蘇聯政府掃蕩外國間諜就有了政策正當性。埃爾彭貝克接著讓自己成為對蘇聯有用的人，他以記者身分在多個媒體大量產出蘇聯的政宣。

逃過史達林黨羽的另一個方式，就是必須在整肅時期剛好夠年輕，才不會被視為危險。確實許多德國青年也被送到遙遠的勞改營，或改名後永遠消失於社會中，但有不少孩童被轉送到俄羅斯的學校或是工作場所，他們因此快速同化並融入社會。大清洗逐漸落幕時，他們都成了真正的共產主義者，甚至成為俄羅斯人，證明一生的灌輸有了成效。大多數人在一九四五年後回到德國時，都接受了現實，學會壓抑過去在蘇聯的經歷。

一九三六至一九三九年間大清洗的第三種生存之道，就是單純碰運氣，艾爾文・約里斯就是一例。他從未卑躬屈膝，年紀也大到足以被希特勒和史達林視為目標，而且他不只一次陷入危機。他的倖存故事著實令人難以置信。跟他一樣被送回德國的共產人士，有些遭納粹處決（特別是長期被蓋世太保視為眼中釘的人），另外一些人則死在集中營。許多人經歷了恐怖的蘇聯監禁後，他們的政治異常被視為「矯正成功」，因此隨意地被安插入德意志國防軍中，艾爾文就是其中之一。此後，他還兩度受到幸運之神垂青，一九四一到一九四五年間他被派遣前往東線戰場，竟在艱苦的奮戰中倖存，結果他在參加終戰的柏林戰役時遭逮捕，但還是幸運地撐過了蘇聯的監禁。

一九四五年九月，艾爾文終於獲釋回到德國，但他很快發現自己在紅軍占領的區域並不受歡迎。他開始談論起在史達林工人天堂的遭遇，此外，他還勇於點名在斯維爾德洛夫斯克被逮捕前與他共事過的人，他們舉報了許多同事以換取自身安全。很多人對此大為光火，這些人如今在德國東部占領區壟斷政治勢力，並且受到史達林主義下的當權者重用。德國同胞在戰爭期間奮鬥、挨餓且受苦的水深火熱之際，他們自己在莫斯科的所作所為如今被艾爾文到處張揚，故此他們並不樂見。

從古拉格歸來的政治犯也同樣不受歡迎，德共政治人物雷梅勒的遺孀安娜，受困於史達林的其中一處地牢內，戰後試圖回到德國。一九二〇年代時，烏布利希是她的家族友人，因此絕望的安娜不斷向他求助，但卻換得烏布利希的無視，他多次拒絕了安娜希望回國的請求。一九四七年，安娜潦倒逝世，葬身在殘忍謀殺了她丈夫與兒子的異國，而且當時她的女兒和孫子還困在西伯利亞。

艾爾文跟安娜不同，他成功回到祖國，並且拒絕噤聲。他堅持讓所有人知道莫斯科發生的事，因此招來新一波打壓。一九四九年十二月十九日，蘇聯祕密警察將他逮捕，送到內務人民委員部位於柏林—霍恩施豪森（Berlin-Hohenschönhausen）的殘暴監獄關押。這座監獄在戰後匆匆建造，該址原是工業規模的大型食物發送站。儲放食物的空間如今用來關押犯人，就像莫斯科的監獄一樣位於地下室。囚犯深陷孤立之中，加上工業電扇震耳欲聾，因此這個地點很快獲得「U型潛艇」（U-boat）的稱號。這座監獄有六十間牢房，艾爾文受困在其中一間，牢房潮濕、幽閉無窗且並未供暖。他有一個充當廁所的桶子，還面臨一連串刑求逼供手法，專門設計來讓他屈服。在「U型潛艇」中，囚犯被關進仿效格別烏（KGB）的水牢，透過單獨監禁來削弱他們的意志。這些水牢只比電話亭大一些，因此囚犯被迫站立其中。水牢完全密閉，加裝了一道高門檻，因此灌水後水深可達數公分之高，沁寒的冰水通常深及腳踝。囚犯被剝奪睡眠，被鞭打、強迫站立數小時，毆打或關禁閉，直到他們變得冷漠，並且願意說出任何關押他們的人希望聽到的話。

但艾爾文曾經處身於更糟的情境，因此早已變得麻木不仁，可以挺過任何程度的苦難。在「U型潛艇」待了一年後，他依然不屈不撓。最終，他被帶到蘇聯軍事審判庭，他們判了他二十五年的古拉格勞改。他也挺過了這一切，並在一九五五年提早獲釋。回到東柏林後，他立刻飛至科隆，二〇一三年於當地逝世，享年一百零一歲。

一直到漫長的一生落幕前，艾爾文・約里斯從來沒有忘記一九四九年跟蘇聯法官的對話，當時法官向他宣告，獲判到蘇聯的古拉格服刑二十五年，此舉等同向他宣判死刑，法官還譏諷道：「西伯利亞會凍住你的大嘴巴！」艾爾文則冷冷地回覆：「你的也是。」

零時？

二戰接近尾聲，納粹政權犯下的罪行之甚，顯然已經無法在納粹戰敗後將權力立刻交回德國人民手中。納粹制度跟一戰時的帝國政權不同，他們無孔不入，滲入德國每個日常面向，導致難以究責。政治與道德皆失利，因此沒有任何機關能夠接管權力。同盟國同意無條件投降後的占領為唯一可接受的方案，然而蘇聯及其西方戰時盟友對於德國的未來卻意見分歧，衝突日益高漲。一九四五年二月的雅爾達會議上，史達林試圖說服邱吉爾以及小羅斯福總統，將德國劃分為小區域較為有效，如此一來，德國就再也不會有能力危及歐洲安全了。西方同盟國拒絕這項提議，他們害怕蘇聯趁機主宰這片已遭戰火肆虐的大陸。

折衷之下，戰勝國同意協力打造一個分權、去軍事化且廢除納粹制度的德國。以行政為由，德國及首都柏林會暫時分成四個占領區，史達林看似接受了這個方案，他在一開始看來沒有真的想要在德國境內建立蘇聯傀儡國。他的首要目標是獲得戰後賠款，因為他的國家亟需用錢，同時他也要確保德國不足以再次造成威脅。中立且去軍事化的德國可作為蘇聯的糧倉和煉鋼廠，因此成為可接受的方案。歷史學家芮德成科（Sergey Radchenko）大量研究這個時期的蘇聯檔案，他認為史達林內部圈子試圖往這個方向推行，其中最知名的人物是令人聞之喪膽的內務人民委員部首長貝利亞，以及蘇聯外交部長維亞切斯拉夫・莫洛托夫（Vyacheslav Molotov），這兩位在這個議題上都遠比史達林來得積極。[33]

每一個占領國都要管理所分配到的德國領土，因此史達林相中莫斯科內的德國共產人士，這是出於方便及忠誠的緣故，讓他們在史達林的占領區重建經濟、政治，甚至文化生活。由於史達林顯然對蘇聯占領區興趣缺缺，因此令人不禁猜想，在戰後蘇聯占領下百廢待舉的德國東部，是否可能打造出民主體制。在希特勒與史達林的暴政下，德國共產主義的誕生在這群僅存的流亡人士心中留下激烈創傷，這激起他們一絲渴望，希望看到一種平和的社會主義，要比蘇聯的模式更完善，也比過去的各個德國政權更美好。史達林一開始看似沒有阻撓這個計畫。他曾公開質疑蘇聯體制在德國脈絡下是否可行，而且極度不願明確透露特定的蘇聯政策，以及他對戰後德國的規劃。大多數執行細節似乎是由德國共產黨領袖在幾番討論後所訂定，而非史達林的部下主導。[34]因此最終在戰後未出現眾人嚮往的德國，是否表示德國流亡人士錯失了良機？答案為否，其中有著諸多原因。

史達林或許不曾列出特定政策，並且積極迴避在德國使用蘇聯出現過的尖銳宣傳辭令（如

「社會主義」、「革命」、「無產階級獨裁政權」[35]等在德國政宣中都必須避免出現，因為深恐會引發人民的敵意），但他確實曾經立下大方向的目標。無庸置疑，「反法西斯主義」、「關鍵產業國有化」以及「土地重新分配」都是重要方針，德國共產人士在蘇聯占領區都不得偏離上述目標的路線。

除此之外，史達林在世時對西方同盟國有著深深的不信任，這種病態的偏執就是當初造成內部大清洗的主因，此時再度出現。對德國來說，這表示蘇聯不可能跟其他西方戰勝國組成聯合政權來統一治理德國。雖然史達林有時似乎看來想逃避責任，不想治理一個文化、語言及歷史對他而言都十分陌生的國度，但他無法放棄此地的地理戰略優勢，畢竟這裡可以成為緩衝區及籌碼。另外，蘇聯因二戰的種族滅絕戰爭而瀕臨摧毀，此時德國正好成為不可或缺的資源供應來源。

然而最重要的一點在於史達林的箝制，讓德共流亡社群成為僅存最冷酷無情且親蘇聯的核心。人在莫斯科的德國共產黨領袖就是史達林在德國打造社會主義的人選，這些人在大清洗中倖存，並非靠著好運，而是因為他們摒棄了道德。

一九四四年二月，德共的政治局接收到命令，開始規劃德國戰後秩序，而負責人就是烏布利希及皮克，他們證明了自己對史達林的死心塌地。[36]史達林讓他們自由發揮，但同時派出共產國際首腦季米特洛夫嚴密監督著他們。季米特洛夫是保加利亞共產人士，他之所以能贏得史達林信任，是因為一九三三年國會大火時他被納粹指控涉案，說他扮演關鍵角色，而季米特洛夫在納粹舉辦的作秀式審判上為自己進行辯護，以冷靜沉著又強而有力的論述在納粹的審判上狠狠羞辱了對方，自那次之後，國際上仰慕季米特洛夫的人都說：「德國只有一位英勇之人，他是保加利亞人。」

季米特洛夫的監視幾乎是多此一舉。另一位蘇聯政權的忠誠僕人負責經濟規劃，此人即安東・阿克曼（Anton Ackermann），[37]他曾經執掌「自由德國」（Free Germany）的政宣單位，並因此在一九四五年獲得紅星勳章。他代表所有跟他同一個委員會的同僚，在一九四四年的一次演說中對共產黨的學生說：「對我們而言，蘇聯的利益至高無上，蘇聯依然是我們真正的祖國。」[38]一九三三年七成的德共黨籍遭移除，大量德國共產人士被消失無蹤，德共所殘留的是沉澱過後的意識形態，倖存的人是一群蘇維埃化的意識形態追隨者，他們試圖在曾經喚為家鄉的地方，複製他們在俄羅斯見識到的社會。

因此很難想像在二戰後出現的德國社會主義政權還能以另一種更民主的模樣問世。德國共產黨的建黨基礎就是源於蘇聯的意識形態。對於俄羅斯模式近乎宗教式膜拜的現象，導致德共人士自我審查，並且因此選出了一群最服從且最缺乏想像力的人。一九二〇年代開始，這個黨就以霸凌、陰謀和排擠為特色，然後這些在一九三七年史達林的恐怖統治籠罩下演變為害死人的舉報。像艾爾文・約里斯這樣純然的理想主義者及夢想家，若非遭到殺害、監禁和被迫流亡，就是被迫噤聲。受到史達林重用的人計劃在戰後德國打造一個蘇聯式的烏托邦，而當初靠著運氣、意志力或是因為年紀尚輕而逃過整肅的人，發現自己無法融入這個新社會，他們再度遭到噤聲，往往長達數年。許多人往西奔逃，有些人則繼續閉口不談。德國社會主義是因為蘇聯與二戰才得以出現，但只能在特定框架下實現，而且當中只容許最蘇維埃化的人擁有話語權。或許史達林無意將蘇聯占領區依據自己的形象進行改造，但在他允許下，居住在德國或回到德國的人卻正有此意。

在許多德國人的集體記憶當中，一九四五年代表「零時」（Stunde Null）。德國人傾向將這一年看作長年苦戰後的全新開端。罪惡感、羞恥感和物資艱困對德國人造成極大壓力，他們因此幻想這次澈底的戰敗讓他們獲得了一張白色畫布，得以在上頭擘畫一個更好的德國。然而那些身處蘇聯占領區的人，在自己選擇下或是因緣際會而受到史達林控制，在他們眼中，這張畫布從來都不是空白，反而一直以來都是紅色的，上頭浮印著鐵鎚與鐮刀。

第二章

餘燼再生
(1945-1949)

Risen from Ruins

解放？真是奇怪的詞。

戰敗的代價

一九四五年四月二十七日，布蘭登堡邦（Brandenburg），波茲坦（Potsdam）。

一大清早，三十一歲的多蘿西．郡德（Dorothee Günther）跟鄰居一起擠在公寓地下室。多蘿西過去頂著一頭波浪長髮，身材纖細，風格時髦，熱愛精品服飾。如今她蹲坐在煤塊中，鼓起勇氣面對蘇軍的到來。過去幾天，砲火嚇壞了她同棟公寓內的住戶，波茲坦僅存的對外橋梁和道路也遭到破壞。飽受驚嚇的平民聽天由命，同一時間，他們的元首正在東北方三十公里外的柏林元首地堡中規劃著自殺。早上十一點，紅軍士兵敲打大門，租客隨即在槍眼下排排站，並且被搜身尋找貴重物品。多蘿西發現搜她身的手上戴滿了金戒，扣著槍枝扳機對著她胸膛的食指，則妝點著一枚特大號的琥珀水晶。

搜查結束後，多蘿西出門尋找適合做衣服的布料。春日將至，但在缺電、缺瓦斯與缺水的情況下，疾病四伏，她至少要試著保持溫暖與整潔，而且她的丈夫馬丁也需要乾淨的內褲。他的丈夫催促她出門，因為她大腹便便，兩人都認為她比較有機會安然經過蘇聯士兵眼前，因為在街上遊蕩的男人往往遭到逮捕，有時當場慘遭射殺，但謠傳懷有身孕的女人在紅軍眼中是碰不得的。社區中的其他女性都深怕自己遭到一心想復仇的醉漢拖走，許多女孩用煤灰塗黑自己的臉，穿上破舊衣服讓自己顯老、更沒吸引力。多蘿西從弟媳愛兒菲德（Elfriede）那裡得知，城裡的卡史塔德百貨公司（Karstadt）遭洗劫，因此她決定把握機會前往，有兩位社區內的年輕女性也同行，希冀藉由陪伴待產婦女來保障自身安全。

到了商店後，她們一行人發現大門敞開，便入內迅速拿取她們需要的物品。多蘿西欣喜發現甚至還有剩下一些羊毛布料，她可以拿來為寶寶做保暖的衣物。她四處張望找尋丈夫需要的內褲，此時突然聽到一個俄羅斯腔調的嗓音吼出那句惡名昭彰的話：「女人，過來！」她轉過身，心一揪，發現她的兩位同伴已經落入士兵手中。那兩名女人放聲尖叫向她求救：「救救我們，郡德女士！他們不敢動你。」多蘿西希望真是如此，於是讓他們也帶走自己。她被粗暴地帶上一座螺旋樓梯，通往士兵們的暫時居所。這些女子驚慌失措，死命抓住扶手，高聲呼喊。其中一名男子拔出槍來指著多蘿西，她結結巴巴地以破碎的俄語說自己懷有身孕，對方卻不為所動。當下她絕望地心想，馬丁至少會寧可妻子被強暴而不是被殺害，因此她鬆開雙手，讓自己被推上樓。這場騷動引來一名官員上樓探查，質問現場情形。多蘿西指著自己隆起的肚子，為她未出世的孩子求情。這位官員趕著回去辦事，大拇指向下一揮，示意士兵放走懷孕的她，另外兩名女子則被拖了上樓。

二〇一〇年，當多蘿西回憶起這一切時，[1]帶著冷漠與痛苦交織的複雜情感，她的同代人也都有著相同感受。綜合來看，那些在一九四五年四月和五月等待戰爭結束的男女，四周圍繞著的都是砲火轟炸、搶劫、盜竊、強姦和謀殺，他們的命運構成了一幅無助、失敗和絕望的畫面，難以抹滅。多蘿西清楚記得她父親絕望的表情，當時他預測未來只能「臣服於布爾什維克主義下」，以及「德國人的衰敗」，但她也記得在那段日子裡，她的社區被塑造成「納粹長久以來宣揚的民族共同體」。大家在臨時搭起的爐灶上煮飯，為了取水排隊排上數小時，他們彼此交換寶貴建議以生存下去。在德國戰後的廢墟中，這些不屈不撓的人性光輝在絕望的灰燼中閃動著。

一九四五年春天，眾多女人很難在籠罩著自己的黑暗中找到一線生機，抵達西邊的蘇軍筋疲力盡，心靈受創且兇猛狂暴。希特勒開闢了殘暴的東線戰場，造成兩千萬名蘇維埃人喪命，他明確下令麾下的將領進行種族滅絕戰（Vernichtungskrieg），開始了一場忽視一般戰事傳統的戰爭。他讓將領們清楚知道這場戰事的規模與本質，他們必須打一場殘暴的勝仗。一九四一年三月三十日，德軍即將進攻蘇聯之際，希特勒向將領表明：「我們必須拋棄軍事同袍的情懷……我們打這場仗不是為了手下留情。」[2]

德國士兵在東方大肆破壞，對平民施以慘絕人寰的罪行，這些行為未受懲罰，德意志國防軍就這樣一路燒殺擄掠，直搗莫斯科。史達林的部下靠著人海戰術與意志力抵抗希特勒致命的軍事殺人機器，史達林下令紅軍投誠者格殺勿論，但士兵面對營養不良、失溫以及渺茫的致勝率，甚至開始考慮冒著被射殺的風險向德軍投降，最終大約有十五萬名蘇聯士兵死於他們的長官手中。餘下的人持續戰鬥，殷殷期盼的局勢翻轉時刻終於到來，這下輪到他們進行恐怖報復。他們的長官與蘇聯政宣不斷煽動他們的情緒，包括知名作家伊利亞・愛倫堡（Ilya Ehrenburg），他寫了飽受爭議的書籍，內容主張「德國人並非人類」，煽動士兵對每一個德國人進行報復，就連婦孺也不可放過。

因此二戰落幕時期，大批醉醺醺、受到暴力對待後的男人抵達德國東部，他們灌下配給的酒，喝不夠的時候甚至改喝他們從剩餘物資或工廠掠奪而來的危險工業用酒精，接著引發了規模史無前例的暴力。據估計有兩百萬名德國女性遭蘇聯士兵強暴，光是柏林就有十萬名，並通常以輪暴方式進行，長達數天甚至數週，這些都發生在紅軍最後進軍柏林的時期。冷冰冰的數字掩蓋了這些罪行背後的真實恐怖情境，也掩蓋了這些女人以及在德國東部全體社會的心理創傷。

瑪塔．希勒斯（Marta Hillers）的回憶錄中記載了最令人心痛的故事。終戰時她三十一歲，原本是來自德國西部克雷費德（Krefeld）的記者，受高等教育，曾在巴黎念書，除了法文，還會一點俄語。一九三四年她搬到柏林，以接案為生，為多家報紙及雜誌撰稿。她以漠然的口吻描述戰勝者所犯下的殘忍強暴罪行，甚至包含自己的受暴經驗，文字冰冷，令人打顫。她表示，一九四五年四月底的那兩週，根據她的描述，她見識和經歷了「所有類型」的強暴。有一些「溫和派」，會在事後輕拍女人的背，扶她們起身。有一些則是想要女人作伴，還想在中場時打牌。有些則享受著受害者的恐懼，瑪塔曾經親身經歷：

推著我的老人帶有灰色鬍碴，全身散發酒精及馬匹的騷臭味。他小心翼翼地在身後把門

> 關上，由於找不到鑰匙，他用高背扶手椅卡住房門。他看起來甚至沒有把我這個獵物放在眼裡，接著突然出手，將我推到床上，我因而更為驚愕。我閉上眼，咬緊牙關。[3]

瑪塔的日記回憶錄以匿名方式出版，並且先以《柏林的女人》（*A Woman in Berlin*）之名翻譯至其他語言出版，一九五九年才出現德語版，卻因引起撻伐而回收，故瑪塔在世時堅決不肯在她的國家再度出版。一直到二〇〇三年瑪塔逝世後，德國才發行了新版，瑪塔的身世也因此得以曝光。書中內容怵目驚心，德國人尚未準備好面對這一切，同時書中還寫到年輕的瑪塔如何抱著毫不羞恥的務實態度以面對這一切。瑪塔因為會說一點俄語，因此得以從侵害她的人身上尋求庇護。她為自己找到「驅趕其他狼群的一匹狼」，她如此形容。她也因此跟一位俄羅斯高官進入了一段關係。「我很自豪我成功馴服了其中一匹狼，可能就是狼群裡最強的那匹。」往後數十年，這段話對許多德國人來說都難以接受，對鐵幕兩邊的人都是如此。在德國西部，瑪塔明顯罔顧道德，這觸動了當時的敏感神經；而在德國東部，她寫下的故事則破壞了蘇聯所宣揚的「解放」理念。

在紅軍進犯的所有德國東部地區，許多人初次遇到蘇維埃人，就遭遇到殘暴的征服行動。一九四五年時，蕊娜特．德穆（Renate Demuth）年僅八歲，住在薩克森邦奧爾伯斯多夫（Olbersdorf），她的父親死於戰俘營中，距離德國與波蘭和捷克斯洛伐克接壤的新國界僅數公里。幾年後她回想起那些士兵進入她家的情境，蘇聯士兵重敲她家的大門，她的母親獨自和三名孩子在家，包括蕊娜特年幼的弟弟羅塔爾（Lothar），以及十八歲的姐姐芙里德爾（Friedl）。蕊娜特當時用細小的手指緊緊抓住母親裙子的摺痕，那些男人們進入各個房間搜刮貴重物品以及女性獵物。其中一人闖入姐姐房間時，她正躺在床上，睜著惺忪的雙眼，士兵瞪著芙里德爾的臉，她當時有病在身，臉上頂著爛瘡。士兵掃了她一眼，一臉嫌惡，轉身離開，決定轉向鄰居洩憤。幾天後，一位高官在德穆家後方徵收來的農舍裡建立了指揮部，蕊娜特記得當時她如釋重負：「他跟我們說，他的窗戶永遠敞開，如果他的手下再度來騷擾，我們可以大喊。在那之後我們的生活才獲得些許平靜。」[4]她的家庭也找到了一匹可以驅趕其他狼群的狼。

有些女孩和女人對於她們的占領者留下不同印象。碧吉特·弗里森（Brigitte Fritschen）一九四四年出生於瓦爾登堡附近的布雷斯勞（Breslau），即現今波蘭西部的弗羅茨瓦夫（Wrocław）。戰爭落幕時，她只是一名嬰兒，然而紅軍洗劫了她的村莊，這件事對她一生造成莫大影響。她與母親及祖父母同住，當時那條街上只剩下女人和老人。有些女人懷孕了，許多還帶著幼童。碧吉特的父親在東線戰場遭俘虜，她的母親嘗試在失去丈夫的景況下生存。她聽過東部村莊傳出的恐怖強暴故事，更有甚者，有人還跟她說蘇維埃人一旦找到德國孩童，會盡數割開其喉嚨。想到自己的小女兒碧吉特，她不寒而慄。絕望之中，全社區的女人將孩子聚集在同一個房間，誓死守著門。這群女人將這裡稱為「托兒所」，裡頭大約有十二名孩童，碧吉特屬於最年幼的那群。這些母親日日夜夜坐在門口，在恐懼中守備。蘇軍終於抵達，而她們的防衛顯然徒勞無功。一位年輕士兵舉著槍闖過她們身旁，進入了房內，門在碧吉特母親及寶貝女兒之間關上，碧吉特母親被恐懼攫住，完全動彈不得。

空氣一片凝結，這群女人屏住呼吸，側耳傾聽。這名男子會割開孩子的喉嚨嗎？其中有些人禁不住這股緊繃氣氛，高聲呼救。但有誰會來呢？外面街上只有紅軍。門的後方，依然一片死寂。終於，這些女人再也忍受不住，打開了門，這名年輕人一個喉嚨都沒有割開，反而跪在其中一張小床前，泣不成聲。他一直哭著，這群女人就這麼看著他淚流不止。

> 最終，我的母親輕輕拍了拍他的肩頭。他的臂膀裡抱著其中一名嬰兒。他轉過身來比手畫腳，試圖解釋，他提到「房子」，並且不斷說著「媽媽——媽媽——媽媽」，接著說出德文的「樹」。[5]

年輕士兵急切地想讓她們理解，他作勢比出了繩子與繩圈的樣子。德國人吊死了他的母親。他也曾有一個妹妹，他用英文含糊地說著「妹妹——妹妹」，就跟他懷裡抱著的小女孩一樣大，德國人也吊死了她。[6]

在德國東部的集體記憶中，俄羅斯人對小孩的喜愛，與對孩子母親的輕蔑形成強烈對比。蕊娜特還記得士兵偷了她母親唯一的交通工具——一輛腳踏車（「即便那群混帳根本不會騎，還把它弄成破銅爛鐵」），[7]但她也記得士兵總是盡可能給她食物和點心：「我和我的弟弟羅塔爾總是被派去找他們，『他們不會傷害你們，因為你們是小孩』，大家都這麼說。所以我們的衣服被縫上大口袋，如此一來我們就可以像袋鼠一樣塞入他們給我們的香草糖和馬鈴薯。」[8]

整體而言，對於當時由女人、孩童和老人組成的社會來說，蘇聯占領者所留下的印象就是殘暴不仁。一九四五年春夏的恐怖回憶，縈繞在東德長達數十年。但隨著男人回到家中，並且渴望全新開端，數百萬名德國女性的經驗便陷入沉默之中。事實上，許多女人也會瞧不起那些試圖談論過去的女人。她們把過去視為恥辱，最好是被人遺忘。東德政府的政治精英也支持這種噤聲氛圍，因為他們積極想將蘇聯宣揚為兄弟之邦，是將德國人從納粹枷鎖中解放的救星。

對於那些在身體和心靈上都付出了代價的德國女人和女孩來說，「解放」一詞聽起來永遠使人痛苦又空洞。柏林記者烏蘇拉・馮卡多夫（Ursula von Kardorff）在她的日記中做了這樣的總結：「原來這就是戰敗。我們總天真地以為會是不同的情況，或根本沒想過會是這樣。總以為任何情況都會比希特勒來得好。但是解放？真是奇怪的詞。」[9]

史達林的特種部隊

一九四五年四月三十日，布蘭登堡邦，卡勞（Calau）。

多蘿西．郡德經歷了在卡史塔德百貨公司的苦難後三天，一班美國製造的道格拉斯飛機從莫斯科出發，飛抵奧得河畔法蘭克福八十公里以東的地點，即今日德國與波蘭的接壤處。這班包機上載了十名乘客，他們是從位於莫斯科的德共社群忠誠的組織核心中精選出來的。有一張名單上寫著他們的名字，名單在出發前三天才完成，紙上有皮克匆匆手寫的注記。[10]他寫下了目的地（柏林）、出發日期（四月三十日），並且寫上了另一組人馬，但這些人從來沒有被派遣。這份潦草的手寫名單看起來是臨時寫成的，這點也獲得隊上最年輕的弗拉迪米爾．萊昂哈德證實，當時他年僅二十四歲。一九五五年他在出版的回憶錄中寫道，他從一九四三年起就在「自由德國」電台負責唸政宣稿，一九四五年四月中旬時，他在電台的編輯會議上被留了下來，時任總編輯阿克曼一派輕鬆地對他說：「恭喜，你將加入第一批回到德國的團隊當中。」[11]

兩週後，弗拉迪米爾從飛往西邊的飛機向外望，滿心期盼著回到兒時居住的城市——柏林。他的身旁坐了九個陷入沉思的男人，他們離開家鄉超過十年，這次返國將回到一個面目全非的國家。帶頭的是烏布利希，如今他儼然是史達林在莫斯科最信任的人。他讓這個小組借用自己的名字，這批人後來獲得「烏布利希組」的稱號，究竟是誰選出這批人，又是如何挑選的，沒有人曉得。但這群人代表著蘇聯認為重建一個「反法西斯」德國所需要的各式技能。其中包括政宣專家卡爾・馬龍（Karl Maron）與弗里茨・埃爾彭貝克，他們曾經為報紙與電台工作過；另外也有具備組織能力的學究官僚，例如李夏德・紀普納（Richard Gyptner）與奧圖・溫徹（Otto Winzer）；還有性格討喜、態度真誠且個性務實的勞動階級，如漢斯・馬勒（Hans Mahle）與古斯塔夫・貢德拉赫（Gustav Gundelach）；而瓦爾特・克普（Walter Köppe）之所以獲選，大概是因為他是土生土長的柏林人，他出身自首都，而且講話依然帶著家鄉純正濃厚的城市口音。最後兩位成員，分別是自出生就完全接受共產教育的新世代的代表弗拉迪米爾・萊昂哈德，以及堅定的親蘇聯領袖烏布利希。這群人儼然是莫斯科殘餘的德共社群縮影。

一九四五年四月三十日，大約下午三點半，就在這群德國流亡人士從莫斯科飛抵波蘭與德國邊界的同一天下午，希特勒舉槍自盡，地點就在西邊九十五公里一處地堡的個人房間內。激烈的砲火依然從柏林上空降下，希特勒曾經許諾建立千年帝國，如今身後留下的卻是被夷為平地的城市和無數家破人亡的民眾。當天晚上十點四十分，蘇聯紅旗將在國會建築上方升起。

烏布利希組一行人搭乘卡車出發前往柏林以東三十公里處的朱可夫元帥（Marshal Zhukov）總部，坐在車斗上的他們，一路上對眼前的斷垣殘壁和人間苦難感到驚詫不已。五月二日首都淪陷，烏布利希一行人立刻受派出發。多蘿西・郡德一家、瑪塔・希勒斯和蕊娜特・德穆這樣的男男女女和孩童盡力生存和重建生活，同一時間，烏布利希和他的德共同僚受命剷除任何法西斯的遺緒，以在新德國建造人文基礎。

烏布利希的其中一個理念是建立對蘇聯制度的信任，這絕非易事。這批德國共產黨員整個戰爭期間都在流亡，他們宣稱即將建造新國家，卻對於這片土地上人民的艱苦奮鬥日常一無所知。他們反而被以懷疑的眼光看待，被視作對史達林唯命是從的奴僕，曾經背棄祖國，背叛了在此受苦受難甚至失去性命的男男女女。如今他們榮耀歸國，與之同行的是成群結隊醉醺醺的外國入侵者，這些人在街上跳著舞，一路殺害、強暴並劫掠，直搗戰敗德國的心臟地帶。在不滿的情緒中火上加油的是，食物、燃料和其他重要物資的嚴重匱乏。有部分德國人認同重建工作和重新開始，並且懷抱希望，但許多人並不想在史達林統治下進行。

這些未來的政治領袖積極想跟大眾建立正向關係，因此淡化自己跟俄羅斯的連結。例如烏布利希就親自請弗拉迪米爾．萊昂哈德把自己的名字改成更像德語姓名的「沃爾夫岡」（Wolfgang），溫徹出門時則使用「羅亨茲」（Lorenz）這個假名，以避免被認出。皮克所注記的整份名單都被標記為「最高機密！」整個烏布利希組的存在，則在成立後十年間都持續遭到否認。

烏布利希的手下並非隨心所欲。就在他們從莫斯科出發前，共產國際的保加利亞裔首腦季米特洛夫召見了皮克，親自傳達史達林的指示：「這些即將出發的人並非聽命於德國共產黨，而是直接聽命於紅軍。」[12]抵達德國後，烏布利希必須每晚向蘇聯占領當局匯報，不論是重建柏林文化和娛樂生活，或是為了看似芝麻蒜皮的小事爭取許可，如鼓勵柏林人善用「每一寸土地」耕作的小冊子。[13]同一時間，烏布利希組織的能力，以及對蘇聯毫無瑕疵的忠誠紀錄，迅速讓他獲得德國的蘇聯執政者信賴。一九四五年五月，他欣喜地向仍在莫斯科的皮克回報：「目前已經發展到，一旦出現棘手問題時，指揮官會詢問我們要找哪一位專家來協助重建行政制度。」[14]雖說如此，在一九四五年六月到一九五二年四月間，史達林還是多次親自召見他的德國代表團，要他們前往位於克里姆林宮的辦公室，次數總計多達十一次，並且兩度跟忠誠的烏布利希進行私下會議，[15]與其說他是對德國的政治未來深感興趣，不如說是打從心底對他的占領區抱持著不信任。

真要說的話，史達林看來似乎很想限制德共的狂熱意識形態。歷史學家對於史達林對戰後德國的規劃依然莫衷一是。唯一清楚的是，他一開始給予烏布利希的指示是指向全德國，而非僅限於他所占領的地區。這並不表示要設立仿效蘇聯形象的制度。一九四五年六月七日，季米特洛夫出席了史達林跟烏布利希的其中一場會議，他在日記上寫道，史達林「建議絕對要（向烏布利希的德國同僚）解釋在德國引入蘇聯制度是錯的，要做的是建立反法西斯、民主且具有議會的政權。」[16]這樣的觀點大概並非因為史達林熱愛西式政治，但顯然在一九四五年夏初時，史達林依然積極尋求與資本主義盟國的合作，另外建立一個東德國家並非史達林的最初計畫。

烏布利希在德國遵循了史達林之意，將他的話帶給烏布利希組成員，並將他們送到首都執行任務。沃爾夫岡．萊昂哈德記得烏布利希交辦他們，要在柏林的全部二十個區域裡建立反法西斯行政單位。接著烏布利希說出了後來與東德政治密不可分的一句話，當時他總結了在柏林重建政府的這項任務，對著他的追隨者說：「表面上要民主，但一切都必須掌握在我們手中。」[17]

心急如焚的德國人

一九四五年五月，柏林。

奧圖．穆勒海瑟特（Otto Müllereisert）醫師費力爬過廢石堆，前往自己的醫院，這家醫院什麼都缺，缺繃帶、嗎啡、藥品。但他決心竭盡一切所能，幫助擠在候診室裡的危急病人。至少他仍被需要，他依然能有所作為。在途中，他發現一家商店的窗子內有異狀，商店被洗劫過，門戶洞開，窗戶上的玻璃不翼而飛。他看到店裡躺著兩個人形物體，像「埃及木乃伊」般地用紙包裹了起來。[18]醫師好奇地請人將其中一個物體解開包裝，當紙張褪去，一具男性裸屍露了出來，醫師遲疑了一下，接著心一沉。「這些屍體從哪裡來的？」他開口詢問，於是被帶至一處昏暗、半埋在地下的階梯，那裡通往地下防空洞。他一推開沉重的門，撲鼻迎來的是一陣惡臭。眼前有二十個人，裹著毛毯躺在石地上。有些人呼吸沉重，其他人看起來幾乎失去意識。斑疹傷寒。穆勒海瑟特連第二眼都不用看，他將門甩上，轉身看著領他下樓到這座「發燒煉獄」的男子，他直直望入對方那雙疲憊的雙眼中：「我們必須完全封閉這座地下室，務必無時無刻守住這個門口。」他對那男人說。醫師快步離去時，耳邊還迴盪著該名男子的回覆：「可是我的老婆還在下面，我要怎麼……」他無能為力。

同盟國的轟炸、砲火以及逐屋巷戰，讓德國城市化為灰燼，一幢幢破敗樓房從廢墟中挺出。鄉村的境況通常比城市好上許多，但是位在敵人進路上的村莊也難逃被蹂躪的命運，慕尼堡（Müncheberg）就是其中一例。這是一座中世紀小鎮，位在柏林和新波蘭國界的半路上，因此住房僅存原本的百分之十五。德勒斯登及柏林等城市面目全非，光是首都柏林就被埋在五千五百萬立方公尺的瓦礫堆之下。根據當代資料描述，這個量體足以打造一座從柏林到科隆，高五公尺寬三十公尺的高牆。[19]德勒斯登和柏林以最受戰火蹂躪的城市形象烙印在集體記憶中，但也有其他城市受害，例如羅斯托克（Rostock），這是位於波羅的海沿岸的德國大港，在英美砲轟下，有百分之八十五的房屋遭到損毀。整體估算下來，大約有兩千萬名德國人在二戰期間流離失所，因為全國約有一半房屋遭摧毀。

食物、供水與供電皆遭到破壞，此時受傷、挨餓且生病的德國人，只能爬出自己被摧毀的家園，匆匆跑過紅軍士兵，前往最近的打水站，或是找尋任何能吃的東西。倒塌房屋的木材被撿來當柴燒，公園和綠地的樹木遭到砍伐，同盟國起先反對這樣的行為，後來則放行。柏林居民艾利卡・萊內克（Erika Reinicke）當時年僅十一歲，她還記得她的家人在一九四五年聖誕節時前往劇院看戲作為犒賞，他們當時看的是弗朗茲・雷哈爾（Franz Lehár）的浪漫輕歌劇《微笑的大地》（*The Land of Smiles*），入場費是一塊煤炭，好讓房間能夠供暖。[20]

烏布利希在一九四五年回來時所遇到的人，跟一九三三年他遺留下的人群不同。蘇聯占領區到了一九四五年底時，人口有一千六百萬，比戰前多了一百萬。這點令人驚訝，因為共計有一千萬名德國人成為了戰俘，超過五百萬人葬身前線。許多戰俘自一九四五年起逐一獲釋，但在東線戰場遭俘虜的約三百萬人在戰俘營待了很久，有些甚至長達數年。許多人在惡劣的環境中殞命，永遠無法歸來。但來自東邊的德國難民潮補上了這個數字，因為戰勝的同盟國同意，為了維持歐洲和平，必須從奧得河以東以及波蘭、捷克斯洛伐克、匈牙利、南斯拉夫、羅馬尼亞以及蘇聯土地上驅逐德國人。他們清楚說明必須以「有秩序且人道的方式」進行，但那些遭到驅逐或逃離的人卻有著完全不同的體驗。難民沿途所遇到的，是一心想報復的紅軍士兵，以及戰時在德國人手中受盡磨難的平民，因此他們遭遇了暴力、強暴與謀殺。他們以步行前進，成群結隊地拖著塞滿物品的木製拖車而行，上頭載著的是他們僅存的家當，他們往往要花費數年才能抵達目的地。

一九四五年二月，波蘭西部，施滕貝格（Sternberg）。

意兒瑟．亨切爾（Ilse Hentschel）八歲時，俄羅斯士兵將她全家趕出故鄉施滕貝格，即現今波蘭西部的托日姆（Torzym）。她的父親受徵召成為德意志國防軍的司機，一九四五年時依然為蘇聯所俘虜，因此意兒瑟及她的兩名姐姐，十五歲的克莉絲特（Christel）及十歲的吉瑟拉（Gisela）跟著母親和祖母一起出發。她們不知道自己能去哪裡，只得加入其他絕望家庭的行列中，沿著通往柏林的國道一號西行。意兒瑟還記得她們一家看到無數的平民和士兵屍體橫倒在路上，每個人都感受到威脅的逼近。她們這個小群體的每一位成員都染上了傷寒。意兒瑟終生感激那些心軟的蘇聯士兵，他們給了這三姐妹一些糖，讓她們的母親可以將路上撿到的未熟蘋果跟糖一塊煮成糊。意兒瑟相信這救了她一命。她的祖母則已病入膏肓，她的腳傷開始潰爛，最終因此逝世。意兒瑟悲傷但保持堅強，協助家人將祖母「以毛毯包裹起來，放上拖車，拖著她前往最近的墓地，就地掩埋。」[21]意兒瑟一家跟許多人一樣緩慢地往西遷徙，在被火燒過的農舍裡尋求庇護，擠上人滿為患的火車，有時還要在車站克難地過夜，因為永遠不知道下一班火車何時進站。最終，她在柏林西南方的波茲坦一帶開啟新生，有數百萬人跟她經歷相同命運。到了一九五〇年，東德人口中有四分之一，就是由這些來自東部的流離失所的德國人組成。

蘇占區的人民飽受摧殘，他們經歷了戰敗、飢餓、無家可歸、悲痛和戰勝者的殘暴報復，變得心急如焚且絕望，挫折感沸騰，很可能演變成民間動亂。他們已經沒什麼好損失的了，因此在缺乏有效的治安工具下，他們變得更為不穩定且難以掌控。納粹政府組織已經崩塌，黑市不受控且蓬勃發展，更無法重建社會常規與組織。這些人民遭到紅軍驅逐與施暴，不可能接受解放的方針，也不會信任這些外國占領者。烏布利希和他的手下被交代要重建秩序，建立信任和穩定情勢，如今看來是一場不可能的任務。

副手當政

一九四五年五月二日，柏林。

沃爾夫岡・萊昂哈德跟其他烏布利希組的成員一起搭車從位於布魯赫穆勒（Bruchmühle）的蘇維埃總部出發，經由柏林郊區腓特烈斯費爾德（Friedrichsfelde），前往第三帝國曾經引以為傲的首都。沃爾夫岡和同僚望向車窗外，他發現自己童年居住的城市已消逝，眼前是一片末日後的景象，讓他想起但丁的《地獄篇》（*Inferno*）。

> 大火、廢墟，還有在破爛布袋中翻找的飢餓失落人群。恍惚的德國士兵看似完全無法理解現況。紅軍士兵唱著歌、大聲歡呼，總是醉醺醺的。成群的女人在紅軍的監督下清掃瓦礫堆。一排排的人群在打水站耐心等候裝滿一桶水。每個人看起來都身心俱疲、飢腸轆轆。[22]

烏布利希組的工程浩大。

這群莫斯科的流亡人士第一個任務，是在蘇聯占領區創造一個在地治理系統，他們充滿熱忱，精力充沛地投入工作。

他們抵達柏林時，受命物色適合人選，擔任市長、議員以及其他公職，他們只被告知要找

「反法西斯」的人。事情的進展比團隊想像中容易，因為納粹政權留下了鉅細靡遺的檔案，詳細記錄了威瑪共和國時期在希特勒統治下遭排除的政治人物和擔任公職的人。烏布利希很清楚知道他不能只是用共產黨員來填補所有空缺，因為這並不足以打造一個能夠獲得人民愛戴的穩定制度。他下令團隊採用下列制度：「每一個區議會必須由一位市長以及兩位副市長治理（第一位副市長負責掌管人事），並且要有以下部門：食物配給、經濟、社會事務、公衛、交通、勞動、教育、財務、教會事務等。」[23]重點是，他強調這些領導團隊必須符合當地的背景脈絡：

> 共產黨擔任市長發揮不了作用，除非是在維丁（Wedding）或是腓特烈斯海恩（這兩者都是共產黨重要根據地）。在勞工階級的地區，市長應該由社會民主黨人選出任。中產階級地區如采倫道夫（Zehlendorf）、維爾默斯多夫（Wilmersdorf）、夏洛滕堡（Charlottenburg）等地，則應該由一位布爾喬亞人當家，可以是出身自天主教中央黨（Centre Party）、民主黨、德國人民黨（German People's Party）的人，如果是醫師更好；但一定要是反法西斯人士，而且要能跟我們合作的人。[24]

烏布利希很願意把在地行政的政治第一線交給任何具有「反法西斯」背景的人來執掌，但他也努力確保決策權是交給跟他擁有相同德國願景的人。裁決政策與人事的真正權力並非掌握在市長手中，而是他們的副手，這些副手都是萬中選一，以確保他們願意幫助烏布利希在德國土地上打造社會主義。

烏布利希的副手制度落實到蘇占區各地。除了烏布利希組之外，還有另外三個類似的團隊，成員同樣都來自流亡莫斯科的德共社群，他們全部都埋頭翻找警政紀錄和集中營囚犯名單，以及曾在威瑪時期活躍的政治人物。他們找到的人包括埃里希．采根（Erich Zeigner），這位五十九歲的前社會民主黨政治人物在一九四五年七月十六日出任萊比錫（Leipzig）市長。采根終其一生都隸屬社會民主黨，並且因此在薩克森豪森集中營（Sachsenhausen）和布亨瓦德集中營飽受磨難。他受人敬仰、談吐文雅，來自中產階級，擁有法律與經濟學士學位，以及一個博士學位。在一九四九年逝世前，他持續擔任萊比錫市長，並且與蘇聯占領者及其德國助手保持密切合作。不過並非所有人事任命都如此順利，例如奧圖．貝爾（Otto Baer）受派擔任馬德堡（Magdeburg）市長，他隸屬社會民主黨，參與工會，也曾經成為納粹階下囚，後來遭到無數次宵禁和房屋搜索騷擾，這些經歷讓他看起來是一時之選。但貝爾很快顯露出有主見的一面，跟蘇聯方發生衝突，害自己被開除，並且在內務人民委員部監獄蹲了十週。不過整體而言，當政的這批副手確確實實達成了烏布利希的指示：表面上民主，但一切都掌握在共產黨手中。

民間情誼

一九四五年五月八日，柏林，腓特烈城（Friedrichstadt）。

戰爭落幕，德意志國防軍遭包圍，並且被下令澈底停止一切戰鬥。一位來自莫斯科的男人在這天抵達柏林，此時烏布利希組已經忙了一星期，這個男人一開始也被指派到烏布利希組，但是蘇聯人希望贏得民心，因此擔心這個人的猶太背景會在納粹統治過後的德國引發敵意，於是他在最後一刻被撤回，但是他實在大有可為，因此還是在他的同僚出發一週後被送往柏林，這個人就是魯道夫・赫恩施塔特（Rudolf Herrnstadt）。第二次世界大戰歐戰勝利紀念日（VE Day）這天，赫恩施塔特在莫斯出版大樓（Mossehaus）建築廢墟裡東翻西找。莫斯出版大樓位於柏林報業重鎮腓特烈城，是柏林眾多自由派報紙的發源地，例如《柏林日報》（*Berliner Tageblatt*）①等，這棟未來主義的建築高大宏偉，一度成為柏林最高聳的世俗建築，如今在砲火襲擊後被燒成廢墟，到處橫躺著屍體，但赫恩施塔特對於現場濃厚甜膩的屍臭味不為所動，他的目標是在瓦礫堆中找到一台印刷機及一些打字機。

赫恩施塔特是一意孤行的人，他一向都是如此。他的父親在上西里西亞（Upper Silesia）格

---

① 譯注：《柏林日報》是德國柏林在一八七二年到一九三九年發行的日報。

利維采（Gliwice，現今波蘭南部的城市）擔任律師，生活富裕，並且期待兒子繼承父業，但年輕的魯道夫自有規劃，他想成為作家，因此從大學輟學。由於沒有收入，他的父親逼迫他在當地的紙工廠工作，兩年後他再度反抗父母期待，搬到柏林。他在柏林先靠著微薄的新聞稿費為生，接著成為外派布拉格、華沙和莫斯科的記者。儘管來自布爾喬亞階級，他還是在一九二〇年代申請加入德國共產黨，黨內一開始因為他的背景而推辭，但最後接受了他的入黨申請。數年過後，他在莫斯科的自由德國全國委員會（National Committee for a Free Germany）擔任報紙編輯，他的同事都來自勞工階級，因此常常會被他老派窠臼的用語逗笑，特別是他常常用德語中的第二人稱敬語（Sie）對下屬說話。

赫恩施塔特是才華洋溢的宣傳家，而他對於蘇占區政府制度的建立至關重要。他自認肩負重責大任，需要為同胞創立一份廣泛流通的報紙，作為重要的再教育管道。戰時他待在俄羅斯，因此對俄語、俄國人民以及文化產生高度興趣。他沒有耐心也沒有時間聽這些德國人口中的俄羅斯人強暴和洗劫事件，他認為是德國人允許希特勒攻擊蘇聯並且在當地進行恐怖犯罪，此外，他的個人猶太背景更加深了他對德國人的敵意，甚至因此讓他對柏林人的自憐感到震驚。

赫恩施塔特終於在十字山（Kreuzberg）找到一台印刷機，因此他一秒都不浪費，立刻開始再教育工作。一九四五年五月二十二日，就在他回到德國的兩週後，他的《柏林人報》（*Berliner Zeitung*）成功問世，第一期報紙印了十萬份。這份報紙的第一個頭條就是後來世人所知的〈柏林重生了！〉（Berlin lives again!），但赫恩施塔特馬上遭遇挫折，因為德國人看完他所寫的親蘇聯政宣以及其中夾帶的資訊，並沒有改變對蘇聯解放者的態度。許多人閱讀他的報紙，只關心其中的民生資訊如食物配給異動，全新法規和規範，失聯親友的消息。一九四五年的創傷刻骨銘心，要花上許多年才會在人們的記憶中消退。就在戰爭剛結束不久的情況下，他的讀者依然對蘇聯人保持敵意，跟赫恩施塔特試圖宣揚的「兩國人民情誼」差了十萬八千里。

為了對症下藥，赫恩施塔特在一九四八年十一月撰寫了一篇廣受矚目的文章，標題為〈關於「俄國人」與關於我們〉（About the "Russians" and about us）。曾有人說他的小舅子「在被〔俄羅斯人〕打頭並偷走腳踏車時，卻什麼也沒做」，[25]對此赫恩施塔特在文章中滔滔雄辯回擊，他承認戰爭「確實使某些人變得殘酷」，但他避開任何關於強暴的字眼。他反憤而提到，德國人應該要理解，對於蘇聯人來說，德國人眼睜睜看著恐怖政權肆虐他們自己的母國。毫無疑問，那位可能只是無辜地站在路邊的小舅子，在那些受到其同胞德國人發動戰爭迫害的受害者眼中，卻是一個不共戴天的敵人。但這番言論並非所有人都埋單，接下來幾週，報紙的辦公室堆滿了雪片般飛來的憤怒信件。

赫恩施塔特無法理解德國大眾，也無法與之產生連結，這是從莫斯科返國的流亡人士的通病。烏布利希組希望繼續隱藏他們與蘇聯占領者的連結，他們以及其他被派回德國的人，從來不曾體會站在歷史錯誤一邊的感受，他們還以為自己占據了道德制高點。

全新的政府

烏布利希與他的手下緊鑼密鼓地找人，以健全他們規劃的副手制度，與此同時，駐德蘇聯軍事管理委員會（Soviet Military Administration in Germany）也於一九四五年六月九日開始運作，組織宗旨是管理德國東部，與占領西部的美、英、法一同治理德國。組織的任務是重建基礎設施、食物與水源供給、維護治安以及管理日常，避免破壞國家團結。到頭來，德國的行政治理還是要交還給德國人，但首先要先建立澈底廢除納粹制度的政府組織結構。

一開始，蘇聯人比起西方人更願意信賴德國民眾。在赫恩施塔特發行的《柏林人報》第二期中，史達林的一句話被特別框了起來，似乎證明他希望快速和解：「希特勒這類人來了又走，但德國人以及德國國家屹立不搖。」[26]史達林對德國人的態度搖擺不定。史達林在對德國人整肅的期間出現了兇殘的偏執以及迫害，歷史留名，但同時史達林對德國文化、文學與藝術也展現高度興趣。如今戰爭落幕，德國不再對史達林或他的人民造成威脅，因此史達林決定相信德國人遭到希特勒蒙騙，而且並非（像美國人一開始預測般）生性好戰。蘇聯占領區因此很快將權力交回德國人手中，駐德蘇聯軍事管理委員會開始運作後的隔天，就頒布了第二號命令，准許成立政黨和工會。第二天，德國共產黨重新成立，流亡莫斯科的人士成為核心。皮克在一九四五年七月一日從蘇聯回來接任黨魁。

一九四五年六月十一日德國共產黨成立，但並不表示蘇占區就此踏上分離的歷史道路。蘇聯外交官法林（Valentin Falin）是德國事務專家，七〇年代出任駐西德大使，他回憶起烏布利希與史達林在一九四五年夏天的密集會議中，他清楚記得德國的統一是討論的核心。史達林不斷強調：「德國必須是保有統一的國家，不能出現任何可能破壞德國社會秩序的分裂與實驗。我們的工作是將一八四八年布爾喬亞民主革命完成。」[27]法林的話不可盡信，畢竟他在冷戰時期擔任蘇聯外交官，因此他有充足的動機來淡化史達林對德國分裂造成的影響。然而事實擺在眼前，蘇聯比其他西方同盟國家早三個月放行德國人在蘇占區成立其他政黨和組織。社會民主黨、基督教民主聯盟（Christlich Demokratische Union）、德國自由民主黨（Liberal Democratic Party of Germany）在六月與七月紛紛成立，緊接著自由德國工會聯合會（Free German Trade Union Federation，德文簡稱ＦＤＧＢ）在一九四五年七月十三日成立。所謂的反法西斯委員會在蘇占區各地如雨後春筍般冒出，組織成員包含各方反對納粹的人馬，例如社會主義者、共產主義者、自由派人士、基督徒等。如今歷史風向轉變，許多過去作壁上觀的人，甚至納粹黨的成員也會加入反法西斯委員會，藉此期盼他們可以安然度日。

甚至早在終戰前，過去許多反對納粹政權的自由派、民主派、牧師、共產主義者、社會主義者就在德國北部港口格賴夫斯瓦爾德（Greifswald）聚集起來，戰後他們則形成正式反法西斯委員會，這座漢薩同盟（Hanseatic）小鎮人口為六萬（為一九三三年前當地人口的兩倍），其中半數人口為從東歐逃離至此尋求庇護的德裔。當地亟需正常運作的行政單位。當地的市政廳為十三世紀紅磚建築，顏色與蘇聯十分相襯，蘇聯指揮官准許商店在此開張，委員會便由此開始打造重要基礎設施，試圖化解煉獄般的人道危機，當地缺乏食物、飲用水和難民庇護所，造成傷寒等疾病爆發，罪犯也猖獗，法治崩壞。委員會在蘇聯緊盯著的監督下行事，但他們也獨立宣布希望「透過教育民眾戰爭的起源及發展，摧毀城內外的法西斯主義。」[28]

照理來說，多元的政治地景應帶來可以運作的民主體制，東德各地的群眾都蠢蠢欲動，滿腔熱血的他們看到一絲為自己和國家贖罪的機會，希望打造更好的德國和根除在一九四五年依然生機勃勃的法西斯主義。沃爾夫岡．萊昂哈德對這一切感動不已，他的眾多同胞都捲起袖子準備加入政治和社會上的重建工作。「這真是太美好了，」他亢奮地說，「每一位反法西斯主義者都知道不能埋頭苦幹，而是必須和共產主義者、社會民主人士、左派、自由派一起，所有人必須齊心合力！」[29]

大清洗——第二部

一九四五年五月二十八日，麥克倫堡（Mecklenburg），格賴夫斯瓦爾德。

深夜時分，漢斯．拉赫蒙德（Hans Lachmund）家傳來沉沉敲門聲，漢斯一開門，門外的內務人民委員部官員無緣無故就立即將他逮捕。漢斯擔任反法西斯委員會的核心成員，過去數週以來，他和同僚與朋友在格賴夫斯瓦爾德市政廳夜以繼日地投入建立行政組織機構的工作。漢斯一輩子都是熱情的民主派人士，他在威瑪期間活躍於政壇，接著加入反納粹的地下組織。一九四五年五月八日，戰爭終於結束，他成為格賴夫斯瓦爾德全新市政廳的核心成員，蘇聯方認為一位具有中產背景的律師會成為有用的資產，因此相當認可這樣的安排。如今內務人民委員部卻在深夜上門進行逮捕，漢斯駭然失色。這起事件始終未獲得任何解釋，漢斯就這樣以政治犯的身分在集中營度過了三年。

漢斯最一開始被關押在新布蘭登堡（Neubrandenburg）芬夫艾亭（Fünfeichen）的九號戰俘營（Camp No.9，原被稱為 Stalag II-A）。過去有數千名德意志國防軍的敵軍命喪於此，其中光是紅軍就占了六千名，如今這裡用來關押德國政治犯。漢斯的獄友包含前納粹黨員，以及無數曾經加入希特勒青年團的青少年。一九四五年秋天，他被移送到威瑪附近布亨瓦德集中營中的二號特別營，過去這裡專門囚禁納粹逮捕的人，這些人的屍骨才剛被清除，四月時有數千名威瑪的居民被迫來集中營看成堆的屍體，三個月後新一批政治犯就抵達。一九四五年末，關押於此的政治犯達到六千人。

蘇聯起初的政治策劃看起來或許民主，正如烏布利希向成員下的指示，但同一時間，蘇聯與位在德國的眼線已經開始調查反法西斯主義委員會人士的相關背景，一波強而有力的政治精簡行動正如火如荼進行。一股偏執的氛圍席捲每一位過去流亡莫斯科的德共人士，他們想起了史達林大清洗的恐怖時期。他們真的能信任這一位市長嗎？那位市議員真的是共產黨員？他們怎麼知道這座城市的反法西斯委員會其實並不是法西斯勢力暗中再起？沃爾夫岡．萊昂哈德以年輕人的熱忱向烏布利希回報各地反法西斯組織的興起，烏布利希的反應卻近乎歇斯底里，他要求：「我們必須立刻解散這些單位！」他解釋說，畢竟沒有辦法辨別這些組織內是否藏有納粹分子，試圖以反法西斯的身分來掩飾自己。

內務人民委員部特殊監獄（Spezlags）大規模監禁政治犯，直到一九五〇年這些監獄才消失。一九四五年四月十八日，內務人民委員部頒布〇〇三一五號命令，目標是「清除奮戰中紅軍背後的所有敵意元素」，受監禁對象的範圍逐漸擴大，漢斯在格賴夫斯瓦爾德之所以被捕，就是因為被挖出了過去的一些聯繫。一九四五至一九五〇年間，共出現了十處特殊監獄。內務人民委員部官方數據顯示，這些監獄共監禁了十五萬七千八百三十七名囚犯，蘇聯承認其中七百五十六名遭直接處決。根據估算，百分之三十五的階下囚死於監獄的惡劣環境。[30]

蘇占區理應民主多元的規劃一設立即遭削弱，這點從大規模的逮捕即可明顯看出端倪。納粹宣傳首長戈培爾曾經譏諷柏林為「紅色柏林」，因為當地有數千名反對納粹政權的狂熱分子，這些人在遭到納粹打壓數年後，真心企盼跟蘇聯人攜手打造更美好的德國。但現在任何政治活動都變得極其危險，甚至就連單純的冒頭表態都會導致大禍臨頭。因此，許多東德人開始封閉自己。

他們不想與蘇聯人或德國國內的執法者有任何牽連。

蘇占區工人團結起來！

一九四六年五月二十一日，柏林米特區（Berlin-Mitte）。

烏布利希及皮克分別坐在社會民主黨黨魁奧托．格羅提渥（Otto Grotewohl）兩側，他們坐在海軍上將劇院（Admiralspalast）舞台上成列板凳的第一排，這座宏偉劇院矗立於柏林市中心腓特烈大街（Friedrichstraße），長達數個月的空襲砲火和街頭混戰奇蹟般地並未損及這棟建築。過去這裡曾經作為各式娛樂場所，如羅馬風格澡堂、滑冰場以及保齡球館，在一九三〇年則改造為可容納兩千兩百人的大劇院，戈培爾對這棟建築的表現主義裝飾不以為然，因此將大廳翻修回古典風格，至今依然可見。

烏布利希召來了社會民主黨與德國共產黨這兩個勞工政黨的代表，來到這個浮誇且布爾喬亞的地點，這個安排令人感到新奇，但烏布利希試圖讓他們留下好印象，因為這兩個政黨都對即將發生的事將信將疑：將社會民主和共產主義結合，成立社會主義統一黨（Socialist Unity Party）。格羅提渥坐在烏布利希與皮克之間，看起來樂在其中，臉上掛著微笑，並且在正確的時間點微笑鼓掌，但他一開始也對合併計畫存疑。格羅提渥的本業是書籍印刷，在威瑪共和時期從社會民主黨打造了自己的政治生涯，擔任過國會代表以及內閣成員等不同職位。希特勒即位後，他從未背棄自己的信念，並且持續參與地下反抗活動，因此多次淪為階下囚，也持續遭到蓋世太保騷擾。這些年來他都待在德國，從未停止奮鬥。

格羅提渥跟烏布利希和皮克大不相同，他曾經目睹蘇軍進犯柏林，為人民帶來更多苦難。他跟許多留在德國的社會主義人士和共產主義人士一樣，對於從莫斯科歸來且準備接管的流亡人士抱有疑心。不過格羅提渥被駐德蘇聯軍事管理委員會召見，到位於卡爾斯霍斯特（Karlshorst）的總部出席會議後，態度有了一百八十度的翻轉，同樣出自社會民主黨的埃貢．巴爾（Egon Bahr）及時任基督教民主聯盟（Christian Democratic Union）黨魁的雅各．凱撒（Jakob Kaiser），後來信誓旦旦地說：「回來後他簡直變了個人。」[31]那天在卡爾斯霍斯特究竟發生了什麼事？我們永遠無法得知。但格羅提渥已經加入陣營。社會民主黨絕大多數成員依然形成阻礙，當時社民黨在柏林的各西方占領區舉行了一次投票，調查立刻跟德國共產黨結合的意願，有八成的社民黨員投下反對票，因此駐德蘇聯軍事管理委員會立即下令禁止在他們的占領區進行這項投票。

烏布利希想要確保一九四六年八月二十一日在海軍上將劇院的活動能夠打動那些立場堅定、飽受苦難的社會主義人士。兩個黨的代表所坐的位子上方掛著布條，上頭印著三位十九世紀社會主義開創者的頭像，分別是馬克思、恩格斯（Friedrich Engels）和倍倍爾（August Bebel）。這個布條就是為了提醒在場的五百零七位德國共產黨代表以及五百四十八位社會民主黨成員，德國共產黨與社會民主黨在第一次世界大戰引發的意識形態分裂前，共同擁有勞動階級背景。在戰爭爆發前，一九一二年時他們以社會民主黨的形式成為國會最大黨，但是爾後的內鬥導致他們分道揚鑣，結果招致嚴重後果，導致威瑪時期這兩個路線無法團結起來抵抗希特勒的統治，以致帶來日後的悲慘局面，黨員正是其中最大的受害者。

烏布利希提醒所有人這段慘痛的分裂歷史所造成的後果，他說：「從今開始，再也沒有社會民主黨員，也沒有共產黨員。從今開始，只會有社會黨員！」話聲一落，全場歡聲雷動。皮克與格羅提渥象徵性地握了手，引發更多掌聲。他們將共同成為社會主義統一黨主席，社會主義統一黨將在未來四十年主宰東德的政治發展。

容克土地歸農民管

一九四五年八月三十一日，薩克森—安哈特邦，巴倫施泰特（Ballenstedt）。

安哈特公爵約阿希姆．恩斯特（Joachim Ernst）很納悶，為何穿著制服且全副武裝的俄羅斯人會出現在他居住的巴倫施泰特城堡。這座巴洛克式城堡位於薩克森—安哈特邦的哈茲山區，是中世紀阿斯坎尼家族（House of Ascania，又稱安哈特家族）幾百年來的所在地。雖然公爵對於門口的俄羅斯人感到疑惑，但是他並不特別擔憂。四十二歲的安哈特公爵有著良好的反法西斯紀錄，他一直以來都公開反對納粹統治，甚至一九四四年冬天時還在達浩集中營待了三個月，他可說是滿心期待地從納粹暴政下獲得解放。然而他看到站在家門口的俄羅斯人穿著矢車菊藍的上衣，頭戴藍帽，下身穿著藍色褲子，腰際繫著深紅色腰帶（這個顏色在俄羅斯語的翻譯相當適切，指的是蕁麻），公爵心一沉，他眼前的這群人並非一般的紅軍士兵，而是內務人民委員部軍官。他們沒有提供任何理由就逮捕了公爵，把他送到哈勒（Halle）惡名昭著的「紅牛」（Red Ox）監獄，這裡因為獨特的紅磚外牆而得名。

公爵試著解釋他一直以來都反對納粹政權，而且不會對民主化的德國造成任何威脅。但是這些對共產黨人士來說其實無關痛癢，因為在他們眼中，德國貴族的雙手都沾滿了鮮血，基本上所有的有錢人都是，因為他們都資助了希特勒的崛起。安哈特公爵最終被移送到布亨瓦德的內務人民委員部第二特殊監獄，在監獄裡他因飢餓而染上傷寒，四十六歲時於獄中逝世。

許多貴族是過去稱為「容克」（Junkers）的普魯士地主階級，這些人大多跟安哈特公爵落得相同下場。社會民主黨與德國共產黨終於在此達成共識：他們都希望興起全面的社會改革，而兩方都對貴族懷有深深的厭惡。土地改革對兩方來說是較無歧見的議題。蘇聯在第一次世界大戰時就在土地再分配上有過殘暴的處理方法，蘇聯人此時借鏡歷史，支持德國的土地改革，推出口號：「容克土地歸農民管。」

「民主陣營」的成員來自所有新的政黨，一九四五年八月二十九日，他們決議任何超過一百公頃（相當於一百四十座足球場）的私有土地將被無償徵收。安哈特公爵的土地達兩萬公頃，大幅超過他們所設的標準，因此在公爵遭逮捕時便立即遭到沒收。至今，安哈特公爵最小的兒子愛德華依然持續努力追討家族被沒收的土地與城堡。有許多其他家族均遭逢相同命運。共計高達三百三十萬公頃的土地遭沒收，相當於蘇占區百分之三十五的農地。北方麥克倫堡則有百分之五十四的土地遭沒收。除了土地，這些家族還失去了房產、設備、個人用品，甚至衣物也無法留下，因為他們都在一夜之間被驅逐出自己的家。雪上加霜的是，他們都被禁止在故鄉落腳，因為這樣才能象徵過去的敵對階級遭到驅逐。

在這樣的做法之下，德國社會的階級制度彷彿能夠透過實際驅逐地主階級來抹除。三分之二的土地以大約二十公頃的大小重新分配給所謂的新農民，剩下的三分之一則歸國家所有。「新農民」毫無經驗可言，二十公頃的土地也太過狹小，無法耕地獲利，他們也缺乏適當的農耕器具，因此食物產量立刻大減。往後數十年，這番政策持續嚴重影響著東德的農業發展。

洗劫與掠奪

一九四六年十月二十二日，柏林。

赫爾穆特·布洛伊寧格（Helmut Breuninger）在凌晨被敲門聲驚醒，他前往應門，眼前出現兩位紅軍軍官，以及一位武裝士兵。其中一位軍官告訴他：「根據駐德蘇聯軍事管理委員會指令，你必須以你的專業在蘇聯工作五年……你可以帶上妻小，也可以攜帶所有你想帶的個人物品。現在開始打包。」[32]赫爾穆特手忙腳亂地將院子裡的幾塊木頭釘成板條箱，一家人將想帶走的家當匆匆塞入。幾個小時過後，貨車停在赫爾穆特的家門外，士兵將這個年輕家庭的家當搬上車，赫爾穆特一家人也上了車。抵達車站時，兩班火車已經停在車站等待，火車頭冒著滾滾白煙。赫爾穆特家的家當塞滿了其中一節車廂，他們一家人則坐在載客車廂。他們望向窗外，看到滿目瘡痍的城市正逐漸退去，映入眼內的是布蘭登堡的田野景象，對於旅途的終點，他們一無所知。

三十五歲的赫爾穆特是一位物理學家，他來自位於巴伐利亞邦首府慕尼黑附近的蓋默靈（Germering）。他跟許多科學家一樣，替德國戰備產業工作，並在希特勒戰敗後失去工作。他在柏林的阿斯坎尼公司（Askania Works）謀得一職，對此他心懷感激。這家公司從事精密機械和光學，蘇聯也在戰後重啟了這家公司的生產。赫爾穆特負責協助開發飛機的自動駕駛系統，在二戰後，德國科學家與工程師在火箭科學、軍武以及航太科技的專業上都得到所有二戰勝利國家重用。一九四五年七月與八月的波茲坦會議（Potsdam Conference）中，戰勝國一致決議可以強制徵召關鍵產業人才，而且這些人才可以被單獨招攬至其他國家，不過必須徵得他們本人的同意。

起初，駐德蘇聯軍事管理委員會遵守前述原則，整個占領區的科學家也開始在重新啟用的實驗室和工廠裡工作。但莫斯科當局日益擔心德國科學家會成為國安破口，因為他們不但握有蘇聯軍事計畫的敏感資訊，還可以自由來去，甚至能夠前往西方的占領區，這代表美國與英國可以暢通無阻地接觸東德科學家，甚至進入柏林的相關地點。因此蘇聯決議將數千名專業人士移出蘇占區，而且他們已經預期會引發反彈，因此以迅雷不及掩耳的速度進行。

這個如火如荼地開展的行動稱為奧索維亞欣行動（Operation Osoaviakhim），由不同單位共同執行，將蘇占區各地的關鍵產業工作者一網打盡。一九四六年十月二十二日當晚，超過兩千名德國物理學家、化學家、工程師與科學家在敲門聲中驚醒，並被要求立刻打包離開。日後，許多人都說他們受到人道的待遇，有趣的是，他們有些人甚至被告知可以帶上自己喜歡的女人，不論是妻子或情婦都可以。大多數時候，他們可以帶上任何個人物品，包括家具或汽車。火箭科學家赫爾穆特．葛羅特普（Helmut Gröttrup）曾經參與華納．馮．布朗（Wernher von Braun）主導的蘇聯太空計畫，他的妻子英姆嘉．葛羅特普（Irmgard Gröttrup）就跟蘇聯人提出帶走兩頭牛的需求，因為她要確保孩子們有足夠的牛奶可以喝。他們答應了她的要求。但即便蘇聯盡全力滿足葛羅特普家的需求，葛羅特普太太也發現他們的友善態度背後帶著強硬。她在回憶錄中寫道，她開始打包家人的物品後，「因為我想透透氣，便試著從後門出去一下，但根本不可能！一支槍管對著我，一張寬闊的臉跟我說『不行』。」[33]

葛羅特普家以及他們的兩頭牛在一九四六年十月二十八日抵達莫斯科，他們以及其他七十三名專家被移送到戈羅多姆利亞島（Gorodomlya island），這座島嶼位於莫斯科西北方的謝利格爾湖（Seliger Lake），他們在島上彷彿住在金籠子中。當時兩歲的卡爾・布洛伊寧格（Karl Breuninger）跟著家人一起被送到蘇聯，在他的記憶中，「德國人的薪資比俄羅斯人高」。[34]這群德國人很快就融入當地社群。克萊門斯・品爾（Clemens Pingel）的父親是布洛伊寧格在阿斯坎尼公司的同事，他同樣被綁架，品爾形容「俄羅斯人會問我們的父母：你是納粹分子嗎？父母說不是，他們就會一起喝伏特加」。[35]大部分科學家在一九五〇年時獲釋，令他們震驚的是，他們被問到想回去哪一個德國，其中有些人選擇回奧地利。

除了失去大批科學家，德國蘇占區也開始在經濟方面落後西方占領區。史達林在雅爾達時堅持德國必須支付大筆賠償金，而且他認為蘇聯應該獲得一半的賠償。東線戰事的血腥戰鬥讓蘇聯彈盡糧絕，因此對於史達林來說，賠償不僅是合理的懲罰，而且還有經濟必要，以避免蘇聯人重蹈一戰後血腥內戰的覆轍。但是英美兩國更希望能重建德國，因為他們擔心法國如今受到重創，蘇聯在歐洲的勢力將勢不可擋。《凡爾賽條約》對西方各國來說依然陰魂不散，當初六十六億英鎊的賠償金額讓威瑪的經濟一蹶不振，如今要盡一切所能避免舊事重演。最後各方終於達成共識，每個國家可以從自己的占領區索取賠償，此外，由於蘇聯未能分配到德國工業心臟地帶魯爾區（Ruhr），因此可以獲得西方所得的百分之十來作為彌補。

史達林在他的占領區火力全開地執行戰後賠償條款，洗劫從個人層面開始，包括從德國人手中硬生生奪走腳踏車，這一幕景象將在往後數十年一直停留在許多德國人心中。腕錶特別受到蘇聯士兵所喜愛，他們常常一邊喊著「烏里！烏里！」（錶的德語為Uhr，此處為蘇聯士兵模仿發音），一邊闖入這個戰敗國平民的家中。有張經典照片是德國國會上方插上了紅旗，但這張照片必須進行修圖，因為照片中的一名士兵顯然帶著兩只錶，證明當時猖獗的洗劫情形真實存在，明顯與歷史課本有所出入。士兵進入民眾家中，掠奪任何能夠被運送回家的物品，例如珠寶、收音機和縫紉機。比較大型的物品，例如家具和洗衣機則被打包起來，送上前往蘇聯的無數列車。進行洗劫行為的士兵往往酩酊大醉，他們不只偷走東西，那些他們帶不走或是無法辨識價值的物品，往往布滿彈痕、被他們丟出窗外或是被砸成碎片。記者瑪塔・希勒斯位於柏林的家中地下室多次遭到洗劫，她描述了其中一次場景：「下面一片狼藉，木牆被打爛，鎖頭遭扯下，箱子被劈開破壞……左右鄰居在閃爍的燭火下被翻箱倒櫃。四周一片吶喊和慘叫聲。羽絨被子裡的羽毛在風中紛飛，整個地方瀰漫著酒和排泄物的惡臭。」[36]

蘇聯柏林占領軍首任司令尼古拉・別爾扎林（Nikolai Berzarin）於一九四五年五月頒布的政令，讓這一切的洗劫行為獲得了正當性。別爾扎林殘暴不仁，最後在一次酒後騎車時死於柏林腓特烈斯費爾德。這場為期數月的洗劫行動獲得他的同意，他自己也參與其中。官方公告還下令要德國人將自己的私人物品統統捐出，違者處死。各地設立了收集點，要德國人把那些還沒有被偷走的物品拿到這些地方上繳。

洗劫也以更系統性的方式進行，德國的博物館、美術館和私人住宅中所珍藏的無數藝術收藏均遭洗劫一空，其中最知名的就是埃伯斯瓦爾德錢幣（Eberswalde Hoard），這是德國領土上最大批的史前寶藏。這批金幣跟其他數千件物品被偷偷藏到莫斯科的普希金博物館，從此不見天日。蘇占區的德國工業也遭到破壞，通常以鐵製撬棍進行，手法殘暴且澈底。器械、原料、試管、化學用品和光學鏡片，整個實驗室都被打包起來，送往東方。鐵路遭破壞，纜線從地面和牆壁被挖出，整體而言，蘇占區三分之一的工業基礎都被掠奪一空。

除了將工業、科學和文化全盤洗劫一空，史達林占領區的另一特色就是經濟逐漸國有化。打從一開始就很清楚的是，東邊占領區所遭受到的，是與西邊占領區截然不同的待遇。早在一九四五年七月就在東德設立了中央銀行，為一九四五年九月開始的重工業國有化打下不可或缺的財政基礎，在國有化的過程中並沒有任何補償給先前的持有者。一九四六年六月起，國營化延伸到小公司，兩百間公司合併成二十五家大型的蘇聯股份公司。為了控制這個大規模的經濟計畫，社會主義統一黨成立了自己的「德意志經濟委員會」（German Economic Commission），因此商品、服務、原物料的管理權不僅全部掌握在國家手中，也壟斷在社會主義統一黨的手中。到了一九四八年四月，更多小型私人企業被併入國有人民企業（VEB）當中。最終在一九四八年，東、西德將要成立的前一年，蘇占區內六成的經濟活動都被國有化了。

不論是否有意為之，東邊的經濟政策讓蘇占區更進一步脫離西方占領區。就算在一九四八與一九四九年時，蘇聯與西方同盟國的衝突還沒有在柏林升溫，也很難想像這兩個全然不同的經濟體要如何在同一個政體下運作。西方的占領區開始進行重建，並跟英美占領者建立具體的夥伴關係，東邊卻慘遭洗劫並步上國有化道路。當東、西德於一九四九年誕生時，兩國是奠基在完全不同的經濟基礎之上。

分裂之路

一九四八年五月八日，柏林。

第二次世界大戰歐洲終戰三週年紀念日當天，圖爾帕諾夫少將（Sergei Ivanovich Tiulpanov）對著德國社會統一黨的精英發表演說。圖爾帕諾夫是位粗野之人，頂著光頭和大圓臉，他一再證明自己不是史達林的傀儡，而是自有主見。他擔任駐德蘇聯軍事管理委員會的宣傳部主任，跟柏林的德共人士關係緊密，特別是烏布利希。如今，他判斷時機已成熟，應該以布爾什維克的方式建立東德這個國家。史達林依然猶豫不決，他堅持德國應該維持統一，但圖爾帕諾夫充耳不聞，直接告知社會統一黨如今即將採取新路線：「此政策認定德國已分裂，並且……目標是建立以人民民主模式（People's Democracies）為形象的制度（例如蘇聯）；我們滿心期盼打造一個主權國家。」[37]

烏布利希喜出望外，他早就認定，一個獨立的社會主義東德國家方案遠勝中立的統一德國。前社民黨員格羅提渥原本還企盼著德國維持統一，但就連他也在一九四八年一月幻滅，在黨中會議上對著自己的同志說：「在我看來，毫無疑問德國將會分裂為兩個區域。」[38]但是他的眾多同志依然詫異不已。圖爾帕諾夫試著消除社會統一黨員的疑慮，他表示，要用意識形態「征服整個德國」，[39]只能從蘇占區穩固的政治權力基礎開始，日後必須以階級鬥爭方式向西擴張，而且必要的話，將展開一場長期作戰。

柏林議論紛紛，討論著史達林在這次政策轉彎中扮演何種角色。一九四七年起，許多駐德蘇聯軍事管理委員會的成員以及烏布利希身邊的人都開始以建立獨立東德國家為目標，他們明目張膽地開始設立相關單位和機構。史達林真正的態度永遠無法為世人所知，但是圖爾帕諾夫在柏林放肆令史達林大為光火，因此在蘇聯以間諜罪的名義逮捕了多位圖爾帕諾夫的家人，以此逼迫圖爾帕諾夫回到莫斯科。烏布利希也不斷被史達林召見解釋自己的行動。雖然如此，圖爾帕諾夫和烏布利希兩人的職涯依然未因此而中斷。

在此同時，冷戰在國際舞台上拉開序幕。先前的同盟國彼此之間出現緊張的氛圍，最戲劇性的事件就是柏林封鎖（Berlin Blockade）。美國啟動了歐洲復興計畫，即著名的馬歇爾計畫（Marshall Plan），將十五億美元投入西區，為了確保這大筆資金不會消逝於通貨膨脹的流沙之中，美國政府因此在英美法占領區設立了新的貨幣，德國馬克（Deutsche Mark，簡稱ＤＭ）。先在英美占領區推出，因為兩者於一九四七年合併，法國占領區不久後也加入。這個新的貨幣匯率固定以四點二德國馬克兌一美元，與美國經濟緊密相依，因此史達林強烈反對馬歇爾計畫的金援滲入東區，也無法接受新的紙幣流入他的占領區。然而柏林就位在蘇占區中央，因此西區的經濟與柏林相互連結。一旦引入新的西方貨幣，其後出現的經濟活動將會無時無刻將資本主義一點一滴帶入東邊國有化的經濟制度中。

二十歲的書記員英格・施密特（Inge Schmidt）來自柏林東南且位於蘇占區的庫本尼克（Köpenick），她替經營亨佩爾化工有限公司（Ing Chem F Hempel）的化學工程師工作，地點就在美國占領區的舍訥貝格（Schöneberg）克倫街（Kolonnenstraße），距離滕珀爾霍夫機場（Tempelhof Airfeld）僅一街之隔。她永遠忘不了，當初貨幣改革導致她工時暴增，她必須仔細地將預付薪資分配到住在蘇占區但是受僱於亨佩爾化工有限公司的人。就像她一樣，這些人一成的薪水會以德國西邊的馬克支付，九成的薪水以德國東邊草草推出的馬克支付。英格鉅細靡遺地換算每位員工的薪水，使用紅綠雙色標記不同貨幣薪水的占比。她的工作象徵了蘇聯失敗的封鎖行動，他們終究無法成功阻擋西方經濟制度的入侵，因為柏林內部依然門戶洞開。[40]史達林決定在時機還未太遲前先將這扇門關上。

一九四八年六月二十四日，蘇聯將通往西柏林的所有陸路和水路通道盡數封鎖，也停止從自己的占領區運送食物、水、燃料以及其他物資到柏林的其他占領區。歷史上最戲劇化的一次人質危機就此展開，冷戰第一次正式攤牌，西柏林內超過兩百萬條性命陷入危險之中。西方同盟國展開防衛，出現了令人嘖嘖稱奇的空運行動，共計二十七萬七千八百零四架補給飛機飛往柏林，其中一九四九年四月十六日是最繁忙的一天，每分鐘都有同盟國的班機降落柏林。但是柏林的分裂已經無法挽回，社會統一黨半推半就地起草了一份涵蓋整個德國的憲法，並於一九四八年十月於柏林米特區簽署生效，但這一切都只是作秀。民眾不願見到德國分裂，但對於東西兩邊的決策者來說，分裂已成為理想的方案。可想而知的是，雙方都指控對方是造成分裂的始作俑者。

史達林本人依然不願意接受德國分裂的現實。史達林不滿德國社會統一黨煽動了東德的成立，因此在一九四八年十二月十二日，他命令烏布利希、皮克和格羅提渥前往莫斯科，對著他們數落一番，譴責他們自以為是，將他們比喻為「赤身對抗羅馬人而損失慘重的古老條頓人。」史達林對他們說，需要一種「謹慎方針」，[41]然後彷彿這樣說還不夠，史達林直接下令禁止他們在他的占領區宣布「人民民主」，除非已經無法阻止西德成立國家，否則禁止規劃成立東德國家。

西方的局勢最終化解了東方的衝突。一九四九年五月八日，就在德國投降的整整四年後，西方占領區的「立法會議」批准了去年九月草擬的新憲法。五月二十三日，聲明發布，德意志聯邦共和國誕生。如今史達林別無選擇，九月二十七日他在莫斯科會見了德國社會統一黨的代表團——烏布利希、皮克和格羅提渥，這三個人坐立不安地等了十天才見到史達林。史達林認輸了，他同意建立德意志民主共和國。社會統一黨的三人組回到德國，為基督教民主聯盟與自由民主黨人士帶回消息，開始說服他們同意成立東德。不只如此，他們也同意將選舉延後到一九五〇年舉行。他們三人軟硬兼施，一邊威脅兩黨人，一邊保證他們未來仕途一片光明，最終獲得兩黨同意。社會主義統一黨的格哈德・埃斯勒（Gerhart Eisler）見識到民主政黨如何輕易地就對無產階級獨裁政府讓步，他因此誇下海口：「一旦我們成立了政府，絕對不會再透過選舉或其他方式放棄這個政府。」據說烏布利希曾經得意洋洋地回覆：「有人還沒意識到這點。」[42]

德意志民主共和國成立於一九四九年十月七日，皮克成為第一任總統，格羅提渥成為部長會議主席。②烏布利希長久以來為這一切鞠躬盡瘁，如今他卻只擔任相對低階的職位，成為格羅提渥的三位副手之一。烏布利希甚至把他的副手制度帶到這裡。格羅提渥與皮克代表著社會民主與共產人士的結合，讓新政府獲得正當性，但真正的權力掌握在烏布利希手中，這點眾所皆知。

長久以來，對於戰後德國是否可能免於分裂一途議論紛紛。不論東邊還是西邊的德國大眾，都對分裂一事怨聲載道，東西雙方都立刻指責對方為罪魁禍首。東區責難西區違反了《波茲坦協定》，因為協定中明訂所有決策必須由四個同盟國共同決議，但占領西區的各國卻擅自於倫敦舉行一連串會議，會中決議發行新的貨幣以及推出「馬歇爾計畫」，而史達林卻未曾受邀出席會議。西方各國則怪罪蘇聯占領區內的經濟蘇維埃化以及柏林封鎖行動，認為這才是造成衝突的

② 譯注：Minister President，即總理。

主因。

事實是，支持與反對成立兩個政府的決定權從來不曾掌握在德國人手中。德國作為一個統一的國家還未滿八十年，卻因為在兩次世界大戰中造成莫大傷亡與損害而必須放棄自決權。一九四五年，一切崩壞，德國的命運落入占領者手中，然而這些占領者更關心自己的境況，而非他們的手下敗將。由於西方與蘇俄交惡，德國（準確來說是柏林）成為這場國際動盪局勢的焦點。柏林成為兩大陣營的接壤地帶，一旦越界就可能引發戰爭。雙方陣營為了自己利益著想，都希望確立分界線，就算要砌築磚牆也在所不惜，戰爭結束十二年後，圍牆也確實出現了。曾經在希特勒的想像中，德國要成為世界的軸心，如今他的願景實現了，不過與他原本所想像的有所不同。出現了兩個德國，而且首都遭到分裂，這裡成為權力鬥爭的中心，並且在往後數十年吞沒整個世界。德意志民主共和國在史達林意料之外誕生了，不論他喜不喜歡，這裡都將成為他的蘇維埃帝國的西部哨站。

第三章

東德誕生前的陣痛
(1949-1952)

Birth Pangs

總有一天,我們會以當今努力工作的方式生活。

東德的誕生

一九四九年十月七日，東邊的德意志民主共和國誕生了，但世人很常忽略的是，東德這個國度並非完全對立於西邊的德意志聯邦共和國。人人都喜歡看到完全對立的世界，德國的分裂正是其中一例，在大眾眼中，這次分裂代表著資本主義對上共產主義，東方對上西方。因此在很多人的想像中，德國成為一個從中間劃分為二的國家，東西兩側互為彼此的鏡像。事實上，戰後德國並非只有兩個占領區，而是四個，蘇占區只是其中一區。因此，蘇占區獨自成為一個國家後，國土就比西邊三個占領區結合起來的國家小許多。

一九四九年，東德人口為一千八百四十萬，西德人口為五千零四十萬人。在柏林，東區的人口為一百二十萬，約為西區兩百一十萬人口的一半。就社會層面看來，這兩個德國也有所不同，西德大部分為天主教地區，人口卻突然變成天主教與新教各半，東德則有百分之十五的人口信奉天主教，超過八成的人口信奉新教。來自東歐地區的德裔難民通常在抵達東德後就落腳於此，因此東德高達四分之一的人口為東歐德裔難民，西德則只有百分之十六點五。西方同盟國為西德提供金援，蘇聯卻向東德索取賠償；東德大部分為農業地區，西德則握有德國工業心臟地帶。西德在波昂（Bonn）成立新首都，東德則得以繼續以柏林為首都；西德早東德半年成立。林林種種的差異不及備載。

在雅爾達會議中，同盟國並未均分德國這塊大餅，但是東德卻建立了全新的德國，以社會主義政府為本，矢言從廢墟中打造更美好的社會。許多東德民眾都捲起袖子，迫不及待準備扭轉乾坤。這個新國家蓄勢待發，只差一位國家元首。

總統

一九四九年十月十一日，柏林，米特區。

二十二歲氣質出眾的瑪格特．費斯特（Margot Feist）手裡持著一束祝賀鮮花，內心怦怦跳，等待東德第一位勝選總統皮克結束他的演說。皮克總統在東德臨時人民議會（Provisional People's Chamber）同意任命後就職，而瑪格特雀屏中選，代表議會向總統獻花。眾人為了這場盛會齊聚一堂，地點選在過去曾作為赫爾曼．戈林（Hermann Göring）①航空部的宴會廳舉辦，這個氣派會場的大小堪稱柏林之最，特別設計為可容納超過兩千個房間的巨型建築。戈林的部下曾經在這棟建築內策動納粹對歐洲各城的致命襲擊，但諷刺的是，當柏林遭受英美發動的聯合空襲時，這棟建築卻躲過了被摧毀的命運。如今人民議會代表在此聚首，將過往之事拋諸腦後，此

---

① 譯注：赫爾曼．戈林曾任納粹德國空軍總司令。

刻德國的歷史將翻開嶄新的一頁。

瑪格特．費斯特是人民議會內最年輕的議員，也是自由德國青年團（Free German Youth，簡稱ＦＤＪ）的後起之秀。一九四六年，社會主義的自由德國青年團成立，這個大型組織的招募對象是十四歲到二十五歲的青年。費斯特對身上亮藍色的制服感到自豪，她的胸口和手臂上分別繡著黃澄澄的旭日標誌，光彩奪目。她相信母親必定對此刻的她感到驕傲。她的父親哥特哈德（Gotthard）是名鞋匠，母親海蓮娜（Helene）是床墊工廠的女工，他們兩人都對自己的工人階級出身無比自豪，在一九二〇及三〇年代都是活躍的德國共產黨員。希特勒崛起後，他們也組織地下反抗運動，當時德國總共只有三處非法共產情報交流中心，而瑪格特雙親在哈勒的公寓就是其中之一，他們讓流亡到布拉格的德國共產黨領袖能夠在自家交換情資，瑪格特的父親因此淪為階下囚，除了在哈勒監獄服刑，也在里希坦伯格（Lichtenberg）的集中營與布亨瓦德集中營待上許多年。瑪格特繼承了父親狂熱的信仰，同樣投身為共產主義的全球革命而奮鬥。一九四〇年，瑪格特的母親海蓮娜驟逝，當時瑪格特年僅十三歲。

九年過後的此刻，瑪格特瞪大雙眼，望著台上七十三歲的社會主義統一黨黨主席皮克進行就職演說。演說邁入尾聲，皮克邀請他的聽眾一起歌頌新國家的基本價值：「國家團結和民主、經濟、政治和文化繁榮，與蘇聯建立邦誼，並和所有愛好和平的民族建立友誼。」[1]「萬歲！萬歲！萬歲！」瑪格特跟著現場所有人激情吶喊。她笑盈盈地與皮克握手時，台下觀眾爆出熱烈掌聲。

當天活動的尾聲可媲美納粹時期亞伯特・史佩爾（Albert Speer）②著名的集會場景，史佩爾總是在集會上使用大量探照燈，形成壯觀的聚眾景象，皮克就職典禮這天也不遑多讓，超過二十萬名青年在自由德國青年團領袖號召之下前往柏林，聚集在洪堡大學（Humboldt University）前方的倍倍爾廣場（Bebelplatz）。廣場占地廣闊，不久前才改名以致敬社會民主黨創黨領袖奧古斯特・倍倍爾。十六年前民眾曾聚集於此，燒掉上萬本書，不過對於自由德國青年團來說，此地還有其他更重要的歷史象徵，他們手中的橘紅色手電筒照亮了鄰近的菩提樹大道，藉此提醒自己，早期的共產黨人就是在這裡奮鬥。當初德國共產黨創黨領袖羅莎・盧森堡與卡爾・李卜克內西，就是在此加入一九一八年十一月的德國革命，強迫德國最後一位皇帝威廉二世退位。一九四九年，輪到自由德國青年團的男孩女孩齊聚於此，他們興奮難耐，正準備寫下歷史，手上高舉立牌，上頭印著皮克與格羅提渥兩人在一九四六年拍攝的著名握手合照，當時他們合併其下政黨以創造社會主義統一黨，另一些人則高舉著史達林的照片。

史達林一開始雖然百般不願意建立德意志民主共和國，但如今他公開表示支持。史達林發出一封祝賀電報：「上一場戰爭中，證明了真正在戰場上犧牲的是德國與蘇聯的人民……如果兩國人民能夠展現為和平奮鬥的決心，拿出與動員上戰場一樣的力量，如此一來歐洲必能盼來和

② 譯注：希特勒的御用建築師。

平。」[2]史達林的言詞再度透露出他對德國所懷抱的奇特憧憬，德國人不久前才對他的人民發動了生存戰，戰爭落幕短短四年，他就已經開始勾勒同等的「犧牲」及「前景」。東德獲得了史達林的認可，並在國內青年的簇擁下，跨出政治的第一步。

憲法

一九四九年十月七日，東德的首部憲法生效，第一條確立了「德國是不可分割且民主的共和國」，這句話並非表面工夫。西德憲法也採用類似用語，而東德的整個法律架構設計就是為了等待與西德合併的那一刻。另一邊的西德則在一九四九年將憲法掛上「臨時」標籤，西德制憲採用的是《基本法》（Grundgesetz），本質上來說今日德國的憲法就是沿用西德憲法。從東西德最初的制憲可以看出，東西德政府都不願在紙上確立分裂一事。

理論上，東德本身的設計也與西德有幾分相似。東德一開始也從聯邦制度出發，以符合雅爾達及波茲坦會議的協議，確保德國政治分權。東德分為五邦（*Länder*）：布蘭登堡邦、薩克森邦、圖林根邦（Thuringia）、薩克森—安哈特邦，以及麥克倫堡邦，本書將採用五邦作為論述基礎以保持清晰與一致。但基於意識形態與政治理由，社會主義領導階層本質上反對聯邦制度，因此前述的五邦將會被以十三個大區（*Bezirke*）取代，這些大區主要為行政功能，負責執行東柏林

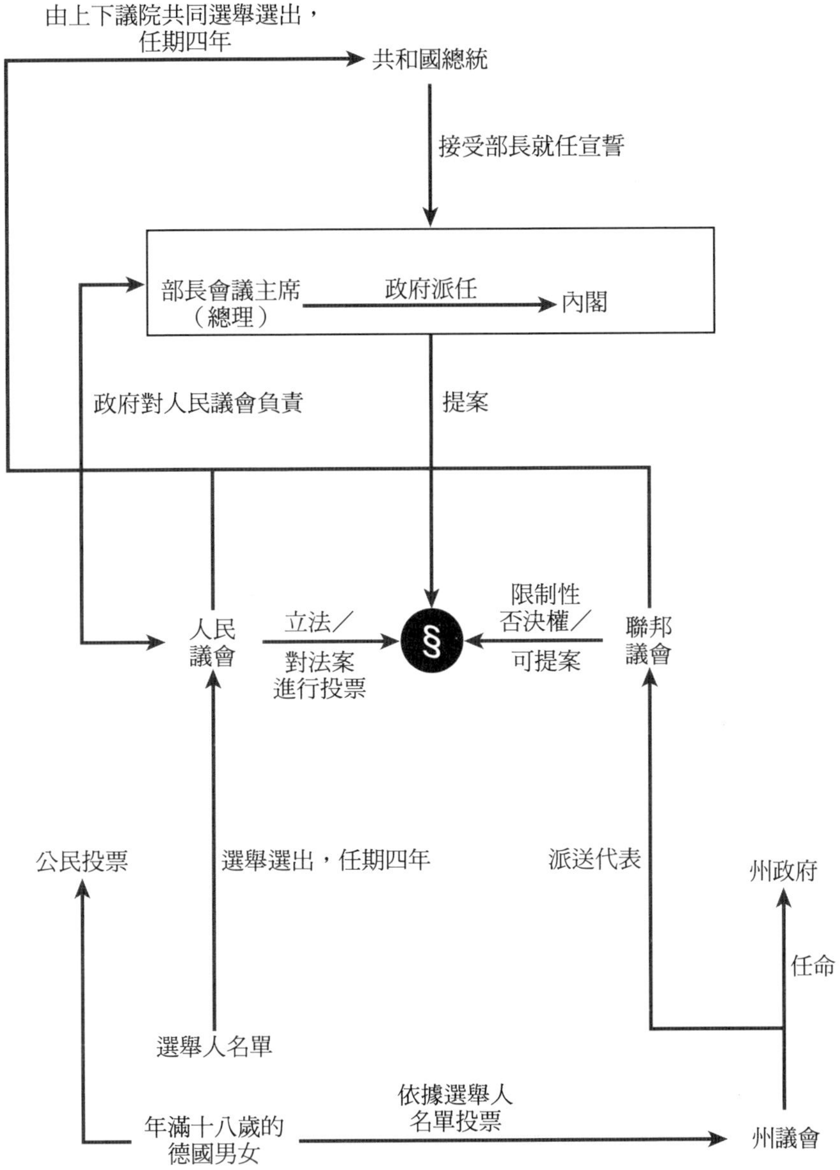

1949年的德意志民主共和國憲法

中央政府的決策。

東德政府的上下議院兩院制同樣效仿西德，下議院名為「人民議會」（Volkskammer），上議院名為「聯邦議會」（Länderkammer）。基本上聯邦議院就是地區代表組成的議會，與西德的聯邦參議院（Bundesrat）性質類似，至今德國依然沿用西德的聯邦參議院。而人民議會則是選舉選出的人民代表。表面上一切看起來以民主方式運作，正合乎烏布利希的本意。所有獲准成立的政黨依然持續運作，除了自由民主黨和基督教民主聯盟以外，另外還有國家民主黨（National Democratic Party）以及德國民主農民黨（Democratic Farmers’ Party）。理論上來說，東德從頭到尾都維持多黨制，但實際上，其他黨的黨員和支持者都被迫屈服於真正掌權的社會主義統一黨。每個黨在人民議會也只有固定席次，選舉期間，民眾充其量也不過只是對一份人選清單表達同意，讓這些人進入議會。一九五八年，上議院聯邦議會予以廢除，這個舉措合情合理，甚至還嫌太晚，因為早在六年前各邦就已遭到廢除。

東德的總統為虛位元首，這點再度與西德重疊。皮克心甘情願在烏布利希掌舵的政治環境下擔任有名無實的領袖。一九六〇年，皮克逝世，統一願景就此化為烏有，兩個德國之間有著難以克服的鴻溝，皮克逝世隔年所建立的柏林圍牆就是實體的象徵，因此毋需再假裝未來兩部憲法可能會合併，總統的功用也不復存在，皮克成為東德第一任也是唯一的一任總統，取而代之的是國務委員會（Staatsrat），由烏布利希本人出任委員會主席，負責指派工作給內閣部長，他們也共同討論政策與做出決策，這些部長會舉行部長會議（Ministerrat），並且將他們的決議交由人民議會批准。

東德的憲法字面上看來與西德類似，但是實際落實方式卻天差地別。所有的決策都交由掌權的社會主義統一黨決定，而且無法透過選舉撼動他們的影響力。

黨永遠是對的

她給予我們一切，
陽光與風，從不吝嗇。
她賦予生命，我們感激涕零。
她造就了我們的一切。
她從未遺棄我們，
即使世界冰冷，我們依然溫暖。
大眾的母親為我們擋風遮雨，
她那強大的手臂懷抱著我們。

〔副歌〕
黨，黨，永遠是對的。
同志們，我們堅守這一信念。
為正義而戰的人，永遠是對的。
對抗謊言與剝削。
冒犯生命的人，不是愚蠢就是邪惡。
捍衛人類的人，永遠是對的。
誕生於列寧精神，
鍛造於史達林之手，
黨，黨，黨！

她從未阿諛奉承過我們。
即便我們在奮鬥中偶有喪志，
她只是輕輕撫慰我們：
繼續前進——於是立刻否極泰來。
痛苦算得了什麼？

只要我們行善且告捷，
只要我們為世上最貧困的人，
爭取到自由與和平。

〔副歌〕黨……

她給予我們一切。
建築的磚瓦和偉大的計畫。
她說：善用人生！
同志們，向前，相信自己！
即便鬣狗煽動戰爭——
你們的功業會將之瓦解！
為眾生建造房屋和搖籃！
建造者，保持警覺！

〔副歌〕黨……

〈黨之歌〉（Lied der Partei），也稱作〈黨永遠是對的〉（Die Partei hat immer recht），由路易士．芬伯格（Louis Fürnberg）於一九四九年作曲作詞。

在東德憲法下，社會主義統一黨永遠主宰政策的所有面向，黨主席不但同時作為民意代表的最高領袖與國家政治的最高領袖，而且社會主義統一黨自動握有國會最高席次，內閣成員則經過精挑細選，確保其政治意向與黨相符。擁護民主共和國制度的人宣稱，雖然確實有前述情況發生，但社會主義統一黨是由民主形式所構成，因此得以從內部進行修正。社會主義統一黨的結構宛如金字塔，最頂端為總書記以及其所領導的權力核心，稱為政治局。第二階層則是中央委員會，內含各領域專家，金字塔最底層則是全國黨代表大會，負責選出中央委員會委員。全國黨代表每五年召開一次會議，由地方工廠和工作場域中的黨分部推派代表。理論上，一位工人有可能以自己工廠的名義入選社會主義統一黨代表，接著代表工廠的同事選出中央委員會的專家，再由這群專家影響政治決策。

但實際運作情形並非如此，一位東德公民會發現自己的觀點如果未獲黨高層認可，就很難一路傳達至金字塔頂端。社會主義統一黨公開採用了「幹部政策」（Kaderpolitik）一詞來說明他們如何嚴格掌控人事任命，幹部接受培育和監控，而且最好是從年輕就開始，接著他們逐漸受到高層信任。政府機構都只是負責執行社會主義統一黨政策的行政工具，而非自行制定政策，這點眾所皆知。一九四九年十月十七日，社會主義統一黨頒布了一道關於政府運作的指示：「重要的法律和法案、立法過程中使用的材料，以及任何有關法律和規章的建議，在由人民議會或政府通過之前，都必須提交給政治局或其祕書處審批。」[3]這表示立法程序的各個方面都會由社會主義統一黨所控制，人民議會所審的任何法規草案，全部都一定先經由社會主義統一黨的高層討論、審查與批准。儘管德意志民主共和國的設計看起來多元，這個政體一向都是虛有其名。

從最一開始，社會主義統一黨的目標就是政治化，並且掌控公眾輿論。憲法第六條宣稱：「煽動抵制民主制度和組織……是一項罪行。」如此一來，社會主義統一黨就可以打壓所有政治對手，名正言順地使用罰鍰、短期刑法乃至於死刑等所有懲罰。在受迫害者中最著名的是，基督教民主聯盟員喬治—齊格弗里德·施馬特勒（Georg-Siegfried Schmutzler），他曾被授予路德會牧師頭銜。一九五四至一九五七年間他在萊比錫就讀，期間持續抨擊社會主義統一黨的執政者，批判他們箝制漸增的制度。一九五七年四月五日，他以「煽動抵制」罪名遭到逮捕並被法院判刑五年，之後於薩克森邦的托爾高（Torgau）入獄服刑。

當時這起案件在兩個德國的媒體上都轟動一時。西德斷章取義以證明東德正在進行政治迫害，然而一九五六年西德也直接對境內的德國共產黨下禁令，顯示他們同樣在體制內壓迫對手。東德則試圖證明施馬特勒的行為真的具有當局所謂的顛覆意圖，因為害他被逮捕的憲法第六條明明在結尾還有一句注明：「依照憲法行使民主權利不構成煽動抵制。」由於教會對當局施壓，施馬特勒於一九六一年提早獲釋，在德勒斯登重新披上牧師服，隨後在萊比錫的神學院擔任講師。一九八〇年代，他搬到西柏林，二〇〇三年逝世。施馬特勒的經歷證明了即使德意志民主共和國的首部憲法看起來民主，實際上只提供了民權與基本自由的幻象。

獨攬大權

一九五〇年七月二十五日，柏林，普倫茨勞爾貝格區。

烏布利希正沉浸在同志如雷的掌聲中。幾天前，他才慶祝了自己的五十七歲生日，如今他站在位於柏林東北部維爾納—塞倫賓德大廳（Werner-Seelenbinder-Halle）的舞台上接受歡呼，過去這裡是屠宰場內的牛墟，近期剛經歷翻修。烏布利希獲選為社會主義統一黨的總書記，社會主義統一黨同僚歡聲雷動，他試圖蓋過群眾的喧譁，但聲音實在過於尖細。社會主義統一黨黨報《新德意志報》（*Neues Deutschland*）在當天的報導中誇耀道：「歡呼聲與掌聲未曾間斷。」在他的傳記作家馬利歐．法蘭克（Mario Frank）眼中，獲選總書記讓烏布利希就此成為「當代最偉大的德國人」。[4]

烏布利希突然步入鎂光燈下，如今國家開始鞏固權力，這位真正的領袖不再需要躲藏在他所設計的副手制度陰影中，位於權力核心的人都了然於心。皮克寫道，所有人都知道「烏布利希必定會成為總書記，從黨一開始的種種行為即可看出這點。」[5]但是對許多外圍的觀察人士來說，來自薩克森的烏布利希平平無奇，因此當他從陰影處現身時，許多人大吃一驚。弗里茨．申克（Fritz Schenk）在一九五〇年代是名二十歲的社會主義統一黨員，他「直到烏布利希成為總書記，並且愈來愈常在重要的黨活動以及公眾活動中現身，才開始注意到他。在那之前，都是皮克和格羅提渥作為代表，代替社會主義統一黨發言。一直到整個制度逐漸穩固，烏布利希才現身。」[6]

社會主義統一黨的眾多制度改革都仿照蘇聯共產黨，而烏布利希剛獲得的總書記頭銜也不例外。該年初，他獲得史達林同意，開始在東德效仿蘇維埃制度，前提是必須限縮在一定的規模下進行。蘇聯領袖依然未放棄建立一個中立且統一的德國，因此不願意為了烏布利希的請求而破壞這個計畫，但烏布利希仍然急切地推行他的蘇維埃式改革，全面限縮東德憲法以及社會主義統一黨內部程序的民主元素。

一九五〇年，蘇維埃式的「黨管幹部」制度從社會主義統一黨的政治局內部誕生了，這個制度決定了黨內重要人事安排，同時也掌握了政府上上下下的人事任命。所有職位的人選必須接受仔細的「調查」，任命後他們的活動和態度也持續受到監控。社會主義統一黨在自家門戶內開始了大規模的「清洗」。一九五〇年七月二十四日，就在烏布利希接受總書記的人事任命前一天，皮克提出了警告，「黨內所有人必須提高革命警覺，以確保得以揭露並根除所有在任何旗號下活動的資產階級民族主義分子，以及其他一切無產階級的敵人與帝國主義代理人。」[7]根據駐德蘇聯軍事管理委員會的指示，大約百分之十的社會主義統一黨需要進行「根除」。烏布利希的政權磨刀霍霍，積極想讓史達林看到東德的優異表現。一九五〇年十二月至一九五一年十二月間，社會主義統一黨的黨員和候補黨員人數從一百六十萬下降到一百二十萬，[8]有百分之二十五的人遭到「根除」。

社會主義統一黨在黨內積極搜索顛覆分子和政敵，這股偏執氛圍令人悚然地想起一九三〇年代的莫斯科大清洗，當初皮克、烏布利希和其他存活下來的德共流亡人士都捲入其中。一九五〇年十二月，烏布利希寄了一封信給所有社會主義統一黨成員，警告他們「自一九四五年起，對黨抱有敵意的人加入了我們之中，用黨員的身分掩蓋他們骯髒的勾當，或是出於自私自利的職涯布局。」[9]這背後要傳達的訊息再清楚不過了：任何人只要透露一丁點傾向西方或社會民主的情懷，就準備走人。前社會民主黨成員為此特別煎熬，因為在短短四年之前，他們才剛被迫與德國共產黨結合。

另外還有一群社會主義統一黨成員被視作重大嫌疑，他們為了逃離納粹，曾經往西流亡至法國、英國和美國，如今就算他們成為了社會主義統一黨權力中心的核心成員，都無法緩解他們的過去在烏布利希心中所引發的不理性恐懼。保羅・梅克爾（Paul Merker）是烏布利希的薩克森同鄉，從一九二〇年起就成為共產黨員，一九五〇年政治局剛成立時他就成為其中一員，但此刻卻

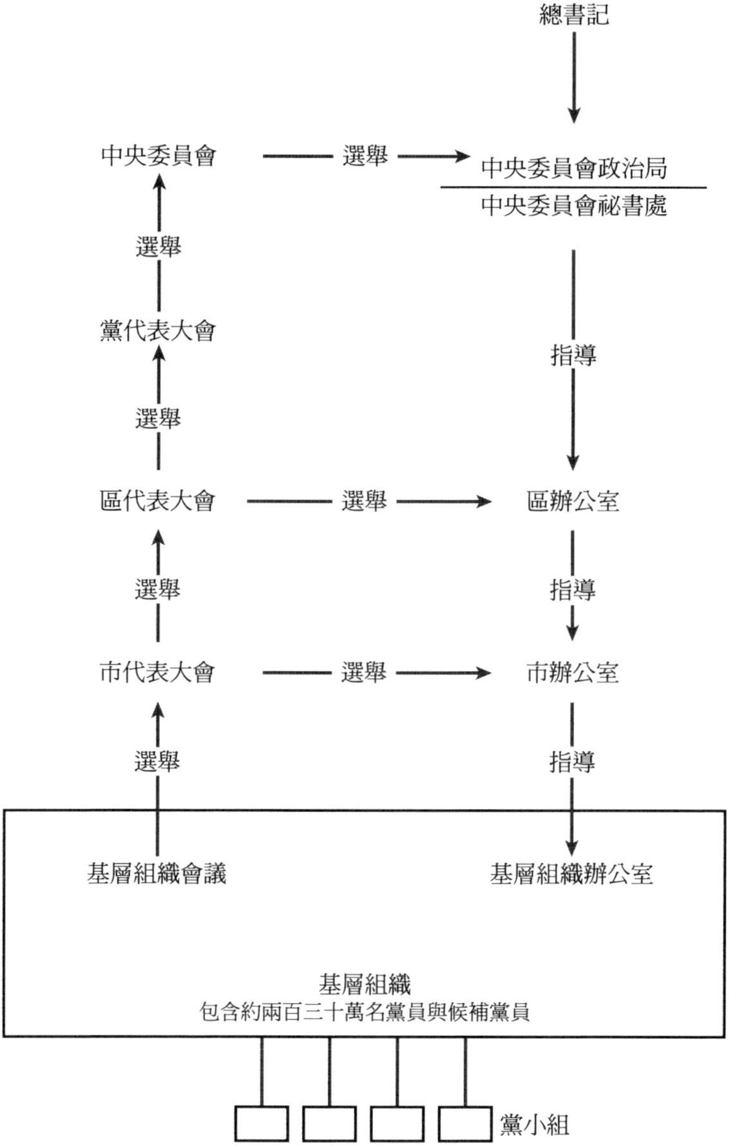
總書記
中央委員會
選舉
中央委員會政治局
中央委員會祕書處
選舉
黨代表大會
指導
選舉
區代表大會
選舉
區辦公室
選舉
指導
市代表大會
選舉
市辦公室
選舉
指導
基層組織會議
基層組織辦公室
基層組織
包含約兩百三十萬名黨員與候補黨員
黨小組

社會主義統一黨組織圖

突然被指控為「法國間諜」。二戰爆發時他曾任職巴黎的德國共產黨祕書處，當時他利用職權鼓勵德共流亡人士跟法國當局登記，用意是讓他們能獲得合法身分，並確保在抵抗行動時能夠進行部署。但當法國遭到占領，德共人士留下的這些紙本紀錄立刻讓這些人成為俎上之肉，許多人因此身陷囹圄，甚至因此喪命。

一九五〇年夏天，東方集團（Eastern Bloc）的作秀公審煽起了偏執風氣，而梅克爾在西區流亡時期的行動就足以使他不幸捲入其中。前一年秋天，匈牙利共產黨政要拉依克．拉斯洛（Rajk László）經歷了匈牙利新領袖拉科西．馬加什（Rákosi Mátyás）的作秀公審，被指控為「狄托間諜」以及「帝國主義特務」，旋即遭到處決。戰後南斯拉夫在領袖狄托（Tito）的帶領下自史達林強大的東歐陣營中獨立出來，莫斯科政權為之盛怒，衝擊了整個東歐，也撼動了東德。局勢在一九四九年達到沸騰，美國特務諾爾．費爾德（Noel Field）在布拉格遭到逮捕。戰爭期間，費爾德曾擔任內務人民委員部的間諜，在整個歐洲建立網絡，協助共產人士逃離納粹魔掌，因此他曾接觸過上千名共產人士，包括梅克爾。在凌遲之下，費爾德聲稱他在東歐組織了「帝國主義間諜」的地下網絡，他的「自白」致使各地興起一陣作秀公審與逮捕潮，東德也不例外。

烏布利希在大清洗時期不僅培養出一種對史達林的偏執極為敏銳的嗅覺，他也渴望向自己的偶像證明，東德是蘇聯可靠的朋友。他有機會向獨裁的史達林證明，東德這個「意料之外的孩子」[10]事實上是蘇維埃盟國家族的重要新成員。一九五〇年八月二十二日，梅克爾由於被發現是「法國間諜」，社會主義統一黨將之驅逐，但他並未遭到逮捕，因為皮克親自出面阻止，然而其他人就沒有如此幸運了。里歐．鮑威爾（Leo Bauer）曾經在戰時替費爾德的地下網絡工作，接著在美國占領區的黑森（Hesse）加入德國共產黨，而他最終決定加入東柏林的社會主義統一黨。一九四九年，他被指派為「德國廣播電台」（Deutschlandsender）的主編，每天早上為東德聽眾播放巴哈和莫札特，對他來說，這是「最適合勞工配著早餐聽的音樂」。他性格活潑獨立，與烏布利希不苟言笑的陰沉產生衝突。一九五〇年，鮑威爾也發現自己被捲入費爾德一案的風暴之中。八月二十三日，他遭到逮捕，並接連面對德國和蘇聯審問者的刑求。[11]他最終被屈打成招，導致自己、友人和同事都淪為階下囚。一九五二年，鮑威爾經歷了一次蘇聯審判，以「美國間諜」罪名被判死刑，一九五三年史達林逝世時，他還蹲在牢裡等待行刑。

史達林死後蘇聯逐漸推動去史達林化，許多政治犯的死刑因此改為徒刑，鮑威爾即為其一。他改判到西伯利亞進行二十五年的勞改，其實跟死刑也相差無幾，待日後西德總理康拉德．阿德諾（Konrad Adenauer）跟蘇聯達成協議，讓德國囚犯返國時，鮑威爾才因此得以倖存。他的餘生都在西德度過，活躍於社會民主黨。布朗特成為戰後第一位社會民主黨總理時，鮑威爾也成為他的顧問，最終他因在蘇聯監禁期間所導致的長期健康問題而於一九六九年逝世。

對意識形態的清洗並非僅限於社會主義統一黨內部，其他「民主陣營」的政黨也成為目標。基督教民主聯盟的九百名黨員遭逮捕，他們卻無可奈何。看似與政治無關的機構也遭到波及，例如新成立的國有人民企業、工會和科學機構的領導階層都慘遭肅清，並且改為安插意識形態更受到信賴的人選。烏布利希副手制度在各地區逐一遭到廢除，重要職位如今由共產人士占據。到了一九五五年，「黨管幹部」制度箝制了大約七千個人事任命。[12]德國政治的大權如今確確實實地被社會主義統一黨獨攬在手中了。

選舉與投票

這波狂熱的肅清在一九五〇年上演，而東德的第一波選舉就在同年十月十五日登場。當時建立的制度成為往後選舉的參考慣例，一直沿用至一九九〇年。各政黨在東德人民議會中的席次都已經預先分配好，且配額固定，絲毫不受選舉結果影響。

政黨／組織	簡稱	席次
社會主義統一黨	SED	110
基督教民主聯盟	CDU	67
自由民主黨	LDPD	66

民主農民黨	DBD	33
國家民主黨	NDPD	35
自由德國工會聯合會	FDGB	49
自由德國青年團	FDJ	25
民主婦女聯盟	DFD	20
文化協會	KB	24
其他		37

以上為一九五〇年選舉後各黨於民主共和國人民議會中之席次分配。

投票目的並非為了增加政黨的比例代表，而是為了填滿席次。此一制度是依照「民主集中制」（democratic centralism）所設立，列寧通常被視為此概念的創立者，因為他曾在一九〇二年的《怎麼辦》（*What is to be done?*）一書中探討這個議題，影響後世甚深。他認為一個政黨當中，所有職位都必須從基層選出，而上級指令必須完全受到遵從，這樣才能達到沒有派系鬥爭的民主科層制度。決策在科層之間必須直接傳達，沒有多元制常見的橫向分歧。

在共產人士的這個理念中，多黨制會鼓勵民眾派系鬥爭，因此會延續當權者的統治。倘若一個人將票投給政黨而不是個人，那麼資金雄厚以及競選勢力最龐大的陣營就會成為有利的一方。已經站穩腳步的政黨主宰民眾的思想，並且得以排擠無權無勢也無資金的候選人，因為這些人無法成立政黨而贏得選戰。這種黨政可作為人民與政府之間的緩衝，因此許多十九世紀的評論家認為民主確實不一定等同於暴民政治（mob rule）。卻也因為如此，許多西方民主下的人民認為自己的意見未能受到採納，即使享有祕密投票的自由選舉，卻無法突破枷鎖。

取消多黨的國會，以直接贏得選舉的候選人取而代之，這個做法並非不民主，至少在理論上來說是如此。

理論上，工廠、大學或女性團體派出一位獲選的代表在中央議會進行會議，這個議會就是俄語中的「蘇維埃」（Soviet）。會議中，眾多代表會根據政策、領導階層人選等事項進行決議，到目前為止還算民主，但這套理論下所誕生的實際制度卻往往形成傀儡議會或橡皮圖章議會，為真正的掌權者服務，這是因為這套理論容易受到操弄。以東德的人民議會為例，人選名單完全沒有調整空間，實際投票程序如下：

東德公民前往投票所，拿到一張名單，上頭寫著該選區的人選。選民要表達同意的話，就把紙摺起來，放入投票箱。可以選擇在簾子後方或是投票小房間內等隱密的空間進行，但是社會普遍譴責這種做法。如果對名單上的人選不滿，只有一種表達方式，就是將所有人選的名字劃掉。

隨後，票數僅以給予該名單同意的比例進行統計。

柏林圍牆倒塌前，所有選舉結果都顯示幾乎所有人都同意人民議會的組成，這就是上述荒誕投票所造成的結果。舉例來說，一九五〇年同意人選名單的比例竟高達百分之九十九點七，但其實人民面對極大壓力，要被迫出席投票，一九五〇年的投票率是百分之九十八，也因此許多東德人戲稱投票就是去「摺紙」。

雖然有著脅迫、整肅、黑箱選舉以及公眾壓力，歷史學家瑪麗．富布盧克（Mary Fulbrook）認為：「一九五〇年代在東德發展出的這種強硬共產主義特殊形式，並非不可避免。」[13]依然有龐大的反對勢力抵制烏布利希的種種作為，其中包括社會主義統一黨的高層。德共、社會民主派以及自由派在納粹統治下已經吃盡苦頭，他們無法再容忍將政權交給烏布利希這樣的獨裁者。他們跟一般民眾一樣想方設法表達不滿，不論是公開抗議、藝術表達或是乾脆出走至他國，而這些舉措往往足以帶來變革。

自由德國青年團

一九五一年八月十五日，東柏林。

五萬名男女青年已經準備好從東柏林跨越邊界到西柏林。帶領薩克森隊伍的是羅伯．比亞萊克（Robert Bialek），他在市中心東南方施普雷河岸的特雷普托公園（Treptower Park）集結了一萬名隊員。公園裡有一大片綠意盎然的空地，可以欣賞河景，以及雄偉的蘇軍紀念碑和修剪整齊的陽台，平時這裡的安適幽靜與四周慘遭蹂躪的混亂城市景觀形成強烈對比。不過在今日，現場出現了一片身穿藍衣的萬人景象。

二十六歲的羅伯是個形象鮮明的年輕人，他原本在故鄉布雷斯勞反抗納粹，如今他希望能協助打造更美好的社會。一九四七年時，沃爾夫岡．萊昂哈德跟羅伯是同學，兩人在社會主義統一黨的馬克思黨校（Party Academy Karl Marx）課程中相識，沃爾夫岡因為羅伯「耿直」的性格而對他留下印象，這種近似「天真開放」的態度在一九五〇年代的艱難政壇中勢必更顯脆弱。他「渴望行動」，並且「以優異且有效的能力表達自己的意見」，這兩點使得他一路飛黃騰達。[14]

一九五一年八月十五日，羅伯曾自我懷疑過，不確定他們即將做的事是否正確。當時自由德國青年團領袖埃里希．何內克（Erich Honecker）氣喘吁吁地跑向他，命令他帶領左翼跟隨已經踏上西柏林的各單位。何內克事後回想，認為應該把女生隊安排在中間以提供保護，因為可以想見勢必會爆發嚴重衝突。何內克向羅伯說完後隨即跑開，並回頭喊道：「我相信你會帶所有人回來！」羅伯對這件事毫無把握，他們一路走向劃分東西柏林的邊界，也就是劃分共產主義與資本主義的邊界，眼前形勢急迫，衝突一觸即發。

這次聚集藍衣青年是為了德國境內辦的首場世界青年與學生聯歡節（World Festival of Youth

and Students），他們的口號是「友誼與和平——反核武」。一九四五年，美國在廣島和長崎投下原子彈，其破壞威力震撼世人，四年後，蘇聯也首次成功測試核武。第二次世界大戰在歐陸戰場所帶來的恐懼依然歷歷在目，卻遠不及人們對核武衝突的恐懼，羅伯與他的年輕隊伍持續往柏林中心推進，這股恐懼持續縈繞在他們心中。就在抵達前，他們遇到一些往反方向奔跑的男孩，這些人身上的制服變得支離破碎，有人一拐一拐前進，還有人滿臉是血。其中一人大叫：「羅伯，別過去，他們會毒打你們。我們衝了進去，就被他們狠狠打成這樣，很多人都受傷了。」[15]

羅伯此時依然猶豫不決，不知如何是好，直到何內克再度現身，叫他放棄遊行，把所有人帶回去。西柏林的「和平遊行」取消了，這場活動根本一團糟，本來明明是何內克用來提高自己聲望的手段，也想趁機推廣他的全新青年運動，但卻弄巧成拙，搞得灰頭土臉。社會主義統一黨的領導層大發雷霆，將何內克的西柏林遊行批評為匹夫之勇，徒增危險。何內克的政治生涯之所以沒有因此告終，都是多虧了社會主義統一黨的柏林負責人漢斯．詹德烈茨基（Hans Jendretzky），因為他在譴責何內克時不小心把烏布利希也罵了進去。何內克鬆了一口氣，跟同事說：「真是好險，我因此逃過一劫……現在瓦爾特覺得被針對，因此把詹德烈茨基罵個臭頭，而詹德烈茨基現在像隻老鼠一樣一聲不吭。」[16]

何內克之所以為了證明自己以及麾下組織的價值而逞英雄，背後原因顯而易見。一九五一年這場聯歡節僅僅只是第三屆，當初在一九四七年為了促進共產主義國家和西方親共組織之間的國際主義，舉辦了首屆世界青年與學生聯歡節。何內克很驕傲能夠在戰後短時間內就讓東柏林成為主辦城市，吸引了六萬一千名賓客前來參加，觀賞分別來自一百零四國的兩萬六千名表演者。東德獲得良機，得以向莫斯科政權以及全世界證明自己的價值所在，而何內克正是其中關鍵。但對何內克而言不幸的是，整場活動的策劃是一場災難，剛經歷戰爭肆虐的東柏林無法提供足夠住宿給國際賓客，食物短缺，而且自由德國青年團的人數也還不足以主辦如此大規模的活動。何內克在迫不得已之下招募了「青年之友」來支援，卻意外導致荒謬的場面，活動現場滿是穿著自由德國青年團藍色制服的退休人士四處奔走。就算開幕活動再精采，並且在遊行現場舉起了巨幅史達林肖像，依然難以讓人忽視東柏林在這場混亂之中的窘態。

對何內克來說最糟糕的是，東西柏林之間的邊界依然門戶洞開，讓數萬名社會主義青年得以來去自如，西柏林的商店街展示了資本主義的甜美果實，而西柏林市長弗里茨・羅伊特（Fritz Reuter）也把握機會發送免費食物，並且邀請共產青年參加政治活動。東德晚期的共產領袖漢斯・莫德洛（Hans Modrow）回憶起一九五一年參與這場活動的經驗，提到他的同志甚至跟免費的香蕉合影留念。[17]何內克盛怒之下回覆道：「羅伊特邀請了我們，很好，我們會出席，但絕不是依照他想像中的方式。」[18]聯歡節一敗塗地，何內克的自尊因此大受打擊，他因此憤而採取最終讓自己更難堪的手段，這都是因為他在政治局中較年輕且經驗不足。戰後的他年僅三十二歲，一九三五年被納粹逮捕後，他還坐了十年的牢。他跟烏布利希和其他流亡到莫斯科的德共人士有所不同，來不及在政壇中培養韌性，也沒有機會學習組織內折衝樽俎的竅門。何內克就是個局外人，他自己也再清楚不過了。

何內克在文化上也算是局外人。他於一九一二年出生於諾因基興（Neunkirchen），這個地方位於與法國接壤的薩爾蘭（Saarland），因此他說話時有輕微的家鄉口音。此外，何內克說話常常支支吾吾，而且語調常常不自覺飆高，讓他說話的內容難以被人理解。幾年下來，他很明顯開始模仿烏特利希的薩克森口音，努力讓自己說話更清晰。不論何內克反法西斯的經歷如何輝煌，在批評他的人口中，他的演說依然常常使他淪為笑柄。

何內克常被指控誇大自己成長的貧困背景。他是礦工之子，有五位手足，他的家庭並未挨餓，他們有自己的土地，還養了一些牲畜（一頭牛、一些羊、雞，偶爾還有一頭豬），不過某些歷史學家甚至說何內克自稱具有工人階級背景是在欺騙大眾，這倒是言重了。他成長的時期完全由激進的社會主義主宰，十歲的何內克跟著幾位手足一起被送到共產主義兒童組織，他也在一九二八年加入了德國青年共產主義聯盟，當時聯盟成員僅兩百人，而他那時才十六歲。湊巧的是，同樣生於一九一二年的艾爾文，該年也於柏林加入了聯盟。

何內克從年輕時期就胸懷大志，當時他希望申請莫斯科的國際列寧學校，於是參與了無數的預備課程和青年發展課程，這些是申請學校的必備資歷，而他在過程中展現了積極態度與工作倫理，讓許多重要人士對他留下深刻印象。他通過了申請，獲得前往俄羅斯首都待上一年的機會，時間為一九三〇年八月至一九三一年八月。他在莫斯科接收到的訓練與意識形態教育對他留下了深遠影響，畢竟他在未滿十八歲的時候，一輛火車就把他載到了「列寧國度」（Land of Lenin）。他跟過去以及未來的其他共產人士一樣待在力士飯店，日後他說到當時有種「立刻像回到家」的感覺。[19]他接受的訓練包括共產主義意識形態與實踐，例如「自我批評」，指的是在公眾面前反思自己的意識形態缺陷或錯誤，有時會被類比為宗教中的告解，但通常用在肅清行動中，讓受害者公開受到屈辱及懲罰，逼迫他們承認自己犯下他人口中的過錯。列寧學校裡的學生還要接受緊湊到不人道的工作安排，例如史達林在烏拉山馬格尼托哥爾斯克（Magnitogorsk）打造了他的新工業典範，而這些學生必須在此接受訓練。何內克從列寧學校回來後簡直變了個人，在俄羅斯的這段期間讓他變得更強硬且冷酷，不論是意識形態或體格上都出現了變化，而這兩者讓他撐過了被納粹監禁的那些年。一九三三年，他還能夠從自己的故鄉薩爾蘭發動抵抗納粹政權的運動，因為那時當地還不屬於德國。然而一九三五年的公投後，該地重新被劃入德國領土，何內克首先逃到法國，接著帶著一台印刷機非法進入柏林，以期在首都繼續進行抵抗運動。一九三五年十二月，他於柏林遭逮捕，因叛國行動獲判十年刑期。

一九四五年四月底納粹親衛隊解散，何內克因此得以從布蘭登堡的戈登監獄（Brandenburg-Görden prison）獲釋。他內心渴望重新投入共產運動，因此徒步回到柏林跟女友夏洛特・尚努埃爾（Charlotte Schanuel）同住。他跟女友相識於監禁時期，比他年長九歲的夏洛特擔任獄卒，兩人展開了一段地下戀情。夏洛特不但向何內克提供監獄外頭的資訊，兩人也會一起聽英國廣播公司播報的同盟國轟炸新聞，甚至還曾協助何內克逃獄，但當時正值戰爭末期，柏林一片混亂，何內克無法找到落腳處，逃獄短短幾天後又回到獄中。這對情侶在一九四六年結婚，但夏洛特僅在數月後就死於腦瘤，何內克往後在公開場合從未提起這段婚姻。

一九四五年五月四日起，何內克就待在女友住處，他對接下來的行動毫無頭緒。他並不曉得烏布利希組的存在，他戰前所結識的人脈毫無用處，在他入獄十年後這些人早已不知去向，他根本不知道誰倖存下來，誰死於戰爭，對於莫斯科的局勢更是一無所知。柏林街頭百廢待舉，人們在路上的瓦礫堆中挖出了一條條小路，五月十日這天，他走在其中一條小路上，巧遇了漢斯·馬勒，雖然此時的何內克依然穿著獄中服裝，但他瘦削的身形一眼就被認出。「馬勒」的本名是馬爾曼（Mahlmann），他個性親切，只比何內克大一歲，兩人在一九三〇年代時都是德國青年共產主義聯盟的有為青年。馬勒也是烏布利希組十位成員之一，而他深知何內克在他們的團隊中大有可為。

馬勒直接帶著何內克前往烏布利希組的柏林總部，地點是普林澤納利街（Prinzenallee）八十號的徵收民宅。烏布利希本人親自詢問何內克的下一步，何內克支支吾吾地提到想回到薩爾蘭，重建當地的共產組織。但這個計畫過於天真，烏布利希清楚知道法國馬上就會奪下該區，他不希望眼前這位共產人士就這麼被白白浪費掉，畢竟這人可是接受過意識形態訓練，而且剛挺過了十年政治監禁，足以證明其信念有多堅定。烏布利希說服何內克留下來，並加入德國共產黨的中央委員會。這兩人年齡相差二十歲，但這一刻起，他們展開了長達十五年的師徒關係。他們同樣來自勞工階級，一位是木匠，另一位是屋頂修葺工人，兩人都常常難以理解同僚當中的某些中產知識分子，也都難以跟身邊的人培養真正的友誼，他們都是冷酷無情的務實主義者，並不強調意識形態的純正。

何內克的首要任務是打造一個大型青年團體。他曾於一九二八年到一九三三年間參與德國青年共產主義聯盟，因此對於共產主義青年組織的架構有所了解。他也觀察到希特勒青年團能更成功地吸引年輕人，成功利用他們的叛亂製造出政治狂熱。烏布利希和何內克都同意，共產黨在動員年輕人這件事上完全輸給納粹，如今他們要避免重蹈覆轍。新的青年組織不再只是萬中選一，作為未來黨領袖的一小群人，他們這次要打造足以容納所有青年的殿堂，這樣一來，他們也可以同時說服蘇聯占領者，為何必須禁止教會及其他政黨自組青年團，而只能讓一個青年團體存在。

最一開始，何內克難以說服駐德蘇聯軍事管理委員會，為何有必要建立集中管理的青年組織。蘇聯政府很樂意讓東德人合法組織團體，但是不願見到一個由柏林集中管理的中央委員會出現。要讓蘇聯點頭必須符合幾個條件，政府表面上要以「反法西斯」為目標，而何內克的新青年組織首先必須符合這個路線。再來，這個新組織必須有多元的組成，同時包含布爾喬亞和教會成員，不能單單只是共產人士參與其中。何內克百般說服，終於成功拉攏天主教代牧羅伯特・蘭格（Robert Lange）以及新教青年神父歐斯瓦德．漢尼許（Oswald Hanisch）和其他三位社會民主黨代表。他們加入這三位德國共產黨員的行列，一起打造全新組織。何內克提出「自由德國青年團」這個政治中立的名稱，並且在一九四六年二月前往駐德蘇聯軍事管理委員會提案，三月七日正式通過，「自由德國青年團」就此誕生，他們顯眼的藍色上衣以及黃澄澄的旭日標誌將會一路陪伴東德直到最後。

自由德國青年團毫無顧忌地讓那些曾在希特勒青年團獲得歸屬感的年輕德國人，都獲得了自新的機會。十四歲到二十五歲的男孩女孩都可以加入，這表示這些一九五〇年加入的成員誕生於一九二五年到一九三六年間，他們是希特勒的孩子，希特勒上台時他們不到十歲，深深影響了他們的世界觀。納粹政權獨特之處在於他們特別關注年輕人，並且真的滿足了多數孩童和青年的想像。就心理層面來說，第三帝國垮台時，年輕人失去了一切人生中的參考指標。他們許多人違抗家長，加入了希特勒的陣營。如今自由德國青年團則為這些年輕人提供了一個全新但又熟悉的框架。過去曾在希特勒青年團中擔任職位的人不會被批評或排擠，仍可有機會在自由德國青年團爬上領袖地位，因此許多人前仆後繼地來找何內克。他們發現自己參與著熟悉的活動，例如遊行、火炬遊行和大型聚會，這些活動都讓他們逐漸了解新的意識形態。這個計畫奏效了。駐德蘇聯軍事管理委員會讓自由德國青年團合法成立時，已經有四十萬名成員加入。希特勒的承諾破滅後，這些青年唯一知曉的世界也灰飛煙滅了，如今他們將過去對希特勒元首的狂熱信仰轉向史達林，過程意外地不費力。

自由德國青年團在一九五〇年六月舉辦了第一次「德國青年大會」，五十萬名青年蜂擁而至，史達林寄了一封電報道賀，自由德國青年團領袖為此欣喜若狂，但其實史達林的訊息依然冷淡，維持他對東德任何事務一貫的態度。訊息內容無疑相當平淡：「謝謝參與德國青年大會與會者捎來的問候，他們是為自由奮鬥的鬥士。德國青年是統一、民主與和平德國的建造者，我祝福他們在這項重要工程上獲得全新收穫。」[20]與其說是祝賀，倒不如說這則電報是為了提醒德共人士應該要促成統一，而不是打造自己的制度。但自由德國青年團因為收到偶像英雄的訊息而歡天喜地，在他們自己發行的報紙《青年世界》（*Junge Welt*）上出了一集特刊，第一頁印著史達林的臉，送出高達八十萬份的驚人數量到德國各城市和鄉鎮，他們也張貼了三十萬張海報和十萬份大字報。[21]

這種熱情的互動是這個組織的吸引力之一，甚至對西德也發揮作用，即使康拉德．阿德諾的政府不斷打壓也澆不息這股熱情。一九五〇年的「德國青年大會」在東柏林舉辦，但有兩萬七千名西區的自由德國青年團成員受到吸引而前來參與。後來，一萬名來自西區的成員集體步行返家，卻被西德的邊界警察攔了下來，目的是為了警示大眾，若有人這麼喜歡社會主義，怎麼不留在東邊？這些青年在赫恩堡（Herrnburg）與呂貝克（Lübeck）接壤處紮營，等了兩天才獲得放行回到西德。他們回去後持續示威抗議阿德諾政府的政策，包括再軍事化，以及試圖讓德國加入西方同盟等舉措。一九五一年二月，他們駕船前往黑爾戈蘭島（Helgoland），抗議英軍在此進行轟炸測試。他們還做了一份非官方民調，調查西德民眾對再軍事化的態度，此時總理終於忍無可忍。一九五一年六月二十六日，他下令自由德國青年團禁止在西德活動，連任何象徵標誌都不得出現。

這次的禁令引發西德青年反彈，一九五二年五月十一日，他們在埃森（Essen）進行示威遊行，基督教青年組織也參與其中，情況一發不可收拾。示威者擲石抗議，警察向群眾開槍，造成兩人身受重傷，射殺了一位二十一歲的自由德國青年團成員，他是來自慕尼黑的菲利普・穆勒（Philipp Müller），當場因失血過多而亡。這些驚恐的場景引發東德自由德國青年團一片譁然，何內克矢言「替穆勒復仇，要讓阿德諾的叛國圈子垮台」。[22]東德隨之以穆勒之名為許多街道和學校命名，自由德國青年團和何內克因此占據了道德制高點，至少目前是如此。

埃里希・梅爾克（Enich Mielke）與史塔西的誕生

一九五〇年三月二十二日，東柏林。

西德的德國共產黨副黨魁庫特・穆勒（Kurt Müller）抵達東柏林中央委員會的辦公室。他的東德同志漢斯・羅森伯格（Hans Rosenberg）告訴他東德需要他，因此邀請他前來。穆勒抵達柏林時，並未見到羅森伯格，反而是見到了烏布利希本人。兩人短暫交談後，穆勒得知自己被逮捕了，並就此被帶往看守監獄。這個監獄隸屬於新成立的國家安全部，即世人所知的史塔西。

穆勒所待的看守監獄位於阿爾布雷希特街（Albrechtstraße）二十六號，這棟磚造建築物樓高四層，翻修完並重新營運後的短短幾天，穆勒就在此被監押，成為首批囚犯之一。這裡有三十五間個人牢房，由一小批新招募的人員看守，當時擔任史塔西第二把交椅的梅爾克親自主持了這群人的就職宣誓。[23]不過，穆勒究竟犯了什麼罪？他看似成功地在西區重新打造德國共產黨，不只擔任副黨魁，還以共產黨成員之姿獲選進入西德聯邦下議院。但是史塔西審問了「綁架」他的羅森伯格，對方回覆穆勒總是會「避重就輕」，而且「他的性格不太好」。此外，他在流亡蘇聯的那些年，還曾是「諾依曼—雷梅勒組」（Neumann–Remmele）的一員。[24]史達林大清洗期間，諾依曼和雷梅勒都遭到逮捕和處決。東德迫不及待想向史達林證明自己新的國安機構將與東方的「老大哥」攜手合作。當時南斯拉夫狄托的獨立運動讓史達林的偏執與震怒席捲東歐，而烏布利希與其黨羽企圖效仿這個現象。穆勒同時也捲入美國特務費爾德金援案，更讓他成為首場蘇維埃式作秀審判的最佳人選。梅爾克本人親自反覆審問這位著名的囚犯：

梅爾克：你知道自己是托洛斯基派組織的一員嗎？

穆勒：並沒有這麼一回事……但我確實在一九三二年前加入了諾依曼。

梅爾克：什麼時候的事？
穆勒：一九三一年至一九三二年。
梅爾克：你何時開始與諾依曼聯繫？
穆勒：一九三一年初透過雷梅勒搭上線的。
梅爾克：確切時間點是？
穆勒：我擔任中央共青團主席的時候。
梅爾克：你何時開始與諾依曼聯繫？
穆勒：透過雷梅勒。
梅爾克：你何時開始與雷梅勒聯繫？
穆勒：我擔任中央共青團主席的時候。
梅爾克：雷梅勒的理論為何？
穆勒：把握機會打擊法西斯分子。
梅爾克：你何時開始與諾依曼聯繫？
穆勒：一九三一年初。[25]

審問就如此不斷循環下去，十分折磨人，梅爾克總是在夜晚進行審問，從十點開始，於凌晨四點到六點間結束。審問進行過程中，囚犯必須站著；早上六點後囚犯不得就寢，大約有八到十天的時間囚犯遭剝奪睡眠，接受一天兩次的審問，第一次為早上十一點到下午四點半，第二次則是晚上十點到凌晨六點。梅爾克意圖讓他的囚犯在德國肅清行動的公開大對決前態度軟化，這也將是一場他自己的作秀公審。但是當時新成立的史塔西還沒有獲得史達林重視，一九五〇年八月，穆勒被移送到蘇聯內務人民委員部。

蘇聯將穆勒關進惡名昭彰的「U型潛艇」，就是柏林的霍恩施豪森監獄，艾爾文就曾被監禁於此。穆勒被關進一處狹小的牢房，接著又被移送到無窗無家具的水牢，這裡的地板永遠都會有兩公分的水。穆勒也待過臭名昭著的六十號牢房，這間牢房約為清潔工具間的大小，每面牆上都釘有一塊木板，只在中間留下一處缺口，此一精心設計就是為了確保沒有空間得以舒適地站立、行走或躺下。在穆勒頭上，一座工業風扇夜以繼日地轟隆作響，毫不停歇。穆勒經歷了三年的獄中折磨後，被蘇聯判刑到西伯利亞勞改二十五年。一九五五年，西德的阿德諾與史達林逝世後的蘇聯政權達成協議，釋放德國囚犯回國。此時的穆勒並未喪志，依然頑強。如今他已被踢出德國共產黨，他轉而加入西德的社會民主黨，並且去信格羅提渥，鉅細靡遺地說明梅爾克與內務人民委員部對他進行審問的過程，要求究責，[26]但他的信始終石沉大海。

梅爾克在莫斯科接受漫長且仔細的訓練，他冷酷無情且磨人心智的審問手段也因此精進許多。不同於烏布利希與皮克的是，梅爾克從未試圖隱藏他與蘇聯的連結，甚至直接稱呼自己的部下為「契卡部隊」（Chekists），指的就是蘇聯的祕密警察「契卡」，也就是梅爾克在東德打造祕密警察史塔西的靈感來源。

梅爾克在一九〇七年出生於柏林工人階級的「紅色」維丁區，他成長於一個陰鬱的公寓區，鄰里都是立場堅定的社會主義者和共產主義者。他的父親埃米爾（Emil）是一名木工，在一戰時期走向極端，因此「深受其害」，這是他的兒子日後對他的描述。父親埃米爾前往俄羅斯前線參戰，從戰場回來後加入了新成立的德國共產黨。長大後的梅爾克是一位才子，天資聰慧且野心勃勃。他發憤圖強，就為了進入錄取率極低的當地學校。威瑪共和雖然極力推動社會流動，卻從未成功讓文理中學的工人階級學生超過百分之七，偏偏文理中學又是進入大學的唯一途徑。年輕的梅爾克眼見身邊的人因為一九二九年華爾街股災而變得一貧如洗，因此漸漸走向極端。維丁區的人民開始將選票大量投給德國共產黨（一九二九年德共在此區的得票率為百分之四十點六），但此時德國其他許多地區開始受到納粹吸引，祈求藉此擺脫困境。梅爾克認為是時候採取行動了。一九三一年，二十四歲的梅爾克加入德國共產黨的準軍事部門「黨自衛隊」（Parteiselbstschutz）。

一九三〇年，柏林人心惶惶，民怨沸騰，示威遊行四起，警察與共產人士不斷受傷，甚至有人遇害。走向極端的左派矢言復仇，他們宣稱只要死一名工人，就要殺害兩名警察償命。一九三一年八月九日，梅爾克以及他的黨羽鎖定柏林其中一位最顯赫的官員——保羅．安勞夫隊長（Captain Paul Anlauf）。當時四十九歲的安勞夫隊長執掌眾多約束共產活動的政策，且不遺餘力地打壓共產黨，因此還在左派圈子裡獲得「豬臉」（Schweinebacke）的稱呼。梅爾克計劃行動當天，柏林局勢緊張，警察高度警戒。安勞夫的兩位同事，理查・威利希警官（Richard Willig）和弗蘭茨・倫克隊長（Franz Lenck）在柏林米特區的布洛廣場（Bülowplatz）巡邏，廣場周圍坐落著人民劇場（Volksbühne），還有著名的巴比倫戲院，以及德國共產黨總部。八點一過，槍聲四起。安勞夫從後頭遭人襲擊，擊中頭部，當場死亡。倫克隊長被擊穿肺部，蹣跚進入巴比倫戲院的門廊，然後倒地身亡。威利希警官被擊中手臂與胃部，但保住了性命。梅爾克從來不曾直接承認自己參與了這場殺人行動，至今我們也無法釐清當初是否就是由他扣下扳機，但可以確定的是，他當晚人就在現場。他參與了策劃，並且很開心地執行，日後他還稱這次行動為「布洛廣場任務」（Bülowplatz Job）。毫無疑問，他的受訓背景、思維模式與冷酷無情，讓他絕對有能力策劃這次行動。

為了抓到梅爾克和其他可疑的殺警兇手，當局祭出高額賞金，從金額就可以看出政府對這件事的重視，當時一名工人的月薪約為一百五十馬克，但梅爾克項上人頭的賞金竟然高達兩萬三千馬克。梅爾克和他的共犯不得不逃亡至莫斯科，他在當地接受共產國際軍校的扎實訓練，又在列寧學校親炙烏布利希、皮克和季米特洛夫這一掛人。他的課表包括意識形態、搏鬥、防諜、街頭戰、監視、審問，以及其他技能，日後都派上了用場。梅爾克親眼見識史達林與日俱增的偏執，也看到史達林四周的逮捕及處決如何加速進行，日後他描述自己「參與了蘇聯叛國者和敵人的審判」。[27]許多與他密切共事的同事都遭到逮捕與謀殺，例如漢斯・基彭伯格（Hans Kippenberger），他曾在梅爾克於莫斯科期間的三份文件上以推薦人名義出現。

梅爾克在千鈞一髮之際逃離俄羅斯。一九三六到一九三九年間，他受派前往西班牙幫助共產黨打內戰。這表示在史達林肅清活動鼎盛時期，人在伊比利半島的他躲過了一劫，位在歐洲西緣的他不僅遠離史達林，也脫離了希特勒控制範圍。不過就在一九三九年三月，流亡的德國共產黨將梅爾克調到布魯塞爾，接著分派比利時及法國的新任務給他。隨後納粹的魔掌向西展開，此時的梅爾克不但是非法的共產黨分子，還因為一九三一年殺害兩名警察而遭到通緝，如今他危在旦夕。梅爾克試圖在同志威爾翰・克萊克米伊爾（Wilhelm Kreikemeyer）的協助下逃亡墨西哥，克萊克米伊爾想方設法替他安排文件，以及從美國特務費爾德的共產援助金申請一千元法郎，卻都未能成功。一九四三年，梅爾克落網，他以假身分接受勞改，以躲避為殺警一事受審。終戰時，他立刻回到柏林，於一九四五年六月十四日抵達。

梅爾克日後從未承認自己曾經試圖流亡墨西哥或領取費爾德援助金。由於他在西方流亡，而非在蘇聯，因此他位在社會主義統一黨自我清洗的核心地帶，任何跟費爾德案有一絲牽連的人都會葬送工作，甚至性命難保。克萊克米伊爾是唯一見證了這些梅爾克欲隱瞞之事的人，他於一九五〇年因為疑似擔任美國間諜的罪名遭逮捕，梅爾克親自審問這位老同事，隨後克萊克米伊爾就遭社會主義統一黨剔除。八月三十一日，克萊克米伊爾死於獄中。究竟是梅爾克殺了他還是他自盡而亡，至今無人知曉，但是梅爾克共產履歷上唯一的汙點就此隨著克萊克米伊爾的去世而消失。

梅爾克顯然並沒有在戰爭時期失去他的冷酷無情與狂熱，一九四五年，也就是克萊克米伊爾神祕去世的五年前，梅爾克抵達柏林，立刻聯絡他過去熟識的多位共產黨領袖，他與他們結識於莫斯科以及威瑪共和時期。由於梅爾克經過大量國安與維護秩序的訓練，因此成為打造柏林全新警力的最佳人選。他展現出高超技能與智慧，因此得以在黨中央委員會一路高升，他自一九四五年十二月起在委員會中負責協調警力與司法部門。他跟烏布利希保持密切合作，因為他感知烏布利希即代表權力中心。威廉・蔡塞爾（Wilhelm Zaisser）曾經在梅爾克待在西班牙的時期擔任他的指揮官，在史塔西時則是梅爾克的上司，蔡塞爾說：「埃里希從烏布利希背後往上爬的速度之快，連他的鞋尖都看不到。」[28]

梅爾克除了安排警力，也被委以建立內政部前身的重責大任，他必須覓得可信任的共產分子，並且剷除社會民主派、自由派以及其他不受歡迎的分子。未來烏布利希麾下的行政機關並沒有副手制度。梅爾克也努力推動去納粹化，並且成立全新政治警察K5部門（Kommissariat 5）。這兩項行動都顯示梅爾克扮演了重要角色，影響著戰後的逮捕潮，將原本的集中營及納粹監獄重新規劃為關押前納粹分子的監獄，但同時也監禁了大量「布爾喬亞」分子，因為這些人與烏布利希日漸偏執的政權產生了衝突。

一九四九年五月，梅爾克的K5部門成員已經來到八百名。一九五〇年二月國家安全部成立，K5部門就是核心。蔡塞爾當上了安全部首長，梅爾克只能擔任副手，內心想必憤恨不平。但蔡塞爾不同於梅爾克，他在西班牙內戰失敗後回到莫斯科，並且在當地工作直到戰爭結束。史達林認識蔡塞爾，也信任他。梅爾克耐心等著他的時機到來。此刻，他滿足於在幕後工作，打造史塔西，使其茁壯，協助挑選、招募和訓練人員，並且將組織培養成令他滿意的模樣。同一時間，蔡塞爾負責政治工作，並且與烏布利希保持聯繫。阿爾布雷希特街落成的監獄仿照內務人民委員部，這正是梅爾克的功勞，而非蔡塞爾的功績。同樣的，在梅爾克的主導下，穆勒被送到西德，克萊克米伊爾死亡，梅爾克還夜夜親自審問他的囚犯，使用的就是他在莫斯科所學到的技巧。

一九五〇年二月，史塔西只是一個小組織，一開始只有一千一百名成員，但在梅爾克手中，史塔西成為世界上有史以來最龐大複雜的警察組織。歷史學家富布盧克說得很對，她認為「在東德政權的不安全感下，敵我意識反覆進行灌輸且每況愈下」。[29]民主共和國在東方陣營國家中扮演獨特一角，因為其存在從未獲得保障。烏布利希、梅爾克以及他們周遭共事的人，不只是必須不斷向西方為自己的國家辯護，也必須向史達林辯護，因為史達林依然傾向看到一個統一中立的德國。他們感受到必須證明自己的國家是蘇聯純正、可信賴且「未受腐化」的前哨站。一九五五年，西德的阿德諾政權開始明確融入西方，進行再軍事化及申請加入北約，逼得東德更加迫切地想要證明自己。

在此同時，東德政權也畏懼自己的人民。這個國家無時無刻被拿來與西德做比較，東德民眾有親戚住在西方，他們也可藉由廣播了解當地情況，甚至還記得戰前的高品質生活。民眾心急如焚且不斷提出要求，當權者為此感到焦慮。烏布利希明確感受到自己身在一個小圈子當中，宛如堅實的白雲母所形成的島嶼，上方住著蘇聯與東德整肅後倖存的同溫層人士。他們四周都是敵人，烏布利希渴望見到梅爾克建立史塔西時，向他及向社會主義統一黨承諾的「劍與盾」，梅爾克也樂見自己以及手中的組織成為無可取代的一環。

善意

在新成立的民主共和國中，許多曾參與政府與黨組織建設的男女，都曾在希特勒統治時期遭受駭人聽聞的政治壓迫，因此或許有人會認為他們將鄭重抗議缺乏民主程序的新憲法。眼前有個機會可以打造許多人夢想中更美好的德國，但怎麼會沒有更多人對這份理想遭到摧毀而感到憤恨不平呢？矛盾的是，這一切正是法西斯主義和戰爭的產物，許多德國人經歷了那段歷史後，將穩定與團結看得比採納多元觀點來的更為重要，對東德與西德的人來說都是如此。德國人已經筋疲力盡，絕大多數人都想對政治離得愈遠愈好。一九一四年起，意識形態、戰爭、經濟動盪和急遽的政治變遷幾乎沒有停歇。一九四九年，一名中年德國人在一生中都已經歷過政治光譜從極左到極右的制度，但沒有任何一種能夠帶來正常運作的民主。對於投票、民權以及多元制度社會的熱情要從何而來呢？德國大眾需要的不是每四年獲得一張印有眾多政黨的選票，而是能夠填飽肚子、在屋簷下安居，以及擁有未受戰爭與經濟災難荼毒的未來。而東德與西德的差異就在於，西德立刻滿足了民眾的需求，東德卻沒有。西德的首位總理阿德諾二度勝選，選舉結果連現今政治人物都望塵莫及，他在一九五三年和一九五七年贏得選舉，一九五七年時所屬政黨得票率高達百分之五十點二，這點實屬難得，因為在比例代表制下，通常會組成聯合政府，而如此優異的選舉結果使得阿德諾不需要組成聯合政府即可執政，這是西德自一九四九年來唯一的一次。這一切都在阿德諾的著名口號下進行：「不要實驗。」

一九五〇年代的東德人也希望他們不要實驗。他們要的是和平、穩定就業、溫飽，以及可以重建生活的一次機會。正因如此，東德民眾願意妥協，抱持避免衝突的心態，就連那些一向反對無產階級獨裁統治的政治人物也表現出相同態度，例如自由民主黨創始黨員卡爾．克魯斯曼（Carl Klußmann）。一九五七年六月，克魯斯曼在地方報紙《人民之聲》（*Volksstimme*）的訪談中表示：「德意志民主共和國的每一個人都有必要宣誓效忠國家。」他譴責阿德諾執意將德意志聯邦共和國融入西方陣營，因此阻礙了統一，而蘇聯同意這個論點。自由派的政治人物因此找到了留在社會主義統一黨獨裁政權下的理由，許多自由派人士就如同克魯斯曼一樣相信德國真的有可能成為中立且和平的國家，而東德務必要撐到祖國統一到來的那天。另一方面，東德需要重建，經濟需要加強，人民生活需要改善，因此現在並不適合堅持政治理想和原則。克魯斯曼雖然跟社會主義統一黨有著許多差異，但直到一九五七年逝世時，他都是他們的一員。他的墓碑上寫著：「直到死前最後一刻，我們摯愛的黨員朋友對黨和國家的政治付出從未停歇。」30

在納粹政權垮台後，立刻出現一個真正反法西斯且社會主義的德國，這點不容小覷。作家布萊希特（Bertolt Brecht）之所以從西德搬到東德，正是因為西德開始讓前納粹分子重新回到政壇，進入公眾生活或是維護治安的工作，而布萊希特並不是唯一這麼做的人。包含何內克在內的許多人，因為政治理念而在監獄和集中營飽受磨難長達數年，他們之所以撐了下來，就是為了等到時局翻轉那一天的到來。而如今，德意志史上頭一遭有機會建立一個他們夢寐以求的社會主義、無階級且正義的社會。如果一開始出現鎮壓手段，他們並不感到特別意外。很多這個時期獲得政治地位的人接受的是馬克思教條教育，因此他們相信在從資本主義轉向社會主義的途徑中，無產階級獨裁統治是必要的過渡階段。統治精英還緊緊把持著他們的特權與權力，工人階級則必須握住治理的韁繩。戰後的這段期間，前納粹分子及他們的同路人需要先從政壇與社會中被剔除，局勢才得以開展，這點為無產階級獨裁統治提供了完美的歷史背景。一九五〇年初，許多知識分子還願意接受此一信條。

新成立的東德當然不可能像過去的納粹政權一樣深受民眾愛戴和服從，但是至少在一開始並沒有立即面臨大規模的反抗。

經濟追趕

一九五一年，布蘭登堡，科臣朵夫（Ketschendorf）。

蕾吉娜・法斯曼（Regina Faustmann）對於生活中的變化相當滿意。她今年十六歲，儘管年輕，卻經歷過風風雨雨。一九四五年，她的父親逝世，留下妻子一人獨力扶養三名子女。彼時正逢紅軍入侵，蕾吉娜的母親略懂俄語，因此她受招募為戰勝的士兵洗衣，藉此換取食物。這些蘇聯人知道她家中有三個小孩嗷嗷待哺，因此相當慷慨，這個年輕家庭沒有餓過一天肚子，也未曾受到任何形式的傷害。當地有間輪胎供應商德卡（DEKA），於一九四〇年成立於蕾吉娜的故鄉，並在戰後立刻恢復營運，蕾吉娜年紀一到，就加入該公司的化學實驗室當學徒。不過這跟蕾吉娜原本想像的人生截然不同，她原本希望跟其他家族成員一樣成為裁縫師，然而事情並未如她所願。不過這份工作相當安穩，讓她可以幫忙撫養家庭，此外，她還在工作上遇到一位年輕英挺的輪胎師傅，名為君特（Günther）。當時新戲院、舞廳與電影院如雨後春筍般冒出，也成為她與君特頻繁進出的場所。蘇聯人和他們的德國同志一致認為，豐富的文化生活有助於提升戰後士氣，不過一部分也是因為蘇聯人愛好任何形式的娛樂。

蕾吉娜和君特都加入了新成立的德國自由青年，當中各式活動讓蕾吉娜找到歸屬感，身為天主教徒的蕾吉娜會與四周圍繞的新教徒和非信徒同儕一同參與。除了社交活動和音樂，也有協助重建德國的重要工作可以參與，例如廢金屬回收。一同為社會出一分力讓人感覺十分美好，唯一令蕾吉娜不滿的是蘇聯人常常突襲輪胎工廠，沒收剛製造出來的產品，干擾了生產時程、生產目標，以及製造過程的分工。[31]

大多數年輕德國人都跟蕾吉娜有著相同經歷，他們滿腔熱血，捲起袖子盡自己的責任重建國家。此時百廢待舉，城市滿目瘡痍，蕾吉娜自己的故鄉菲爾斯滕瓦爾德（Fürstenwalde）失去了施普雷河上的橋，一九五九年才獲得重建。希特勒的瘋狂統治耗盡了工業和農業資源，而且建造一個新的德國還需要新的建築。

這股精神可見於一九四七年的一首歌中，歌曲由二十歲的萊恩霍德．林伯（Reinhold Limberg）所創作。戰爭時期，希特勒青年團將他派遣至德國海軍中擔任未成年助手。後來他淪為俘虜，從蘇聯手中獲釋後，他回到父親位於北方麥克倫堡邦的農場。在農場賣力工作的他，腦中浮現一首歌，捕捉他和眾多其他年輕德國人的心境，描述他們如何從之前對於希特勒的狂熱之中覺醒：

喔，青年甦醒，重新站起，
可怕的時代終將結束！
太陽再次將光芒

灑向我們人類，
從蔚藍的天空傾瀉而下。

雲雀快樂的歌聲
傳入山谷，
小溪帶來無限喜悅，
農人的田地
也將再度豐收，
一切即將再現生機。

〔副歌〕

建設，建設，
建設，建設，
自由德國青年團，建設吧！
為了更美好的未來，
我們在建設我們的國家！

鐵鎚的敲擊聲四起，
工作的手向我們傳遞訊息：
德國青年，來幫忙，
這份工作屬於你們，
為了和平、自由和正義！
沒有壓迫，沒有操練，
只有你們的自由意志
從此實現你們的人生。
直視光明，
讓視線不迷失。
德國青年，堅定向前！
〈青年甦醒〉（Jugend erwach!），一九四七年，由萊恩霍德．林伯作曲作詞。

這首歌屬於典型的社會主義風格，歌詞直接向受眾喊話，歸為政宣一類歌曲相當適切。但若把這首歌草率歸為社會主義統一黨的歌曲，而且認為德國青年是逼不得已為之臣服，那就大錯特錯了。這個時期的許多年輕德國人都滿懷驕傲地投入經濟重建工作，而且他們都真摯熱血地唱著這首曲子。

東德年輕人鬥志高昂，但早在這場東西德經濟追趕開跑前，東德就已毫無勝算。問題並非出在工作態度，甚至也無關東德新興經濟體的核心規劃（畢竟大多數西方國家在戰後那幾年也依然控制價格、薪資和物資配給）。問題出在這個年輕國家的重擔，即便如今德國已躋身歐洲以及全球強國超過三十載，成為全球第四大經濟體，當初的重擔在今日德國東部依然清晰可見。

蘇聯在德國分配到的占領區不只面積大小與人口都不及西方占領區，甚至連自然資源都較為匱乏。以能源為例，東德幾乎完全仰賴褐煤，這是一種泥炭受壓後形成的物質，質地柔軟且易燃，較為接近地表，因此開挖價格低廉，但卻會對環境造成嚴重損害。開挖褐煤導致東德地區坑窪窪，看起來就像荒涼的月球表面。褐煤能提供的能量並不高，燃燒產生電力、熱氣和蒸汽能源時，又會造成嚴重汙染。東德迫切需要能源，來自蘇聯的援助又一向不穩定且難以信賴，東德要耗費極大力氣才達到能源自給，褐煤就是其中關鍵，成為東德七成的能源來源。到了一九七〇年，東德成為全球最大的褐煤供應國，比蘇聯和西德加起來的總量還多。東德的黑煤、銅和鐵礦同樣供應不足，因此除了褐煤，東德別無選擇。

東部的鐵礦匱乏，因此德國過去從未在此發展煉鋼廠，德國真正的工業心臟地帶是位在遙遠西邊的魯爾地區。不過蘇聯積極渴望索取戰後賠償，並且希望善用他們扣押的德國同志的專業和高產能。因此，一座新的城鎮平地而起，就位在布蘭登堡東緣的波蘭接壤地帶，名為艾森許滕施塔特（Eisenhüttenstadt），意為「煉鋼廠之城」。這是一座典型的社會主義城市，到處都是為工人及其家庭建造的住宅區，周圍則圍繞著供消遣的綠地。

蘇聯的新興核能工業也充滿掠奪性，不斷要求盟友提供鈾。蘇聯派出探勘團隊，前往圖林根以及薩克森的厄爾士山脈（Ore Mountains，意指「礦山」）尋找珍稀礦物的礦床，並派出內務人民委員部士兵駐守，一開始由勞改犯負責開挖，後來脅迫像恩斯特．維慈（Ernst Wicht）這樣的人加入開採工作。一九四八年秋天，年輕的恩斯特才剛完成園藝訓練，他搬到圖林根邦的首府愛爾福特（Erfurt），開心地想：「人生即將回歸正軌。」突然間，他被告知前往派遣辦公室報到。恩斯特回憶起當年時說道：「我用盡了我所能想到的任何藉口，但他們跟我說他們大可強迫我加入，因為我有義務接受派遣安排。」[32]

半年後，恩斯特抵達礦場，經過蘇聯守衛，走入維斯穆特（Wismut）鈾礦場的大門，準備接受四個小時的訓練。這份工作又累又危險，恩斯特用風鑽工作長達數個小時，卻毫無保護措施。午餐時間，他跟同事坐在木製貨箱上，裡面裝有他們開採的鈾礦，而他們對鈾的高度放射性一無所知。時不時有人會開玩笑，對恩斯特說如果未來想生小孩，最好別坐在和平鐵礦上太久。恩斯特跟其他受脅迫而加入的人一起工作，也有當地人自願加入，他們已經在此工作長達數年。另外還有強迫勞動者，大多為前納粹成員。恩斯特很快就感受到這份工作的優點，跟其他工作比起來，他和家人收到的食物配給較多，薪水也比較高。固定的班表讓工人培養出感情，計畫經濟所設定的獎勵機制也讓達標和超標成為競爭目標，許多人引以為傲，甚至一齊加班一至兩小時，就為了達到一定的產量，並為此像小男孩般雀躍不已。但恩斯特同時也目睹了訓練不足所造成的無數工安事件。最終，恩斯特也被迫離開這份工作，他患上了肺結核，不得不送醫治療。

儘管經歷了這麼多，恩斯特回頭想起這段「瘋狂維斯穆特」經歷時，仍不免帶著一絲感傷：「你被迫接受一件事，而不是慢慢愛上它，但突然又被迫終止，這讓人很難過。我已經習慣了這份工作，我的家人也因此過上了好生活。」[33]維斯穆特後來由東德與蘇聯共同持有，雙方各持有百分之五十的股份，東德也成為全球第四大鈾礦供應國。但在最一開始，所有開採的成果都歸蘇聯，而所有惡劣的環境與人力成本都由東德承擔。

這一套模式也在其他地方上演。截自一九五三年，如果不計入私下進行的掠奪與偷竊，蘇聯光是在官方紀錄上從東德獲得的占領補償就超過了一百五十億美元。[34]這筆鉅款除了來自開採有用的原料，還包括將工廠和其他不動產拆得一乾二淨。鉛管從牆上被拆下，鐵製攀爬架從遊樂場被偷走，整條鐵路線被拆解後重鋪到蘇聯。東德可能原本有機會從這些掠奪中復甦，但蘇聯持續從德國生產線直接奪走他們要索取的賠償，東德因此一蹶不振。蕾吉娜在輪胎工廠所目睹的情況，在東德各產業均屢見不鮮。紅軍士兵往往會無預警出現，沒收工廠剛生產出的產品，因此嚴重打擊了經濟計畫、供應線和員工士氣。一九四五至一九五三年間，年輕的東德努力重建，但這期間總計有六成的生產量慘遭掠奪。[35]不過東德人民仍然從未放棄。到了一九五〇年，產量重新回到一九三八年的水準，而當時東德所付出的賠償甚至已經達到西德的三倍。[36]

同樣對經濟造成嚴重衝擊的，就是東德對社會重建所懷抱的崇高理想。貴族地主擁有經驗、知識和工具，懂得如何有效率的經營農場，他們對在地傳統社會制度也相當熟悉，這些都讓貴族得以支撐他們的產業，但如今這些地主的大片土地遭到分割與重新配置，分發給「新農」，此舉澈底摧毀了經濟。到了一九五九年，政治局收到的回報依然指出，水果產量比起當年預計產量少了百分之三十八，蔬菜產量則少了百分之三十三，不過當年還遇上旱災，導致情況更加嚴峻。[37]這場土地重新分配帶來了經濟災難，但原本的用意是為了打破傳統貴族結構，因為在許多人眼中，正是這種傳統在過去數十年來加深了德國的社會衝突。此外，四分之一的東德人口是來自東歐的難民，他們大多是農民，在動亂中失去一切，因此將過去普魯士容克貴族手中的大片土地轉送一小塊給這些難民，看起來似乎合情合理，雖然就經濟學觀點來看完全說不通，而且也沒有補償土地原來的持有者。

東德的去納粹化政策也造成相同後果。西德張開雙手歡迎前納粹分子回到公職、教職、文化領域，甚或執法單位；反之，東德堅守反法西斯教條，雖然也有許多顯著的例外，例如軍事領域，以及未能深入調查猶太大屠殺等等，但整體而言，去納粹化在東德執行得更澈底，並且對經濟造成衝擊。教師、公務人員、政治人物，甚至工程師與警察都從原本的職位遭到驅逐，取而代之的是缺乏經驗但是意識形態較沒問題的人。專業人才流失，再加上蘇聯將科學家等專業人才大批送出境，導致這個新的經濟體嚴重缺乏關鍵人才，無法蓬勃發展。

儘管東德人民積極投入重建工作，試圖證明有可能建立更好的德國，一九五〇年代初的東德卻完全沒有機會能夠打造可運行的經濟。再加上戰爭期間受到的苦難，以及老一輩德國人記憶中威瑪共和國和一戰的經濟災難，民間氣勢更是低迷。阿德諾政府在西德創造了「經濟奇蹟」，為人民生活重新帶來了消費主義與享樂，東德的烏布利希卻只是帶來經濟劇變。他的人民之所以持續賣力打拚，只因為他承諾：「總有一天，我們會以當今努力工作的方式生活。」但這個承諾並不足夠。

史達林的備忘錄

一九五二年五月二十九日，薩克森—安哈特邦，蕭納（**Cheine**）。

十四歲的安妮莉絲．弗萊舍（Anneliese Fleischer）被學校通知立刻回家。到家時，她看見一輛貨車停在外頭，家人的用品正在搬運上車。沒有人知道發生了什麼事。她的父親無助地站在她的母親身旁，腳上還因為不久前的意外而打著石膏；她的母親則請安妮莉絲幫忙把廚房、客廳和房間的家具和紙箱搬上車。他們要被帶去哪？安妮莉絲聽別人提到西伯利亞。最後，這家人被告知他們要重新安置到遠離東西德接壤的地方。他們在蕭納的家只距離西德的下薩克森幾公里。[38]一九五二年五月到一九六一年柏林圍牆建立前，總計有一萬一千人被強迫安置到遠離德國內部邊界的地方，這場行動稱為「害蟲行動」（Aktion Ungezìefer）。整個計畫被視為最高機密，居民無從得知當下發生的事情，他們的新鄰居對他們也起了疑心。一般認為這些被迫搬遷的人一定是做了某些事情才落得如此下場，而他們至今依然未能洗刷冤屈。[39]

事實上害蟲行動正顯示出權力高層的驚慌。烏布利希愈來愈相信西德一心一意要成為美軍在歐洲最東緣的基地，更重要的是史達林本人也這麼認為。他們並非全然錯誤。韓戰一九五〇年開打，一九五二年戰事方酣，美國投入大量資源卻遲遲未能告捷，而且中華人民共和國甚至在一九四九年成立，同時蘇聯也首度成功測試核武，引發華府一陣驚慌。最後，到了一九五〇年初的麥卡錫主義時期，共產黨陰謀人士遭到急切搜捕。在這樣的背景下，杜魯門總統對一向從善如流的西德總理阿德諾施壓，要求他認真建立國家武力，並且加入一九四九年為了防堵共產而成立的北約陣營。阿德諾知道他需要歐洲的認可，特別是疑心重重的法國鄰居。阿德諾是天生的談判家，具有權威又充滿魅力，他跟法國人促膝長談，開始說服他們組成西歐合作聯盟將可帶來一定效力。一個擁有自主軍隊的德國，理所當然需牢牢嵌入西方體系之中，例如北約或歐洲防務共同體（European Defence Community），不過一旦如此，德國就會成為一個符合成本效益且值得信賴的盟友。

現在輪到史達林感到恐慌了。他幾乎準備付出一切代價，以避免歐洲心臟地帶出現一個重新武裝的德國。一九五二年三月十日，他向德國的西方盟國代表發出了所謂的《史達林備忘錄》，提議將德國作為一個中立國家重新統一。這一直被視為只是單純的宣傳手段，但有眾多文件顯示史達林是認真的，西德歷史學家威爾弗里德・洛特（Wilfried Loth）也證明了這個論點。[40]史達林在備忘錄中提出了許多重大的讓步，尤其是允許德國建立「其自身的國家武裝部隊（陸、空、海軍），以因應國防所需」。[41]賠償和去納粹化將視作已完成，因此「對德國和平經濟發展不再施加任何限制」。[42]這個國家甚至可能加入新成立的聯合國。在四月九日的另一項備忘錄中，甚至還再次確認了可以舉辦「全德自由選舉」。[43]德國唯一的義務是接受「波茲坦會議所規定的邊界」，表示喪失過去在東歐的領土，並不得「加入針對任何參與對德國作戰國家的聯盟或軍事同盟」，[44]第二項要求的背後有兩大目的，除了阻止統一後的德國加入針對蘇聯的聯盟（如北約），同時讓法國放心，確保德國統一後法國不會再受到威脅。洛特認為，這顯示出史達林不再試圖將德國塑造成社會主義國家（如果他曾有過這個想法的話），而是滿足於一個能「符合蘇聯安全需求」的德國。[45]

東德領導層中也有些人樂見中立且統一的德國，比如黨報主編赫恩施塔特，他只比烏布利希晚一些回到柏林，並成為社會主義統一黨中央委員會的成員。他直言不諱地告訴核心權力圈的同僚：「我們當中有些人最好能……擺脫那種不辯證的假設，別再認為即將出現的統一、民主的德國，只是當前德意志民主共和國的放大版。」[46]然而，這種觀點使他與大權在握的烏布利希產生罅隙，並最終於一九五四年遭踢出社會主義統一黨。日後，阿德諾政府拒絕了中立德國的提議，並開始在美國領導下穩固西德在西方聯盟中的地位，烏布利希及其支持者顯然鬆了一口氣。[47]

這並非史達林期待的結果。一九五二年五月二十六日，西德與美、英、法三國簽署了《德國協定》（Germany Treaty），③此時從史達林所做出的反應就可看出端倪。條約中承認了西德的主權地位，為其加入北約鋪平了道路，史達林因此感到恐慌。繼任史達林的赫魯雪夫後來提到，當時莫斯科出現了一種「戰爭恐慌」，並回憶道：「我們相信美國會入侵蘇聯，戰爭即將開打。史達林對此前景膽戰心驚。他害怕戰爭。他知道我們比美國弱。」[48]史達林的偏執再起。為了避免再度開戰，就算要放棄德國共產主義者他也在所不惜。

同一時間，阿德諾駁回《史達林備忘錄》後，烏布利希便將此事視為塵埃落定。在一九五二年七月九日的第二次黨代表會議上，他公開推進「建設社會主義」的議程。史達林不情願地同意了這一點，但值得注意的是，史達林的書面同意僅在會議前一天才送達，而早在七月三日的社會主義統一黨會議紀錄中已將「建設社會主義」設定為新的「戰略目標」。[49]然而，史達林依然不允許烏布利希更換國旗，當時東德與西德仍共用黑紅金三色旗，象徵著一八四八年的自由革命。直到史達林去世六年後，東德的國旗才在一九五九年加上了民主共和國的徽章，包含了象徵工人階級的鐵鎚、中產階級的指南針，以及象徵農民的黑麥所形成的圈。

新的「建設社會主義」（Aufbau des Sozialismus）計畫包含一系列經濟措施，例如在所謂的「農業生產合作社」（LPGs）中進行農業集體化，並在類似的「職業生產合作社」（PGHs）中將各職業集體化。更重要的是，此計畫讓烏布利希和皮克得以推動東德的軍備。西方拒絕接受中立的德國，史達林為此十分惱火，因此在一九五二年四月於莫斯科下令社會主義統一黨要「建立一支人民軍隊——廢話不多說——和平主義時期已經結束」。他們還被要求堅守「那條危險的邊界」。[50]此令一出，導致「害蟲行動」的出現，將安妮莉絲這樣的孩子和他們的家人從家園中遷走，以清理出五公里深的控制區域，該區域只允許受到信任的人居住，任何想進入這片區域的人都必須有正當的理由。邊界本身成為十公尺寬的防禦工事，由武裝警衛巡邏，而且接獲可開槍的指令。設立這片邊界起初是為了阻止西德人進入東德，因為史達林對入侵的恐懼也感染了他的德國同志。後來，這片邊界則成為了囚禁一千六百萬東德人民的屏障。

至於一九五二年三月是否真的曾經有過實現德國統一的機會，這一問題常常被草率帶過，並且往往試圖將史達林描繪為口是心非的一方。然而，文獻揭露了不同的景象。史達林曾經希望看到德國統一，即使他將為此付出巨大代價，包括失去賠款和領土影響力。然而，將責任全推到拒絕史達林提議的阿德諾身上也過於武斷，西德社會民主黨領袖庫爾特·舒馬赫（Kurt Schumacher）

---

③ 譯注：即《波恩專約》（Bonn–Paris conventions）。

就是如此，他指責阿德諾將德國的統一作為犧牲品，獻祭給西區整合和再軍事化之祭壇。事實上，若西德接受了史達林的提議，並要求實施史達林承諾的自由選舉，烏布利希和皮克很可能會加以阻撓。有跡象表明，社會主義統一黨領導層中的格羅提渥、赫恩施塔特等人願意為了德國統一，而對其社會主義理想做出妥協，但烏布利希和皮克數月來則憂心忡忡，認為西德人民生活溫飽、去政治化以及對當下的滿意，應不會參與他們試圖煽動的示威活動。可以推測，關於「自由選舉」形式的談判勢必會破局。最終，一九五二年德國統一的可能其實是毀在德國人自己手中，而非史達林所造成；同樣地，東德也變得愈來愈由德國人主導，不再完全由蘇聯所掌控。

第四章

建造社會主義
(1952-1961)

Building Socialism

東德，這是什麼模樣？

一九五三年——不成功，便成仁

一九五二年十二月，薩克森邦，萊比錫。

十七歲的海因茲．賈斯（Heinz Just）意志消沉。日復一日，他拖著身軀前往萊比錫的鋼鐵工廠，逼迫自己投入一份毫無未來可言的工作。這座工廠是全新的國有人民企業，原本海因茲接受了金屬工人訓練，期待加入人民企業銑床加工廠，但是一九五〇年九月他前往工作地點報到時，卻獲知已經不再需要金屬工人，如今他們要他操作機器。年輕的海因茲原本可以應用訓練所學，心滿意足地發揮他的專業，轉眼間卻被迫從事麻木心靈且令人筋疲力盡的工作，他抱怨連連，卻無人理會。有人跟他說做就對了，反正只是暫時的。兩年過後，他還在原地，同時操作三台機器，而且當時的班表不但要值晚班，還常常有不固定的工時。一九五二年十二月，他收到了稅務單，他認命地瞪著手中的數字，不禁感到灰心喪志，從九月工作到現在，四個月的稅前工資總計一千馬克，相當於月薪資兩百五十馬克，稍微高出當時的最低薪資，但遠遠低於大約四百馬克的平均薪資。憑著這一點錢，他根本不可能搬離家，甚至不夠交個女朋友，日後每當他回想這段時光，總是滿腹心酸。[1]

到了一九五二年，東德執政者重建經濟的路滿布荊棘，東德第一個五年計畫始於一九五一年，而海因茲這類勞動者就是他們仰賴的對象，這群勞工在危險的工作環境中無止境地賣力，以滿足計畫目標。東德一成立就面臨沉重經濟負擔，但到了一九五〇年情況愈趨惡化。馬鈴薯甲蟲疫病造成兩成的作物歉收，政府則指稱是美國派出飛機惡意丟下馬鈴薯甲蟲，發動了生物戰。當時住在布蘭登堡的意兒瑟．亨切爾清楚記得學校在夏天時常常停課，叫學生到田裡尋找「洋基甲蟲」（Amikäfer），抓到後裝進社會大眾捐贈的果醬罐和鞋盒之中。[2]農業的生產目標在土地分配與集體化政策下原本就已經受到重創，如今甲蟲更是要把東德人的家當吃得一乾二淨，生產目標已經不可能達成了。

除此之外，一開始打造五年計畫時，根本沒有考慮到強化德國內部國界的需求，也沒有想到要從一九五二年四月開始打造目標三十萬人的常備軍。一九五二年，東德的軍力為五萬五千人，到了一九五三年中期，已經翻倍為十一萬三千人，龐大的軍隊開始消耗大量資源，而東德脆弱的經濟體根本招架不住，軍備費用整整占了國家百分之十一的財政支出。相較之下，今日的德國連北約要求的百分之二都很難做到。此外，東德的教育支出與醫療支出分別占百分之八與百分之六。[3]一九五〇年七月，烏布利希宣布生產計畫時，還在誇口他的「進步派德國會在弭平戰爭損害後，超過帝國主義下德國的生活水準。」[4]結果到了一九五三年初，烏布利希呼籲人民節儉過生活。一直到一九五八年前，東德都以配給方式發放食物，西德則是在一九五〇年就廢除了食物發放制度。赫爾曼．馬特恩（Hermann Matern）也是返回德國的莫斯科流亡人士之一，他只比烏布利希晚一天抵達，加入的是另一個「阿克曼組」（Gruppe Ackermann），而且到了一九五二年已經爬上社會主義統一黨中央委員會的重要位置。對於當時東德的經濟境況，馬特恩直截了當地表示：「我們必須擁有最強軍武，不論技術或效能都必須精銳，但我們也必須承認，這很燒錢，更糟的是，需要消耗資源……我們的經濟必須承受這個重擔，這將落在我們的勞工身上。」[5]社會主義統一黨要東德大眾做出壯烈犧牲，以達成蘇聯以及自己的目標。

並不是所有人都像海因茲一樣逆來順受。特別是有許多人具備戰後極為需要的技術，例如工程師、商家以及技術純熟的建築工人，他們並不想為了遙不可及的崇高目標而犧牲自己的生活品質。他們在西德能夠賺取高薪，而且西德社會也張開雙臂歡迎他們加入。東德的當權者忙著鞏固德國國內邊界，但柏林當時依然是同盟國一起治理的占領城市，此時各占領區的邊界大開，人員得以自由進出。東德人可以輕易前往東柏林，走入西柏林，接著搭火車前往西德。一九五三年的前六個月，共有三十三萬人離開東德，他們的技術與勞動力對東德來說不可或缺。當時年僅九歲的碧吉特．弗里森還記得她的母親如何氣急敗壞，因為薩克森邦皮爾納（Pirna）的醫生都遠走高飛，導致留下來的人缺乏適當的醫療照護。離開的還有三萬七千名農民，當中許多人的土地都被無償徵收了，他們離去是因為已經一無所有。[6]

恐慌如野火般在政治局內部蔓延開來，帶來了一種即將毀滅的氛圍，並導致災難性的後果。黨內的政治「肅清」如今滲入整體社會，各個角落都被懷疑可能出現顛覆行動。一九五三年初，東德情勢急遽惡化，而就在混亂的局面中，史達林逝世了。

一九五三年三月五日，薩克森邦，萊比錫。

往後每個人都會記得，當他們聽到消息時自己人在何方，正在做什麼事。

二十五歲的胡貝特．馬洛西（Hubert Marusch）當時就讀化學系，他一聽到史達林的死訊，立刻意識到自己正經歷著一個歷史時刻。他不像某些同齡人對這位獨裁者抱有深刻情懷，但史達林確實無所不在。雖然胡貝特念的是理科，他在大學裡依然像其他同儕一樣必修「社會科學」，這個科目沒有分數，只有通過與否，而胡貝特選擇以史達林的宣傳冊子《國族問題》（*The National Question*）為題，頌讚史達林「充滿智慧的豐功偉業」。[7]他一向很喜歡萊比錫的首都劇院每年所舉辦的史達林誕辰紀念，因為剛好遇上聖誕假期，適逢家庭團聚的時節。

胡貝特回想起當時報紙上寫著：「世界都屏息了」，各地匆促舉辦追悼活動，他參與了其中一場，地點就在他所就讀的化學院演講廳，廳內特別掛上了黑布。活動中，「一位同志以顫抖啜泣的嗓音，追悼歷史上最偉大的學者和政治家。」[8]史達林葬禮當天，萊比錫立起了聳立的雕像，就位在廢墟般的萊比錫戲院前，這裡在一九四三年的空襲中遭到摧毀，並且很快就會被新的歌劇院取代。三月九日這天，城市中的勞工列隊送葬，行經戲院前的雕像，放下手中的花圈，胡貝特當時正搭著公車前往學校上課，目睹了這一切。

史達林的逝世對烏布利希個人來說是莫大衝擊。史達林對他的人生所造成的影響無人能及。當然，兩人的關係一點都不對等，但烏布利希在這位蘇聯暴君身上看到了自己，至少他是這麼想的。兩人都身材相對矮小（大約一百六十五公分），身上都帶有缺陷，而且為此遭到敵人不斷攻擊，史達林的左臂在十二歲的一場意外中殘廢，烏布利希則是聲道天生帶疾，導致他聲音尖細偏高，飽受眾人嘲笑。烏布利希自稱是十八歲時因嚴重細菌感染種下的病因，但他身在權力漩渦中，因此罹患喉癌的傳聞從未消失。此外，他們兩人都不是出眾的演說家。史達林說話帶有喬治亞口音，在俄羅斯人耳中聽起來就是鄉下人，烏布利希的薩克森口音習慣拉長語調，在德國人耳裡聽起來也有相同效果。兩人的性格也格外相似，他們都是冷血的孤狼，喜歡過著相對較為斯巴達式的生活，注意細節，而且組織能力強大。或許最讓人膽寒的共同點就是他們對至高權力的渴望，兩人都以同樣堅定的決心掃除政敵，並且對隱身在各處的敵人抱持嚴重偏執。但他們倆都走上現實政治的路線，意識形態抱持彈性，只要對自己的權力之路有利，他們隨時可以推翻過去的言論。[9]不過兩人之間的關係畢竟不對等，史達林是共產國際的領袖，而烏布利希不過是卑微的追隨者。

政治局對於史達林的死訊同感震驚。中央委員會委員庫爾特．哈格如此形容，史達林的死「讓我沉痛不已，我站在卡爾．李卜克內西大樓的辦公室窗前，努力遏制淚水。史達林已經成為我們生命的一部分了。」[10]烏布利希甚至更進一步在週一的《新德意志報》上寫道：「我們這個時代最偉大的人已經逝世，然而他的功業依然存續，並且在未來幾個世紀將繼續指引著人類的進步。」史達林的著作立刻以紀念版本重新印製出版，有人著手規劃史達林博物館，全新建立的艾森許滕施塔特（Eisenhüttenstadt）改名為史達林城（Stalinstadt）①，以紀念逝去的偉人。

史達林之死恰好發生在東德搖搖欲墜之際，此時東德成立初期的熱情慢慢退去，大眾開始對經濟境況怨聲載道。對於意識形態懷抱理想的人（其中大多為年輕人）高度崇拜史達林，他散發出跟列寧一樣令人難以抗拒的吸引力，許多人因此開始了對他的個人崇拜。在史達林成功帶領下，國家奇蹟似地經過工業轉型，成為足以抵擋希特勒進攻的強國，接續的二戰期間，他也帶領國家度過難關。雖然上述種種事蹟都是以重大人力損失所換來的成果，但年輕的社會主義人士並未因此退卻，他們內心渴望追隨偶像，因為這讓戰爭期間和戰後的苦難有了意義。

烏布利希跟他的偶像簡直是雲泥之別，他試圖模仿偶像的種種手段更是看來相當可笑。一九五三年六月三十日為烏布利希六十歲生日，他特地委託成立於一九四六年的東德國有電影公司「德國電影股份公司」（DEFA）為自己拍攝紀錄片，影片長達七十四分鐘。紀錄片題為《社會主義的建造大師》（*Master Builder of Socialism*），片中將烏布利希塑造成睿智英明且無所不知的父親，帶領國家和人民走向更美好的未來。影片美化了烏布利希與剛成立的民主共和國，並搭配冷靜沉著的配樂，十分具有戲劇效果。影片最終結語：「瓦爾特・烏布利希同志打造了我們的計畫，他有著敏銳的觀點及果斷的決策力，他是生命和青春的友伴，也是勞工階級政黨的總書

① 編按：stadt為城，這裡兩城使用通用中譯名字故有不同。

記。」

史達林麾下令人膽寒的內務人民委員部首長貝利亞，同時也是史達林死後權力真空時期接手掌管的其中一人，他在一九五三年春天看了烏布利希這部拙劣的紀錄片，鄙視地說道：「這是我這輩子看過最愚蠢的人。」[11]蘇聯當局迅速讓這部影片消失，直到一九九七年才重見天日。烏布利希無法以個人魅力凝聚民眾度過危機，他必須採取暴力手段，才能度過東德的危機存亡時刻。

六一七起義行動

一九五三年六月十七日，圖林根邦，耶拿（Jena）。

十七歲的女學生格林德．伯尼希—梅茨馬赫（Gerlinde Böhnisch-Metzmacher）走過德國古老的耶拿大學城巴赫歷史街區（Bachstraße）。此時抗議者已經進入政府控管的工會組織地方總部自由德國工會聯合會大樓（FDGB-Haus），從窗戶將紙張拋灑而出，四散在街上，堆積及踝，格林德艱難地邁出步伐隨著人潮推擠前進古城中心的木頭市集（Holzmarkt）。

群眾的怒火指向社會主義統一黨的地區辦公室，格林德抵達現場時，看到人群已經衝進辦公室，把「美麗的舊打字機」丟到外頭的廣場，紙張與檔案也一同紛飛而出。群眾高聲呼喊著：「降低工作配額！」以及「我們要自由選舉！」突然她看到路燈上吊著一個人形物體，遠遠望去，看到上頭配戴著東德警察的徽章。她一度想：「天啊，他們吊死了警察！」但接著發現眼前原來不過是褲子、大衣及帽子組成的人形，這是從一名警察身上扒下來的衣物，他被憤怒的示威者脫去一身「俄羅斯制服」，身著內褲倉皇離去。克莉絲塔・施萊沃伊希特（Christa Schleevoigt）是另一名同樣身處現場的少女，她不斷被周圍的老先生老太太擁入懷中，他們涕淚縱橫地對她說：「你們年輕人即將看到了！一切終於要好轉了！」[12]

一九五三年六月十七日，東德各處上演同樣的場景。就在前一天，東柏林的勞工們在史達林大道（Stalinallee）隨機發起罷工，接著消息透過美國占領區廣播電台（ＲＩＡＳ）迅速傳播，很快就在全國引發模仿行動。

東德成立屆滿三年，雖然烏布利希不斷誇讚東德的經濟表現超越西德，但事實上東德根本無法照顧民眾的日常所需。執政的社會主義統一黨面對眼前的經濟危機，唯一的應對就是要求東德人民拿更少的錢但要更努力工作。東德必須支付賠償與進行再軍事化，不管人民是否同意（或是否有能力）擔起這個重擔。烏布利希宣稱「必須穩固統治」，他下令加強國家壓迫的力道。到了一九五三年五月，已經有六萬六千名民眾淪為階下囚，人數來到前一年的兩倍，遠遠超過西德的四萬人。[13]總書記重新興起「階級鬥爭」，在一九五二年夏天宣布這是「打造社會主義」計畫的一環，卻讓鬥爭演變為對人民的壓迫，其中包括勞工階級。食物和民生必需品的價格不斷上揚，國家補助卻同時縮減，以補上國家瀕臨破產的財政缺口。社會主義統一黨很快失去了核心支持者，到了一九五三年，只有百分之三十八的黨員具有勞工階級背景。[14]

烏布利希做過了頭，他在一九五三年五月時再度將工作配額提升一成，要求人民在工資更少的情況下做更多工作，同一時間，店舖裡的貨架依然空空如也。十二萬東德人已經前往西德尋覓更好的生活，愈來愈多勞工階級加入其中，逃離了口口聲聲說要為他們謀福利的無產階級獨裁者。十九歲的零件製造工人蓋哈特．盧達（Gerhard Rudat）便是其中之一，他從東普魯士的家鄉狐狸山（Fuchsberg）與家人長途跋涉達兩年半，一九四七年十月與成功撐過這段旅途的幾位家人抵達迪特斯多夫（Dittelsdorf），這裡是德國、波蘭與捷克斯洛伐克三國的交界點。身為難民之子的蓋哈特在十四歲時重讀五年級，接續完成因戰爭和流離失所而被迫中斷的教育。他在畢業後習得一技之長，對此他十分自豪。首先，他到了鄰近的齊陶（Zittau），在這座城鎮中的非凡公司（Phänomen Works）接受汽車技師訓練，接著受訓成為零件製造工人，這是較為高階的課程，而他因為表現優異而獲得推薦。蓋哈特年輕、有才華而且滿腔熱血，像他這樣的人理應成為烏布利希全新的「工農之國」的核心支柱，但是到了一九五三年，他們真的受夠了。這群人筋疲力盡、憤慨且萬念俱灰，毅然決定放棄自己的國家。蓋哈特和他的女朋友收拾家當前往柏林，一九五三年六月十五日，他們從當地越過開放邊界前往西方占領區，隔天，史達林大道爆發衝突，拉開了起義的序幕。他們兩人從西柏林搭火車，頭也不回地進入西德，數萬名東德人也一樣，加入了戰後歸來的戰囚以及來自東歐的難民，西德很快就被大批人潮淹沒，地方政府將新移民安置在營區內，有些環境相當惡劣。蓋哈特和他的女朋友被分配到波鴻（Bochum）的一處營區，這是一座鋼鐵之城，位在德國西部深處的北萊茵—威斯特法連邦（Nordrhein-Westfalen）。蓋哈特在當地只能打掃街頭和除草，因為他手中辛苦取得的東德文憑在此毫無用處。蓋哈特充滿抱負，無法放棄他在齊陶習得的技能與認可。當他與女朋友分手時，他「受夠了」。[15] 一九五四年，他又回到了故鄉。

大多數離開東德的人都一去不復返，東德開始經歷人才大失血。在國內，絕望與憤慨的氛圍開始引爆罷工與示威遊行。在地社會主義統一黨官員以及與蘇聯相關的人和建築受到攻擊，這類消息屢屢傳入柏林與莫斯科。克里姆林宮在六月初召見社會主義統一黨的領袖，要求他們終止「強行在東德打造社會主義」的計畫，因為「東德的發展脫離不了東西德終將統一的議題」。烏布利希與格羅提渥也被告知要銘記在心，那些認為蘇聯「追求德國統一只是表面工夫是錯誤的」想法，事實上，「讓德國統一並且轉型為和平民主國家」正是蘇聯的目標，因為「歐洲中心出現分裂的德國就代表一定會催生被迫再軍事化的西德，也會帶來全新的備戰」。[16]

三月史達林逝世後，莫斯科出現了三巨頭——赫魯雪夫、馬林科夫（Georgy Malenkov）及貝利亞。他們三人立刻展開新的方針，著手進行去史達林化以及改善與西方國家的關係，因為當時蘇聯依然在戰爭的經濟與社會損失下風雨飄搖。他們三人都認真考慮德國統一的可能性，因為這可以讓歐洲的衝突降溫，進而減少關注情勢所需的開支與注意力。貝利亞特別支持此一路線，據稱他希望以東德作為交換，以換取美國的巨額金援。為此，他甚至不斷貶低東德領導階層，說他們管理的「甚至不是真正的國家」。

烏布利希在位的日子看來進入倒數了。他在莫斯科的靠山已經逝世，社會主義統一黨內的反對勢力也開始崛起，特別是史塔西首長蔡塞爾以及黨報負責人赫恩施塔特，當然東德人也開始蠢蠢欲動。烏布利希引人注目的鬍子，皮克肥大的體態，以及格羅提渥的眼鏡成為調侃對象，示威者在街上喊著：「山羊鬍、大肚腩和四眼田雞，不能代表人民的意志！」就當時的局勢來看，烏布利希和他全新的社會主義國家似乎將要遭到犧牲，以換取德國與歐洲的安全。

社會主義統一黨領袖收到莫斯科的指令，在一九五三年六月九日頒布「新方針」，甚至承認他們「犯了一些錯」。農業集體化暫停，生產策略也改弦更張，不再為了全力發展重工業而忽視民生消費品，而且在蘇聯的嚴格要求下，人民的權利更加獲得保障。甚至連「社會主義」一詞都從社會主義統一黨的詞彙中消失，烏布利希自我吹捧的紀錄片也封入檔案庫的深處。不過很關鍵的是，政府並沒有修正原本增加的工作配額，勞工依然怨聲載道。新的工作配額導致某些勞工直接失去三分之一的薪資。

東德人民終於忍無可忍，一九五三年六月十六日，柏林史達林大道成為東德人民起義的起點。建築工人停止工作，從第四十街區開始走下烏布利希社會主義的大道，前往稱為「部會大樓」（House of Ministries）的建築，這裡過去是戈林的航空部，同時也是東德的誕生地。勞工穿著工作靴，臉上依然帶著勞動過後的髒汙和汗水，許多人將工作用具拿在手中或扛在肩上。這幅景象拿來形容烏布利希的無產階級獨裁統治真是再適切不過了。憤怒的群眾高喊著：「改革無用，山羊鬍下台！」他們要求與烏布利希對話，工業部長菲利茲．賽爾伯曼（Fritz Selbmann）也催促烏布利希跟勞工進行溝通。烏布利希絲毫沒有意識到事態嚴重，他還說：「可是已經在下雨了，等等他們就會散了。」[17]並沒有。「大罷工」就像野火一樣蔓延開來，民眾竊竊私語、高聲疾呼、手寫宣傳，還透過廣播將這把火燒到全國各個角落。許多人透過西柏林美國占領區電台知道消息，但就連東德國家電視台都難以避免談及柏林各地爆發的叛亂。到了傍晚，格羅提渥終於宣布取消新增加的工作配額，就連烏布利希也表示願意進行「嚴肅對話」，但這些讓步太少，也太晚了，已無濟於事。

眼前的衝突一觸即發。公車與火車停駛，以避免大批群眾聚集前往柏林，因為勞工已經到處宣傳將在早上七點於施特勞斯貝格廣場（Strausberger Platz）集合，他們預計從這個大廣場沿著史達林大道走到亞歷山大廣場。最終，各地爆發叛亂。四年後成為西柏林市長的布朗特，看著一萬兩千名勞工從柏林西北方亨尼希斯多夫（Hennigsdorf）的鋼鐵廠行經他的城市：「有的人穿著木製工作鞋，有的裸著上身，護目鏡推至額頭，許多人提著火鉗和其他工具。」[18]中產階級如今也沾染了這波怒氣，他們在東德的兩百五十座城市和鄉鎮加入勞工，全國人民都站起來了。

許多地方的示威遊行爆發了衝突，抗爭者釋放囚犯，維安部隊完全寡不敵眾。群眾叫警察抛下身上的「俄羅斯」制服，一起加入示威，甚至強迫警察脫衣，以此羞辱他們。一幫青年爬上布蘭登堡，扯下依然高掛的紅旗。他們放火燒掉旗子，並且在一旁叫囂嘲弄。黨辦公室在全國各處受到攻擊。示威遊行一開始只是為了表達勞工階級的不滿情緒，如今演變為失控的全面暴動，伴隨著縱火、洗劫與破壞。

東德政府已無力掌控情勢，據推測，加入柏林暴動的人數達十萬人，而哈勒與萊比錫則分別有六萬人與四萬人參與，總計全國共有百萬人參與其中。[19]警察寡不敵眾，被迫躲在壁壘重重的總部，如果總部還擋得住群眾的話。沒有人知道烏布利希的下落。謠言四起，說烏布利希已經被拔官，皮克服毒自殺，甚至傳說西方國家警力會來支援。

蘇聯看不下去了，下午一點，他們在東德兩百一十七個行政區中的一百六十七個區內，宣布國家進入緊急狀態。莫斯科派出參謀總長瓦西里・索科洛夫斯基（Vasily Sokolovsky）親自飛到柏林坐鎮，可見他們對東德局勢的警戒程度。索科洛夫斯基出身白俄羅斯農家，實戰經驗十足，二戰期間曾帶領軍隊參與東線戰事，保護莫斯科不受納粹侵害，並且在庫斯克（Kursk）贏得史上規模最大的戰車戰。如今他的才能和冷血被用來對付東德人民。

「一天半過後，冒險結束，柏林民主地區原本變成一觸即發的局勢，差點就點燃整個世界。」[20]時任社會主義統一黨傳媒人舒歷茨拉（Karl-Eduard von Schnitzler）如此形容蘇聯武力對起義民眾的無情鎮壓。抗爭者缺乏領袖與目標，面對排山倒海而至的戰車與士兵毫無勝算。大多數加入抗爭的男男女女選擇回家，而停留在街頭的人則變得更加激進。柏林馬德堡、哈勒與萊比錫成為滋事熱區，這裡的示威者特別暴力。大約一萬五千名抗爭者遭逮捕，其中兩千五百人被定罪，有些人遭判非常久的刑期。[21]死亡總人數至今莫衷一是，但歷史學家推測，至少有五十五名抗爭者遭殺害，其中至少有二十人因為參與起義而遭處決。受害人包括二十六歲的金屬工人阿弗列特・迪納（Alfred Diener），他來自耶拿。前一天，他還跟其他市民並肩站在街頭，加入女學生格林德和克莉絲塔等人的行列。一九五三年六月十八日，他被帶到鄰近的威瑪，在當地受審並遭到處決。

抗爭行動很快就被平息了，但是東德的局勢依然緊張，每個人都等著看是否會有另一波反彈的行動。警戒尚未解除。十七歲的蕾吉娜懷孕了，孩子的父親是她在輪胎工廠擔任化學實驗室人員時認識的君特，兩人的婚禮訂在一九五三年六月二十六日舉行，正好是起義的九天後。但是不得超過三人的集會限制尚未解除，她無法舉辦婚禮，光是兩位新人、天主教神父以及證人加起來就已經超過許可集會人數。蕾吉娜的家人苦苦哀求地方政府讓他們如期舉辦，最終他們獲得許可，婚禮聚集了大約四十人，他們甚至還獲准敲響教堂的鐘聲。一位人民警察還前來視察，確保這場婚禮的賓客沒有突然變成政治滋事群眾。[22]

起義後的數個月，有六千人遭到逮捕，其中包括在事件中表達異議的社會主義統一黨領袖。有人甚至直接換邊站，公開表示：「我們不屬於社會主義統一黨，而是社會民主黨。」一位萊比錫附近的黨內官員在報告中抱怨此一行為。[23]東德的國安機制遭到質疑，因為其權力即將遭到限縮。

最終，烏布利希的故事成為德國歷史上最諷刺的事蹟，他原本忽視人民意志，高傲且固執，但卻因此保住了自己的政治生涯以及他的國家。蘇聯原本態度強硬且明確地告訴烏布利希，他必須停止擴散階級鬥爭，包括宗教迫害、農業集體化以及對自由派和社會民主派的政治騷擾。作為交換，他可以獲得金援，並且減少賠償負擔。史達林死後，類似的指令也傳達給了其他東歐國家。烏布利希倘若如實遵守指令，東德的緊張局勢很可能就會降溫，最終蘇聯大概會找人取代他。起義造成的嚴重局面以及烏布利希事後的回應，讓赫魯雪夫只能繼續任用他所認識的這位德國魔鬼。另外一個原因是赫魯雪夫自己在國內也面臨與貝利亞的血腥鬥爭，貝利亞不斷大力鼓吹解放衛星國家，而東德的起義提供了赫魯雪夫絕佳機會，證明貝利亞犯下動搖國家的過錯，最終被控叛國。馬林科夫、莫洛托夫與赫魯雪夫聯合起來對付貝利亞。一九五三年六月二十六日，這位曾經讓人聞之喪膽的前內務人民委員部首長遭到逮捕。十二月二十三日，他遭判死刑並被立即處決，以一槍射入額頭斃命。隨後，烏布利希與赫魯雪夫都積極利用貝利亞垮台的事件來擺脫其他政敵，兩人因此攜手合作，一起用軟硬兼施的方式鞏固自己的政治地位。

往後數年，烏布利希被迫至少為一部分的起義負責，他做出的妥協往後將導致政府重組，也為東德帶來部分的經濟、文化和社會開放。但同一時間，他也加強了警力、軍力以及史塔西，對政敵和異議人士進行更強力的施壓。

新方針

一九五四年七月，蘇聯，巴維哈療養院（Barvikha Sanatorium）。

烏布利希需要喘口氣，他的健康已經長期亮起紅燈。接下來四週，他將遠離紛擾的柏林進行休養，以減緩過去數年來累積的心理和身體壓力。他抵達了巴維哈療養院，這是為了接待蘇聯以及其他盟國患病的政治人物而於莫斯科近郊專門打造的奢華醫療中心，於一九三五年落成。一九四九年，保加利亞裔格奧爾基・季米特洛夫健康突然惡化後也入住其中，最後於住院期間逝世。多年來，療養院接待過許多重量級人物，包括托爾斯泰（Aleksey Tolstoy）、葉爾欽（Boris Yeltsin）和查維茲（Hugo Chávez）。

烏布利希抵達療養院時，東德總統皮克已早他一步入住，七十七歲的皮克在一九五三年七月經歷了第二次中風，就在起義後的幾天，現在他也來到療養院休養。烏布利希自己也在起義事件過後經歷各種身體病痛，六十歲的他，在一九五四年五月於德國住院兩週，並且遲遲無法完全康復。他該喘口氣了，雖然這想必對他來說十分艱難，因為他是許多人口中的工作狂。與烏布利希一同前往巴維哈的是他的第二任妻子洛特（Lotte），她比烏布利希年輕十歲，第一任丈夫在史達林大清洗期間遭內務人民委員部逮捕，她與烏布利希於一九三八年在莫斯科開始交往並同居，戰後回到德國時也維持同居關係。兩人膝下無子，但從萊比錫孤兒院領養了一名兩歲的烏克蘭女孩，名為瑪麗亞．佩斯圖諾娃（Maria Pestunowa），後改名貝雅特．烏布利希（Beate Ulbricht），她的生父為烏克蘭奴工，於空襲中喪命。貝雅特打從一開始就跟養父母關係不佳，從大部分的紀錄看來，烏布利希是位慈愛的父親，他會跟女兒玩，也會在她小時候唸床邊故事給她聽。[24]但他也因政務纏身，無法處理貝雅特自小面對的心理與社會壓力。一九五四年夏天，貝雅特的雙親前往巴維哈療養院，她則待在柏林威廉．皮克學校念書，在校園中她不斷遭到同儕霸凌與毆打。

許多歷史學家認為烏布利希政權在起義的一年後就重新控制了人民，但烏布利希本人大概並不這麼認為。一九五四年夏天，掌握東德權力的兩個男人坐在療養院內，距離他們的首都兩千公里遠，試圖從沉重的心理和身體壓力中恢復。一九五三年的事件讓兩人驚魂未定，身心都遭到摧殘。

烏布利希對於一九五三年起義的回應分為兩個面向，首先他向大眾保證他們的心聲已獲採納，接著他轉而對付在危機爆發時現身的黨內政敵。社會主義統一黨在起義前不久剛宣布進行「新方針」，現在正好可以證明他們是來真的。政府解除前往西德的旅行禁令，停止打壓教會生活，並且暫停農業集體化。更重要的是，引發民怨的工作配額回到原本的規定，取消了一成的增額。為了再進一步平息眾怒，政府迅速推出全面改革，提升人民生活水準。作家埃里希．略斯特（Erich Loest）當時為社會主義統一黨員，他記得「每天都公告新的法令和決策……把最低退休金從六十五馬克提高到七十五馬克……增添新住宅，整修現有公寓……養老院和幼兒園的資金增加四千萬馬克。」[25]就某方面來說，這些新政策奏效了。一九五四年，依然有十八萬四千人離開東德，但比一九五三年的三十三萬一千人少了許多。[26]許多農人回到自己的農地，因為他們不再擔心土地會被國家無償徵收。突然間，店鋪貨架上塞滿了民生用品，許多東德人自從戰爭開打以後就沒有看過這幅景象。

究竟是哪裡變了？東德怎麼會突然有能力提供人民更好的生活？經濟依然面臨相同問題，一開始就是這些問題引發了危機，但如今史達林逝世，貝利亞又被逮捕，過去這兩人堅持的統一中立德國已經不再是理想的選項，還堅持這個方案的人，就會拿來跟這兩位已經落馬的領袖牽扯在一起。大多數蘇聯政要都希望能避開這個陷阱，赫魯雪夫也不例外。他們公開表示自己與前任領袖採取不同路線，因此講到德國，就表示要支持兩國政策，也就代表必須支持東德。首要任務就是解開東德的賠償枷鎖，畢竟這是這個年輕國家奄奄一息的主因。剩餘的二十五億賠款一筆勾銷，僅存的三十三間工業企業集團也回到德國人手中。[27]蘇聯釋放了東德的科學家，不過曾經參與機密計畫的人必須保證他們會回到東德而非西德。像葛羅特普一家這樣的人則受到了影響，他們從一九四六年起就住在戈羅多姆利亞島，因為赫爾穆特．葛羅特普必須參與蘇聯火箭計畫。他們於一九五三年十一月回到東德，但成功在英美情報系統的協助下從柏林離開東德，其他科學家則大多回到東德協助重建經濟。

除此之外，蘇聯承諾支付四億八千五百萬盧布，外加食物津貼。[28]略斯特提到：「一週內，三千輛貨車駛入東德，車上載滿了奶油、脂肪、油品以及魚罐頭。」[29]當時十三歲的學生蓋兒・范思洛（Gerd Vanselow）居住在北方麥克倫堡的施威林（Schwerin），他回憶起當時的情況，跟一九五〇年代初期有很大的差異。「我到現在還是受不了蕪菁，」他後來戲稱，「戰後我們除了蕪菁，一無所有。當時完全沒有肉，我們只能在鼠籠裡放上穀物，用來捕捉麻雀。但是到了一九五〇年代中期，情況好轉許多。我真的沒有什麼好抱怨的，我們什麼都有了，我再也不用挨餓。」[30]

如今烏布利希成功安撫社會大眾，也已經確定能夠仰賴莫斯科的支持，他開始把注意力轉向黨內政敵。起義開始前以及起義當下，烏布利希身為社會主義統一黨的總書記，受到黨內中央委員會的強烈抨擊。德國民主婦女聯盟（Democratic Women's League of Germany）時任領袖為四十五歲的艾莉・施密特（Elli Schmidt），她明確且堅定地告訴烏布利希她認為一九五三年起義的肇因為何：「精神敗壞就是問題所在，整個黨匆促、無誠信，而且迴避人民的疑慮，還語出威脅並自我膨脹，這些就是造成我們今日窘境的主因。而這一切的一切，親愛的瓦爾特，大多是你一手造成的，而你卻不肯承認，如果沒有上述這些，六月十七日的事情根本就不會發生。」[31]跟艾莉・施密特同一陣線的還有赫恩施塔特以及史塔西領袖蔡塞爾，一九五三年七月七日的一場夜間會議上，這些人都投票要將烏布利希趕下台。雖然他們勇於表示意見，而且烏布利希在未獲得蘇聯支持下搖搖欲墜，但卻沒有人有那股決心了結他們的領袖。六月二十六日，貝利亞被奪權，烏布利希便趁機大做文章，接下來，烏布利希的敵人都遭形塑為跟貝利亞一樣故意高唱失敗主義，企圖出賣社會主義以換取資本主義的錢。赫恩施塔特、蔡塞爾和施密特都曾經在史達林大清洗期間待在莫斯科，他們深怕跟垮台的蘇聯領袖扯上關係。一想到會被指控「搞派系鬥爭」，他們就不禁退縮。烏布利希成功在一九五三年七月二十六日將他們從中央委員會驅逐，剛好就在貝利亞垮台一個月後。到了一九五四年春天，這些人連社會主義統一黨都待不下去了。

烏布利希或許保住了自己的政治生涯，但是並非毫無束縛。他被迫承擔「這些錯誤的最大責任」，並且承認自己獨斷做出了決策，而非跟隨黨的集體理念。中央委員會祕書處是烏布利希的權力中心，但成員從十一人減為六人，而且他無從決定誰來接手蔡塞爾擔任史塔西的負責人，最後由恩斯特・沃爾韋伯（Ernst Wollweber）雀屏中選，梅爾克再度遭到排擠。此外，烏布利希原本「總書記」的頭銜被改成「中央委員會第一書記」，這個稱號是為了強調他的職銜與團體中其他成員在形式上平等，因為烏布利希在此之前都對此一原則視若無睹。

在大眾面前顏面盡失，再加上中央委員會黨內權力鬥爭帶來的壓力，以及令烏布利希困擾的私生活，這些都嚴重衝擊他的健康。不過當他從巴維哈療養院歸來後，他獲得了全新的能量和自信。是時候拋下「新方針」，將國家帶回社會主義路線了。烏布利希公開表明：「我們從來沒有打算採取那錯誤的方針，也絕對不會走上那條路。」32

軍事化

東德六一七起義事件證明了烏布利希的全新共和國不堪一擊。起義當天，烏布利希待在蘇聯軍事總部卡爾斯霍斯特，一邊躲避外頭的混亂場面，一邊焦慮地看著蘇聯的戰車和士兵重整秩序。烏布利希完全失去對國家和人民的控制，對此他感到驚恐不已。貝利亞恥笑他：「東德這是什麼模樣？甚至不是一個正常國家。雖然我們稱之為『德意志民主共和國』，但沒有蘇聯軍隊的話，這個國家根本不存在。」[33]此言甚是。一九五二年的史達林備忘錄也顯示，東德不過是莫斯科在地緣政治上的一枚棋子，必要時可以被操弄，甚至犧牲。烏布利希執意改變這點，他想了一套說法解釋起義的肇因，藉此推卸責任，同時還可以支持自己接著迅速建立的全面國安制度。烏布利希宣稱六一七起義事件是一場「法西斯政變」，由位在德國的西方間諜發起和策劃。

冷戰專家克里斯蒂安．奧斯特曼（Christian F. Ostermann）專研的是美國的東西德政策，他認為烏布利希的說法並非毫無根據。起義行動爆發原因是對於工作量和薪資的不滿，但同一時間也受到西方國家的煽動。美國總統艾森豪並沒有直接批准軍隊協助推翻東德政權，但是西柏林的美國占領區廣播電台協助宣傳物資供應訊息，幫助組織六月十六日和十七日德國各地的行動。起義事件落幕後，西德間諜透過美國提供的情資動搖東德政治局勢。[34]西德歷史學家過往不太關注這個觀點，但奧斯特曼研究了社會主義統一黨檔案證據，並參考近期解密的美國政府檔案，他拼湊出了不同的情況：「起義一開始驚動了艾森豪政府，但他們立刻意識到這是『逆轉』的大好機會，因此策劃了心理戰，目標就是進一步動搖東德局勢。」[35]

西德獲得美國盟友支持，他們把握六一七事件，進一步鼓吹動亂。就在起義後短短五天，西柏林參議院將夏洛滕堡道（Charlottenburger Chaussee）改名為「六月十七日大街」；這條長達三點五公里的大道長度等同於整個西柏林，終點就在布蘭登堡門，即東區起始點。不到兩週的時間，西德政府宣布六月十七日為國定假日。歷史學家還在探尋西方在六一七事件中干預所留下的影響，但無庸置疑，烏布利希和他的盟友確信他們的共和國遭到圍攻，因此他們決心打造一個全面的國安機制，讓東德免於內憂外患。

這項工程規模驚人，讓東德直接躋身有史以來最有效率且冷酷無情的警察國家之列。國家領導階層極為不安，他們希望讓每個單位都具有防衛意識，因此導致整個社會廣泛的軍事化。一九五三年六月十七日後，地方危機管理組織立刻如雨後春筍般成立，成員包括社會主義統一黨代表、國家官員、不同警察部門以及史塔西的成員。這些人在當地攜手合作應對任何內部威脅，而中央的「安全問題委員會」則為他們提供統籌機構，並制定整體戰略。一九六〇年，經過整合上述體制，東德最高國防機關國防委員會誕生了，這個單位負責判定任何形式的異議，鎖定目標後斬草除根，確保大規模起義完全沒有機會發生。

為此，其他組織也進行了軍事化與政治化。人民警察即為一例，這個組織於二戰後立刻成立於蘇占區，此時成為受到中央高度控管的內部安全制度，要求成員宣誓：「對吾社會主義祖國宣誓效忠」，並且進行執法與日常監控的雙重任務。然而這個野心很快就因為現實的經濟條件而受挫。人民警察最終的總人數為八萬人，相比於今日德國的三十三萬三千名警力，規模甚小。一九五〇年，四十七歲的烏布利希組成員卡爾・馬龍成為人民警察首長，當時他不斷公然對烏布利希抱怨他的部隊資源不足。一九五三年，他對烏布利希提出彈藥和武器供應不足，導致三分之一的官員在槍枝訓練中連一發子彈都未能射擊。烏布利希對此無動於衷，他根本沒錢好好完備警力，索性吩咐馬龍裁撤兩萬名警員，並設立警政志工輔佐警隊。人民警察的警政志工隊因此從一九五二年的兩萬七千人，成長為一九六〇年的十六萬人。這些支援人民警察的警政志工沒有制服，只靠著手臂上的紅布來辨認。這些人的任務包羅萬象，包括「住宅區、工廠與集體化農場的教育活動」，以及日常維安。烏布利希明顯忽略人民警察的需求而偏好另一種國安制度。到了一九五九年，政府承諾提供給人民警察的槍枝依然短缺百分之二十九，人民警察每年離職率也高達百分之十四到十七。不過在資源缺乏下仰賴警政志工，也讓政府的影響力能夠滲透入東德社群，這是傳統警隊所無法觸及的地方。

為了進一步提升軍事裝備程度，同時也是為了促進烏布利希認為德國無產階級所缺乏的「階級意識」，另一個準軍事組織「工人階級戰鬥隊」也於一九五三年誕生了。工人階級戰鬥隊開放男女勞工加入，他們在工作以外的時間穿著制服接受軍事訓練，也會在工作時間獲得公假參加訓練。最低年齡限制為二十五歲，不限黨員參與，不過六成的工人階級戰鬥隊成員其實後來都入了黨。一九六〇年代中期，成員人數來到十八萬，一九八〇年代末期則超過二十萬。歷史學家認為，工人階級戰鬥隊之所以大受歡迎，是因為成員可以獲得額外一百元馬克的退役津貼，但這並不能完全解釋為何數十萬東德人民甘願將週末拿來在泥中打滾，進行軍事操練。一九五三年的起義事件在全國延燒，震驚了全國上下。東德這個年輕的社會主義共和國為大眾帶來新契機，無數來自勞工階級的年輕人成為莘莘學子，爬上領導位置並獲得獎學金。勞工階層中有一大群人在烏布利希的政權中終於看到一個願意為他們打拚的德國。過去的納粹曾試圖拉攏勞工階級卻未果，而由中產階級社會民主派掌權的威瑪政權也常常講得天花亂墜，但實際上對於改善社會階級流動少有作為。東德成立後，許多勞工一時間突然獲得機會、經濟保障與社會認可。六一七起義讓他們出現危機意識，擔心自己剛獲得的社會地位不保，因此他們希望貢獻一己之力，協助支持新政權。一九六一年，柏林圍牆興建期間，甚至有大約五千名工人階級戰鬥隊成員幫忙於現場維護。[36]話雖如此，許多人之所以受到工人階級戰鬥隊吸引，大概也跟刺激的槍枝訓練、制服的魅力以及同志情誼脫不了關係。

其他警政志工組織還包括成立於一九五八年的邊境警察警政志工隊，以及農業集體檢查員、工會官員、德國自由青年內的督察，還有許多私人俱樂部、工廠和協會中的職務等等。這整個國安機制搭配史塔西、警力和軍隊一起行事，總計七十五萬人參與其中。[37]歷史學家傑克．哈勒戴

（Jake Holliday）專精二戰後東西德的軍事化歷程，他提到「大量疊床架屋的國安組織令人眼花撩亂」。[38]此外，軍事風格的操演以及德國自由青年的遊行，加上在教育體制中使用好戰的言論以及街頭隨處可見的制服，這些都在東德催生出明顯的軍事氛圍。

一九五二年西德開始再軍事化，史達林因此指示烏布利希於同年四月開始武裝東德。三十八歲的內政部長威利・史托夫（Willi Stoph）接下了這個重任。史托夫在希特勒崛起前曾經參與德國共產黨，但在整個戰爭期間都服役於德意志國防軍，甚至當上軍官並獲頒二級鐵十字勳章。儘管如此，史托夫卻成功將自己歸類為「法西斯主義受害者」，並且在社會主義統一黨內平步青雲。他的實戰經歷很是實用，這是黨內其他人所欠缺的。一九五二年七月一日，史托夫下令建立「駐營人民警察」（Kasernierte Volkspolizei），顧名思義，這個部隊有異於人民警察，專門駐紮在營區接受軍事訓練。駐營人民警察的制服起先為深藍色，接著改為卡其色，仿效的是紅軍的制服。一九五三年，他們的人數已經高達數萬人，但六一七起義事件中只有調派八千兩百人，而且沒有人獲准開火，這點證明了支撐起烏布利希政權的確實是蘇聯的介入，而非烏布利希麾下部隊。但局勢很快出現轉變。烏布利希與赫魯雪夫都希望盡可能讓蘇聯停止干預東德。一九五三年八月起，駐營人民警察逐漸轉型為軍隊，軍官學校開始出現，以培育第一批軍事領袖。一九五五年十月，史托夫下令將兵員提升至十五萬人左右。一九五五年十一月，西德「聯邦國防軍」（Bundeswehr）建軍，並且立刻加入反共產的軍事聯盟北大西洋公約組織，駐營人民警察也在一九五六年一月十八日跟著建軍，稱為「國家人民軍」（Nationale Volksarmee）。十天後，國家人民軍加入北約的敵對陣營——華沙公約組織。

國家人民軍建軍後獲得了全新的制服，原本蘇聯紅軍風格的卡其制服遭淘汰，取而代之的是類似德意志國防軍的灰色制服，許多人對於這點大發議論，但其實大多數人都有所誤解。作為前德意志國防軍的一員，史托夫比當時其他同志更了解受招募者的心態，他盡量避免讓國家人民軍拿來跟西德的聯邦國防軍或蘇聯的紅軍比較。聯邦國防軍一開始穿的是相近於西方支持者的美式制服，史托夫大肆嘲弄這點，說他們「被裝扮成資本主義的模樣」。但他也知道不能看起來太像東方的紅軍，蘇聯紅軍制服是東德駐營人民警察的效仿對象，而一九五三年的起義正好說明了部分人民對於蘇聯占領者懷抱著根深柢固的怨恨，當時激起東德示威者怒火的往往就是人民警察的「俄羅斯」制服，以及建築物上的紅旗。此外，德國女人和孩童還沒有遺忘「解放」帶來的恐懼。最重要的是，大部分德國男人懷抱著反蘇情懷，而東德如今要求這些人志願服役，並不是像西德以及其他華沙公約組織中的國家一樣直接徵兵。大約二十萬名可受招募的人在戰後曾經淪為蘇聯特殊集中營的階下囚，數百萬人才剛從蘇聯獲釋返家，他們窮途潦倒且憤恨不平。此外，派駐到德國的紅軍在一九四五年春天占領初期出現種種暴行，爾後雖然受到克制，他們的行為卻依然遭到許多德國民眾的鄙視。這些蘇聯士兵相較國家人民軍的德國人而言，只獲得低薪而且生活條件惡劣。儘管東德政府不讓紅軍紀律差的話題出現在公眾輿論中，卻依然悄悄彙整了蘇聯士兵犯下的罪行。一九七〇以及八〇年代，案件數量高達兩萬七千件，平均一天會出現超過五件，其中七百零五件為強暴案件，平均約每週發生一次。[39]烏布利希與史托夫都知道，國家人民軍絕對不能仿效這樣一個名聲敗壞的軍隊，畢竟雖然德國在兩次世界大戰皆落敗，德國人卻依然對自己的軍事傳統引以為豪。

因此，國家人民軍的制服必須一眼就看得出是屬於德國。而跟德意志國防軍相比，國家人民軍唯一的新元素就是扁鋼頭盔。這次獲選的樣式其實早在一九四三年就進入最終設計階段，但是在推出前戰爭就終結了。《新柏林畫報》（*Neue Berliner Illustrierte*）雜誌驕傲地如此形容新制服：「東德國家人民軍的成員獲得更萬全的保護，他們帶上由頂級金屬打造、形狀扁平的新鋼盔，靈感來自早期德式鋼盔，並且根據最新研究，提供最高程度的辨識度與便利。」[40]許多東德青年決定從軍，一九五〇年代兵員來到十萬人，一直到一九六二年國家人民軍才改為徵兵制。

內憂外患的陰影籠罩著東德，這個蕞爾小國與其人民無時無刻處在恫嚇之中，這種情緒合情合理，但其中有一部分也是出自烏布利希個人的偏執。儘管如此，廣大的國家安全網絡讓許多東德人得以志願投身保護全新的國家，為需要歸屬感的人提供了一個緊密的社群。東德最鮮明的特質就此浮現，對於痛恨警戒狀態與生活政治化的人來說，東德是一種威脅；對於渴望尋求生命意義與歸屬感的人來說，相對於西方空洞的消費主義，東德提供了大好機會。話雖如此，絕大多數的東德民眾照常生活，未受到前述種種發展影響。人民警察在街上巡邏時，民眾會點頭致意，並且將自家小孩送到青年營，還會對自己兒子全新的制服露出自豪的笑容。

去史達林化

一九五六年二月二十五日，莫斯科，克里姆林。

午夜過後不久，赫魯雪夫終於打破克里姆林宮大廳內緊繃的寂靜。蘇聯共產黨第二十次代表大會已於前一天正式落幕，但是代表團被要求當晚留下來參與最後一場會議，只有特定黨員獲得特殊通行證，得以進入這場「閉門會議」，其他如外籍記者或來自其他國家的附屬政黨領袖都被排除在外。幾百名受邀賓客滿心期待，等著赫魯雪夫開口。接下來幾個小時，他開始猛烈抨擊前盟友暨前領袖史達林。他揭露了列寧在遺囑中對史達林有所批評；他提到史達林獨攬大權於一身，背叛了領導階層的「集體原則」；他也批判史達林這位鋼鐵之人親手打造了個人崇拜，卻適得其反，害自己變得偏執，因而深受「吾黨夙敵」貝利亞的操弄。

赫魯雪夫接著開始揭露史達林大清洗的實際規模，並且天花亂墜地指向他從勞改營救出的前黨員，人數約上百名，他們也受邀前來參與這場祕密會議。許多人到這裡已經聽不下去，震驚地想要起身離場，卻因為過於驚愕而幾近昏厥，其他人則呆坐原地，聽著赫魯雪夫繼續羅列史達林的罪過，將這位神化的前蘇聯領袖拉下神壇。在場聽眾遭下封口令，不得談論當晚聽到的內容，但所有人皆驚魂不定。克里姆林宮的廊道迴盪著興奮的耳語以及低聲的議論，眾人心亂如麻，有的人滿是狐疑，有的人怒不可遏，有的人則笑得合不攏嘴，如釋重負。史達林的偶像地位如今已完全支離破碎。

烏布利希比大多數人都早一步聽聞赫魯雪夫驚世駭俗的演講。他當晚下榻莫斯科，凌晨三點時，一位蘇聯同志喚醒了他。赫魯雪夫還在克里姆林宮大廳演說的當下，社會主義統一黨的領袖階層睡眼惺忪地聚集在一起，聽到了他人轉達的內容。眾人不發一語。這群錯愕的德國代表團回到了各自的房間，思索他們剛剛所聽到的內容會帶來什麼樣的後果。早餐時間一到，烏布利希已經回過神來，他告訴黨記者卡爾・施泰爾瓦（Karl Schirdewan）：「可以放心說，史達林已經不是〔馬克思主義的〕代表人物。」[41]烏布利希雖是史達林的追隨者，但他秉持一貫的務實路線，短短幾個小時就認清現實——他的偶像大勢已去。

如今史達林的遺緒成為一股危險漩渦，貝利亞與其他曾位高權重的人物已經捲入其中，因此烏布利希一回到德國，立刻著手切斷所有連結。就在赫魯雪夫祕密報告後的一週，烏布利希在社會主義統一黨的黨報《新德意志》上發表文章，將他在莫斯科那頓早餐中向同志傳達的訊息昭告天下：「史達林不能被視為馬克思主義的代表人物。」想當然耳，他在政治局中的同僚都看出這是一百八十度的髮夾彎，烏布利希過去明明稱頌史達林為「精明的將軍」，如今卻突然改口說這位指揮官未能讓蘇聯做好準備與希特勒作戰。曾經被冠上「天才」名號的史達林，顯然未能好好採納身邊軍事專家的建議。烏布利希開始大肆抨擊蘇聯推動的集體化過程過於倉促與殘暴，根本草菅人命。烏布利希還重申赫魯雪夫的論點，將這一切歸咎於史達林的個人崇拜以及缺乏集體決策。

烏布利希曾是史達林的頭號粉絲，而他的政敵很快就看出兩人之間的相似之處。東德同樣有一個人試圖透過政治宣傳紀錄片以及紀念郵票來建立個人崇拜，而且東德的集體化同樣過於倉促，造成數千名無辜的民眾鋃鐺入獄，因為單單一位領導人的草率統治而受害。反彈聲浪必然會出現，烏布利希唯一的選擇就是先發制人。他仿效赫魯雪夫的改革手段，發起在冷戰期間的一段短暫「解凍」。赫魯雪夫與烏布利希都曾經長期服侍史達林，如今他們如履薄冰，避免跟史達林的過錯扯上關係。烏布利希決定讓一些過去的政敵獲得平反，包括一九五三年六一七起義後，他利用政治鬥爭所驅逐的政敵，例如曾經咄咄逼人的同志艾莉．施密特突然又獲准重回社會主義統一黨的組織內；另一位是保羅．梅克爾，他於首波殲滅黨內敵人時期被史塔西視為「法國間諜」，一九五〇年遭逮捕。到了一九五六年十月，大約有兩萬一千名囚犯獲得釋放。

過去用來歌頌史達林的種種遺跡也倉促地遭到移除。名為「史達林城」的工業城市再度把名字改回艾森許滕施塔特，一九五三年爆發六一七起義事件的柏林史達林大道則改名為卡爾．馬克思大街（Karl-Marx-Allee），曾經矗立在這條街上的史達林雕像也在一夕之間消失了。

但這些手段並未奏效，烏布利希的政敵沒有因此噤聲。這次烏布利希直接遭受大力抨擊。

「我們怎麼沒有跟蘇聯一樣走上改革道路呢？」政治局中有人發難。「我們社會主義統一黨內不是也有個人崇拜嗎？」另一位成員反詰。烏布利希的激烈回應顯示出這些聲音正中要害。他大發雷霆，在未指名道姓的情況下，直說：「我要逮捕所有人。」[42]他眼前唯一的阻礙就是史塔西首長沃爾韋伯，這位負責逮捕政治犯的人物並非烏布利希的人馬。六一七起義後，沃爾韋伯銜命蘇聯接管史塔西。戰爭期間，沃爾韋伯是一名恐怖分子，直接接受莫斯科的命令，與當時的德共流亡社群並無太多交集，因此他在烏布利希眼中是個謎，而且還可以直接上達克里姆林宮。政治局中每個人都是靠著烏布利希跟史達林的關係才能上位，沃爾韋伯是唯一例外，沒有他的首肯，烏布利希不可能逮捕任何人，更遑論「所有人」。

一九五六年秋天，政治局大多數人都公開要求「第三路線」，既非史達林的強硬共產路線，也不要西方的資本主義路線。出版人瓦爾特・珍卡（Walter Janka）以及哲學家沃爾夫岡・哈里希（Wolfgang Harich）身邊的反對派要求「維持馬克思列寧主義的框架，但要遠離史達林主義」。[43]烏布利希遭到圍剿，此時出現了意料之外的轉機——匈牙利爆發了革命。

深得民心的匈牙利領袖納吉・伊姆雷也試圖為自己的國家尋找「第三路線」，他希望更加獨立於莫斯科的統治，但是卻做過了頭。一九五六年十一月一日，他要求讓匈牙利退出華沙公約組織，此舉相當於退出蘇聯帝國，可能害得莫斯科政權名聲掃地，蘇聯的經濟與軍事實力也會遭到衝擊，成為冷戰中落敗的一方。三天後，六千輛蘇聯戰車駛入匈牙利以重建共產統治，這並非匈牙利人民所願，因此他們群起抵抗，卻遭到無情鎮壓，最終導致三萬人喪命，納吉本人遭逮捕與處決。解凍劃下句點，烏布利希現在只需要站到歷史正確的那一邊。東歐局勢沸騰之際，沃爾韋伯因病入院，而烏布利希則表示他對此一無所知。同一時間，他指控珍卡以及哈里希煽動地方主義，並將兩人繩之以法，他們最終獲判長期徒刑。沃爾韋伯被迫退休，烏布利希的其他政敵則悄然遭到驅逐，被調動到閒職冷凍起來。蓋哈特．齊勒（Gerhart Ziller）是另一位批判烏布利希的人，兩人因為經濟問題而起了衝突，一九五七年十二月，蓋哈特因為負荷不了心理壓力而自盡。

烏布利希一如以往無情地澈底肅清權力核心，他指控所有政敵意圖發起類似匈牙利革命的危險「第三路線」，因此從中央到地方，將黨內澈底肅清一番。在一九五七年的區域選舉中，一九五二年的六成人選不再擔任原職，而地方選舉甚至有百分之七十一的人遭到替換。[44]烏布利希扭轉了戰局，再次把持政壇。

打造社會主義——續集

一九六〇年，布蘭登堡，科特布斯（Cottbus）。

十九歲的蓋勒．凡斯洛（Gero Vanselow）決定追隨父親的腳步加入空軍。他的母親常常跟他提起爸爸的故事，一九四五年，蓋勒父親駕駛的飛機在德國上空遭友軍誤擊，因而不幸喪生，這場悲劇為靜靜擺放在壁爐架上的照片增添了一層金色的光輝。如今輪到蓋勒成為他們母子共同失去的那個男人，他前往國軍招募中心，告訴辦事人員自己希望成為飛行員，但對方告知蓋勒他的背景不符。蓋勒有對遠房姑姑和舅舅住在西區的科隆，儘管蓋勒這輩子從來沒有見過他們，但這依然未能減輕他的「幹部政治包袱」，日後蓋勒如此調侃著說。年輕的蓋勒並未因此打退堂鼓，他進而詢問自己能否加入地勤，這樣他就不可能飛越德國內部的邊界了。國軍接受了他，而且他的親和力和高超技術很快就讓人留下了印象。他在軍中平步青雲，還調到萊比錫完成通訊技術的工程學位，因此得以晉升軍官。蓋勒原本只是難民孩童，來自波曼省（Pommern）的施托爾普（Stolp）（今日波蘭的斯武普斯克〔Słupsk〕），他由身為勞工的單親母親撫養長大，戰後甚至要用鼠籠捕捉麻雀好讓家裡有東西吃，但他最終竟然當上了國軍中校。[45]

許多東德人都跟蓋勒有相同經歷，同樣在東德建國頭十年的動盪之中找到人生轉機。大多數人對於柏林政治沙場上的激烈鬥爭一無所知，就算知道了也毫不在乎。一九五〇年末期散發著一股塵埃落定的氣息，德國的分裂已成定局，東西兩邊都接受了這個事實。唯一一次短暫動亂再起是發生在一九五七年，當時蘇聯發射第一顆人造衛星史普尼克（Sputnik）進入太空，赫魯雪夫因此自命不凡，要求柏林去除武裝，並要外國占領部隊撤出，這件事差點破壞了艾森豪於一九五八年十一月在美國南方喬治亞州舉辦的感恩節盛會，但衝突很快平息。大多數歷史學家現在認為，當初赫魯雪夫的要求只是一場測試，他是為了想要看看西方的決心。據稱他曾經形容柏林

「是西方的睪丸，每次我想要讓西方國家尖叫，就捏一下柏林。」除了威脅全世界，赫魯雪夫也同時要讓莫斯科當局警惕，因為他好不容易在史達林死後的殘暴政治鬥爭中勝出。但這同時也讓東德穩定了下來，因為蘇聯對東德展現堅定的支持，全世界有目共睹。

烏布利希跟赫魯雪夫一樣驅逐了大多數的政敵，或使他們噤聲，並再次重啟他的「打造社會主義」計畫，此舉再度帶來集體化和國有化。到了一九六一年，九成的農業生產來自「社會主義部門」，也就是集體化或國有農場。零售業也不遑多讓，只有一成的產業留在私人業主手中，私營工業在市場中的比重更僅為百分之四。[46]然而這些數字容易令人誤解，而且是有意為之。隱藏在數字背後的是一種全新的半國有化制度，原本的私人業主仍然負責經營其業務，而國家則以債權人的身分介入。許多人能夠接受這種妥協方式，因為這降低了前業主的個人財務風險，同時保留了一定程度的獨立。不過遠走他鄉的人大多依然是前地主、工業家、企業家、中產階級商人以及知識分子。

政局穩定也同步讓社會和經濟穩定了下來。一九五九年，出走他鄉的人數來到東德建國十年來的最低點。生活品質逐漸攀升，一九五〇到一九六〇年間，平均月薪幾乎翻倍成長。[47]住宅問題雖依然棘手，但許多人已經接受現實，認為受到摧殘的城市本來就需要時間復原，才能在他們想居住的地方提供像樣的公寓和房屋。

克莉絲汀娜·納格爾（Christine Nagel）在一九五〇年代末期是一名青少女（當時比她年長

一歲的蓋勒則在此時加入國家人民軍），一九五九年，她的男友完成基礎軍事訓練，她希望跟男友遷居德勒斯登，但地方政府直接告訴她這不可能。位於薩克森的德勒斯登受到砲火摧殘，花了將近十年才完全清除瓦礫堆，在那之前重建工作根本無法正式開始。一九五〇年中期，住宅才開始慢慢落成，而這些都首先分配給留在當地投入重建的人，克莉絲汀娜接受了這個現實，於是在一九六一年與男友結婚後，他們考慮搬到維斯馬（Wismar）或羅斯托克，這些都是鄰近波羅的海的地方，「需要人力協助重建，而且可以提供住宅。」但此時克莉絲汀娜懷孕了，而她的父母住在德勒斯登，她擔心他們無法協助育兒，因此克莉絲汀娜與男友再度於德勒斯登申請住宅，由於兩人已婚且懷有一子，他們的候補排序立刻上升，最終獲得一處三十六平方公尺的三樓住宅，位於德勒斯登外新城（Äußere Neustadt）路易森大街（Louisenstraße）的新街區，過去的舊城牆就在這附近。他們的小公寓只有兩間臥室，都十分狹小，勉強放得下一張床及一座櫥櫃。另外還有一個小廚房以及小客廳，這裡是整間房子唯一供暖的地方，爐子用的煤炭還要從地下室搬上來。他們沒有冰箱，夏天到來時，牛奶必須用大冰塊保存，而販售冰塊的人會駕著馬車在街上兜售。他們的房子內沒有廁所也沒有自來水，唯一的水龍頭位於公共大廳，與所有居民共用。

克莉絲汀娜在這簡陋的公寓跟丈夫和年幼的女兒度過了八年，她「從來不曾過得如此幸福」。她的鄰居家中皆有幼童，他們一起在公共水龍頭前洗衣服，孩子們則在走廊來回騎著滑板車。克莉絲汀娜常常將女兒寄放在鄰居家，好出門進行採買等活動，整條街的人都會前往公共澡堂，在裡頭閒聊放鬆。克莉絲汀娜對自己生活中有這麼多支持感到萬幸，當時的她年僅二十歲，對於育兒或是家務一無所知。他們一家的休閒往往是到易北河（River Elbe）走走，雖然不足為奇，卻是克莉絲汀娜最美好的回憶。當時雖屬於社會主義經濟，但認真工作的勞工還是會獲得獎賞。克莉絲汀娜記得當年她幾乎沒有空閒時間，因為她想要努力工作累積勞工建屋計畫的時數，只要協助「建設」（例如清理德勒斯登的瓦礫堆）滿五百小時，並且定期捐款者，就可以申請條件更好的住房。一九六九年，克莉絲汀娜集滿了五百小時，一家人得以負擔新的公寓。「我以為我在做夢！」她日後回想時這麼說道。新的住屋為原本的兩倍大，而且還配有自己的浴室。[48]

其他勞工也有著跟克莉絲汀娜一樣的人生故事，一九五〇年代末以及一九六〇年代初期，他們開始站穩腳步，更重要的是，他們找到自己在社會中的位置。如果勞工表現傑出，而且態度認真，他們就有機會晉升到更高的職位。許多人成為家中第一位上大學的人，得以提升自己的地位，從技術勞工變成工程師。這個時期的女人也得以兼顧工作與家庭，社會也確實鼓勵她們做到這點。克莉絲汀娜一開始難以找到地方安置女兒，因為當時托育制度還在建立當中，單親母親通常會優先獲得機會。但克莉絲汀娜的女兒終於在三歲時進入當地的幼兒園，克莉絲汀娜也因此得以重返全職工作。

歷史學家常常對此嗤之以鼻，認為東德政府是為了在建國初期盡可能利用所有勞動力，才會推出托育相關政策。然而這種觀點完全小看了社會主義意識形態中推動性別平等的決心，同時還侮辱了身在其中的女性。這些女性對於自己的全新身分感到自豪，也對可以跟男同事平起平坐感到得意。一九五〇年，年輕的蕾吉娜．法斯曼開啟了她在化學實驗室的技術學徒生涯，當時沒有人會說她之所以這麼做全是因為聽從政府的指令。蕾吉娜就跟她的男同事一樣對自己的工作感到驕傲，而且很開心自己在有了小孩之後仍能繼續工作。東德女人在家庭之外還有另一個社交圈，她們會在晚上前往酒吧跟同事喝一杯，並自視為社會的一分子，西德則要再花上一段時間才能走到這個地步。一九五五年時，東德只有略高於半數的女人投入職場，到了一九七〇年，這個比例已來到三分之二。[49]至於西德，受僱用女性在一九五〇年時占三分之一，到一九七〇年，這個數字仍只有百分之二十七點五。[50]

一九五〇年代即將落幕，東德的生活開始安定下來。當然，經濟問題未曾消失。一九五五年，西德的霍爾斯坦主義（Hallstein Doctrine）讓原本東德的經濟問題進一步惡化，在這個主義之下，西德拒絕與任何承認東德主權的國家建交或進行貿易，而西德的經濟體遠大於東德，可想而知，很少有國家膽敢不顧西德政權公開表達的意志，因為他們無法承擔為此付出的經濟代價。東德等同於無形之中遭受貿易制裁，經濟與外交皆受到孤立，只能完全仰賴蘇聯提供的進出口貿易；直到一九七〇年，霍爾斯坦主義才解除，但東德依然難以取得咖啡、肥皂與巧克力等。儘管如此，一九五九年食物配給券終於步入歷史，絕大多數的人民也逐漸接受自己所居住的國家。

超越而不追趕

一九六〇年一月二十七日，薩克森—安哈特邦，采爾布斯特（Zerbst）。

一名二十歲「健康強壯」的男性正在接受史塔西采爾布斯特分部的主任韋伯中尉面談。采爾布斯特小鎮位於馬德堡與威登堡（Wittenberg）之間，過去隸屬神聖羅馬帝國，安哈特—采爾布斯特的貴族宅邸即坐落於此，由阿斯坎尼家族管理，但如今往日的榮光已不復見。這裡在中世紀曾輝煌一時，現在卻滿目瘡痍，零星坐落著幾座新建築。一九三五年，希特勒為了建立強大空軍部隊，在此建立了空軍基地，導致此地成為美軍轟炸的目標。超過兩百噸燃燒彈被投入這座小鎮之中，摧毀了八成的建築，整個舊城區幾乎全毀。許多當地人對於「資本帝國主義」勢力仍懷恨在心，認為這才是導致希特勒崛起的元兇，並引發恐怖的戰爭。如今韋伯中尉面前的這位年輕人也不例外，根據韋伯的筆記，這位青年「態度積極，想要立刻投身服務國家安全部警衛團」。[51]

這位正在面談的青年是哈根·科赫（Hagen Koch），他在父親的薰陶下成為狂熱的社會主義支持者。他的父親是一位教師，但過去曾經擔任職業軍人長達十六年，直到二戰為他的軍人職涯劃下句點，當時哈根年僅五歲，跟周圍的孩子一樣一貧如洗。他每次踏進學校都會遇上新招募的教師，這些人都跟他的父親一樣，受訓成為社會主義德國的旗手。在這些教師的教育下，哈根認為戰爭並非希特勒一手造成，而是資本主義社會無可避免的結果，資本主義必然擁抱侵略與帝國主義，如此一來才能催生更多的資源與市場，以滿足那些貪得無厭的經濟體。天性單純且懷抱理想的哈根積極汲取這些論點，他立志協助建立更美好的德國，保護其不受敵人侵擾。這股熱情讓他獲得關注，離開學校後，他接受製圖訓練，此時史塔西前來接觸十九歲的他。一九五九年，他獲知戰爭再度逼近，而他將「參戰，並且是以國家安全局的名義，站在我們蕞爾小國東德和平防衛的第一線。」[52]哈根二話不說就答應了，他深信自己做的是對的事，於是加入了史塔西的警衛團，這是一個準軍事組織，日後改名為費利克斯・捷爾任斯基警衛團（Felix Dzerzhinsky Guards Regiment），以紀念「鋼鐵的費利克斯」，他是布爾什維克革命人士，成立了蘇聯的祕密警察「契卡」。哈根加入的警衛團負責辦公大樓和活動的維安，哈根還靠著自己的製圖技術協助定下柏林圍牆的地點，並在圍牆興建時參與保護工作。

矛盾的是，其實是政府製造的緊張氛圍讓哈根這類青年產生需要保家衛國的想法，而非社會動亂。東德人正開始習慣戰後新生活，如同舊傷逐漸結痂，德國民眾的生活也慢慢復原，但這是個遲緩的過程，此時的社會依然敏感脆弱。在一磚一瓦的堆砌之下，新的住宅出現了，但形式單調，而且數量遠遠不足。勞工很得意能夠獲得新的資歷，也有許多社會和專業團體得以參與，但他們依然領著低薪，而且工時過長。雖然有托育制度，但通常離家數英里遠。劇院、演奏廳和電影院等文化場所在各地紛紛成立，廣受民眾歡迎，連「貓王」艾維斯・普里斯萊都在東德擄獲了許多青年粉絲的心。這樣的氛圍與戰後那幾年十分雷同，社會再度渴望以令人眼花撩亂的消遣娛樂來分散注意力。東德人民開始從戰後的政治、經濟、社會和心理創傷中復原，但他們尚未痊癒。烏布利希完全誤判了情勢，因為他從來都不懂人民真正的想法。

眼前的寧靜氛圍實際上十分脆弱，烏布利希卻解讀為踏實的滿足感，因此他認為此刻是再續「打造社會主義」計畫的大好時機。在政治方面，這表示要鞏固烏布利希個人第一書記的地位。一九六〇年九月七日，東德第一任總統威廉·皮克逝世，享年八十四歲，此時的烏布利希早已做好萬全準備。皮克一直以來都身體欠佳，一部分是因過度肥胖所造成的。皮克曾在莫斯科附近的巴維哈療養院與烏布利希一起休養，當時他已經歷第二次中風，導致「右邊身體輕微癱瘓，嘴角微微垂涎，呼吸沉重或是出現打呼，脈搏緩慢，肌肉張力下降」，他的醫療紀錄上如此記載，[53]另外還有肝硬化等其他併發症。皮克的死一點都不讓人意外。烏布利希將老同志的遺體進行火化，並於腓特烈斯費爾德中央公墓舉辦了盛大的葬禮，將骨灰埋葬於此。這個公墓建於一九五一年，是「為社會主義思想奮鬥的人」的榮譽安葬地。政府還為皮克發行了紀念郵票。皮克的出生地為鄰近尼斯河（River Neiße）的古本（Guben），自一九四五年起就橫跨德國與波蘭接壤處；在一九六一年，古本改名為威廉·皮克城。但烏布利希等不及皮克下葬，就在皮克過世五天後取消總統職位，讓自己置身於東德政治金字塔的尖端位置。

「打造社會主義」表示社會必須進行改革，但是烏布利希急切地想要創造烏托邦式的全新人民社群，因此就連最不關心政治的家庭也會感覺到政治的入侵。一九五八年七月，烏布利希通過了一套荒誕不經的「十誡」[54]：

1. 汝當恆為無產階級及勞工之國際團結而奮力，並促諸社會主義國家不離不棄之連結。
2. 汝當愛國，常備己力與才智，保護工農政權。
3. 汝當助消除剝削他人之弊端。
4. 汝當為社會主義行好事，蓋社會主義能使勞工得佳生。
5. 汝當以互助及同志協作之精神助興社會主義，敬集體而聽其誨。
6. 汝當保護人民之財產，且增其豐盈。
7. 汝當恆求高功，尚儉節，修社會主義之操守。
8. 汝當以和平及社會主義之精神養汝子，使其周全、自信、且強健。
9. 汝當潔身端行，敬汝家室。
10. 汝當與諸為民族自由奮鬥者鞏固團結，護其國族之獨立。

這套道德與社會規範散發出濃厚的宗教氣息，烏布利希其實是有意為之，他不只是設下一套規範，同時也為其國人同胞規定一套新的生活準則。他詳細列出大眾應該追尋的價值，以及如何在精神上與現實生活中提升自我。為達到目的，他動用了教育制度、德國自由青年以及眾多文化機構。一九五九年四月，一群理念相近的作家在比特費爾德市（Bitterfeld）舉辦了一場會議，他們希望能夠移除文化與工作之間的所有隔閡。他們希望礦工提筆寫作，詩人加入鋼鐵工廠輪班，在工廠內設立圖書館，劇院則應該創作淺白易懂且具有教化意義的作品。德國自由青年的報紙《青年世界》宣稱西方音樂過於單調，而且刻意挑逗，意圖愚昧大眾，使大眾喪失反叛意志。文章中特別點名「貓王」艾維斯．普里斯萊，宣稱他的歌曲就跟他本人一樣「膚淺、愚昧且粗野」。一九五八年一月，東德政府下令舞廳中播放的音樂有六成必須來自東德或其他社會主義國家，往後數十年，常有穿著制服的男人於午夜時分出現在派對中，檢查現場歌單中的資本主義與共產主義歌曲比例是否符合規定，派對上醉醺醺的青少年往往對著他們傻笑。雖然烏布利希重新改造東德社交生活的侵入式手段帶來一些軼聞趣事，絕大多數人也一笑置之，但對於眾多作家、藝術家和演員來說，實在忍無可忍，他們開始大批出走，前往西德，尋找創作自由的一片天。

在一切變動當中，烏布利希經濟政策的髮夾彎式轉變為社會帶來的痛苦指數最高。一九五八年第五屆黨代表大會上，他宣稱要發展東德經濟：「好在數年內就證明東德的社會主義比西德的帝國主義更為優越。」[55]從一九七九年起的七年計畫便以這句話為口號，並且將原本的「超越並追趕」改為「超越而不追趕」，以此證明東德不是只要仿效西方空洞的消費主義，而是要打造充滿精美產品、優質愉悅且富含意義的生活。

但東德政府也不得不承認，這個小國的經濟體依然落後龐大鄰居百分之三十，任何一丁點資源都必須投入，用來超越西德的人均國內生產毛額、消費用品、食物供給等。同一時間，赫魯雪夫依然從東德工廠的生產線上直接奪取產品與資源，規模或許不比戰後，但依然對東德經濟復甦造成一定壓力。物流也加劇了眾人眼中的危機，因為中央計畫無法將物資送往需要的地方。集體化再起，原本六一七起義事件過後採用的是讓許多農人受惠的志願方式，他們獲得政府補貼並且得以繼續經營自己的農場，但如今這一切劃下句點，農人被迫強制加入集體制度下的農業生產合作社，許多人因此收拾家當，遠走他鄉。如今他們已經失去一切，還不如直接到其他國家從零開始，至少能夠經營自己的農業事業。同樣的情況也發生在技術勞工與商家身上。小型企業與商家被迫加入國營企業，這表示他們失去了自營的權利，而且賺的錢也比過往來得少。這群人往往也加入了奔赴西方之列。

到了一九六一年，東德已經失去一百三十萬人口，而且沒有停下來的跡象。每年外移的人數直逼三十萬大關，在一九五五年與一九五七年都曾達至這個數字。渴望在西德展開美好新生活的人大多是知識分子、專業人士、技術勞工以及大型農場的主人。許多年輕人剛修完優質的學徒訓練或大學課程，但他們也離開了，因為這樣才有機會獲得更好的薪資，更高的社會地位或是取得更多樣的消費用品。西德當局統計了抵達西德的東德人數，在一九五二年與一九六一年間，每七位「難民」中有六位是為了提高生活品質而來，只有百分之十四點二的人是因為「擔心性命不保或為了個人自由」而離開東德。56

一九五八年的東德外移人口下降，倘若烏布利希沒有繼續強硬推動「打造社會主義」，顯然許多專業人士可能仍會願意留下。然而烏布利希的做法導致人才不斷出走，東德因此失去了各領域的人才，進一步使留下來的人感到焦慮和憤怒。許多地區完全失去醫生和護理師，也沒有工程師和建築師來修復坍方的橋梁和遭砲擊的房屋；鋼鐵廠和煤礦廠等關鍵產業因失去工人，導致整個產業的供應鏈都受到衝擊；國家甚至因缺乏有經驗的農人而造成食物短缺。擔任老師的碧吉特．弗里森、甫加入空軍的蓋勒．凡斯洛，或是加入史塔西警衛團的哈根．科赫，他們這類人都十分惱火，因為感到自己被拋棄而指控那些離開的人貪得無厭，要他們留下來不斷工作以打造更公平的社會。那些考慮離開的人也感受到了這股怨氣，因而更加強出走的決心。烏布利希勢必得採取行動，否則他的共和國將會因為社會、經濟與政治的緊張氛圍而遭到撕裂。

一窺權貴的世界

一九五八年春天，布蘭登堡，萬德利茨（Wandlitz）。

萬德利茨迷人的聚落以及中世紀古城貝爾瑙（Bernau）之間坐落著一處國有森林，此時一群穿西裝打領帶的男子下了車，他們看起來就像是一群官員。在當地人好奇的打量下，這群人開始調查這片土地。他們肩負一大重要機密任務，負責調查當地是否適合作為社會主義統一黨政要與其家人落腳的封閉社區。一九五六年匈牙利革命中，部分共產黨官員遭憤怒的群眾殺害，烏布利希因而認為目前東德政要居住的環境不夠安全。政治局的幾位重要成員居住在徵收來的住屋當中，居住環境綠意盎然，房屋彼此相隔不遠，就位在柏林北方的潘科區（Pankow），坐落在橢圓形的馬雅可夫斯基環路（Majakowskiring）上。烏布利希夫婦住在二十八號，隔壁二十九號住著皮克。何內克一家則住在十四號，隔壁的十三號是東德政府公設幼兒園。《新德意志報》的記者與編輯赫恩施塔特在失勢前也住在同一條街上，文化部長兼詩人約翰尼斯・貝歇爾也是一樣。皮克的正式官邸則位在僅三百五十公尺外的美麗堡，又稱申豪森宮（Schloss Schönhausen），這棟巴洛克建築有著黃色外觀與景觀花園，皮克曾在此接待胡志明和赫魯雪夫等重要外賓。蘇聯在一九四五年徵收了這個地區，在四周立起柵欄和高牆，權貴們需要的一切都在裡頭。「潘科」日後成為這個地區的代名詞，這片封閉區域自給自足，被蘇聯人暱稱為「戈羅多克」（Gorodok，意指小鎮）。

但在烏布利希看來，這裡離市中心實在太近了。單單一道牆不可能阻止怒氣沖天、滿腹怨氣的勞工，匈牙利革命證明了這點。東德自己在一九五三年爆發的六一七起義也依然歷歷在目。如果落腳在柏林以外的地方，就可以好好戒備，也會讓注重健康的烏布利希能夠獲得運動空間。烏布利希每天早餐前都要做上十分鐘的有氧運動，也常常跟妻子洛特進行長時間的散步。一旦搬出柏林，他也可以在夏天時到附近的湖泊划船，冬天時則在湖面上溜冰。調查人員從萬德利茨回來後，回報他們找到了一片適合的地方，不只滿足烏布利希的個人需求，同時適合二十三位政要及其家人入住，因此搬遷一事就這麼決定了。

「森林官邸」（Waldsiedlung）於一九五八年夏天開工，一九六〇年夏天落成，占地六十公頃，位在市中心以北三十五公里處，這個絕佳地點距離首都夠遠，能確保安全，且驅車前往首都的辦公大樓也不用半小時。周圍的湖泊、河川以及林蔭地閒適恬靜，而蘇聯大使的避暑住宅就在鄰近的利普尼茨（Liepnitzsee）。這個社區有診所、俱樂部、商店和髮廊，私人湖畔還配有船屋、泳池以及電影院。社會主義統一黨人士住在森林官邸區的內圍，街道並無命名，住屋只以一到二十三號作為標記。烏布利希自己選了第七號住宅，何內克一家住進十一號。一九五七年，史塔西首長沃爾韋伯垮台後，由梅爾克接手，此時他也搬進了十四號住宅。社區外圈則由工作人員進駐，此外，這裡還有烘焙坊、加油站和肉鋪。

不論是與東歐還是西方其他國家的政治領袖相比，東德權貴的居住條件都相對較樸實無華。確實，跟全國年輕夫妻所分配到的兩房公寓比起來，他們的住所寬敞明亮，但絕對稱不上豪華奢侈。二十三座住宅都灰撲撲的，強調實用性質，搭配著紅瓦屋頂，其實看起來與早期提供給東德城市大量人口居住的組合式建築相去不遠。烏布利希獲得最大的住宅，裡頭有十間房間，但裝潢相當樸素。一樓有一間寬廣的會客室，還有餐廳以及私人起居室。訪客常說這些待客空間了無生氣且毫無特色。二樓則是烏布利希的書房，還有一間（稍微大一些）書房供他的妻子使用，另外還有一間浴室、按摩室（裡頭裝有供烏布利希運動用的拉桿），以及一間診間讓烏布利希可以接受私人醫師亞諾·林克（Arno Linke）的診療。[57]甚至還有一座地堡可以在遭受核武攻擊時供政治局成員家人躲藏，政要則會在柏林的政府地堡內持續管理僅存的國家事務。

社會主義統一黨的首腦人物在萬德利茨應有盡有。早上他們會搭乘專車前往柏林，傍晚再回來。此地戒備森嚴，區內有六百五十人在此工作並居住，他們受到嚴密監控，而且受僱前都經過嚴格的背景調查。所有在萬德利茨的工作人員都加入了史塔西，從司機到技工無一例外。社區內圍的二十三座官邸外則圍著兩公尺高的水泥牆，晚上牆上會點燈。社區外圈以鐵絲網包圍，上頭掛著「野生動物調查區」告示作為掩護。鄰近的德國十一號高速公路上沒有任何關於「森林官邸」的路牌，而且僅三公里之遙，因此政治人物與其家人可以在攻擊來襲時立刻疏散。「森林官邸」從未在任何地圖上標記出來，這裡有三十三處哨站，由兩百名士兵每天二十四小時駐守。

住在這個舒適，甚至略帶小資產階級風格的環境之中，一眾政治局成員並未感到幸福，反而覺得自己被關在金籠中。瑪格特·何內克（Margot Honecker）日後不斷將森林官邸比喻為「隔離區」（The Ghetto）——後來這個地方的存在開始在外頭傳開來，許多東德人也如此稱呼。瑪格特抱怨這裡絲毫沒有隱私，每個步伐、每個詞語、每個決定都被緊密監控，她身旁跟著一個「影子」盯梢者維護她的安全，終日形影不離。她後來索性考取駕照，弄來一輛瓦特堡車（Wartburg），偶爾逃離密不透風的環境，甩掉她的「影子」。[58]

社會主義統一黨權貴孤立在神祕的面紗以及高聳的水泥牆後方，引來部分民眾的怨恨、嘲笑與猜忌。謠傳「上頭的人」窩在他們的「高級隔離區」內奢華度日，裡頭有黃金內裝的浴室和新奇的別墅，人民則只能住在粗鄙簡陋的房子內，忍受劣質的咖啡。烏布利希原本就給人一種冷酷死板的資深共產黨人形象，如今萬德利茨更是著實證明了這點。

烏布利希的政權與人民之間有一道日益擴大的鴻溝，他所打造的森林官邸就是一大徵兆，更是隔閡加深的原因。之所以說是一大徵兆，因為烏布利希從來未曾放下對自己人民的質疑。他過往住在德國期間，共產黨人被視為全民公敵，被監禁或甚至遭遇更可怕的對待，因此在他心裡留下極大陰影。這並非希特勒一手造成的，早在威廉二世與威瑪共和時期，烏布利希就遭政府迫害，納粹上台後則是將反共產迫害行動擴大到史無前例的規模。烏布利希曾經身陷囹圄，他的許多同志都死在德國人手中，因此可想而知，一九四五年歸來時，他認定社會中至少還留有一絲對「赤色分子」的敵意。此外，他在莫斯科的日子同樣籠罩在恐懼之中，因為絕大多數跟他一起在一九三〇年代來到這裡的人，都在史達林大清洗中受害。烏布利希一生都保持警戒與不安，如今就算已六十多歲，這點也永遠不會改變。

但森林官邸與世隔絕這點同時也加深了當局與人民的隔閡，甚至在烏布利希的統治結束後仍維持原樣。一九八四年，一位新同事詢問何內克將政治權貴關在圍牆後方是否為明智之舉，何內克咕噥著回覆：「這是瓦爾特（烏布利希）當初的規劃，或許我們應該重新考慮，想想到底要不要繼續維持這種方式。」[59]其他國家的政治權貴同樣居住在封閉的政治圈與社交圈中，但烏布利希打造的森林官邸簡直是一絕，他讓做出生死攸關決策的人遠離和決策息息相關的民眾。在這個國家裡，中央負責制定且組織生活中的一切，從人民可以寫跟讀的書，到能夠進口的水果種類都囊括在內，因此這種分離不僅導致失敗的決策，也在缺乏了自由媒體以及私人企業下導致政府完全無法掌握民意，同一時間還滋生了雙方對彼此的埋怨與猜忌。「上頭的人」以及「民眾」過著截然不同的生活，並且開始把對方想成最惡劣的模樣。

錯失種種良機的十年

東德作為一個德國領土上全新的社會、經濟和政治實驗，卻在頭十年錯過了種種良機。東德的實際情形與許多後來的描述恰恰相反，其實東德人民一開始並未立即對烏布利希的政權產生反感，也沒有馬上就羨慕阿德諾的政權，他們反而如釋重負，甚至滿腔熱血。一九五〇年代，大多數東德人都還未忘記戰爭時期東歐所曾遭受的鎮壓、轟炸、強暴、動亂以及囚禁等恐怖經驗，這與一九四〇年代末期到一九五〇年代初期的嶄新社會氛圍截然不同。

特別是勞工，他們根本不在意自己的公寓狹小，或是雜貨店裡貨架上選擇稀少，畢竟戰前他們本來就負擔不起這些，通常只能擠在貧民區的公寓大樓或是住在貧瘠的鄉村。一九五〇年代，他們獲得嶄新的職涯機會，能夠擔任教師、技術勞工或是從軍。他們受到國家尊重，甚至成為政治的焦點，而不是被當作微不足道的群體，好一點只能受到安撫，慘的話甚至會被打壓。年輕世代歡喜地將身上希特勒青年團的棕色制服換成德國自由青年的藍色制服，他們在例行公事中獲得熟悉感，同時又在新的道德觀與價值觀中找到新鮮感。他們在整理家園與重建工作當中找到目標且獲得成就感，而在經歷戰火摧殘後，大眾也渴望著社會主義體制下集體付出所帶來的感受。

但東德的命運並未掌握在人民手中，一九五三年的六一七起義輕易地證明了這點。東西德都捲入了全球政治權力遊戲之中，兩邊都只不過是棋子，任憑蘇聯與美國視各自的需求把玩與犧牲。烏布利希與阿德諾皆證明了自己擁有堅定（有時強硬）的信念，但他們都沒有太多施展空間，雙方都不願從各自的立場上退讓，而這些立場將他們的德國緊緊綁定在他們認為道德上更優越的強大陣營之中。烏布利希與阿德諾都因此變得疑神疑鬼，即便美國與蘇聯都曾經出現軟化的政治跡象，兩位領袖還是把自己的立場推向極端，毫無轉圜餘地。

烏布利希比阿德諾還多出兩道棘手問題。首先，他在莫斯科大清洗期間的恐怖記憶依然揮之不去，這加劇了他一生中關於迫害與非法處境的經歷。阿德諾同樣在納粹時期活在水深火熱之中，但他的政治生涯漫長，也對科隆抱著深厚的歸屬感，與烏布利希波折的人生經歷大相逕庭。阿德諾對自身生命及國家存亡的擔憂，從未像東德社會主義統一黨權貴那樣陷入瘋狂的偏執之中。東德面臨的另一個獨特問題是被經濟重擔壓得喘不過氣來。大多數歷史學家都同意，兩個德國在戰後都帶著政治冷漠的氛圍，創造出「別扯到我」世代（ohne mich），但阿德諾政府獲得馬歇爾計畫援助，還坐擁德國的工業心臟地帶，甚至還不用支付戰後賠款，這也讓阿德諾以及他的經濟部長路德維希．艾哈德有機會創造「經濟奇蹟」，撫慰了民心，為西德人民帶來繁榮、安全與消費主義，這些正是他們戰後所引頸期盼的生活。反觀東德，在一九五〇年代初期經濟完全沒有機會復甦。歷史學家往往先判定計畫經濟是失敗的根源，但其實根本難以衡量計畫經濟所帶來的影響，因為東德連最基本的條件都沒有，包括自然資源、能源、工業，乃至於穩定的貨幣。阿德諾甚至還可以靠著綁定美元匯率維持西德馬克的穩定幣值。

話雖如此，如果有一位充滿魅力的領袖，又能夠掌握社會脈動的話，情勢絕對會有所不同。許多中產階級對於東德忍無可忍，而烏布利希難辭其咎。一九五八年，烏布利希被迫放緩集體化與國有化的步調，人口外移的情況便獲得短暫的緩解，這豈不證明了就算是中產階級，只要在合理範圍內，也會願意忍受較低的生活品質。許多政治局的成員主張要放緩政策，例如赫恩施塔特、施密特與沃爾韋伯。但是烏布利希不斷全面打壓異議，打造史達林風格的政權，容不下任何的討論空間。

不過究竟兩個德國是否可能維持國界開放，這點令人懷疑。想像一下，烏布利希倘若聽從部分社會主義統一黨改革派人士的建議，真的打造了一個溫和的社會民主政體，並且讓國家強力控管社會、經濟與文化層面，勞工可能會大力支持，因為他們能夠獲得嶄新的機會，社會流動也會大幅提升。不過一旦經過培訓、獲得技能、念書多年過後，他們最終還是只能進入無階級的社會，他們的地位可能帶來名譽，但無法提供奢華生活。東德補貼租金，設立全面且便宜的托育服務，並且開始興建公寓，然而一位經過訓練的建築師勢必會想要前往西德賺更多的錢，買更大的房子，購買其他人買不起的產品。無階級社會根據定義就是要避免優於常人的生活，而中上階級永遠會在這樣的制度下吃虧，不論是審查、鎮壓、自由或溫和手段皆然。而東德人在短短的車程內就可以抵達另一個德國，甚至對於在柏林的人來說只是幾步之遙的距離，這點對於技術勞工、專業人士、知識分子以及其他收入高於平均值的人來說，都具有莫大的吸引力。或許人才流失不會像後來的東德這麼嚴重，但一定會發生，長期來說受到箝制的東德經濟一樣會遭遇嚴重打擊。

即將建立的柏林圍牆會為無數人帶來悲慘的後果，這點無庸置疑。家庭與朋友遭分離，有人被關在牆內，有人被關在牆外。但不論是阿德諾和烏布利希還是甘迺迪與赫魯雪夫，所有陣營的人都清楚知道，早在十年前他們就已經踏上了興建柏林圍牆一途。

第五章

磚牆築起
(1961-1965)

Brick by Brick

根本沒有任何人想蓋一道牆！

柏林圍牆

一九六一年六月十五日，東柏林，部會大樓。

「第一書記，請問中立的柏林的成立，在您看來，是否意味著布蘭登堡門將會出現一道邊界？」提問者是來自《法蘭克福評論報》（*Frankfurter Rundschau*）駐西柏林的資深記者安娜瑪麗・道兒（Annamarie Doherr），她讓自己的提問在眾人心中發酵。部會大樓的大廳此時集結了超過三百名記者，所有人都將目光放在烏布利希身上，等待他的回應。身為德意志民主共和國的第一書記，烏布利希在過去數週不斷遊說赫魯雪夫，要求他為「柏林問題」找到解方。三百萬東德人背棄烏布利希的「工農之國」，其中八成的人都是取道柏林出走。東德失去了七千五百名醫生、一千兩百名牙醫、三分之一的學者以及數以萬計的技術勞工，其中許多都是近年重金栽培的人才。[1]烏布利希要如何回應道兒記者以及她的讀者，又要如何回應在場的每個人以及他自己的人民呢？難道要說他非得不顧東德人的意願把他們留下來？另外還有國界大開所造成的國安問題。柏林已經儼然成為間諜之都，每天大約五十萬人在這道邊界來來去去，完全無從辨認他們是敵是友。柏林是一座受占領的城市，而柏林的多方占領者受困在意識形態衝突中，彼此失去信任，冷戰衝突也達到前所未有的高峰，這點導致柏林無法繼續維持現狀。一九六一年六月四日，赫魯雪夫下令柏林要成為中立城市，所有外國武裝勢力必須撤離。在莫斯科政權眼中，西柏林彷彿一根刺，插在東歐社會主義心臟地帶上，同時也因為開放的國界而成為國安風險。同一時間，西方國家也理解若從柏林占領區撤退，將會讓他們暴露在接管的風險中。烏布利希長久以來殷殷期盼關起這道東西德之間的最後隘口，而柏林危機造成的僵局導致美國、俄羅斯與西德政權皆接受了這個方案。

烏布利希掙扎了許久，終於支支吾吾地回應了記者道兒的提問，說出了歷史上最令人又哭又笑的謊言。他用尖細的嗓音對眼前的記者群說：「我想這個問題是說西德有人希望看到我們，動員東德首都的工人來蓋一道圍牆，是嗎？呃……我完全不曉得有這麼一回事……根本沒有任何人想蓋一道牆！」兩個月後，就在短短幾公尺外的地點，這座沒有任何人想要蓋的圍牆動工了，這天是一九六一年八月十三日。

一九六一年八月十三日，柏林米特區。

蓋兒達．郎格斯（Gerda Langosch）在基勒街三號（Kieler Straße 3）的公寓醒來，對於住家外頭一夜之間發生的事情一無所知。今年二十八歲的她一生都住在這條街上，她出生於父母在基勒街十八號的公寓，一直住到一九五七年結婚才搬了出來。如今她懷有五個月的身孕，滿心期盼跟丈夫一起組織家庭。基勒街周圍的區域曾經是柏林最貧困的其中一處工人階級住宅區，這裡到處都是一層多戶小公寓的大樓，供工人租用。但空襲和戰火讓這條街上的二十幢房屋夷為平地，只有兩幢房屋在遭受嚴重破壞下依然矗立，即十八號和三號。柏林在戰後被以有點隨意的方式切成四個占領區，蓋兒達因此落在蘇聯占領下的米特區，然而她在精神上自認為比較靠近鄰近的工人階級地區維丁，那裡被劃入法國占領區。蓋兒達過去讀的學校就在維丁區，大多數朋友也都住在那邊，她先前上的教堂也是。儘管如此，她從未想過離開基勒街，這裡是她的家，而且離她的父母家很近。

一九六一年八月十三日早上，蓋兒達和丈夫從廣播上得知令人震驚的消息，社會主義統一黨在西方三個占領區與蘇聯占領區之間建立起一道「防堵法西斯的圍牆」。基勒街的西北方是柏林—施潘道運河（Berlin-Spandau Ship Canal），東邊則是勃央街（Boyenstraße），這兩處皆是蘇占區與其他占領區的接壤處。他們三邊環繞著「防堵法西斯的圍牆」，年輕的蓋兒達與丈夫意識到這點後衝出家門，想看看是否有任何肉眼可見的變化。運河看來一如往常，沒有任何改變，但是這道寬廣的河道於一九四五年起就已然成為天然屏障。從蓋兒達父母的公寓，他們可以看到勃央街的情形。他們抵達蓋兒達父母親的公寓時，蓋兒達的母親告訴他們，她在做早餐時望向廚房窗外，簡直嚇傻了，眼前的街道滿是纏繞著刺鐵絲網的木製欄杆，稱為「西班牙式拒馬」（Spanish riders）。她此時才趕緊打開收音機，了解發生了什麼事。蓋兒達的丈夫好奇是否還能通過，因此他信步穿越了勃央街上還零星散布的西班牙式拒馬，走進了西方占領區。沒有人問他任何問題。他猛然發現，這將是留在西德的最後機會。但他還是轉過身，再度越過第一代柏林圍牆的簡陋防禦設施，回到懷孕妻子的身邊，也回到東德的生活。[2]

凌晨一點，蓋兒達的家人熟睡之際，一場協力工程悄然展開，長達一百七十公里的東西柏林邊界迅速關上，隔開了西柏林以及整個東德。這場倉促行動採用的是水泥、刺鐵絲網、西班牙式拒馬，以及當時依然僅輕度防衛的河道，作為東西兩邊的分隔。邊界警察受命要維持治安，同時強化現存於蘇占區以及其他占領區的車輛阻隔措施。每個夜晚，牆邊都會出現「意外」，圍牆兩邊的居民都驚慌失措且氣急敗壞，不斷質問到底發生了什麼事。

烏布利希清楚知道他建立的這座圍牆會引發負面新聞，因此他很努力創造一種假象，讓人以為這道牆是受到人民支持的集體行動，目的是為了維護東德的安全。政府不只是動用了國家人民軍和駐防邊界的單位，還派出一九三五年起義事件後成立的工人階級戰鬥隊，這是一支準軍事志願兵團，如今成員超過十萬男女，這股力量大到足以看守緊鄰西柏林的邊界。由於這些都是平民，因此若不經意或是故意穿越到西邊，都比較不會被視為引戰行為，因此成為部署在西方邊界的理想組織。

凌晨時分，工人階級戰鬥隊成員在蓋兒達．郎格斯家門外設下西班牙式拒馬。負責籌備和關閉邊界工作的何內克在官方回憶錄中寫道，他「曾建議部署工人階級的政治和軍事勢力，這表示身著戰鬥隊制服的社會主義部隊工人會直接駐紮在邊界，他們會跟人民警察的單位一起看守緊鄰西柏林的邊界。」[3]「國家人民軍的軍事單位以及史塔西警衛團形成第二層防護，必要時受派前往支援工人階級戰鬥隊以及人民警察。紅軍士兵只在絕對緊急情況下才會出動，也就是北約的介入。這樣的安排顯示東德政權的不安，他們希望避免跟西方引發衝突，因此才會興建柏林圍牆，但同時又無法完全避免一九六一年八月十三日當天爆發的衝突。他們無從推測西德與美國政府會如何回應。柏林已經成為冷戰的中心超過十年，兩邊都極度謹慎，深怕任何輕舉妄動導致冷戰升溫。兩邊的平民開始衝往這道新建立的牆，只要有一名緊張的守衛不慎擦槍走火，或是一旦東西兩邊的武裝部隊情勢緊張，衝突一觸即發。隔年爆發的古巴飛彈危機在在顯示整個世界離核戰有多近。一九六〇年代初期的緊張氛圍下，興建柏林圍牆之舉可能恰好提供了柴火，讓冷戰成為熱戰，而烏布利希與何內克對此皆心知肚明。

工人階級戰鬥隊成員受命協助興建圍牆，他們肩負沉重的負擔。不過這八千人中，有許多人依然滿腔熱血，這點可想而知，畢竟他們都是志願投入參與的民兵。其中一位同志名為海爾穆特・埃格蘭（Helmut Egerland），事發時他在度假，但一聽到新聞廣播，便立刻提早結束假期趕來支援。另一位是當地領袖瓦爾特・辛德勒（Walter Schindler），他記載了自己單位的經歷：

> 這幾天對我們來說是一次痛苦萬分的初體驗，那陣子很難熬。初期有時我們只能睡在桌椅上，工時長達十二小時甚至更久，休息兩小時後鬧鐘再度響起，我們又要上工。當時大雨滂礡，氣候寒冷。然而只要是需要志工人手，整個單位的人都會出動……但當時的種種困難都沒有打擊我們的士氣。剛好相反，每次出動都讓我們的同志情誼更加緊密，也提升我們奮

鬥的意願以及階級意識。[4]

並非所有工人階級戰鬥團的成員都如此積極，因為待命人手不足、溝通不佳，以及真心害怕或反對柏林分裂的心情，只有百分之六十五點五的戰鬥團人力真的在一九六一年八月派上用場。[5]此外，大約兩千一百名的戰鬥團成員、人民警察、邊境警力以及士兵也藉著靠近邊界的優勢，以及得以進入西柏林蹓躂這點，趁亂投奔西德的懷抱。一九六一年八月十四日，當局曾拍攝了一張四名戰鬥隊成員鎮守布蘭登堡門邊界隘口的照片，原本打算做政治宣傳使用，但爾後這張照片卻束之高閣，因為照片中的四名年輕男性都遁逃至西德。

自由德國青年團的成員自然也都派上了用場。一九六一年八月十三日，自由德國青年團的中央委員會祕書處立刻發布命令給各區代表，其中包含下列內容：

—工人階級青年以及其他所有年輕人，必須向國務委員會主席烏布利希同志展現他們認同政府措施。

—在人民警察的指揮下提供支援，特別是在城市中，以確保煽動者以及愚蠢人士無法在戲院、餐廳或其他地方興亂。

—自由德國青年團的成員和領袖，必須盡力協助國家人民軍以及其他我國的武裝勢力。[6]

動員青年有兩大用意，首先要讓東德的年輕人感受到東德需要受到保護，就如同烏布利希自己在一九六〇年所宣稱的一樣。[7]政府希望藉此讓整個國家維持備戰，以隨時面對內憂外患。自由德國青年團拜訪了國家人民軍，透過雙方互動來提升志願從軍的人數。雖然東德政府一直準備仿效西德聯邦國防軍，以及其他華沙公約組織的國家成員引入徵兵制，並且在一九六二年一月確實施行，但是政府其實一直對此政策遲疑不定。一九六四年，政府還同意採納因宗教理由拒服兵役的條款，成為唯一有此政策的東方集團國家，證明了東德政府對徵兵制有所疑慮。[8]當時認為最好的做法是在派遣國家人民軍時，同時讓自由德國青年團參與，提供契機讓青年與已經從軍的人建立連結，一九六一年八月的情形正是如此。

動員自由德國青年團前往封閉邊界的另一原因是他們耀眼的藍色制服遍布東柏林，辨識度極高，可以藉此加深年輕人支持關閉國界的印象。這些年輕人可以安撫如今提高警覺的柏林人，同時也可以與反對建立圍牆的人大打出手，特別是在西柏林。這些青年坐在餐廳、咖啡廳和其他社交場合，達到了展示作用，還發揮了額外的維安功能，成為國家權力肉眼可見的延伸。許多自由德國青年團的成員因此感到自己格外重要，這讓他們感受到權力，更重要的是，他們在自己志願投身保護的年輕共和國裡獲得參與感。

一九六一年八月十六日，西柏林市長布朗特在舍訥貝格市政廳前對三十萬市民演講，這次演講同時透過美國占領區廣播電台放送，而布朗特深知東柏林的聽眾也會收聽該電台。在這場激昂的演講中，他將新的邊界稱為「恥辱之牆」（Schandmauer），這個詞在未來將近十年裡，會不斷出現在西方政壇的官方辭令中，直到布朗特成為西德總理後，從一九六九年開始停止使用這個詞，以達到兩個德國之間的和解。不過此時仍擔任西柏林市長的布朗特憤慨不已，他大聲疾呼西方政要介入，包含阿德諾以及當時剛上任的年輕美國總統甘迺迪。他懇求東德邊界的武裝勢力發揮人性，手下留情，不要射殺試圖越過邊界的人。他提議要支援「刺鐵絲網、水泥柱和戰車後方的同胞；我們在該占領區的同胞如今受到紅軍士兵監視，無法表達自己的意志……我們知道是因為戰車才讓他們壓抑了自己的憤怒。」[9]

不過布朗特孤掌難鳴，阿德諾以及甘迺迪的回應都姍姍來遲，而且毫無實際作為。西德人憂心忡忡，但民間沒有出現強力反對的示威遊行，另一邊的東德民眾則在柏林圍牆建立後的數週甚至數個月大多保持沉默。整件事看起來罔顧人性，不過從政治觀點來看，柏林圍牆能讓柏林的局勢降溫。沒有人點明這點，但阿德諾、烏布利希、甘迺迪和赫魯雪夫全都心知肚明。雖然分裂的柏林依然緊繃，但是東德其他地方幾乎立刻就安定下來。烏布利希東山再起的「打造社會主義」計畫雖然引發不滿和憤慨，但如今一切已成定局。柏林圍牆讓民眾再也無法移動到西邊。這表示中產階級和技術勞工都必須想辦法滿足於現況，整個社會也不再擔心會失去醫生、牙醫、科學家和建築工人。當然還是有許多著名的反對人士，但整體而言東德似乎只是集體聳了聳肩，便回到工作日常。

不過有些人的至親就住在西德，或是有些人已經在西德建立新生活只是遲遲未離去，對這些人來說，雖然早期的圍牆只不過是簡陋拒馬，但東德也已然成為高牆聳立的監獄。政府要積極阻止人才流往西德，而且要讓世人知道他們是認真的。政治高層之間的緊張氛圍，加上第一代柏林圍牆到處都是漏洞，造成了致命的後果。試圖逃離的東德人遭到邊界守衛的制止，甚至遭射擊。往後數年，在柏林圍牆更加牢固且堅不可摧之前，局勢將變得前所未有的血腥。

柏林圍牆的沉重陰影

一九六二年八月十七日，東柏林。

過去數個月來，整座城市籠罩在緊繃的氛圍之中。一年前當東西德的邊界關閉後，幾乎每週都傳出流血事件，總計二十三人在試圖穿越邊界的過程中喪命。一九六二年八月十七日這個夏日所發生的事將震驚全世界，也形塑了東德在後世的歷史形象。

下午兩點一過，齊默爾街（Zimmerstraße）槍聲齊發，子彈劃過了夏日的熱氣。這條長長的大街建築林立，附近就是柏林可說是最著名的查理檢查哨（Checkpoint Charlie）。此時在柏林圍牆下，有一名青少年躺在血泊之中，禁不住疼痛而放聲尖叫，苦苦哀求。

這名青年就是十八歲的彼得．費希特（Peter Fechter），他是圍牆建築工人，有個姐姐住在西德，但東德政權阻止他與姐姐見面，沮喪的他於是每天午餐時間都跟同事海爾穆特・庫爾拜（Helmut Kulbeik）一起幻想如何逃到西德。某天，兩人發現牆邊有一幢半傾頹的房子，就此萌生逃跑的意圖。兩天後，兩人再度行經這棟房子，並決定走入建築內一探究竟。他們發現這棟建築原來是木匠工作室，還有人在使用，但他們成功從建築物後方通過，並未驚動屋內的人。他們為了不暴露行蹤，小心翼翼脫下了鞋，只穿著襪子走動。在建築物的一樓，他們發現一扇面對圍牆的窗戶還未被封起。

東西柏林興建圍牆的第一年，政府全面封鎖任何間隙並鞏固圍牆。一年後的柏林圍牆早已不復見原先那些靠士兵和志工看守的西班牙式拒馬，取而代之的是聳立的圍牆、刺鐵絲網和武裝軍力。海爾穆特和彼得所在的建築，理應成為東緣防禦工事的一環，但陰錯陽差之下，有道窗戶被留了下來。兩人從窗戶向外望，看到自己所在的高度並不高，可以安全往下跳，但同時，跳下去之後並沒有任何掩護。要抵達西柏林，他們要先爬過第一道牆，接著迅速通過寬達十公尺的「死亡地帶」，然後再穿越一道兩公尺高的水泥牆，牆的上頭還圍著刺鐵絲網。這整段路程都會暴露在瞭望台的視野中，可以說是致命的障礙賽跑。

兩人張望之際，突然聽到一陣談話聲和腳步聲。驚慌之下，他們跳出了窗外。眼前就是唯一機會，兩人只穿著襪子，仍然快速跑過數公尺來到阻擋他們前往西柏林的第一道圍籬，他們翻身過去，另一道堅固的圍牆只剩下幾步之遙，成功近在眼前。突然之間，第四瞭望台的警衛察覺了他們，兩名警衛立刻開槍。二十四發子彈朝他們射去。海爾穆特事後形容，子彈朝自己飛來迫使他跑得更快，他抵達了靠西柏林一側的外牆，跳起來並使勁翻了過去。刺鐵絲網割破了他的腳、手臂和胸膛，但是警衛也停止射擊了，他們深知一旦繼續開槍，可能就會讓子彈飛往西柏林。

海爾穆特站在牆上，身上掛著被割破的衣服，轉過身對自己的朋友高喊：「快點！快點！拜託！」但是彼得定在原地，害怕到動彈不得。他猶疑了一下，猛地回過神來，衝往外牆。他到了牆邊用力一跳，但第三瞭望台的警衛已經來到他附近並扣下扳機，彼得躍到半空時，被一槍擊中腰部，摔下了牆，落在東德這一側。彼得痛苦地抽蓄著身軀，拖著身體到牆邊的混凝土塊後方躲了起來，警衛則持續射擊。不久後，彼得就倒下了。

在圍牆西側，槍聲引來大批民眾聚集，西柏林警察在下午兩點十二分收到第一次呼叫，立刻派遣人力前往現場。東德警衛也聽到救護車的聲音。記者也趕往現場，加入了大約兩百五十名憤慨的西柏林人。民眾朝東德警衛怒喊：「殺人犯！殺人犯！」同時西德警察也受到民眾鼓譟：「開槍！開槍！」西德警察收到的上級命令是袖手旁觀，但現場的氛圍讓他們難以從命，他們就位後，舉起槍枝瞄準對面的東德邊界警衛。西柏林人也連番對部署在查理檢查哨的美國部隊提出要求，叫他們有所作為，但這些單位同樣受到囑咐要「堅守陣地，不採取行動」。

情勢緊張之際，彼得的求救呼喊不絕於耳，圍牆兩邊的人都聽到了。一開始的呼喊還很大聲，但很快就剩下虛弱的啜泣聲。接下來好長一段時間，呼叫聲漸漸減弱，最後隨著他的生命一起消失。沒有人前來救援。

西德警方爬上梯子朝彼得丟下包紮和急救用品，卻不敢取回他的遺體。一旦進到東德領土就是越界，將會導致完全不同程度的流血衝突。美國人也束手無策。出手拯救彼得相當於侵略，而此時冷戰正來到前所未有的高峰。東德警衛如果試圖拯救彼得，也會冒上同樣的生命危險。就在三天前，他們的自己人阿恩施塔特隊長（Rudi Arnstadt）因一起事件而遭西德邊界警衛射殺。如今西邊瞄準著自己的槍枝讓東德警衛驚恐萬分，這些人大多比彼得年長不了幾歲。

因此，急迫而煎熬的五十分鐘過去了，數百人眼睜睜看著身受重傷的彼得苦苦哀嚎。終於，他一動也不動了，東德警衛放下煙霧彈作為掩護，衝出去搬回他的屍體。政府的任何政令宣傳或解釋，都無法阻止一名垂死青年的影像傳播到全世界，引發世人的震驚、憤怒與譴責。

這條邊界既無法有效阻止那些下定決心想要越界的人，又因防守過於嚴密而頻繁造成死傷，當局意識到這點所引發的國際與國內緊張局勢，因此急於將這道邊界圍牆築得更加堅固。但在一九六〇年代初期，東德仍然缺乏足夠的建材來建造房子，更別提要去加固一百五十五公里長的西柏林邊界圍牆了。最早期的柏林圍牆做工粗糙，有什麼就拿什麼來用。一棟棟的公寓大樓被當作邊界，住戶直接遭到驅離，門窗則砌上磚塊封起來，整棟建築就這麼化身為圍牆的一部分。

柏林米特區的柏瑙爾街（Bernauer Straße）就是這麼一回事，街道本身以及街道以北屬於法國占領的維丁區，街道南邊的房屋則屬於蘇占區。這導致了一個荒謬的景象，住在蘇占區的居民一踏出家門就抵達西柏林。五十八歲的寡婦艾達・西克曼（Ida Siekmann）就是其中一例，她是一名護理師，住在柏瑙爾街四十八號。她會定期拜訪住在西柏林羅爾辛街（Lortzingstraße）的妹妹瑪莎（Martha），路程只要步行十分鐘。一九六一年八月十三日，東西柏林的邊界一夜之間關閉，一開始艾達還能夠經由前門離家，立刻就會踏上西柏林的人行道。但是當局下達嚴令控制柏瑙爾街南側的居民，同時開始用磚塊封住居民的家門和窗戶，並從十八號起開始打造新的後門。三天後，八月二十一日，輪到艾達家要施工了。艾達的前門受阻，她與妹妹被隔了開來。當晚，她深恐自己的窗戶也會被封上，這對她來說是見到妹妹的唯一管道，因此她果斷採取行動，做出了一項改變命運的重大決定。

一九六一年八月二十二日早晨，就在艾達五十九歲生日前夕，她下定決心要不擇手段前往西柏林。她的窗戶還沒被封住。艾達的公寓在三樓。西德的消防隊當時會使用救生網協助其他與艾達相同處境的人，但他們何時才會出現呢？在驚慌之中，艾達等不及他們的到來，於是將幾件個人物品丟出窗外，接著拋出她的棉被和幾條毯子，希望在她落到三層樓下方堅硬的鵝卵石地面時可以作為緩衝。接著她往下一躍。艾達的身體撞上了人行道，造成致命傷，在送醫的路上斷了氣。

艾達・西克曼悲劇性的死亡在柏林圍牆兩側都成為政治話題。她的葬禮在湖街墓園（Seestraße cemetery）舉行，多位政要皆出席了，包括西柏林市長布朗特。她的骨灰罈下葬時蓋上了屬於西柏林顏色的布，她喪命的地點也設置了紀念碑，許多政要為了展示對西柏林的支持，都會積極前來合照，其中包括西德總理阿德諾以及美國總統甘迺迪，但當像艾達這樣的人要被迫與西德親友分隔時，他們兩人都未伸出援手。事實上，阿德諾拜訪柏林的那天剛好遇上艾達死亡，當時邊界已經關閉九天了。

西德媒體大肆渲染艾達之死，將這起事件標記為「逃向自由的致命一躍」。實際上我們並不清楚艾達真正的動機。她原先來自格爾根（Gorken），這個地方在二戰後割讓給波蘭，從紀錄看來，艾達一直都是孤家寡人，她的妹妹很有可能是她搬到柏林後最親近的人。艾達在蘇占區住了超過十五年，步行幾條街就可以見到妹妹，她顯然滿足於這個情況。既然當初她沒有像其他數百萬人一樣選擇搬到西德，表示她的那一躍比較可能是出於私人因素而非政治因素。隨著門一道道被封起，柏瑙爾街爆發一陣恐慌，街上其他住戶日後的紀錄都證實了這點。五十八歲的艾達或許是想到自己即將要在被封起的公寓裡，孤零零地度過退休生活，沒有人會在她老去時照料她。旁人只能推測艾達絕望背後的真正原因，但西方媒體或東德警察都沒有給予她應有的尊重。東德警察則直接在報告中闡述：「一九六一年八月二十二日，早上六點五十分左右，獨居的艾達・西克曼……從自家公寓中位於建築前側的三樓窗戶跳樓……西克曼的遺體由西德消防隊處置。地上的血跡蓋上了沙。」[10]艾達在西方成為烈士，在東德卻遭徹底遺忘。東德政府唯一對這起事件感興趣的一點，就是這證明了柏林圍牆多麼急迫地需要被封起，以免再有人傷亡。

艾達・西克曼死後兩天，二十四歲的裁縫師傅君特・利特馮（Günter Litfin）跳入柏林米特區的洪堡港灣，試圖游到西柏林。就在東西邊界封起的幾天之前，君特才剛在夏洛滕堡裝潢完一處公寓，他準備搬入這間公寓以繼續在當地工作。他在西方占領區完成了學徒訓練後，就跟近五十萬名柏林人一樣來回東西德通勤工作。八月十三日的事態發展出乎他的意料，於是他開始找尋前往西柏林的各種方法。一九六一年八月二十四日下午四點，君特爬過洪堡港灣的簡陋圍牆，或許他試圖過橋，但卻被警衛發現，這些警衛是交通警察，他們過去受的訓練是指揮交通，而非對著試圖逃離東德的人開槍。他們從未接受正規射擊訓練，卻收到嚴格的開槍射擊令。這兩名警衛遵照指令，與君特對峙，命令他站住。年輕的君特慌了，開始狂奔。警衛開槍制止，君特深知這是他回到夏洛滕堡生活的最後機會。他不顧一切跳入水中，試圖游過六十公尺寬的水面。此刻，兩名警察直接對準他開了數槍，其中一發子彈打中君特頭部，奪走了他的性命。

對岸有三百名西柏林人驚恐地目睹了整個過程。三小時後，東德消防隊終於成功地將君特的遺體打撈上岸。這一次，東德當局無法再像艾達．西克曼那次一樣保持沉默。東德政府開始詆毀君特，在《新德意志報》上發動媒體進行惡意攻擊，將他描繪為變態罪犯，利用當時的社會風氣，將他抹黑為「在西柏林特定圈子廣為人知的同性戀」。他們甚至不惜造謠說「人民警察在腓特烈大街車站附近將他以現行犯逮捕，他是為了躲避逮捕才跳進洪堡港灣，因而逝世。」[11]同一篇文章還嘲弄地說「他們八成會在西柏林替『娃娃』（Puppe）立一座紀念碑」。柏林圍牆的另一名犧牲者再度受政治話題無情操弄，事件背後的真實人物因而身敗名裂。

東德政府急於減少柏林的傷亡，特別是在冷戰「最熱」的時期，這類單一事件極為可能爆發成為強國之間的衝突，帶來嚴重後果。東德迅速強化柏林圍牆，無所不用其極。[12]約翰・班布里奇（John Bainbridge）在一九六二年十月二十七日發表於《紐約客》（*New Yorker*）的報導中，對這次關閉國界的迫切行動提供了栩栩如生的敘述：

牆的底部通常擺著預先灌漿做好的水泥塊，寬約一百三十公分，厚約三十公分。這些水泥塊並沒有放入挖空的地基，而是直接擺在地上。因此春雪融盡之時，地面下降，有幾處的圍牆倒塌，東德工人必須再將之扶起。在水泥塊上頭，可能會有幾排正常大小的建築用水泥塊，在上頭擺著一塊長約七十六公分、寬約三十公分的平整水泥塊。水泥塊間塗上的灰漿從水泥塊旁流下，看起來凌亂不堪。在最上端有著丫型鐵枝，以間隔約九十公分排開，上頭纏繞著生鏽的刺鐵絲網。這些是常見素材，但並非一致地以同樣方式組合。有時，這些建築大師般的工人會在平整的水泥塊上再堆上一塊，有時則否。有時，他們會單獨用水泥塊築起一段圍牆。毫不意外的，這道牆高度落差極大。依照規定，牆的高度是十公尺，但有些地方卻是兩倍高。光是在同一個街區，每隔一段距離就可能會出現三到四次高度不同的圍牆。不過有一件事倒是相當一致，那就是工程皆為粗製濫造。正如一位柏林雕塑家所形容，這道牆看起來就像由一群技術差勁的石匠學徒喝醉後堆砌起來的作品。[13]

最終東德達到了目的，攔住了流往西德的人才。在一九六一至一九八九年間，一百四十人因為不惜一切地試圖越界而喪命。慢慢地，柏林圍牆愈來愈堅固，越界事件因而逐漸減少。瞭望台、攔阻汽車的設施、探照燈以及其他種種設備的增加，皆鞏固了這道柏林圍牆，想要成功越過而抵達另一邊變得愈來愈不可能，因此減少了企圖越界的人，也能在潛逃者進入「死亡地帶」前就攔下他們。後來陸續還有許多著名的逃跑案例，例如使用熱氣球或挖掘地下道，但絕大多數曾經想要合法搬到西德的人如今都只能認命了。同時，大多數東德民眾繼續過著一九六一年八月十三日以前的生活步調，他們在報紙或廣播上聽聞柏林發生的事，也會跟親友討論，但他們更擔心的是要找到住的地方、繼續工作和處理個人私事。如果東德政府能為人民提供合理的生活條件，大部分東德民眾是可以與柏林這一道圍牆共存的。

認真工作，努力玩樂

一九六一年五月一日，麥克倫堡，維斯馬。

下午四點，一頭金髮的優塔．米爾賽（Jutta Mierse）站在「菲利茲．黑克特號」（GTMS Fritz Heckert）郵輪的甲板上，春風滿面，對著下方碼頭的人群熱切揮手。郵輪漸漸駛離波羅的海沿岸的港口城市維斯馬，準備展開首航，船長為威利．萊迪（Willi Leidig）。優塔是郵輪的組員，接下來七年，她將會在這艘嶄新的郵輪上工作，負責舞廳和白天咖啡廳的崗位，她還在船上獲得了「麥克斯」（Max）的暱稱，並且與其他一百八十位組員中的許多人相處融洽。全體組員一起協調工作行程，並且演練逃難過程，同時他們也把握時間享受十一天的旅程。他們抵達赫爾辛基時，對商店的價格倍感震驚。抵達列寧格勒（現今聖彼得堡）的冬宮時，裡頭展示的珍品讓他們大開眼界。在里加（Riga），數千名民眾湧入港口熱烈歡迎他們，為此他們大受感動。五月十二日，郵輪回到維斯馬，這趟初航令優塔筋疲力盡，因為如她所述，她「尚未找到工作和遊憩的平衡」。她在維斯馬的戲院、俱樂部和餐廳放鬆身心，同時間，黑克特號則準備開啟下一趟航程。在這期間，優塔遇到了一名年輕水電工，他叫埃里希．庫菲（Erich Kuhfeld），同樣在郵輪上工作。兩人結了婚，並在一九六一至一九六八年間一起在黑克特號上航行。[14]

東德政府試圖讓民眾的生活水準可比擬西德經濟奇蹟時期，甚至試圖更上一層樓，黑克特號這類國營郵輪正是其中一環。但實際上困難重重，因為黑克特號總是缺油，船上的柴油引擎要另外由燃氣渦輪引擎輔助，這種新技術捉摸不定，常常失靈，必須在旅途中維修。而且柏林圍牆一建立，海上之旅造成的另一個問題很快浮現，只要把人帶到非社會主義國家的港口，就可能發生遊客逃離事件。黑克特號在一九六二年一月三日從羅斯托克啟航，載著四百名旅客南下北非海岸，航經地中海，由自由德國工會聯合會負責籌劃這類行程，他們行前盡力對船上旅客進行背景調查，確保不會有人趁機從這輛八千公噸的郵輪逃離東德。船上旅客確實在郵輪上的舞廳、泳池和酒吧盡情享樂，旅程照計畫進行，還前往摩洛哥的卡薩布蘭卡（Casablanca）讓旅客體驗當地的夜生活。但在這座城市停留一晚後，組員發現有二十四名旅客不見蹤影，這批人在西德領事館的安排下搭機回到歐洲，西德媒體對此大肆報導。到了突尼斯，又有三名旅客失蹤，船長因此接獲命令立刻折返，然而此時地中海正醞釀著一場強烈的暴風雨。

黑克特號團隊請求獲准停泊在葡萄牙沿岸，等待暴風雨過去，但是上級要求他們立刻返航，以避免更多旅客消失，造成更難堪的局面。一月二十一日，郵輪行經比斯開灣（Bay of Biscay），由法國大西洋沿岸而上，此時暴風雨開始肆虐。這是埃里希和優塔一生中經歷過最嚴峻的暴風雨，旅客躺在船艙地板上發抖，深怕就此葬身大海，郵輪則以危險的速度在海浪上起起伏伏。窗戶出現了裂縫，燃氣渦輪引擎著火，幸好組員早已拿著滅火器隨侍在側。急流之中，黑克特號必須不斷矯正航線。就在抵達前的最後一段航程，行經丹麥和瑞典之間的卡特加特（Kattegat）海峽時，電力系統突然短暫斷了電。[15]到港後，飽受驚嚇的旅客們下了船，這趟令他們畢生難忘的驚險旅程，卻被有關當局壓了下來。當局決定別再航向資本主義國家了，郵輪本身也改良了許多技術。最終，菲利茲．黑克特號於一九七二年退役，被拖行到維斯馬港作為勞工的海上旅館。

其他郵輪持續航行至一九八〇年代，例如「民族友誼號」（*Völkerfreundschaft*）一直到一九八五年後才被售出，總共在東德服役了二十五年，曾經停泊二十五個國家的一百一十七個港口。最刺激的一趟旅程是在一九六二年十月，當時正值飛彈危機，民族友誼號載著滿船的德國與捷克度假遊客，在航向古巴首都哈瓦那的途中跨越了美國的封鎖線，被三艘美國驅逐艦伴行了三小時，郵輪繼續一路駛向哈瓦那，最終安全靠港。還有一次，郵輪跟西德的獵潛艦發生碰撞，當時那艘獵潛艦試圖協助船上的東德人跳船。民族友誼號郵輪為東德最老舊的郵輪，一九四八年在瑞典下水啟用，後來由東德購入，但最終的翻修費用終於讓東德吃不消而要將之出售。民族友誼號爾後一直持續作為郵輪使用，最近的名稱為「雄鷹號」（*MV Astoria*），前一次易手為二〇二一年七月，美國旅遊業者用來規劃葡萄牙附近的航線。在本書撰寫的當下，這艘郵輪是世界上最古老的現役客輪。

許多人批評說郵輪只是東德的宣傳手法，郵輪是奢侈的享受，但是技術上面臨重重困難，而且只有少數幸運的人才拿得到票。不過光是菲利茲．黑克特號就在一九六〇年到一九七二年間，讓六萬三千名旅客享受到郵輪之旅，相當於每兩百七十名東德人，就有一人搭過這艘郵輪。在這十二年當中，這艘郵輪到過二十四個國家的五十九個港口。不過自從去了幾次地中海和大西洋的航程後，因為引發層出不窮的問題，導致後來郵輪只能主要在波羅的海航行。

自由德國工會聯合會向民眾和國營企業募款，打造不同類型的補助旅遊計畫讓大眾參與。東德絕大多數的民眾都在東方集團勢力範圍內度假，而且都住在由自由德國工會聯合會或是國營企業所提供的住宿點。許多都是海濱景點，例如旅遊勝地呂根島（Rügen），不過也有一些景點為飯店、露營區、山中小木屋、森林或是湖邊度假村。瑪吉特．亞茲勞（Margit Jatzlau）是工廠的製圖工人，她還記得這些度假景點在她所工作的工廠有多熱門，幾乎人人皆想申請，主管每年都很難決定要讓誰去度假。憲法規定要提供有薪假期，因此放假不成問題，但是便宜的度假選項卻不足，有些地方特別保留給工作上獲得表彰的人，其他地方則可以分配給任何人。

常常有人說，只有積極服從黨的人才獲分配到最佳的景點度假，但瑪吉特記得當初分配過程相當公平，「每個人每四到五年都可以去一次」。[16]最終，由國營企業負責人以及其他職場的主管，主導了補助假期的地點分配方式。在東德人的回憶中，對這個分配過程的公平性有不同評價，有的人盛讚，有的人則很鄙夷。也有私人假期可以選擇，如可租用假日小屋，相關廣告會刊登在報紙上，從簡易的山間小木屋到附游泳池和西德電視頻道的奢華房間都有。十六歲到二十五歲之間的年輕人，可以透過自由德國青年團成立的一個單位安排假期。整體而言，度假這件事對於東德的家庭來說，是生活中不可或缺的一環。

絕大多數的東德民眾都在東德境內度假，對於瑪吉特這類成長於勞工家庭的人來說，出國度假就算合法，經濟上也絕對負擔不起。日後，如果有家庭不想私下或透過公司安排度假，也可以選擇透過國營旅行社安排，這些旅行社遍布整個東德，從訂火車票到申請簽證都包辦，度假人士可以選擇要自由行，還是跟著有固定行程和導遊的旅行團。來自萊比錫的羅爾夫．貝爾（Rolf Beyer）曾經擔任東德導遊，根據他的說法，東德的旅行社會接洽其他社會主義國家的旅行社，以控管進出的旅客人數。他曾經帶團至波蘭、匈牙利，甚至古巴，[17]不過因為古巴旅費過高，大多數人都無法前往，僅能靠工作需要或是以交換學生的身分前往。換匯的金額又是另一個棘手問題。因為社會主義國家之間經濟發展程度差距極大，擔心度假人士會導致匯率波動，因此只能將一小筆東德馬克換為其他東方集團國家的貨幣，往往不夠支付當地的食物或其他開銷。為此，東德人常常將他們的特拉班特轎車（Trabant，暱稱特拉比 Trabis）塞滿罐頭或是其他從國內買的日用品，並且盡可能帶齊旅行中會用到的物品，這樣他們就可以把外幣用來買紀念品和品嚐外國食物，例如備受喜愛的異國水果，這在東德國內可是永遠供應不足。

雖然問題重重，但東德的假期還是大受歡迎，並為東德民眾提供了與西德完全不同的生活體驗。雖然東西德兩邊的法律都保障能享有十八天的年假，但在一九六〇年初期，只有三分之一的西德家庭會出門旅行；到了一九六八年，大部分人還是在國內旅行，未曾出國旅行過。[18]烏布利希的政權則是提供規劃好且有大量補助的假期，創造了相當成功的制度，在一九六〇年代就讓民眾得以享受度假，這點有助安撫了民眾在柏林圍牆建立後的緊張情緒。

東德政府一九六〇年代的廣大計畫就是試圖建造穩定且繁榮的社會，度假正是其中一環。一九五〇年代末期的瘋狂打壓開始消退後，社會主義統一黨開始調整自己與人民的關係。一九六一年至一九六五年間，有將近一萬六千名因「政治犯罪」而鋃鐺入獄的囚犯獲得釋放，[19]政府以此作為和解手段。烏布利希也發現，既然東西德人民不再能自由流動，他也就不能再將工人罷工或示威遊行等表達不滿的手段怪罪給「西方煽動者」。如今他將人民關了起來，就必須向他們提供一個值得過下去的生活。這不只包含更高的生活水準，同時也要讓人民得以參與社會的開創，並且從政府希望他們做的辛苦工作中獲得成就感。烏布利希不只希望在經濟上贏過西德，同時也要靠著打造他所承諾的更美好的社會來贏過西德。

新經濟體制——讓社會主義奏效

一九六四年，圖林根，索納貝格（Sonneberg）。

玩具中心主任齊格飛．烏姆布萊（Siegfried Umbreit）欣喜若狂，他獲得了前往柏林工作的機會。他最初只是一名建築工人，一路靠著辛勤工作努力爬升，接觸愈來愈複雜的工作，例如木工與金屬，最後來到索納貝格的國營企業中設計玩具。他在此與艾爾文．安德列（Erwin Andrä）教授共事，安德列教授同樣熱愛設計和研究各種功能，就是他推薦烏姆布萊到柏林輕工業部帶領全新的玩具部門。烏姆布萊欣喜若狂，因為教授的推薦讓他得以高升，在五十五歲就獲得一千兩百馬克的高月薪，原本在索納貝格時他只領七百馬克。這個待遇讓他願意搬去首都生活，甚至也值得他就此離開教會，這是政府對這份新工作開出的唯一條件，烏姆布萊不情願地接受了，因為他才剛繼承了父母的房子，必須付錢給五位手足。[20]

烏姆布萊負責打造的全新玩具部門旗下有不同的子部門，包含他自己負責的「填充玩具和娃娃」，還有「木製玩具」以及「機械和電動機械玩具」。每個部門都有專屬工程師，他們主要的任務是監督高品質產品的製程，並且控管品質。大多數玩具產品都是為了出口，這是東德經濟的重要收入來源。

東德儼然成為歐洲重要玩具生產地，索納貝格國營企業就是東德最大的生產商，獲得「索尼」（Sonni）的暱稱，當時一位前任索納貝格國營企業的領袖曾經說：「索尼製造了歐洲最高品質的產品。」[21]大約八千名索納貝格當地人受僱於工廠，負責製造玩具，再由烏姆布萊在柏林指揮的部門測試和驗收，產品接著運送到三十二國，其中包含西德。在西德，許多新玩具都會引起風潮，例如可以共浴的玩具娃娃。事實證明，兒童的品味和喜好超越了冷戰的意識形態對立。東德的娃娃也在蘇聯風靡一時，常常出現超過兩萬件的追加訂單。玩具帶來可觀的收入，東德因此在一九六〇和七〇年代擴大生產，到了一九八〇年代，百分之八十七由東德生產的玩具都屬於外銷，而非在國內銷售。[22]

這個行為對於一個共產政權來說極為資本主義，卻是政府計畫的一環，好讓被孤立的東德經濟得以運作。烏布利希相當精明，他意識到「我們缺乏灰泥，因此得多動腦筋」，[23]他指的是東德的自然資源不足，因此必須依靠更複雜的加工產業和高技術工作，例如新科技和受歡迎的消費品。他相信全國經濟可以靠著高等教育成長三成，這點吸引了新一批的年輕精英，包括漢斯·莫德洛這類人。莫德洛當時僅三十歲左右，是社會主義統一黨後起之秀，他野心勃勃且一心向學，希望在現實社會中累積資歷和經驗，而非走上政治一途。烏布利希開始強調專業技能，並且要求年輕幹部為整體社會以身作則，莫德洛馬上投入其中，他想：「終於！這完全符合我的理想。」他開始撰寫一篇論文，內容關於工業產業中領袖性格的社會學理論發展。[24]

一九六三年第六屆全國黨代表大會更進一步列出讓東德經濟現代化、專業化和改善的政策。許多與會代表後來表示，當時的討論聚焦在「打造社會主義」而非共產主義，空氣中散發著樂觀的氛圍。這表示烏布利希願意在毫不留情的經濟改革上踩煞車，開始反省一九五〇年代犯下的錯。到了一九六三年，東德經濟達到了良好的階段，得以推出現代化政策。柏林圍牆建立後，蘇聯開始運送食物和補給品，利用物資福利安撫民心，大多數是成功的。然而烏布利希知道蘇聯往往很善變，因此政治局設立了幾個委員會和工作小組來制定政策，避免讓東德經濟永遠仰賴莫斯科。烏布利希接受了這些智庫提供給他的結論，到了一九六二年底，他承認「政治掛帥而犧牲經濟的理論」必須劃下句點，應改為「經濟優先」。[25]在一九六三年的黨代表大會上，政策出現髮夾彎，政府頒布了「新經濟體制」（New Economic System）。

新經濟體制做出了極大的改革，與計畫經濟的原則背道而馳，因此西德的《南德日報》（*Süddeutsche Zeitung*）甚至推測東德可能「要走回資本主義」的道路。[26]國營企業在發展和製造的過程中，獲得了更大程度的自由和肩負更大的責任，計畫經濟會採取更大的框架，有更多彈性空間，希望藉此讓擁有悠久研發傳統的高度專業公司可以自由發揮他們所長，發展世界頂級技術來提升東德獲利豐厚的出口產業。卡爾蔡司耶拿（Carl Zeiss Jena）就是一例，這家公司研發的鏡片和其他高精密光學至今依然傲視全球。他們曾經在一九六二年一月抱怨，中央經濟計畫的需求使公司無法「專注於開發蔡司自身測量設備所需的數據處理技術」。[27]中央董事會試圖干預卡爾蔡司這類高端技術公司根本就是無理取鬧，這些公司中自信滿滿的員工也顯然因此頻頻受挫。烏布利希似乎採納了諫言。在他的新經濟體制中，他請來了阿培爾（Erich Apel）這類的專家。阿培爾是火箭科學家，曾經在二戰期間於佩訥明德（Peenemünde）參與納粹軍事計畫，他在新經濟體制中成為全新計畫經濟委員會的主席，也理解全國各地高端技術同行的挫折感和需求。這個時期的政府經費用來資助具突破性且全新的科技，主要用於電子產業、製造專門儀器和探索太空。

這項經濟改革立竿見影。一九六四年，東德的國民生產毛額比新經濟制度剛推出時還來得高，在這項政策落實的期間也一路攀升。一九六一年到一九六七年間，東德經濟成長了百分之五，就連西德科隆歷史社會科學中心（West German Cologne Centre of Historical Social Science）都認為東德開始趕上西德。[28]雖然這個速度稱不上快，東德的生產量也只是西德的一半，但大部分人一致認為東德正在進步，逐漸成為具有可運作經濟制度的穩定國家。因此，東德社會應該跟隨經濟一起現代化的可能性和期盼也水漲船高。

現代式住宅

一九六四年七月十五日，下午兩點半，薩克森—安哈特邦，哈雷市。

社會主義統一黨區辦公室的第一總書記霍斯特．辛德曼滿身大汗，頂著夏日豔陽替新市鎮鋪下基石，這個新市鎮名為哈雷諾伊施塔特（Halle-Neustadt，意指「哈雷新城」），東德民眾戲稱為「哈諾」（Ha-Neu）。這是一項烏托邦式建築計畫，預示一種全新的概念，想像社會將如何共存與合作。辛德曼臉上掛著大大的笑容，頭上戴著一頂塑膠頭盔，他與工人握了手，並且確保維持這個姿勢一段時間，讓攝影師能夠為這一刻留下永久紀念，證明社會主義統一黨與人民團結一心。東德正在四處建造跟哈雷諾伊施塔特一樣的新市鎮，而合照中的這種形象很適切地成為新社會的象徵。

這項遠大的計畫是要提供現代式住宅給七萬名勞工，主要是鄰近施科保（Schkopau）和洛伊納（Leuna）化學工廠的工人。哈雷破舊的老城中心絕大部分都躲過了二戰空襲和戰火，但是戰後的經濟問題限制了發展，住宅品質嚴重下滑。多虧發明了預鑄的水泥塊，政府才能夠以廉價的方式興建住宅，這些住屋依然保暖、隔熱良好又寬敞，還有供電和熱水。外人眼裡看來不過是一排排單調的街區，但對東德民眾來說卻是夢寐以求的居住環境。哈諾市的其中一位建築師為彼得．莫格納（Peter Morgner），他日後回憶時說道：「沒錯，人人都想搬入這座城市，也因為這樣，這裡變得相當多元。在新城市裡，教授隔壁就住著計程車司機。但是，現在再也不是這樣了。」[29]直到柏林圍牆倒塌前，超過九萬人住進了哈雷諾伊施塔特，並使用當地的設施、育兒機構、公園和公共空間，這些地方都有噴泉、雕像和壁畫作為點綴。

當時也面臨著一些問題，如東德政府決定不要為哈諾市的街道命名，而是創造了複雜的街區數字命名法，這對當地人來說過於混亂，因此他們各自發明了不同的方法來記住自己所居住的地方，而且對許多人來說，政府的命名方式不只毫無特色，還讓人感到幽閉恐懼。建築師莫格納也對這種單調的設計有所抱怨：「如果你的街區是用數字來命名，就會開始感到自己並不是真的住在城市，像是住在養雞場或集中營裡。」[30]不過民眾自有變通的方式。民眾會在公共派對場所慶生，一起在戶外提供的曬衣繩上晾衣服，並且和鄰居一起烤肉。這是東德社會首度開始湧現一股良好生活品質的氛圍，人民終於獲得了正常的生活。

特拉比小轎車

一九六五年，布蘭登堡，菲爾斯滕瓦爾德，施普雷河。

三十七歲的英格．施密特倒吸了一口氣，當她看到丈夫開著一輛「絕美的特拉比灰藍小轎車」出現在家門口時。英格是一名記帳員，她馬上在腦中迅速計算了一下，初見車子的熱情便立刻轉為擔憂，她緊張地想到：「天啊，我們會不會付不起？」年輕的施密特一家剛搬到更寬敞且更現代的公寓，每月房租五十馬克，幾乎是原本公寓的兩倍。但英格其實毋須擔心，特拉比轎車是東德全新的二行程引擎車款，交車時間很長，甚至超過十年，因此車輛保值程度高，即使二手的車也很容易找到願意付原價的買家，有人甚至願意以比原價更高的價格收購。如果施密特一家真的出現財務困難，把新的特拉比賣掉是不成問題的。不過英格的丈夫非常樂觀，完全沒有打算要賣車。他的岳父岳母剛在幾年前過世，前後僅相隔數天，英格不得已售出家族在柏林經營了好幾個世代的雜貨店。這件事傷透了她的心，而獲得這輛特拉比小轎車正是他們一家目前所需的一點好運。英格回憶說：「我們去哪裡都開著這輛車，它真是美呆了。」他們一家人去了布拉格城市之旅、羅斯托克濱海之旅，以及離家較近的安格爾明德（Angermünde）的絕美湖區。他們立刻著手申請下一輛特拉比小轎車，因為他們深知只要賣掉第一輛就可以付得起購買新車。[31]

特拉比轎車如今已成為東德的標誌。至今德國東部許多愛車人士依然深愛這款車，不過對於西德人來說，這個單調過時的車款象徵著東德整體的落後。特拉比車款用的是小引擎，就算是日後推出的車型也只能提供二十三馬力，車子排出的廢氣和噪音自一九六三年以來幾乎維持原樣。一九八九年時，東德人駕駛著特拉比小轎車通過開放後的兩德邊界，而車子排出的廢氣和噪音立刻令西德人想起那個已逝的年代。但在東德人看來卻不是這麼一回事，他們的回憶也並不相同。即使交車時間極長，讓人等得挫折，車輛持有率卻是一路穩定攀升。在一九六五年，只有百分之八點二的東德家庭擁有汽車，英格就屬於這一小批幸運的人，但這個數字相較於五年前已經翻了超過一倍。到了一九八八年，超過半數的東德家庭都擁有一輛車，[32]這個數字只稍微落後西德，而且媲美英國。[33]許多人因此感受到自由，還同時獲得個人享樂以及成就感。對於勞工階級的家庭來說，擁有一輛車最初看似遙不可及。威瑪共和國從來未曾大量生產價格親民的汽車，希特勒雖然承諾會推出「人民汽車」（Volkswagen），而且命名兼具巧思，但他卻把這個政策拿來吊勞工的胃口，從來沒有真正實現過，因為資源都投入了戰爭當中。特拉比雖然要提前好幾年就提出申請，但對於一九六〇年代的大多數勞工來說，這根本不是什麼大問題，遲早有一天他們會擁有自己的車。他們拿到的車是氣冷式引擎和以簡單機械製造，車子因此耐用且容易維修。

對於一九六〇年代的許多東德家庭來說，一輛保養得宜的特拉比為他們帶來驕傲和樂趣，因為這輛車當時還可以媲美西德的福斯金龜車和Mini等小型車款。不過後來政府拒絕改良車款，只允許微幅調整引擎大小，或是稍微修改內裝。到了一九八〇年代，特拉比完全落後，成為馬力不足的舊時代車種，飽受西方嘲弄。

但是在一九六〇年代初期，特拉比可說是支撐了烏布利希的新經濟體制，使大眾對此一新制度欣然接受。一九六三年社會主義統一黨的第六屆全國黨代表大會上，曾經開發新款車種，即由薩克森靈工廠生產的「特拉班特六〇一」（Sachsenring Trabant 601）。車子在薩克森邦的茲維考（Zwickau）製造，仿照英國凱旋先驅車（Triumph Herald）設計，造型摩登，在當時來說相當時髦。這個車款提供較寬敞的膝部空間和容量更大的後車廂，而且一年後量產時就開始推出不同版本。車主可以選擇休旅車款、兩種色調的豪華車款，或是加裝霧燈和其他配備的特殊訂製款，展現了烏布利希新經濟制度試圖推動的進步精神。

但是現實中的經濟問題很快就影響了東德汽車的產能，有些問題還能夠解決，例如缺乏鋁或其他金屬來打造車身，可以改用來自蘇聯的熱固性塑膠（Duroplast），這是一種摻雜廢棄纖維的合成樹脂，製造過程中加入了紙和其他化學成分，壓製成耐用材料，事實證明可用性極高。這種材料不會生鏽且極輕，政府甚至將幾輛車丟下懸崖進行壓力測試，結果顯示這些車的安全程度媲美同時代的小型車款。但是這種熱固性塑膠的生產過程極為困難且耗時，等待材料硬化的時間比其他來的更久，拖慢了整個製程，降低生產力和產量，而這只是當時原料危機帶來的其中一個棘手問題。每一次全新推出的特拉比車款只能做出些微更新，因此十年內就成為讓人笑掉大牙的過時車種。

「特拉班特」這個名號起源自一九五〇年代的車款，這個詞來自斯拉夫語，意指「同伴」，就如同俄語的「史普尼克」（Sputnik）。一九五七年第一枚射入太空的人造衛星便以「史普尼克」命名，這個名詞與科技進步以及當時瘋狂的太空競賽劃上等號。一九六〇年代的特拉比代表著當時對於東德未來的樂觀氛圍，不只顯示國家經濟可能存活，同時也象徵未來能夠讓人民感到驕傲的成就。這在汽車產業特別明顯，因為這個產業能夠喚起德國的民族精神。東德跟波蘭、蘇聯或南斯拉夫等其他社會主義國家不同，從來沒有真的從義大利或其他地方引入技術（其他國家引入了義大利的飛雅特〔Fiat〕汽車）。汽車科技儼然成為拉攏東德人心的手段。

青年政策

一九六六年二月二十五日，東柏林，巴比倫戲院。

這一天，《阿爾豐斯．齊托巴克》（*Alfons Zitterbacke*）在柏林米特區極具代表性的巴比倫戲院（Kino Babylon）首映，在接下來的二十三年，將會有超過兩百五十萬名觀眾在東德戲院內欣賞這部闔家歡樂的熱門作品。電影主角阿爾豐斯．齊托巴克就是這部片成功的關鍵，阿爾豐斯是一名雙頰豐滿的十歲小男孩，他的母親暱稱他為阿豐（Alfi），他的姓氏齊托巴克意指「擺動的雙頰」，導致他在學校飽受同學欺凌。他也覺得自己被老師冤枉了。阿豐的父親對他抱有很高的期待，因此常常批評他的身材缺陷。電影中有一幕，父親捏著阿豐的手臂指責他毫無肌肉：「什麼都沒有，沒有勇氣，沒有力量——給我認真點，你才有辦法成為真正的齊托巴克！」只有阿豐的朋友米琪（Micki）永遠保持忠誠，雖然有些時候她也搞不清楚阿豐在搞什麼花樣。阿豐忿忿不平，急著想要證明自己，他決定成為蘇聯的太空人，[34]為此，他設下了一連串的滑稽挑戰，為探索太空進行準備。為了長肌肉，他每天吃下十二顆生雞蛋。他以為太空人只吃管狀食物，因此改變飲食習慣，只吃牙膏、芥末醬和鯷魚醬，接著跑到附近露天遊樂場的旋轉鞦韆上進行太空失重的模擬訓練。這一切都讓他極度不適。他在學校也惹上了麻煩，因為他在耳朵裡塞了棉花，試圖讓自己適應太空中全然的寂靜。米琪和阿豐最終決定搭便車前往莫斯科，想要前往太空人訓練中心，但是這個計畫也落空了，這對朋友必須想出新方案。

這部片之所以大受歡迎，是因為捕捉到了時代的精神。當時許多孩童和年輕人對於太空探索深感著迷。在一九六一年，蘇聯送了第一位太空人尤里．加加林（Yuri Gagarin）進入太空，一九六三年范倫蒂娜．泰勒斯可娃（Valentina Tereshkova）成為第一位進入太空的女性，當時她在三天的航程內繞了地球四十八圈。一九六三年，這兩位蘇聯太空人拜訪東德，獲得英雄式的歡迎。許多人是真心高興見到這兩位著名的太空人，[35]他們原本分別是鋼鐵工人和紡織工人，這似乎證明了任何人都可以圓夢，因此也讓人感到格外親近。眼前就有兩名工人階級出身的人，年僅二十多歲，成功地成為太空探險家和國際知名巨星。這個想法激勵了無數東德年輕人，他們開始想像自己有一天也能成為太空人。阿爾豐斯．齊托巴克就是這樣一位平凡的男孩，有著平凡的煩惱，卻能以輕鬆幽默的方式呈現出這些人的幻想。

東德政府急於利用年輕人的這股熱情，其中一個方式就是透過自由德國青年團旗下大批十四歲至二十五歲的青年。不過自由德國青年團成立初期的熱情已經逐漸退去。一九四〇年代末和一九五〇年代初，像蕾吉娜．法斯曼這樣的年輕人加入了自由德國青年團，通常是為了「打造我們被賦予的年輕民主政體」。[36]到了一九五二年，已經有超過三分之二的年輕人加入，但是一九五三年整體社會對政府的不滿，再加上六月十六日與十七日的民眾起義所引發的震撼，讓大批人退出，只剩下四成的年輕人參與其中。雖然往後幾年成員人數略有成長，卻從未回到一九五二年以前的高峰。[37]自由德國青年團給人保守僵化的印象，被視為烏布利希政權的一部分，由何內克這種道德保守甚至迂腐的人帶領。當時何內克在中央委員會中執掌青年事務，在他看來，西方對青年文化帶來「墮落」且「道德敗壞」的影響。流行舞步不被允許，特別是廣受喜愛的扭扭舞（Twist）。因此，自由德國青年團失去了吸引力，在一九六三年時，十四歲到二十五歲的青年中，只有不到一半的人加入。然而政府投入了一億馬克的鉅資來舉辦假日主題活動，[38]烏布利希對此相當不滿，而他深知必須跳過何內克，尋找其他改革方案和理念，因此他找上了庫特・圖爾巴（Kurt Turba）。

三十四歲的圖爾巴擔任自由德國青年團學生報紙《論壇報》（*Forum*）的主編，這份報紙理應是自由德國青年團宣傳政策的平台，但卻在圖爾巴手中成為相對獨立、現代且引人熱議的報紙，也因此導致圖爾巴陷入與自由德國青年團領導層之間的長期抗戰。烏布利希常常讀《論壇報》，他認為這是觀察年輕知識分子態度的好管道，畢竟何內克只顧著自己的政治生涯，不能只接受他的偏頗視角。一九六三年七月，何內克出發去度假，烏布利希找來圖爾巴，直接問他：「你在報紙中提到了一些問題，難道你不想在現實中解決他們嗎？」[39]圖爾巴列出了幾個原因，說明自己為何不是最佳人選，例如他並非來自工人階級背景（他的父親在銀行工作），而且他負責的是帶有反叛色彩的《論壇報》。烏布利希一笑置之，接著嘲諷地問：「不然你以為我一開始怎麼會決定找你呢？」[40]兩人於是坐了下來，圖爾巴解釋年輕知識分子為何對自由德國青年團以及整個東德的環境感到不滿，以及不滿的情緒到底有多高漲。在政府陳腐的道德觀和僵化環境下，這些年輕世代感到老是被說教，而且處處被掣肘。烏布利希聽得膽戰心驚。根據圖爾巴的說法，烏布利希在談話最後說道：「這個嘛，圖爾巴同志，如果你說的內容有一半是真的，那情況可真是糟透了！」[41]一切就這麼決定了，圖爾巴從記者轉為政治局青年委員會的負責人，並且立刻受命設法提高年輕世代的參與。

那年的整個夏天，圖爾巴都在協助政治局撰寫公報，目的是說服年輕知識分子，讓他們知道社會主義統一黨真心想要為年輕人做出調整。最終這篇公報於一九六三年九月二十一日發表於社會主義統一黨的黨報《新德意志報》，標題是「信任青年，為青年負責」，黨解釋自己的用意是「鼓勵大眾獨立思考，而不是被視為教條」。[42]內文繼續抱怨「年輕人往往沒有受到足夠的信任」，並且要求「從今以後，領袖與老師停止會引發青年反抗的官僚做法，也要停止嘮叨並一改固執態度」。[43]對於西方文化影響青年的老問題，這篇公報也做出了回應，展現出令人驚訝的寬容：「我們認為跳舞是合法表達愉快情緒的方式，也是人生的極大樂趣。有的人難以區分跳舞和政治聚會的差別……我們並非要去限制年輕人只能用華爾滋或探戈表達感受，他們可以自由選擇跟隨什麼樣的音樂來擺動身體，只要保持對音樂的良好品味就可以了！」[44]就這樣，扭扭舞回來了。

有些政要一心想讓民眾知道政府不是說說而已，因此還親自下了舞池。自由德國青年團中央委員會第一書記霍斯特．舒曼（Horst Schumann）在照相機前盡力扭腰擺臀，雖然他穿著西裝加上髮線後退的模樣看起來有點滑稽，但是他要傳達的訊息無比清晰，如果年輕人想要搖滾、披頭四和貝斯，就給他們。唯一的前提就是要符合外國音樂與東德音樂四比六的比例，而且要保留東德音樂。東德樂團於是在各地紛紛出現，開始模仿他們喜愛的美式樂風，例如曼夫瑞德．庫克（Manfred Krug）的〈扭扭舞夜曲〉（Twist in der Nacht）、蘇西．舒斯特（Susi Schuster）的〈約德爾—扭扭舞〉（Jodel-Twist），以及阿米格斯樂團（Die Amigos）的〈噢！蘇珊娜〉（Oho, Susann），這些都是一九六三年的暢銷金曲，讓東德青年站起來搖擺。有了這些搖滾樂，新青年文化也開始發展，主要是在城市，男孩留起了長髮，讓自己看起來更像他們的英美偶像，女孩剪短了自己的裙子。家長、教師以及自由德國青年團的領袖則無從干預，因為黨已經告訴他們不要說教，要讓年輕人隨心所欲。

一九六四年五月「德國大會」（Germany Convention）吸引了五十萬名青年參與，其中兩萬五千名來自西德。透過柏林廣播電台（Berliner Rundfunk），大會內容與背景音樂傳送到了整個國家，節目名稱為「ＤＴ六四」（DT 64為活動的德語名稱 Deutschlandtreffen 1964的簡稱）。活動中播放的搖滾音樂數量驚人，就連當時西德廣播電台也望塵莫及。[45]活動結束後，「ＤＴ六四」

成為常態廣播節目，每天下午播放熱門流行音樂，中間穿插一些閒話家常。節目推出後蔚為風潮，連西德的美國占領區廣播電台以及柏林自由電台（SFB）都不得不推出類似節目。[46]

社會主義統一黨非常滿意自己贏回年輕人的策略，政治局發表了一段自我恭賀的話，結語表示德國大會證明了「德意志民主共和國的年輕人與國家的關係良好……過去認為東德青年反抗國家，而且國家過於愛說教，如今德國大會推翻了這些觀點。」[47]

女性就業

一九六五年，薩克森，拜爾斯道夫（Beiersdorf）。

「你說她應該要幹嘛？為什麼？」卡琳．托比安卡（Karin Tobianke）的父親一臉難以置信地望著女兒的物理老師。三十六歲的卡琳父親在碼頭工作了一整天後趕到學校來，家中經營的農場還有一百萬件事情等著他去做。然而他決定應女兒老師的要求跑一趟學校，即使他搞不太清楚要談什麼。女兒一直以來在校成績都不錯，雖然不是班上前幾名，成績也還算優異，她最愛的歷史總是拿最高分。卡琳的老師耐著性子再度解釋，卡琳是能力傑出的女孩，他希望安排她進入眾人趨之若鶩的擴展中學（Erweiterte Oberschule），以獲得晉升大學的機會。

卡琳自己也始料未及。卡琳的母親在一九四五年時從布雷斯勞抵達德國，當時年輕的母親還是一名家境貧困的難民，放棄了家鄉的兒科護理師訓練，如今成為家庭主婦和農婦，照顧農場的動物和作物，她的丈夫則是受過訓練的木工師傅，白天在碼頭工作，回家後則幫忙農場的工作。卡琳的家中沒有任何人接受過更高的教育，更別提大學了，而她的父親對此感到痛心。他總是試圖在外人面前說標準德語，避免使用自己的方言母語，藉此隱藏自己的貧困背景。他最害怕的就是卡琳會失敗，他會因此顏面盡失！他要怎麼跟親友說？不過最後他還是讓步了。卡琳早就知道父親其實更有野心，看到女兒茁壯成長將使他倍感驕傲。「去吧，女兒，」他對她說，「但不要失敗害我們丟臉！」

這句話迴盪在卡琳腦中，她努力撐過第一年課程，感覺自己就像大池塘裡的一條小魚。但她勤奮用功，到了第二年，她證明自己的家長和老師沒有看錯人，不論是學業成績還是必修的實習她都得心應手。卡琳有三種實習選擇，第一是製作牛奶的農業工作，第二是關於火車技術的工程，第三是學習車廠的金屬工人技能。她選擇了第三種，而當她完成實習後，不論是職業還是學術之路，都為這位在農場長大的女孩提供了選擇，而她原本還只求能夠在當地的商店當個助手。最終，她決定到德勒斯登繼續升學，成為一位歷史和俄語老師。她獲得獎學金，原本為八十馬克，但後來因表現優異而獲得超過一百馬克。卡琳甚至在一九七二年時拜訪了她的大學在俄羅斯斯摩稜斯克（Smolensk）的姐妹機構，這次交換的文化參訪讓她留下永生難忘的回憶，例如參觀俄羅斯東正教教會活動，也拜訪了一般家庭，還有參觀莫斯科的列寧陵墓，這些都讓年輕的卡琳驚嘆不已。

卡琳在一九六〇年代中期出現的人生轉折是政府刻意干預的直接成果。出於務實和意識形態因素，東德打從一開始就很積極打造出性別平等，鼓勵女性參與社會各階層工作，與男性平起平坐的狀態。政府製造的形象和文化產物形塑了女性勞動的理想景象，但事實卻跟不上理想。工廠、實驗室和辦公室的女性常常出現在報章雜誌和電視節目中，但是到了一九六〇年，還是只有四分之一的大學生為女性，職業學校的比例只稍高出一些。[48]歷史學家瑪麗·富布盧克正確地指出，政府低估了在家庭和職場達到完全性別平等的阻礙，不能只靠法律明定男女薪資同酬或是提供育兒機會，這些阻礙「不只是實際生活中的問題，還有心理層面的困難，導致難以達到機會平等。」[49]社會主義統一黨大大受挫，因此在一九六一年展開調查，發現「儘管在十六歲到六十歲的女性中，有百分之六十八點四可參與就業的女性已投入職場，但在中上領導階層的女性人數卻遠遠不足。」[50]

社會主義統一黨以令人吃驚的誠實態度，在一九六一年十二月的《新德意志報》發布了一份公報，清楚闡明女人在職場和生活中依然面對的困境：

> 社會主義統一黨的中央委員會政治局認為，女孩與女人的傑出技能和成就目前並未受到充分利用，無法讓她們獲得發展和促進更廣泛的社會進步。主要的原因在於許多人依然低估

女性在社會主義社會所扮演的角色，特別是男性，包括在黨、國家、經濟和工會擔任領袖的男人……

已經擔任領袖的女性通常肩負難以承受的重擔，而她們身為母親或家庭主婦所做的付出卻未受到認可。她們通常被期待比同職位男性表現更優異，有些領袖雖然沒有直接表明，但他們認為女性必須透過非凡的成就來「證明自己」。這些領袖非但沒有幫助女人和女孩解決她們被賦予的高度期待，還提出論述試圖證明不可能在中高領導階層採用女性……甚至有人「主張」說女性對技術、組織和經濟問題的理解程度低於男性。

所有這些事件以及類似的情況，都違背了我們國家的精神，阻礙了婦女的發展，從而也拖累了整個社會的進步。51

社會主義統一黨鼓勵學校、大學、員工、俱樂部和社會——簡而言之就是「社會大眾」，皆要將這個問題視為第一要務。黨要求各單位直接與女性「坦誠地」討論她們所遇到的問題，究竟遇到了哪些阻礙，並且要在所有層級裡提出解決方法。一九六二年四月，部長會議批准了一項決議，下令要幫助女性在學徒課程和職場上獲得更好的經驗。這項決議命令「由群眾組織支持的國家機構進行討論，深入探討關於女性在社會和工作中角色的過時態度，並仔細將之解決。」52卡琳的老師也被鼓勵在學校中挖掘有才華的女學生，說服她們接受高等教育，或接受專業技能培訓。卡琳父親不情願的態度在當時也很常見。學校和職場已經愈來愈擅長去說服女孩和她們的家人，要讓這些女孩追尋更好的職涯，若非如此堅持，這些女孩原本並不會選擇這些道路。

東德歷史學家沃勒（Stefan Wolle）指出，有許多重大的限制阻礙了這個計畫。東德的整個歷史中，女性開始進入中低階的領導位置，但很少出現在國家、黨或是經濟的頂端精英職位當中。沒有任何大學和高等教育機構的女性教職員比例超過百分之十五，沒有任何女性擔任中央委員會政治局的正式成員。[53]然而是否真的能期待任何一九六〇年代的國家達到性別平等呢？到了一九八一年，百分之九十一的東德女性都進入職場，是全球之冠。到了一九八六年，百分之五十點三的大學生為女性。整體而言，女性在經濟和其他方面都獨立於她們的丈夫，這在當時其他社會都相當罕見，包括西德在內。高離婚率就證明了這點，而且更多人選擇同居而非結婚（這同時涉及宗教因素，跟整體社會愈來愈傾向無神論有關）。整體而言，東德女性相較西德女性而言，享有更高的專業和經濟自主，沃勒說得沒錯，「國家窮盡一切來支持女性」。[54]

悲劇和進步

柏林圍牆於一九六一年建立，這無疑是一場導致家庭破碎的人性災難，硬生生將一座城市一分為二，讓那些想通過圍牆的人獲得悲慘下場，甚至不幸喪命。儘管柏林持續有人大張旗鼓的抗議，但整個東德在一九六〇年代初期並沒有發生太激烈的反抗，這點令人驚訝。許多前東德民眾回想起這段回憶，都只記得當時的時局相當穩定。

這類矛盾其實很容易解開，只要將視野放大，不要只關注柏林圍牆，而是要同時看見整個冷戰背景以及東德內部情況。甘迺迪、赫魯雪夫、阿德諾和烏布利希都同時鬆了一口氣，因為柏林出現了一道防波堤，攔住了冷戰的危險浪潮。同樣地，開放國界所帶來的經濟問題和偏執都讓東德政府永遠坐立不安，如今終於隨著國界的關閉而告一段落。

意識形態的分裂如今已然鞏固，隨之而來的是一陣寧靜的氛圍。東德的打壓政策放緩，政府開始專注於提升經濟和社會。這個時期留在東德人民心中的永恆回憶，是關於大型建設計畫、全新的專業機會（特別是女性）、家庭獲得第一輛車、第一次度假，或是搬進第一個現代公寓等這些事情。

這一切都無法消弭柏林和德國中間那道分裂所帶來的國家和個人災難，但確實讓當時的景象變得更加複雜。一九六〇年代初期同時帶來了悲劇和進步，因為東德所擁有的遠遠不只是首都裡的那道牆。

第六章

另一個德國
（1965-1971）

The Other Germany

我們的工農之國，在世界上終究還是占有一席之地。

一九六五年，解凍告終

一九六四年十月七日，布蘭登堡，杜勒西。

蘇聯共產黨副主席布里茲涅夫（Leonid Brezhnev）無聊得發慌，而且相當惱火。此時正值東德建國十五週年，而身為蘇聯代表團最高長官的布里茲涅夫認為烏布利希並未給他應有的尊重。布里茲涅夫受邀前往烏布利希的招待所，這個地方確實是富麗堂皇。招待所就位在距離柏林北邊行車一小時的杜勒西（Döllnsee）岸邊，景色十分宜人。這棟建築物於一九三四年由赫爾曼．戈林建立，四周圍繞著數公頃的森林，原本作為打獵小屋使用，因此布里茲涅夫理所當然地期待是受招待去打獵，或者至少沿著湖邊走走。但以上都沒有發生，烏布利希反而從布里茲涅夫脫下外套那時起就開始對他長篇大論，一刻未歇。

布里茲涅夫身為共產黨副主席，如今可是繼赫魯雪夫之後最重要的人物，烏布利希很擔心自己所頒布的經濟和文化開放政策會受到對方批評。晚餐時間，烏布利希滔滔不絕，不斷強調新經濟制度的美好，以及他的國家在社會層面上進步了多少。最後，他的客人終於受夠了。晚餐過後，布里茲涅夫說自己身體不適必須躺一會，結束與烏布利希的談話。烏布利希大為光火，認為布里茲涅夫找藉口意圖迴避爭執。[1]

布里茲涅夫熱衷於打獵，但烏布利希並沒有這個嗜好，也不想出糗，因此他派出手下何內克陪同布里茲涅夫進入小屋周圍的森林。布里茲涅夫與何內克這對狩獵搭檔一拍即合，他們的友誼就在杜勒西周圍的森林裡誕生，日後維持了長達二十年。

何內克比烏布利希年輕將近二十歲，長久以來都對烏布利希死心塌地，但如今卻開始與烏布利希保持距離。烏布利希背著他擅自讓圖爾巴掌管鼓勵東德青年參與政治的事務，何內克因而心懷不滿，因為對他來說，自由德國青年團是他負責的工作，任何對這個組織的批評都等同於直接攻擊何內克。不過何內克的不滿不僅出自政治上受到欺騙，他和一九六三年成為教育部長的妻子瑪格特都擔心烏布利希的開放政策太超過了。某種程度上來說，這對夫妻的擔憂是出於政治因素。一九六三年圖爾巴撰寫的《公報》允許年輕人盡情跳舞，瑪格特當時在《公報》草擬階段曾提出自己的看法：「應該更為嚴格，禁止仿效所謂美式生活。這不只關乎跳舞……應該多加幾句話，說明舞蹈不再只歸舞蹈，而是與政治相關。」[2]有一群理念相同的保守派政要開始圍繞著勢力崛起的何內克夫婦，試圖阻止消費主義和西式生活透過音樂滲透。但他們以道德為由反對部分青年文化，這其實有點迂腐過時。何內克不斷聲稱西式文化「是極致的墮落」，甚至開始操弄犯罪數據，誇大英美流行偶像對於東德乖巧年輕人的負面影響。[3]明明何內克自己就愛喝罐裝西德達博（DAB）拉格啤酒，[4]而且眾所皆知他自己也曾經年少輕狂。根據前同事沃夫岡・塞佛特（Wolfgang Seifert）的說法，何內克「近女色且喜歡偶爾喝一兩杯」，這麼看來，何內克或許並不適合對年輕人的髮型說教，但何內克自己並未對這點感到矛盾。[5]

社會主義統一黨也盡力掩蓋何內克夫婦相識的經過，以維護他們兩人的道德形象。一九四七年，何內克的第一任妻子夏洛特悲慘逝世，接著一九四九年十二月，何內克娶了自由德國青年團的領袖成員伊迪絲．包曼（Edith Baumann），並且於一九五〇年生下女兒艾莉卡（Erika）。婚禮短短幾天後，何內克飛到莫斯科參加史達林七十歲祝壽會，他在當時與瑪格特．費斯特展開一段熱烈的婚外情，瑪格特是東德人民議會最年輕的議員，幾個月前才代表議會恭賀皮克勝選總統。瑪格特比何內克的妻子年輕將近二十歲，眾人眼中的她聰明又有魅力。伊迪絲發現了這段戀情，她試圖要皮克和烏布利希介入，但徒勞無功。她的丈夫持續發展婚外情，兩年後，一九五二年十二月一日，兩人依然維持婚姻關係，此時瑪格特卻替情人生了一個女兒，名為松雅（Sonja）。

政治局對此十分不滿，他們自己人就搞婚外情，要怎麼呼籲民眾過「乾淨」且「正派」的生活？烏布利希的辦公室介入，把瑪格特送往莫斯科。年輕的瑪格特被迫與年幼的女兒以及自己的情人分隔兩地，一九九〇年時何內克回想起來，依然有所不滿，他說：「我未能阻止當時的陰謀，瑪格特就在新生兒剛出生時最甜蜜的相處時光中，被中央委員會的祕書處下令送往莫斯科的青年學院（Youth Academy）。」[6]何內克必須繼續發展自己的政治生涯，因此被迫暫時讓住在西德薩爾蘭的父母搬到柏林，接手照顧他的小女兒。一九五五年，伊迪絲終於同意離婚，何內克得以與瑪格特結婚。

何內克自知人生受到政治和他人道德指揮的感受，但他依然在一九六四年開始策劃一場政治運動，對抗他在東德年輕人身上看到的道德敗壞。蘇聯的赫魯雪夫在當年十月十四日遭到投票驅逐，而他的繼位者布里茲涅夫不到一週前才結束了杜勒西的假期，已經開始跟何內克培養感情。新上任的布里茲涅夫立刻宣布赫魯雪夫推動的去史達林化工作已經完成，此時位於東德的何內克馬上感受到他的國家也該經歷重大改變了。一九六五年初秋，萊比錫的演唱會和跳舞活動現場爆發鬥毆衝突，讓何內克獲得大好機會，他透過自由德國青年團譴責愛好次文化的族群「懶惰」又「披頭散髮」，還「很邋遢」。他支持自由德國青年團的計畫，鼓勵學生只要認為同儕頭髮過長就動手去剪他們的長髮，並且宣揚勤奮工作的好處，以幫助年輕人回歸「正常」生活。[7] 一九六五年十月十一日，烏布利希度假時，何內克召開中央委員會祕書處的一場特別會議，成功推翻了過去兩年開放給青年的多項自由，甚至收回了播放特定音樂類型的執照。[8]

「搖滾音樂禁令」一下，在萊比錫地區活躍的四十九組樂團只剩五組獲准繼續演出。年輕人憤慨不已，一九六五年十月三十日至三十一日的那晚，大約一千人聚集於市中心的威廉魯施納廣場（Wilhelm-Leuschner-Platz），抗議政府的限制。作家埃里希．略斯特當時三十九歲，他記得當晚的景象：

> 現場沒有布條、口號或領袖；小伙子們就四處遊蕩了一會，我相信他們過一陣子就會默默回家……一分鐘後，現場出現令人意想不到的景象。國家武力駛入魯施納廣場，領頭的是

載著警察的吉普車，後方跟著兩輛載滿警力的卡車，中間則是整個隊伍的核心，這是一輛像大象一樣的車輛，駕駛艙配有小型觀察孔，就像戰車一樣；車頂有一處圓頂，連接著一根下垂的管子──一門水砲。[9]

當局以暴力回應，警犬、警棍和略斯特提到的水砲將聚眾趕進萊比錫的巷弄中，過程中一共逮捕了兩百六十四人，其中一百零七人遭判刑，被送到雷吉斯─布賴廷根（Regis-Breitingen）的褐煤礦場，獲判「在監督下長達數週的工作，作為必要的矯正手段」。政府的這場行動並非出於恐懼，而是試圖誇大搖滾樂團帶來的威脅。東德當局派出自由德國青年團以及社會主義統一黨的成員，讓聚眾人數看起來更多，對社會造成更大威脅。根據一些歷史學家統計，現場真正的示威人士大約只有五百人。[10]

但是何內克的計謀發揮了作用，烏布利希如今遭到孤立，這些道德墮落現象被認為是由他的開放政策所帶來的，他也要被迫處理。萊比錫搖滾示威行動的兩天後，他發布了一則備忘錄，宣稱「自由德國青年團的中央委員會舉辦搖滾樂團比賽是錯誤政策，讓人誤以為這些音樂跟西德流行樂和搖滾樂不同，不會危及我們的社會風氣。」[11]他甚至在後來的演說中簡短地批評了披頭四：「我們真的有必要抄襲西方的那些垃圾嗎？同志們，在我看來，單調地重複『耶、耶、耶』什麼的，是的，我們真的應該要下令阻止。」何內克對此表達認同。一九六五年十二月，在第十一屆中全會上，他宣布「我們東德是潔淨的國家，有不可動搖的道德倫理，能夠維持正派和禮儀。」[12]他接著列出一份遭下禁令的廣播節目清單，例如熱門的「DT六四」，另外還包括《兔子即我》（*Das Kaninchen bin ich*）這部電影，因為電影中帶有性意味和政治議題。這部電影改編自曼菲德．比勒（Manfred Bieler）的著作，由國營的德國電影股份公司製作，主角是十九歲的瑪麗亞．莫澤克（Maria Morzeck），她的哥哥迪特（Dieter）在柏林圍牆建立不久後就因為叛亂罪而入獄，瑪麗亞傷心欲絕，在營救哥哥的過程中，與年紀相近且已婚的保羅．戴斯特（Paul Deister）墜入愛河，隨後卻發現對方正是將哥哥判刑的法官。瑪麗亞很快發現保羅是為了他自己的仕途發展而判哥哥重刑，因此瑪麗亞與保羅斷絕關係。雖然如此，哥哥迪特出獄後發現了這段戀情，將瑪麗亞痛打了一番。瑪麗亞發現必須自立自強，成功二度申請進入一所大學，早先她因身為犯人的妹妹而被判定「政治背景不可靠」，故未能成功錄取。這部電影跟其他眾多藝文作品一樣，在東德存在的整個期間都遭到查禁，因此有時東德人會將禁片暱稱為「兔子電影」。

第十一屆中全會同時也推翻了許多東德的經濟開放政策，以靠向蘇聯布里茲涅夫的保守路線。莫斯科當局現在要求再度抑制其他盟邦的經濟，以符合蘇聯利益。在計畫中，並未包含私人企業以及人民參與本國經濟；過去烏布利希不斷向赫魯雪夫請求增加原油和鋼鐵供應，如今布里茲涅夫更是充耳不聞。一九六六年到一九七〇年，東德新經濟制度背後的主腦埃里希．阿培爾被交付任務，要與蘇聯攜手打造全新支援計畫。一九六五年十二月三日，阿培爾依然反對與莫斯科合作，在他看來，這是錯誤路線，將會危害東德利益。但是柏林的親俄人士，包括烏布利希在內，一致推翻了阿培爾的意見並命令他簽名。威利．史托夫一大早打電話到部裡給他，卻無人接聽。一位祕書在將近早上十點時打開了阿培爾辦公室的門，發現這位前火箭科學家癱在扶手椅中，配槍的子彈落在腳邊，現場血跡斑斑。到底阿培爾是自殺還是慘遭殺害，至今莫衷一是。帶領經濟改革的阿培爾已經逝世，君特．米塔格（Günter Mittag）迅速取而代之，他堅守計畫經濟路線，將持續執掌東德經濟政策直到一九八九年。

一九六五年到一九六八年間，東德廢除了多項開放改革政策，雖然烏布利希並非主導人，但他樂於跟隨莫斯科的腳步，這個新路線也在他過去得意門生何內克的陣營操作下鞏固。何內克過去是烏布利希的忠誠盟友，甚至在一九五三年的危機時刻也站在烏布利希這邊，如今他卻開始打造自己的權力基礎，與位高權重的布里茲涅夫建立穩健的情誼。到了一九六八年，烏布利希屈服於何內克陣營。東德當局急於遵從蘇聯的意志，積極支持莫斯科鎮壓布拉格之春的行動，[13]這是由斯洛伐克政治人物杜布切克（Alexander Dubček）在捷克所發起的改革運動。一九六八年八月二十日深夜，華沙公約組織的五十萬名士兵入侵捷克，鎮壓任何東歐國家的反抗行動，此時東德國家人民軍作為支援部隊，雖然未曾部署至前線，也沒有跨越邊界進入捷克，但東德士兵確實協助提供物資，並且直接由蘇聯指揮，因此國家人民軍之所以沒有投入戰役，是蘇聯的決定，而非東德政府。

曾經企盼一九六〇年代初期的改革得以延續且擴展到其他領域的人，如今大失所望。一九六八年十一月，布里茲涅夫在一場演說當中重申「布里茲涅夫主義」（Brezhnev Doctrine），清楚闡明「對社會主義不懷好意的勢力，正試圖讓部分社會主義國家轉向資本主義，這不只關乎受影響的國家，而是全體社會主義國家所共同面臨的問題。」改革不會發生，不會在東歐，也不會在東德。

梅爾克的史塔西帝國

一九六二年，柏林里希坦伯格區（Berlin-Lichtenberg）。

埃里希・梅爾克自一九五七年起擔任國家安全部長，一九六二年他搬進了專門打造的史塔西總部，地點位於魯舍街（Ruschestraße）。史塔西總部名為一號樓（Haus 1），樓高七層，以此建築為中心，未來此區會擴張成為範圍達兩平方公里的大規模建築群，西鄰魯舍街，北鄰古林德街（Gotlindestraße），東鄰瑪德蓮街（Magdalenenstraße），南鄰繁忙的法蘭克福大道（Frankfurter Allee），中間的老舊住宅區、一間教堂及一處派出所遭弭平，全新的建築在原地拔地而起。最常與史塔西總部相提並論的是惡名昭彰的諾曼街（Normannenstraße），貫穿建築群往北延伸。一九七九年時，因為整個區域進入戒備狀態，諾曼街甚至必須封街。

總部一號樓的二樓稱為「部長樓層」（Minister Level），整層皆為部長辦公室，其中包括梅爾克個人辦公室、多間會議室、祕書使用的前廳，以及附有浴室和廚房的私人居住空間。這棟建築一點都不宏偉，一如東德四處可見的大規模組合式住宅，同樣走實用路線，採用的是單調灰暗而非雄偉氣派的風格。屋內以木板裝潢，擺設簡單的座椅和檔案櫃，看起來就和一般的辦公大樓相去無幾，沒有太多個人風格，僅有的少數裝飾則皆為了讚頌梅爾克的偶像捷爾任斯基。捷爾任斯基為波蘭貴族，創立了蘇聯的契卡。進門後的大廳矗立著捷爾任斯基的雕像，梅爾克辦公室外的走廊上則掛著捷爾任斯基的肖像。一九六七年起，史塔西的警衛團便以捷爾任斯基命名。梅爾克深受捷爾任斯基成立蘇聯祕密警察部隊的精神感召，常常引用他的話：「契卡成員必須冷靜沉著，胸懷熱忱，並且保持雙手乾淨。」

一九六二年，梅爾克將整個史塔西領導團隊搬入總部一號樓，其中包括他自己的人馬，例如自一九五一年起就和他共事的漢斯．卡爾森（Hans Carlsohn）。卡爾森從一九七一年起接手執掌史塔西祕書處。一九六二年時，卡爾森就跟著上司搬入嶄新的史塔西辦公室，他當時年僅三十二歲，卻已經證明自己能夠解決「棘手的問題，這需要對黨懷有堅定意志且精力充沛……還需要謹慎小心以及具備交際手腕。」一九五九年的一份報告表明了這點。[14]他早在一九四六年社會主義統一黨成立時就加入，從駐營人民警察起步，擔任主管一職後便開啟仕途，被黨安插來控制警力。也就是在這個時期，他受到梅爾克關注，梅爾克立刻在這名年輕人身上看到鋼鐵般堅定的意識形態，並且希望將這股精神注入所有部下心中。卡爾森在一九五一年調到國家安全部，年僅三十三歲，自此成為梅爾克強而有力的助手，想要聯繫梅爾克的人都必須透過卡爾森，他也負責過濾文件，並且決定各項工作的輕重緩急。梅爾克和卡爾森友誼深厚，卡爾森私底下常常拜訪梅爾克位於沃萊茲（Wolletz）的狩獵小屋，就位在柏林東北方的烏克馬克（Uckermark）湖區。一直到梅爾克於二〇〇〇年逝世為止，卡爾森都對梅爾克一片赤誠。梅爾克另外還有一名私人祕書烏蘇拉．德拉斯多（Ursula Drasdo），她的先生黑爾貝特（Herbert）則擔任梅爾克的司機和保鑣，梅爾克也期待他們兩人付出跟卡爾森同樣的忠誠，而他們確實做到了，另外還有四名祕書在梅爾克的辦公室裡輪值工作。

一九六二年出現了這處巨大的全新建築群，讓人感覺史塔西彷彿帝國般在擴張，但其實梅爾克所掌管的國家安全部正面臨最脆弱的時刻。一九六〇年總部的興建工程動工，當時位於柏林的邊界尚未封鎖，因此史塔西得以主張柏林已成為不受控制且無法控制的城市，庇護了有心人士、間諜和境外勢力，藉此合理化史塔西擴張辦公區域、工作人員以及職權範圍的行為。將近十年的時間，柏林以外的兩德邊界都已封鎖，但柏林卻門戶洞開任人進出，政治人物因此如坐針氈。梅爾克趁機把握一九五〇年代末期的偏執所造成的起伏，特別是一九五六年匈牙利起義後的時機，鞏固史塔西作為「黨的劍與盾」的形象。國家安全部撒下天羅地網，負責偵測惡意行動的眼線無所不在，政治局對此感到安心，其他人卻相當驚恐。梅爾克控制的不僅僅是一般大眾，也同時箝制了政要。

一九六〇年，社會主義統一黨的眾領袖舉家搬入戒備森嚴的萬德利茨森林官邸，梅爾克一家也不例外。他們住在西北角最邊緣的第十四號，隔壁住的就是何內克的前妻伊迪絲，她同時也擔任政治局的無投票權候補委員。梅爾克與政要比鄰而居，與他同住的家人包括妻子蓋兒圖（Gertrud）、十二歲的兒子法蘭克（Frank），以及在一九五五年收養的十四歲養女英格・海勒（Inge Haller）。日後，他的兩個孩子及其配偶也都將進入梅爾克的國家安全部工作。梅爾克並不只是森林官邸的居民，他主導了整個區域。所有警衛都是史塔西的人，出身費利克斯・捷爾任斯基警衛團。森林官邸的每一位職員，從屠夫到髮型師，都由國家安全部聘僱，必須通過背景調查以及意識形態審核。居民的任何特殊需求都會由梅爾克的團隊處理，包括何內克的訂製西裝，或是特殊狩獵器具以及孕婦裝。梅爾克已經掌控了住在森林官邸的政治局委員及候補委員的一切日常，他對他們瞭若指掌，從過去的婚姻到偏愛的異國水果，無一例外。

梅爾克上任後，國家安全部就以駭人的速度成長，梅爾克在位的前三年，職員增加了三千五百二十一人；到一九六一年，規模將近兩萬人，這還不包含警衛團的四千三百九十五人。[15] 梅爾克在一九五七年提出了「政治思想滲透」（politico-ideological diversion）的概念，作為龐大人事支出的合理解釋，同時他本人也對此深信不疑。根據這個概念，敵人不再只是試圖透過恐怖攻擊、煽動示威或是間諜行動等直接推翻東德政府，同時也試圖在意識形態上腐化民心。在西方音樂、舞蹈、消費品以及政治的影響下，民眾都軟化了，甚至一些重要政治人物也是，他們容易接收到敗壞的思想，進而破壞東德努力建立的社會以及整體制度。

「政治思想滲透」不但籠統，同時也深具誘惑。任何事情而且所有事情都可以被解釋為對政治或意識形態造成負面影響，不論是烏布利希開放東德文化及娛樂的政策，或是建議走上「第三路線」的經濟改革政策。一九五三年的起義、去史達林化、匈牙利起義，以及持續流往西德的人才出走等都帶來了一股無形的怨氣，而梅爾克提出的概念讓這股怨氣獲得了名稱以及形體。一九五〇年代末的政治局出現存在危機，梅爾克將自己形塑為鬥士，肩負保衛黨及國家的責任。「政治思想滲透」概念一提出，威脅不再來自公園長凳上的間諜或是工廠中的有心人士，梅爾克獲得全新藉口，可以四處搜尋顛覆政權的跡象，例如你在西德有親人、你的音樂品味、你對任何議題的觀點，或是談話及生活方式中所透露出的蛛絲馬跡。換言之，史塔西藉此成為具侵略性的上層結構，也導致史塔西的惡名日後傳遍全世界。

國家安全部已經開始將勢力擴及所有政府部門，因此對於許多黨內高層來說，柏林圍牆一建立就帶來了抑制國家安全部的大好機會。一九六一年八月十三日圍牆建立，許多人以為梅爾克會讓步，因為外國人流入的管道已經封鎖起來，但梅爾克反其道而行，掀起一波逮捕潮。光是邊界封鎖後的三週，人民警察與史塔西的報告上就出現六千零四十一人，其中有一半遭到預防性羈押。一九六一年底，一萬八千人因「危害國家安全」而入罪。[16]問題來了，倘若梅爾克本來就是將史塔西規劃為單純的國安機構，此時就應當裁撤。一九六一年十二月，他被告知大逮捕潮的行動是不能接受的，因為這無助於烏布利希此時透過經濟和社會改革所試圖推動的「社會主義民族共同體」。前一個月剛舉辦的第二十二屆蘇聯共產黨代表大會也促進改革，鼓吹要更遵守法治並且放緩迫害異見分子的手段。一年後，一九六二年十二月，社會主義統一黨中央委員會發布另一份文件，要求史塔西停止「異常」手段，因為東德的新制度不再需要這些方式。深受烏布利希信任的赫爾曼・馬特恩清楚向梅爾克表明，應該停止監控大眾，也不要再干涉其他國家部門的事務。馬特恩試圖箝制梅爾克的權力，他解釋道：

> 我們必須改變部分同志的想法和意識形態。他們認為史塔西各分部，跟其他國家單位比起來地位更為特殊……這是不對的。史塔西由中央管轄，是國家單位的一部分，從黨和政府接收到明確且有限制的工作內容。[17]

換句話說，梅爾克的部門一點都不特別，如果他或是他的手下還繼續執迷不悟，他們就必須改變自己的觀點。

表面上看起來梅爾克接受了現實，承認自己的職權在柏林圍牆建立後受到限制。他跟地方職員說，史塔西必須精簡組織並減少支出，因為「共和國已經穩定下來」，因此他們應該各自開始

「重新思考他們的架構和工作方式」。[18] 他自己開始精簡管理階層，將消防等業務轉移到其他國家單位，並且減少監視行動，只關注特定公司和組織，而不再試圖控制地方層級。烏布利希為了提升民眾生活品質，大刀闊斧砍了許多部門的經費，但梅爾克的國家安全部卻只是面臨經費凍漲，經費並未下降。例如一九六二年到一九六四年間，內政部的預算少了三分之一。同一時間，國家安全部的經費成長了百分之零點七，還因此可以擴編三十五名新職員。梅爾克的國家安全部過去幾年快速擴張，相比之下這個時期確實受到衝擊，但等待財務好轉之際，梅爾克並未坐以待斃。

一九六二年開始，史塔西接管了東德所有的邊境護照管制點，包含兩德邊界、柏林圍牆，以及東邊與捷克和波蘭的接壤處。這看起來微不足道，卻表示梅爾克可以監控所有進出境的資訊，包括移入和移出的移民、觀光、進出口和拜訪親友等活動。他也控制了國家人民軍的一個特殊單位，名為第十五處（Verwaltung 15），後來改名部長專案小組「S」工作組（Arbeitsgruppe des Ministers S，簡稱AGM／S），這支精英部隊事實上是訓練來部署西德的恐怖組織。跟武裝警衛團一樣，部長專案小組「S」工作組也深受梅爾克喜愛，他的兒子法蘭克以及女婿諾貝特・納普（Norbert Knappe）日後皆服役於這些單位。警衛團也持續鎮守每個公部門建築和活動，包含預防一九六一年八月十三日那晚的騷動，以及守衛地堡、政府部門，當然也包括政治局成員及其家人居住的森林官邸。東德國家組織持續擴張，史塔西的武裝部門也隨之壯大。一九五五年，費利克斯・捷爾任斯基警衛團總計只有一千四百七十五人；十年後，人數成長為五千一百二十一人，到了一九八〇年代，總計有一萬兵力。

到了布里茲涅夫時期，政壇上一陣冷風襲來，原本東德政府和東德民眾之間逐漸解凍的關係再度惡化，梅爾克此時獲得大好機會，可以向烏布利希要求增加國家安全部的經費。一九六二年，只有一成的預算分配給國安，他卻成功封鎖邊界，守衛公家建築及活動，武裝兵力以及祕密部署的單位；他坐鎮新建立的柏林總部主導著這一切，讓麾下的部門維持高效率和專業形象。何內克發起抵制西方影響的運動，宣稱西方文化導致社會敗壞，這點看起來再度證實梅爾克所提出的「政治思想滲透」。史塔西過去守株待兔，並鞏固自己的職權範圍，如今一切水到渠成，終於獲得了回報。一九六〇年到一九六五年間，史塔西只增加了六千名成員，從原本的兩萬三千人增長為兩萬九千人（包含武裝部隊在內）。到了一九七〇年，史塔西擁有四萬三千名職員。一九六〇年時，史塔西的經費為四億馬克，一九六五年因為柏林圍牆建立而經費凍漲，只成長為五億馬克；但到了一九七〇年，史塔西的經費飆漲至十三億馬克，十年來翻了超過三倍。[19]

雖然史塔西快速擴張，梅爾克依然將權力緊緊握在手中，所有事情都遵守著「按需知密」原則（need-to-know basis），一九六七年時他說：「國家安全部是軍事謀劃單位，不可能讓內部的人知道所有事情。」[20]史塔西建立初期，梅爾克就已經透露這個治理特點，他親自審核每一位職員，從他臥室前的守衛到每一位祕書，無一例外。他也喜歡介入訊問，以及使用心理手段讓囚犯軟化和崩潰，最後說出任何史塔西希望他們說的話。在審問方面，梅爾克從來沒有忘記他從他崇拜的契卡組織所學到的威脅手段，包括剝奪睡眠、關禁閉和欺騙，這些在東德存在期間都層出不窮。

梅爾克甚至控管了辦公室的日常瑣事，他祕書的桌上被發現有一套紀錄卡片，裡面的筆記內容反映出梅爾克對於秩序和整潔要求有多神經質。上面提醒要「將靠近部長的兩扇前窗拉上窗簾」，但是要將「面對衣帽間的門」保持開啟。其中一張辦公桌上必須備有「鋼筆／填滿墨水」、「一張鋼筆專用紙」以及「一個棕色資料夾」。筆記內容還包括削鉛筆、擺正桌上的文具和用具，將「廢紙簍放在書桌和電話之間的角落」。[21]梅爾克特別注明他的早餐形式，「兩顆蛋，水煮四分半，水煮前要先戳洞。」他的祕書還備有一張圖，上頭標記早餐時各項事物的擺放位置，例如牛奶、鹽巴、麵包、刀具、盤子、白色餐巾紙等。

梅爾克生活的各層面都相當迂腐，幾近了無生氣。他會確保在路上看到的垃圾有被撿起來，以及公共場所裡的時鐘有確實校準。他厭惡別人遲到，或是沒有做好份內工作，因此常常會突襲檢查他人的工作情況。

這種高強度的工作以及試圖掌控一切的欲望終於拖垮了梅爾克的健康。一九六八年一月三日，梅爾克剛與大批賓客慶祝自己六十歲的生日，不久後就倒下了。他被送到森霍斯特街（Scharnhorststraße）的國營醫院，醫療團隊診斷為中風。他住院長達三週，接著又到沃爾尼茨（Wollnitz）狩獵小屋休息四週。他的主治醫師海兒嘉・穆克—維特布羅特（Helga Mucke-

Wittbrodt）建議他前往莫斯科的診所，並且在回來後減少工作量。她也建議梅爾克多運動、呼吸新鮮空氣、確保睡眠充足並且以更放鬆的方式過生活。我們無法確定梅爾克是否遵從醫囑，但他似乎減少飲酒並戒了菸，但他無法克制控制和指正的衝動。馬科斯・沃爾夫（Markus Wolf）在一九五二年到一九八六年間於史塔西執掌外國情報業務，有著「隱面人」的稱號，他日後曾回憶：「真的很難拉住埃里希・梅爾克幾分鐘，好好冷靜地討論嚴肅話題。要跟他談十到十五分鐘？不可能……這種急驚風的性格，他完全沒有注意到自己過勞了。」22

一九六九年，梅爾克將自己的掌控地位明文納入《德意志民主共和國國家安全部組織法》，他在第八節第一款中明確指出單一領袖的原則，這直接牴觸了社會主義秉持的集體領導原則，卻沒有人提出異議，梅爾克更是滿不在乎。這份組織法也是國家安全部線人（IM）首次被提及，這些人被定義為「勞動人口」和「誠實的愛國者」，他們的任務是協助史塔西「維持國家及社會安全，並且盡可能減少和預防有心人士的破壞，以及阻撓進步的因素」。這份組織法一直到一九八九年才廢除，梅爾克成功利用一九六〇年代為自己立下權力基礎，讓自己的權力無邊無際。封鎖柏林邊界後，烏布利希以及眾多政治局成員要求縮編國家安全部，並且要梅爾克向其他部長負責，聽從他們所給予的「明確工作指示」，但梅爾克卻被允許繼續擴展自己的勢力。到一九六〇年代末，他已經掌控了一整個得以動員公民互相監控的國安帝國，還可以決定進出邊界的人員和物品，並且守衛建築、活動與住宅，甚至連住在森林官邸的部長，水果籃裡是否會出現香蕉都要由他裁定。梅爾克讓自己成為東德內部運作中不可或缺的一部分，他意圖控制一切的神經質也成為史塔西的特色。

向前邁進

一九六九年十月，東柏林，亞歷山大廣場。

二十九歲的埃里希·庫菲跟著自由德國青年團的代表團，站在柏林米特區的大廣場上。庫菲在菲利茲·黑克特號工作滿七年後，於一九六八年離船，到羅斯托克的國營船務公司擔任青年祕書一職。任職期間，他受邀參與亞歷山大廣場改造活動。廣場無比寬闊，因為這裡已經規劃為禁行汽車的徒步區，不再有汽車或公車阻擋視線，因此感覺更為開闊。廣場面積達八萬平方公尺，是二戰前原本面積的四倍，因為這裡在戰爭期間受到嚴重破壞，因此提供了一個契機，讓政府可以執行社會主義都市計畫，這座廣場遂成為一塊白板，用來打造全新首都的心臟地帶。

一九四五年時，廣場原址為喧鬧的黑市，就位在聖喬治新教教堂（Protestant Georgenkirche）與教師工會大樓之間，烏布利希的願景是將此地改造為社會主義廣場，讓民眾得以舉辦集會和活動，或是單純享用這個空間。政府雷厲風行地清除戰爭留下的廢石堆，甚至連原本僅存的三十四幢房屋都拆除，超過五百戶人家被迫遷，而且根據一九六六年的一份調查指出，原本這裡的車流量為每小時三千六百輛汽車、一百三十六輛電車，以及六十輛巴士，政府也讓這些車輛全數改道，留下一片長方形的水泥廣場，帶來無限想像。卡爾・馬克思大道靈感來自莫斯科的寬敞街道，亞歷山大廣場也同樣在形式和功能上仿效蘇聯首都的紅色廣場。一九六四年，政府舉辦了一次競圖，以「重新設計亞歷山大廣場」為題，集思廣益，最後獲勝的提案則於一九六六年三月動工。一九六九年，廣場西北緣出現了中心百貨（Centrum Warehouse），即現今的考夫霍夫百貨公司（Galeria Kaufhof），比鄰著一百二十公尺高的柏林國際酒店（Interhotel Stadt Berlin），這棟建築當時是柏林第二高的建築，至今依然還是。廣場北端矗立著一排高樓，分別為柏林出版社之家（Haus des Berliner Verlages）、電氣工業之家（Haus der Elektroindustrie）與統計大樓（Haus der Statistik），散發現代氣息，同時帶著平淡的功能主義風格。為了讓廣場更宜人，吸引行人駐足，政府邀請藝術家為廣場增添裝飾。烏布利希鍾愛的藝術家瓦爾特・沃瑪卡（Walter Womacka）在此創作了宏偉的民族友誼噴泉（Brunnen der Völkerfreundschaft）。一九七〇年十月，東德建國二十週年之際，噴泉正式啟用，六公尺高的泉水湧出，沿著銅、玻璃和陶瓷的結構流動。沃瑪卡也創作了一幅宏偉的馬賽克作品，由八十萬顆石頭打造而成，像一條寬腰帶般環繞新落成的教師之家，這件馬賽克作品名為《我們的生活》（*Unser Leben*），描繪出東德社會的理想樣貌。這座廣場最著名的景點則是「世界鐘」，上頭一次顯示全球一百四十八座城市的時間。

庫菲所屬的自由德國青年團的代表團，此次前來柏林是為了欣賞亞歷山大廣場旁的東柏林新地標柏林電視塔（Fernsehturm）。塔高三百六十五公尺，是一座令人嘆為觀止的致敬現代科技之作。這座塔至今仍為德國最高聳的建築，享有「社會主義建築傑作」的美名。作品承載了烏布利希急於展現的進步精神。電視塔具實用功能，除了發射電視與廣播訊號，本身塔樓的觀景台和旋轉餐廳也極具風格和奢華氛圍。建築裡頭的咖啡廳離地兩百零七公尺，訪客在此享用飲品的同時，隨著平台緩緩旋轉，可以欣賞柏林三百六十度的全景，旋轉一圈耗時一個小時。天氣晴朗的日子，能見度為四十二公里。庫菲一踏進電梯，立刻「直衝上天」，四十秒就抵達觀景台，令他大開眼界。他日後回憶時表示：「這很了不起，讓我們見識到我們的技術有多麼進步。」[23]

一九六九年十月三日柏林電視塔才剛開放，四天後就迎來東德二十週年國慶。烏布利希及其妻洛特，還有何內克、梅爾克以及其他政治局成員等重要官員一同前來觀景台，按下東德國營電視台二台（DFF2）的訊號發射鈕，東德電視第二頻道以及首個彩色頻道就此開播。

到了一九五八年，東德共註冊了三十萬台電視機。觀眾可以收看晨間節目（一開始僅僅只是重播前晚的節目讓晚班的人收看），另外還有廣受好評的兒童晚間節目，包括《我們的小沙人》（*Unser Sandmann*），這是每個東德民眾的兒時回憶。蓄鬍的主角「小沙人」帶著三角帽，帶觀眾一起踏上他的冒險旅程，並在節目尾聲時高唱晚安曲，提醒數百萬名東德兒童就寢。西德也有自己的小沙人，但最終是東德的版本流傳了下來，至今依然播送。小沙人除了是美好的兒時回憶，同時也記載了那個時代的科技進展，小沙人以蘇聯太空人的身分前往太空，或是開著帶有未來感的汽車到處蹓躂。節目裡還有其他知名的動物角色，例如喜鵲女士（Frau Elster）和狐狸先生（Herr Fuchs）。

科技進步後，隨之而來的是社會發展。一九六五年，政府頒布了一系列教育改革，確保建立無階級社會。未來社會上必須要有充足的高學歷人才，才能繼續推動進步，也唯有如此，才能克服東德缺乏自然資源下所面臨的嚴重經濟困境。為此，所有孩童都就讀十年制的綜合學校，稱為理工中學（polytechnic secondary schools）。這些學生除了接受一般教育，也可習得實用技能，讓大多數孩童未來能夠進入農業和工業中就業。另一方面，西德採用的則是三級制度，自幼就將孩童依照能力分流，藉此消弭家境造成的劣勢，建立唯才是舉的制度。整個一九五〇及一九六〇年代初期，每五位東德學生當中，就有一位會收到進入大學的建議，由老師、家長和孩童本人共議，這個比例比西德高出許多，不過在一九六〇及七〇年代時，則被西德迎頭趕上。[24]

繼續升大學的學生同時也依然要完成農業或工業的技職訓練，如此一來，畢業時他們就能同時具備學術及技職的資歷。這種制度有兩大好處，首先，如果老師誤判學生的程度，發現擴展中學的難度過高，這些學生還有第二條路可走；第二，這種制度也確保知識分子、學者以及其他專業人士在文化上與勞工階級有所連結。進入大學以及成為白領的人，也會理解機械工人以及奶製品農場工人的生活。所有孩童自幼就必須熟悉勞動。小學階段，他們先熟悉工具，理解電路運作，以及在學校花園培養基礎農業知識。接著他們會學習進階知識，例如製圖和社會主義經濟學，並且在中學時進入工廠實習或協助採收。在整個學制中，工作技能占了百分之十點六。[25]

這種制度正是德意志民主共和國國徽的實際體現，蘇聯的國徽只有代表著工人和農民的鎚子和鐮刀，東德卻在鎚子上加了羅盤，並且加了一圈黑麥穗束。這傳遞出東德的宗旨，希望維持知識分子精英族群，但將之融入工人和農民當中。烏布利希深信科技和進步是東德經濟的唯一出路。如今他將中產階級鎖在國內，因此勢必無法在文化上與之切割。

東德民眾除了透過擴展中學接受高度專業的職業訓練，也可以進入成人教育中心的技術學院和理工大學進修，政府的目標是讓所有具備技能以及渴望求學的人都能獲得高品質的教育。國家也盡力確保所有人一生中都能獲得求學機會，不論年齡多大，只要有心求學的人都能終身學習。這樣的制度讓出身貧困的人可以獲得前所未有的社會流動機會，但是在統治階層當中，具有真正工人背景的卻只有五分之一。根據東德自己提供的數據，只有大約五成。[26]儘管如此，工人階級的學生進入大學不僅能獲得經濟和制度保障，同時也備受肯定。這個政策極為成功，到了一九六七年，大約三分之一的東德大學生是來自工人階層，[27]同一時間的西德只有百分之三，並且直到德國統一前都未曾超過百分之五。[28]

雖然這些數據證明了東德社會以驚人的速度發展，但東德在政治上卻是開倒車。一九六八年，新憲法推出，取代了一九四九年設計來與西德相容的版本。新憲法接受了政治現況，對於東西德的政治差異毫不糾結，明白指出東德是「社會主義國家」，並且在總計一百零八條的條文裡提及「社會主義」高達一百四十五次。這部國家基本大法中的第一條，也直接點明了社會主義統一黨至高無上的國家領導地位。憲法保障了集會結社自由，代表人民得以組成或加入社團和政黨，但社會主義只有在「無產階級帶領下，以及馬克思列寧主義的政黨統治下」才得以實現，所有牴觸這個理念的結社將不受憲法保障。社會主義統一黨賦予自己裁決的角色，得以決定何種人以及何種事得以被容忍。

同一時間，烏布利希實現了提升人民生活品質的承諾，這也成為許多東德人對於一九六〇年代最深刻的印象。特別是經濟政策轉為注重民生後，民生用品及消費品的供應愈發穩定。一九六〇年時，只有百分之六的家庭擁有洗衣機，到了一九七〇年，大約五成的家庭不再手洗衣物，讓女性的生活負擔大幅下降，因為這個時期的女性大多在全職工作之餘，還必須負擔家務。這個時期東德的機車數量也上揚了，到了一九七〇年，每五個人就有一台機車，常有人把這歸咎於汽車推出的速度過慢，但這只是其中一個原因。實際上，機車在西德和東德都紅透半邊天，往往還搭配上皮夾克與客製安全帽。

東德民生產業最榮耀的成就就是冰箱的普及。一九六〇年，只有百分之六的家庭擁有冰箱，一般人必須將易腐敗的食物放在所謂的「冰櫥櫃」保存，但這也只不過是以冰塊降溫的食物儲藏室，裡頭的冰塊由拉著馬車的冰塊供應商或當地冰塊生產商販賣，每一塊冰磚售價為五十芬尼。①然而到了一九七〇年，百分之五十六點四的家庭都擁有冰箱，比西德的百分之二十八高出許多。另一方面，家用電話持有率倒是遠遠落後。到了一九七〇年代，半數西德家庭都裝有電話，東德則只有百分之六。電話的普及速度相當緩慢，而且通常電話申裝都是逐案辦理。

整體而言，東德民眾的生活在這十年間大幅成長。一九六七年廢除了週六工作日，而且在維持相同薪資的情況下，每週工時下降到四十三點七五小時。每月最低薪資從兩百二十馬克提升為三百馬克，並且規定任何月薪低於四百馬克的薪資都必須穩定成長。第一胎的育兒津貼從四十馬克提升至六十馬克，第二胎以後則從四十五馬克提升至七十馬克。租金、餐費、文化活動和大眾交通的補助都減輕了民眾的生活負擔。舉例來說，看一場電影只需要五十芬尼。[29]

民眾的生活和手頭愈來愈有餘裕，因此催生了活躍的休閒文化。東德民眾追求享樂，探索美食成為一大樂事。販賣金黃烤雞（Goldbroiler）的「高級」烤雞店如雨後春筍般冒出，海宴連鎖餐廳（Gastmahl des Meeres）則主打海鮮、魚類和「羅斯托克酥炸魚條」。到了一九六八年，幾乎家家戶戶都擁有收音機，四分之三的家庭擁有電視。十年後的一九七〇年代末，幾乎家家戶戶都同時擁有收音機和電視。一九六九年，彩色電視機同時在東西德問世，新的音響也讓部分有財力的人能在客廳享受尖端科技。一九六八年，東德甚至生產了可攜式電池供電的班迪（Bändi）卡帶音響，不過當時一機難求，因為銷售通路由萊比錫郵購公司（Versandhaus Leipzig）所壟

① 譯注：一馬克為一百芬尼。

斷，而該公司總是供不應求。[30]即便如此，東德社會現代化的腳步仍勢不可擋，生活中處處都有跡可循，甚至連巷口雜貨店都漸漸倒閉，同樣現象也在西德上演。到了一九七〇年，超過七成的商品都經由超市販售，連西德觀察家都在西德報紙上指出，東德似乎「穩定了下來」，東德人民「適應了現狀」，而且某種程度上「引以為傲，認為他們的個人以及整體社會的成就，將必須在東德以外的地方受到認可。」[31]

一九六〇年代相對的繁榮以及真誠的樂觀氛圍，幫助東德政府鞏固了政權。修改新憲法的舉動幾乎沒有引發大眾關注，因為在東德搖搖欲墜的戰後時期及建國初期後，局勢終於好轉，令人振奮不已。一九六〇年代也出現第一批在東德土生土長的新世代，這些年輕男女不再像父母輩和祖父母輩那樣背負意識形態的包袱，而是擁有獨特的東德認同，成為了德意志民主共和國堂堂正正的公民。東德將會繼續存在，東德公民也將留在原地，無論他們是否願意。

國際承認

一九六五年二月二十六日，埃及，盧克索（Luxor），帝王谷（Valley of the Kings）

這一天氣候乾燥，瓦爾特和洛特．烏布利希站在尼羅河西岸著名的考古遺址旁，端詳著周圍的古老建築，讚嘆不已。七十一歲的烏布利希身著全套西裝，打上領帶，身上唯一符合當地風情的就是頭上的白色巴拿馬帽。他的妻子日後寫了一篇盛情滿滿的遊記，由女性雜誌《為妳》（*Für Dich*）刊出，後來又以《難忘的旅程》（*Eine unvergeßliche Reise*）一書出版，她在文中描述自己當下「雀躍興奮」的心情：「我們首次前往非屬華沙公約組織成員的國家，而且是埃及，我們從學生時代就認識這個充滿歷史文物的國家，並且總是視之為夢幻景點，遙不可及。如今我將親眼見識到金字塔與神廟。」[32]她也特別指出這類雄偉建築只能透過大量奴役去完成：「〔法老〕毫不在乎有多少人會因此不能從事有用的工作，甚至因此必須變賣財產或是犧牲生命。」[33]不過這對夫妻還是對本趟旅程的所見所聞留下深刻印象，他們搭乘民族友誼號出發，洛特承認這一直是她「心懷已久的願望」；他們也對前來迎接的埃及總統納瑟（Gamal Abdel Nasser）「俊美且聰穎」的臉孔留下印象。納瑟總統熱烈迎接烏布利希夫婦，獲得《新德意志報》報導：

> 浩浩蕩蕩前往庫貝宮（Koubbeh Palace），數千人高喊歡迎，兩國國旗在街道上飛揚。開羅與亞歷山卓的大砲發射了二十一發，迎賓船航行至海面，埃及也設國宴歡迎東德貴賓。[34]

這是一場重大的東德外交勝利，因為自從一九五五年西德提出霍爾斯坦主義後，西德政府就想被視為所有德國人的代表，涵蓋東西德，自那之後，東德的外交和經濟就遭到孤立。西德比東德更大，也更繁榮，因此西德的政治勢力足以迫使世界各國不要承認東德的國家地位，也不與東德貿易往來，或是邀請東德政要出訪。一旦出現以上行為，將會惹惱西德這個強大的出口經濟體。然而西德政府答應與以色列交易價值六千萬美金的軍武，此舉造成國際政治緊張，這是首次西德與中東阿拉伯國家的邦誼出現重大危機，烏布利希趁虛而入，寫了一封信給埃及總統納瑟，信中其實並未要求政治出訪，而是提到烏布利希健康不佳，他的醫生建議他前往溫暖地區休養。他徵詢納瑟的同意，讓他在埃及豔陽下度假幾天。納瑟總統一心想激怒西德總理艾哈德，以報復西德支持以色列的舉動，因此欣然答應烏布利希的要求。西德政府的回應笨拙不堪，他們只是公開譴責納瑟冒著違反霍爾斯坦主義的風險把玩政治。然而埃及並未因為擔心危及與西德的關係而卻步，反而更為憤慨，因此直接將烏布利希的度假行程升級為出訪，一九六五年一月三十一日，西德大使接獲消息，納瑟正在考慮承認東德為主權國家，這等同打擊了霍爾斯坦主義。東德長期以來所遭受到的外交羞辱似乎即將告一段落。[35]

洛特．烏布利希的這一番話透露埃及的態度如何影響東德政府：「我滿懷感激，西德政府不顧一切阻止我們出訪……但德國帝國主義者早就不再能夠用懲罰的手段讓他人屈服於他們淫威之下了……我們的工農之國在世界上終究還是占有一席之地。」[36]西德政府的回應相當嚴厲，同時又顯示出他們受到威脅，他們終止了所有提供給埃及的經濟援助，而且承認以色列的國家地位。作為反擊，埃及以及其他眾多阿拉伯國家則切斷了與西德的外交關係。

一九六〇年代末期，西德政府與中東國家的關係一路惡化（特別是一九六七年六月的「六日戰爭」背景下），東德表態支持中東國家。東德原本就面臨蘇聯的壓力，此時更將這個事件視為跳板，拉近與其他開發中國家的距離，這表示東德要貸款給其他國家，以提升經濟和政治的影響力。一九六九年四月三十日，伊拉克成為第一個在外交上承認東德的非共產國家，緊接著是柬埔寨、蘇丹、敘利亞、南葉門、埃及和阿爾及利亞。東德花了二十年打破外交孤立困境，終於獲世界承認為主權國家。

東德急於獨立擔綱世界舞台上的一角，但是國內依然思考著如何依照自己的路線去達成德國統一。烏布利希天真地認為西德的社會民主黨或許較容易拉攏，不論是直接結合或是採取邦聯路線都好，以設法促成共同的社會主義框架。他在一九六〇年代開始試探，提出會議邀約，以及建議統一社會主義黨和社會民主黨攜手合作。一九六八年，西德由社會民主黨和基民／基社聯盟（CDU／CSU）組成的大聯合政府（Grand Coalition）執政，這是戰後第一次社會民主人士得以入閣，烏布利希因此提出幾項建議，例如讓所有歐洲國家都得以彼此保持正常關係，以及聯合國（當時東西德都尚未加入）應該接受兩國同時為聯合國成員，並且不可使用暴力解決兩德之間的衝突。烏布利希提出這些提議時正值布拉格之春，因此無疾而終，但幾年後，烏布利希在一九七〇年又再次提出。這次烏布利希談話的對象是首位來自社會民主黨的西德總理——布朗特。

在柏林圍牆建立的十年後，身為前西柏林市長的布朗特已經成為更務實且精明的政治人物。社會民主黨出身的他，在一九六九年秋天就職總理，立刻承諾要改善西德與東德的關係，以及西德與整個東方集團的關係。他公開談論「德國存在兩國兩府」，認可東德為獨立實體。布朗特的全新「東方政策」（Ostpolitik）就此拉開序幕，他試圖在東柏林和波昂之間建立更正常的關係。不只是東德與西德的外交出現曙光，東德與世界的關係也開始改善。只要西德不再阻擋，東德就可以自由進出口。東德已經自成一國，受到世界承認與敬重。雖然這有助於經濟發展，但卻不足以興起東德人民對國家的驕傲，無法讓東德度過危機或物資不足的時刻。此時迫切需要的是另一種更激勵人心、更能發揮心理作用的民族主義手段。

國家補助的體育運動

一九六八年十一月八日，東柏林，國務大廈。

烏布利希與何內克看起來有點滑稽，他們穿著莊重的深色西裝，頭上卻帶著巨大的墨西哥寬邊帽，帽子上還附拉繩與流蘇。高挑的宴會廳裝有大片玻璃窗，透露出節慶氛圍，長桌上則擺放著佳餚與飲品，中間穿插鮮花與摺疊好的餐巾。唯有最高級的擺設才配得上東德領袖邀請來的這批貴賓，而光是國務大廈本身，就足以讓即將在此接受表揚的年輕男女倍感震懾。

國務大廈四年前才剛啟用，建築物本身呈現出一種微妙的平衡，呈現了東德渴望追逐的現代感，同時達到傳承歷史與政治遺產的目的。建築物不對稱的外觀正是典型的「新客觀主義」

（Funktionale Sachlichkeit），這種建築風格也出現在東柏林的其他新建築上，不過國務大廈外牆還採用了來自薩克森—安哈特邦的紅色流紋岩，這是一種火山岩，與建築物頂端、中間以及底部的平行灰色建材形成強烈對比。國務大廈的最大特點就是經搶救而保留下來的「第四門」（Portal IV）。一九一八年十一月九日，德國共產黨創始人李卜克內西正是在這道門宣布德國為「社會主義共和國」，威廉二世於同日退位。甚至威廉二世本人就是於一九一四年八月一日在第四門登高一呼，告知人民參戰的消息，鼓吹民眾團結起來支持他，而一開始李卜克內西連同其他國會代表拒絕了威廉二世的號召。第四門被視為值得保存的重要歷史文物，其實原本位於柏林皇宮（Berlin Palace），但一九五〇年皇宮遭拆除，當時是在馬克思恩格斯列寧研究院（Marx-Engels-Lenin Institute）提醒下，社會主義統一黨才出手搶救，後來第四門融入了國務大廈帶有現代風的外牆，格外引人注目。

烏布利希的年輕賓客即將透過第四門進入建築物內，他們會行經走廊上大片彩色玻璃窗，窗戶上描繪著他們理想的工人階級生活，接著進入宴會廳，眼前是一百萬片馬賽克妝點而成的東德國徽。演講過後的茶會時間中，墨西哥帽以及所有人的歡樂氣氛，與周圍的社會主義現代風格和宏偉的普魯士大門形成強烈對比。

烏布利希與何內克之所以戴上墨西哥帽，是因為他們所接待的貴賓剛從墨西哥歸來，結束代表國家的旅程。一九六八年在墨西哥市舉辦的奧運對東德來說至關重要。史上頭一遭，東德可以派出自己的國家代表隊參賽，在此之前的一九五六年、一九六〇年以及一九六四年奧運，東德都是與西德共同組成全德國隊（這件事本身就是一大外交壯舉，因為東西德運動員需要攜手合作，在資格賽時爭取參賽名額）。如今東德有了自己的隊伍，就可以將東德運動員視為國家英雄。何內克日後將東德的運動明星形容為「眾人所追隨的模範，新世代都受到體育賽事吸引；眾人齊心，體育競賽、大型賽事以及學校系統性的體育教學都為我們社會主義國家貢獻心力，讓我們獲得其他國家不少認可。」[37]東德自建國以來，全國便籠罩著一股不安，此刻依然陰魂不散，而體育似乎成為掙脫這股不安的絕佳管道。

從一九五〇年代開始，東德政府便求才若渴，小至三、四歲的孩童都可能被視為體壇的明日之星。幼兒園出現系統化的測量與體能測驗，篩選出體態最佳而且適合特定體育項目的孩童，後來更推出訓練計畫轉介制度，並且在一九五二年出現了專門的兒童和青年體育學校（Sport Schools for Children and Young People）。東德以全面且毫不留情的效率推出這些體育政策，其中最成功的代表人物就是英格麗德．克雷默（Ingrid Krämer）。她於一九四三年出生於德勒斯登，自幼就因為體育才能而受到注目，開始在當地於一九五四年成立的「團結體育俱樂部」中進行奧運跳水項目的訓練。年方十五的她，成為東德跳水三公尺板的冠軍，兩年後代表全德國參加羅馬奧運，以十七歲的年紀打破了一九二四年以來未曾被打破的美國女子跳水選手金牌紀錄（一九二四年以來跳水金牌都由美國女性奪得），並且要等到三十年後才有人再度打破她的紀錄。她是史上唯一的一位同時被東西德列為年度體育人物的選手，並且獲選擔任下一屆德國隊的旗手，在一九六四年的東京奧運中高舉紅黑黃三色加上奧運環的旗幟，而她在該屆奧運中又奪得更多金牌。她的瓜子臉以及一頭亮眼金髮成為全球注目焦點。她的人生符合一九六〇年代初的時代精神，當時的眾多青年都希望擺脫父母輩那舊時代的枷鎖。

一九六〇、一九六四和一九六八年的奧運場上，英格麗德都以不同姓氏參賽，因為她在這期間兩度結婚，如今她以英格麗德．克雷默—古爾賓（Ingrid Krämer-Gulbin）為世人所知。更令人吃驚的是，她後來邀請了對手兼好友——美國跳水選手寶拉．珍．邁爾斯（Paula Jean Myers）擔任伴娘。德勒斯登最大的公共泳池屋頂上設有英格麗德的銅像，這座游泳池於一九六四年建立，至今依然開放使用。一九七五年時，英格麗德被納入佛羅里達州羅德岱堡（Fort Lauderdale）的國際游泳名人堂（International Swimming Hall of Fame），二〇一一年則被納入德國體育名人堂（Germany's Sports Hall of Fame）。她的魅力令人卸下心防，再加上驚人的體育成就，讓她成為歷久不衰的國際巨星，也是東德第一批體育英雄。像她這樣的年輕巨星，讓東德在國內找到自我價值和榮譽感，在國際上則獲得認可和頌讚。

一九六八年十一月，烏布利希在國務大廈舉辦的墨西哥派對上，一位體壇新星正在崛起，她身上集結了東德體育精英的成就與挑戰。二十七歲的瑪爾吉塔．古梅爾（Margitta Gummel）來自馬德堡，在鉛球項目中奪得金牌，打破世界紀錄，並且成為第一位打破十九公尺紀錄的女性運動員。一九六八年十一月八日，社會主義統一黨特別訂製蛋糕，上頭的裝飾就是為了慶祝她的功績，瑪爾吉塔為此樂不可支。烏布利希指著蛋糕上以糖和杏仁蛋白糊做成的精緻鉛球場，開玩笑地說道：「你的十九點六一公尺紀錄就在這裡，但蛋糕師傅留了一點空間給下一次的世界紀錄。」[38]正是瑪爾吉塔本人隆重地獻上「正版」的墨西哥帽給烏布利希和何內克，這是從奧運帶回來的紀念品。她則獲得愛國勳章（銀），以獎勵她「為國家與社會帶來傑出體壇成就」。那年東德奪下了獎牌榜的第五名，贏了西德三個名次，協助達成這項傲人成就的運動員，都宛如戰勝歸國的士兵般受到民眾歡迎。

然而瑪爾吉塔的成功也透露了東德精英對於體育賽事成就的執念。曼弗雷德．埃瓦爾德（Manfred Ewald）是個背景複雜的人物，在納粹期間有著不可告人的事跡，而在他的帶領下，體育賽事成為社會主義統一黨的執念。他曾經擔任不同要角，包括自一九六三年起擔任黨的中央委員會委員，以及一九七三年起擔任東德奧委會主席，他在這些職位中打造了東德的「體育奇蹟」。他視體育為戰勝階級鬥爭的手段，因為體育讓無止境的追求完美變得合理，能夠為了嚴格的訓練而犧牲年輕人的教育和家庭生活（例如年輕的英格麗德當初就需要靠一對一家教才能完成擴展中學的課業）。埃瓦爾德並不羞於使用興奮劑來操弄比賽結果，瑪爾吉塔就是他的其中一個實驗品。日後的調查發現，瑪爾吉塔在一九六八年七月二十八日首次施打類固醇「特力補」（Turinabol），三個月後她就在墨西哥奧運創下歷史紀錄，比前次訓練成績多了將近兩公尺。東德本身的研究紀錄顯示，瑪爾吉塔的比賽成績隨著特力補劑量的增加而穩定提升，一開始是每天十毫克，直到後來她成功繳出遠超過二十公尺的鉛球成績。研究團隊做出結論，類固醇對女性運動員特別有效，而且永久改變了她們的體格，因此即使後來停藥，她們依然獲得比單純接受訓練更好的成績。

東德因此開始對年輕女孩施打類固醇。二〇〇〇年，埃瓦爾德為此遭判刑，德國法院認定他「協助傷害了二十名女性精英運動員，她們在不知情的情況下遭施打有害藥物，危害了她們的健康。」埃瓦爾德在一九九四年出版了傳記《我即體育：優勝者夢幻仙境的真相與傳說》（暫譯，原文 *I Was Sport: Truths and Legends from the Wonderland of Victors*），他在書中為自己辯護，聲稱體育對於東德來說利大於弊，並表示興奮劑的使用情況比他身為領導人所知的更為氾濫。在興奮劑施打紀錄中，瑪爾吉塔的編號為八十六之一，而她透過一連串的比賽佳績飛黃騰達。一九七二年，她從奧運退役後成家，並且在一九七七年完成博士學位。柏林圍牆倒塌後，她依然持續擔任統一後的國家奧林匹克委員會（National Olympics Committee）委員，直到關於她施打興奮劑的文件洩漏為止。有些被施予類固醇的年輕運動員甚至毫不知情，卻必須終身受副作用所苦。「特力補」等藥物在年輕女孩身上會造成不可逆的改變，例如使聲音變低沉、生長毛髮、抑制胸部生長，以及其他的變化，讓身體變得更為陽剛。

東德的體育歷史有兩面，若要說這個小國獲得的巨大成功全靠大量施打興奮劑，則有點過於草率。舉例來說，瑪爾吉塔早在接受第一劑類固醇前，就已經是相當強壯的運動員，二十公尺的標竿後來也由其他女性運動員達成，其中有三位來自西德。東德當然不可能在沒有使用興奮劑的情況下就獲得奇蹟般的體育賽事成績，但東德的體育成就不單單只是依靠興奮劑。東德這個蕞爾小國稱霸體壇數十年，一共奪得七百五十五面獎牌，其中有兩百零三面是金牌。從一九七二年的冬季奧運開始，直到東德消失，每次東德都會在夏季和冬季奧運中奪下第一或第二名，打敗主要對手西德，還連帶擊敗蘇聯和美國等大國。有系統地施打興奮劑當然提升了運動員的表現，但如果沒有大量的運動員供篩選也是枉然。

體育成為東德民眾成長經驗的一環，孩童在幼兒園就會從事高強度的體能運動，一旦有人嶄露頭角，經過評估被認為合適，就會加入競技體育的訓練，但其他人在學校也會持續參與各種運動。就算到了大學，學生每學期也必須完成一定時數的體育課，才能獲得學業證書。許多老東德人對此都抱著念舊又厭惡的心情，他們曾經必須在一早七點到達冷颼颼的泳池開始一天的課程。許多東德人成年後都還持續參與足球這類團體運動，他們所加入的俱樂部也同時發揮友誼或社群的功能。

一九五〇和六〇年代，東德一直因為經濟問題而畏畏縮縮，此時體育為國家帶來無比的驕傲，一九六〇年代的國際成功還遇上了東德在外交、政治和經濟的穩定時期。體育幫東德贏得國際地位，並且培養出國家意識。

到了一九六〇年代末期，烏布利希可以抬頭挺胸地說自己讓東德這個國家造福了許多民眾，東德政權依然打壓異議人士，企圖逃離東德的人依然被視為「逃犯」，並且入獄、遭受霸凌，甚至在最令人驚恐的案例中，有人在柏林圍牆直接遭射殺。同一時間，絕大多數東德人在東德的生活是愈來愈過得去，眾多工人階級靠著國家提供的教育和工作機會而獲得更好的人生。例如英格麗德曾經是一位羞赧、胖嘟嘟，不太善於社交的女孩，她的父親是金屬工人，即使英格麗德請求他送她去上芭蕾舞學校，他也無動於衷。不過德勒斯登一位二十歲的助理教練愛芙琳．西賓斯基（Eveline Sibinski）在跳水中心工作時，看到了英格麗德的潛力而開始關照她。東德當局大量挹注體育資金，並且支持胸懷大志的運動員和教練，形成了一股氛圍，讓英格麗德這樣的璞玉能夠發跡。

才華洋溢的學生和工人都能同樣得到鼓舞並獲得金援，得以持續在能發揮所長的領域中精進和學習。有人指出，這樣的制度排擠了中產階級和上層階級的入學管道，在高度政治化的教育制度中，他們的成就也不容易受到認可，但值得注意的是，統一後的德國承襲了西德的社會僵化。二〇一八年聯合國兒童基金會（UNICEF）調查發現，德國為社會不同背景孩童所提供的初等教育，在全球排名是倒數第三。[39]雖然在理論上不該為了讓某個特定社會族群茁壯，而讓另一個淪為弱勢，但這也解釋了眾多工人階級為何開始接受東德，認定這個國家的制度跟過往相比對他們最為有益。

烏布利希垮台

一九七〇年七月二十八日，莫斯科一處醫院。

列昂尼德·布里茲涅夫致埃里希·何內克：

埃里希，相信我，你們那邊的事態發展出人意料，令我憂心忡忡。對我們來說，對社會主義兄弟之邦來說，東德是重要的哨站。東德是二戰的產物，也是我們的成就，是蘇聯人民付出鮮血換來的。直到最近，東德對我們來說依然是不可動搖的。但是眼前浮現了危機……

我們的士兵還駐紮在你們國內，埃里希，千萬別忘了這點……沒有我們，就沒有東德。讓我們以共產同志的身分把話說明白，瓦爾特有他的優點，但他老了……反正兩、三年後他也無法帶領黨了。

對了，還有一件事，同為共產同志，我就有話直說了，你的國家對其他社會主義國家帶有一股傲慢，對於他們的經驗和領導方針等。甚至對我們也是……東德已經發展出，或是正在發展出社會主義的最佳典範。東德做什麼都比較出色，所有人都要跟東德學習，東德的社會主義必須成為其他國家的指引——東德什麼都做對了。

我見識過烏布利希對這些問題的反應。我指的就是他在度假小屋的行為，他把我的代表團成員全部冷落在一角，然後在悶熱的房間中對我施壓，我滿頭大汗，他還不肯退卻。這或許不是當前最急迫的問題，但你們絕對不能也不該如此對待任何人。[40]

這段話後來驗證了，烏布利希在柏林與莫斯科都不再受歡迎。何內克曾經是烏布利希的追隨者，甚至在烏布利希的危機時刻只有何內克支持他，而何內克一直以來都將自己營造為烏布利希的接班人，布里茲涅夫也支持這項計畫。雖然常有人說烏布利希是因為過於年邁而無法繼續帶領黨和政府，但是真正的問題是烏布利希頑固不化而且不懂人心。隨著烏布利希愈來愈年長，他對自己以及自己的國家愈發自滿，絲毫未察覺國內與國外是如何看待他。一九七〇年代末，他開始將自己與列寧、史達林，甚至馬克思相提並論，對於他的眾多同志來說，此舉無疑是褻瀆。

烏布利希雖然依然仰慕蘇聯，但他愈來愈看不起東歐國家。例如在一九六八年，他對一群捷克改革人士說，東德早就已經超越他們國家在布拉格之春所經歷的社會動盪。他目中無人地宣稱東德「發展的階段比捷克斯洛伐克更高」。[41]隔年，他在柏林接待波蘭代表團，開場時他這麼說：「就算各位竭盡全力，也要花上十年才會達到我們今日的成就。」[42]

烏布利希被一九六〇年代東德的經濟和社會成就沖昏了頭。他一直以來都不曉得自己的話語和行為對其他人造成的影響，總是如此呆板，演講時荒腔走板到讓人常為他捏把冷汗。東德的生活水準較高，政治也相對穩定，這些都助長了他天生的狂妄。他在柏林的同志開始一個一個背棄他，某一次烏布利希又出洋相，蘇聯國防部長格列奇科元帥（Marshal Grechko）不堪其擾，高呼：「這老傢伙沒用了！」[43]

除了烏布利希惱人的個性，蘇聯也開始對他的諸多政策產生疑慮。烏布利希對於東德的成就十分自豪，導致他認為東德需要更加獨立於蘇聯，需要一個量身打造的制度來襯托其獨特的價值。一九七〇年一月，烏布利希甚至公開在國際會議上稱呼東德為「社會主義德意志民族國家」。德裔美籍歷史學家迪特立西．奧洛（Dietrich Orlow）的說法相當具有說服力，他主張：「作為典型的莫斯科人，烏布利希開始厭惡來自克里姆林宮的導師們高壓式的指導。」[44]這個說法特別適合用來說明德國內部的相關政策。如我們所見，布朗特成為西德總理後，烏布利希認為在圍牆兩側進一步推展社會主義的時刻降臨了。年邁的烏布利希早在一九四九年德國正式分裂後就支持「磁鐵」理論，根據這個理論，德國永遠會互相吸引，尋求統一。分裂的德國就相當於將兩塊磁鐵放在地圖上，兩者之間明顯受到磁力相吸，最終會重新被拉到一塊。問題是，究竟是資本主義還是社會主義的磁鐵更具吸引力。如果烏布利希跟布朗特打好關係——布朗特就連在自己的中左派政黨中都以左傾的態度聞名——或許社會主義就會對西德民眾產生足夠的吸引力，增加東德這塊磁鐵的重量。

在未獲得莫斯科的首肯下，烏布利希擅自展開「西方政策」（Westpolitik），位於西德波昂的布朗特則仿效他，展開更著名的「東方政策」。一九七〇年，布朗特會見了東德新任部長會議主席威利・史托夫兩次，第一次是在東德的愛爾福特，然後在西德的卡塞爾（Kassel）。雖然這兩位威利的面談並未帶來什麼結果，然而這些會面並未經由莫斯科同意，當然也未獲得柏林的中央委員會允許。奧洛指出，這不是布里茲涅夫的路線，也不是社會主義統一黨的方針，而是烏布利希自己的如意算盤，而他是出於「既個人又愛國」的動機。[45]

德國內部的合作如果更加緊密，將有助於落實東德的經濟願景。如果東德能夠從西德進口煤（或許可以用珍貴的鈾礦交換），將會降低對蘇聯經濟和政治的依賴，因為蘇聯的態度總是在東德情急之時變幻莫測，烏布利希忍不住直覺認為圍牆另一端的同胞會是更理想的夥伴。對於東德專業化的製造業來說，西德也是更大且更繁榮的出口市場。為此，烏布利希曾開心地聲稱社會主義不僅僅只是通往共產主義的過渡階段，而是能夠獨立發揮作用。這與蘇聯的路線完全背道而馳，與莫斯科政權出現了明顯的意識形態分歧。這也透露烏布利希寧可犧牲經濟制度，以換取跟貿易夥伴更高的生產力與契合度。

布里茲涅夫再也看不下去了。東德的蘇聯首席翻譯官維爾納・埃貝連（Werner Eberlein）參與了所有需要他口譯的重要國家會議與活動，而根據他的說法，一九七〇年七月二十八日，何內克與布里茲涅夫會面，兩人討論到社會主義統一黨與社會民主黨之間的關係時，口氣特別激動。布里茲涅夫直截了當地跟對方說：「蘇聯共產黨反對與西德的關係正常化。布朗特和史托夫在愛爾福特與卡塞爾的會面並沒有受到歡迎。為什麼瓦爾特會試圖與布朗特的社會民主黨合作？沒有我們，他不能做出政治決策。」[46]埃貝連記得他從來沒有聽過布里茲涅夫說話這麼直接。[47]身為蘇聯共產黨總書記，布里茲涅夫對於烏布利希自以為能跟他平起平坐感到大為光火。烏布利希不再是伏倒在偶像史達林面前的恭順模樣了。東德相對亮眼的表現，讓烏布利希信心大增，直逼狂妄自大。他甚至要求如果蘇聯要跟西德建立關係，必須要以西德完全且正式承認東德國家地位為前提。布里茲涅夫受夠了，烏布利希在位的日子開始進入倒數。

烏布利希的時代即將告一段落，東德此時回顧過去幾十年來的顛簸。他們曾經歷過極為不公的時刻，東德政權基本上就是用一道牆封鎖了東德民眾，並且下令射殺膽敢翻牆的人。而且東德建立了天羅地網的國安組織，其龐雜且冷血程度堪稱世界之最。

不過對於多數的東德平民來說，一九六〇年代代表著現代化及目不暇給的進步。東德的盟邦蘇聯證明了自己在太空競賽中可以與美國比肩而立，也引發了東德的太空熱潮，特別年輕人更是為之瘋狂。柏林圍牆建立後，往西德的人才大出走終止了，經濟與政治境況便因此穩定了下來。住宅計畫為愈來愈多人提供便宜的住房，工人階級也獲得求學和工作機會，提升了他們的社會地位，過去他們從來沒有這些機會。體育和外交成就讓東德的國家意識更為凝聚，產生了一股愛國情懷，並找到了自我價值。

東德民間社會因此開始分裂成兩派，人數比較少的一派感到不開心且過得壓抑，生活諸多面向發生了政治化，他們因此感到被利用和窒息，但絕大多數人都已經逐漸接受住在東德的事實。

東方集團其他地區出現大規模的示威遊行、罷工和動亂，例如一九六八年的布拉格之春，這在東德的工廠和街道上大多不見蹤影。烏布利希將一個相對穩定的東德交到了新領袖何內克的手中。

第七章

計畫奇蹟
(1971-1975)

Planned Miracles

我們當時處在冷戰之中，兩邊陣營都無法避免弄髒雙手。

何內克出擊

一九七一年四月底，東柏林，馬克思—恩格斯廣場（Marx-Engels-Platz）。

大約下午一點鐘，蘇軍駐德集團軍（Group of Soviet Forces in Germany）高級軍官巴斯托夫（Yuri Bassistov）來到社會主義統一黨中央委員會總部前。總部本身是一棟高聳宏偉的水泥石造建築，建造於納粹時期，為德意志帝國銀行（Reichsbank）所使用。這是柏林少數於二戰後倖存的專用辦公大樓，自一九三八年落成後就一直沿用至今。巴斯托夫當然不是為了欣賞這棟浮誇的建築才跑這一趟，他其實有一項重大機密任務在身。早上他剛收到直屬上司馬爾采夫（Leonid Maltsev）的指令，馬爾采夫是白俄羅斯籍軍官，剛畢業於基輔高等軍事指揮學校（Kyiv Higher Military Command School），日後在二〇〇一到二〇〇九年間擔任白俄羅斯的國防部長。

馬爾采夫給巴斯托夫的任務是從馬克思—恩格斯廣場接送中央委員維爾納·蘭貝茨（Werner Lamberz），假裝委員要對蘇聯官員發表演說。只有巴斯托夫、馬爾采夫和蘇聯外交官阿布拉西莫夫（Pyotr Abrassimov）知悉這項任務的內幕。蘭貝茨委員的同事也在場，因此巴斯托夫假裝對待會要發表的「演說」充滿興趣，而一如往常，車程中有一名史塔西人員跟隨著委員，因此巴斯托夫在車上繼續做做樣子。他知道這位安全人員很難纏，但蘇聯方想了一個機靈的對策。汽車南駛五十公里後，抵達位於措森—溫斯多夫（Zossen-Wünsdorf）的蘇軍駐德集團軍總部，馬爾采夫為每個人準備了咖啡，大家持續談論「演講」，規劃活動細節。馬爾采夫告訴其他三人，他希望在馬德堡附近的軍事基地舉辦這場演說，他告訴史塔西人員不需要陪同委員踏上這段二到三小時的旅程，他們會出動軍事車輛以及蘇聯維安人員，隔天委員就會由紅軍親自送回辦公室。該名史塔西人員是梅爾克的手下，聽完這番話後對於蘭貝茨的安全感到放心，便啟程回柏林。巴斯托夫清楚記得，幾分鐘後，他們來時搭乘的GAZ13柴卡（Chaika）豪華轎車「就由措森檢查哨通報已經過了哨站，因此我們可以開始『演說』。我們立刻衝到幾公里外的史佩亨堡（Sperenberg）軍用機場。一架雙渦輪螺旋槳飛機安托諾夫AN-24在跑道上就定位，隨時可以起飛。特別值得一提的是，就連飛機組員都不知道他們載的是誰。隔天，該架飛機依照計畫從莫斯科飛回，蘭貝茨心情愉快，並且簡短回報說一切順利，而且已經做好決策。」[1]

幾天後，一九七一年五月二日，烏布利希自請退位，卸下社會主義統一黨祕書處第一書記的職銜。蘭貝茨的莫斯科行就是為了確定這個安排是布里茲涅夫本人的意願，要讓替補的何內克取代年邁的烏布利希。

時任中央宣傳鼓動部（Secretary for Agitation and Propaganda）部長莫德洛日後回想，何內克當時將這個決策包裝為「慈善之舉」提至政治局，並且知情達理地接受了他前任導師的辭呈，[2]但其實就是他本人將烏布利希推下王位的。何內克察覺到自己在柏林順風順水地打下了權力基礎，而且可能可以打動布里茲涅夫替換東德的領袖，因此他擬了一封給莫斯科的信。信的日期是一九七一年一月二十一日，當中羅列了一連串對於烏布利希的抱怨，並且請求布里茲涅夫將他免職：

> 瓦爾特．烏布利希同志不願意遵照決議和協定……不只在國內如此，對於我們的西德政策也是，瓦爾特．烏布利希同志自作主張又冥頑不靈。
>
> 我們認為這跟他的高齡有關。這大概是一個人性且生理的問題。我們理解，黨內所有人也都將會理解，在七十八歲高齡，要消化大量的工作和責任著實不容易……
>
> 因此有件事對我們十分重要，而且將會提供莫大的幫助，希望列昂尼德．伊里奇．布里茲涅夫同志能夠在這幾天跟瓦爾特．烏布利希同志談談，讓瓦爾特．烏布利希同志自行向社會主義統一黨的中央委員會提請離職，以健康狀態不佳為由，辭去社會主義統一黨中央委員會第一書記一職。[3]

這封信不僅出自何內克之手，還同時由政治局二十一名成員中的十三名成員簽署。一直以來被視為「王儲」的何內克使出了聰明的一手，他並未試圖引起分裂或彰顯自己的野心，而是貼近共產黨的「集體」教條，讓驅逐烏布利希看起來像是中央委員會一致達成的決議。他們說服自己，逼迫頑固的領袖退休是在做善事，因為他顯然已經無法完成自己的職責。時任自由德國青年團中央委員會祕書克倫茲記得自己整體而言同意這項決策：

烏布利希對我來說也是一個偉大的人以及偉大的策略思想家。即使今日這點有所爭議，當初他確實是蘇聯重要的友人。但當然他也老了，而年老的人通常（不總是如此，只是偶爾）會認為自己比較了解事情。他有時只從自己的視角看待事情，這當然可能引發黨內分裂。而一個分裂的黨絕對不是好事，在今日也是如此。烏布利希曾經有過非凡成就，思想也很突出，但他不再接受外界建議，不能理解新的時代……埃里希·何內克當時更具彈性。他更年輕，還不到六十歲，而且他受到蘇聯領袖信任……最終，這項決定合理且務實，至少從外頭看來是如此。[4]

一九七一年五月三日，這天終於到來了。烏布利希正式辭職，並且提議由何內克接手。下午時分，電視和電台主播唸出簡短的公報，告知大眾烏布利希「出於健康因素，請求中央委員會讓他辭去社會主義統一黨中央委員會第一書記一職，好讓更年輕的人選接手……中央委員會向烏布利希同志保證，在第一書記埃里希·何內克同志的領導下，遵循馬克思列寧主義，中央委員會將持續打造社會主義社會，堅定跟隨蘇聯共產黨以及整個共產國際潮流的腳步，而且會眾人齊心，以團結的姿態達成目標。」[5]

莫德洛記得「這個看起來透明且和睦的決議過程，其實根本一點都不民主、透明或和睦。」[6]烏布利希確確實實地遭到自己過去的學徒推翻，而且彷彿這樣還不夠，何內克接下來兩年讓烏布利希在政壇遭到噤聲。烏布利希名義上依然擔任國務委員會主席，這讓他表面看來依然是資深的政治家，但遭到何內克一步步無情地排擠。在何內克的要求下，烏布利希受到史塔西監控。就連洛特・烏布利希都切身感覺到新政權的冰冷控制。根據她自己的說法，她成為「不受歡迎人物」（persona non grata），被塑造成東德馬克白夫人的形象，[7]並且謠傳就是她唆使丈夫做出那些被認為叛國的決策。一九九六年她出版了回憶錄，憤怒地抱怨自己從一九六〇年代末就日漸遭到孤立，這一切都是社會主義統一黨領導階層的指使。[8]她早從一九七〇年秋天開始就被禁止出席任何公眾活動，二十六年後她還記得「這對於自十六歲起就為共產主義奮鬥的女性共產人士來說有多麼痛苦」。[9]

烏布利希自己在心理上和身體上都難以接受這個事實。他無法理解發生了什麼事，並且跟妻子抱怨幾乎整個政治局都背棄他。洛特溫和地對他說：「這樣啊，那你一定做錯了什麼，才會讓所有人都反對你。」[10]一九七一年三月中，烏布利希的個人醫師亞諾・林克發現烏布利希的「各項生理參數甚至以他的年齡來說都算優異」。[11]幾個月後，烏布利希被迫退位，七十八歲的他突然出現動脈粥狀硬化。他依然頑固，執意要把持權力直到最後一刻，至少要撐到何內克正式當選，自己的長期治理才算告終。「我必須撐到六月底，然後你就可以對我隨心所欲了，醫生。」

每次林克警告烏布利希壓力造成的問題時，烏布利希都這麼回應。

虛弱的烏布利希執意要全程參與社會主義統一黨第八屆代表大會，這次將在一九七一年七月十五日至十九日舉辦，而且將正式任命何內克為新領袖。布里茲涅夫在活動前一晚抵達，何內克已經盤算好要在柏林舍訥費爾德機場與他來個「兄弟之吻」，讓在場的電視攝影機捕捉畫面。在烏布利希破壞他的計畫前，何內克就粗魯地將自己的前任導師推到一邊，衝過他的身邊，一馬當先地迎接蘇聯領袖布里茲涅夫。

當天稍晚，大約晚間十點半，亞諾・林克的電話響起，被緊急呼喚到萬德利茨。烏布利希病倒了。林克記得抵達現場時：

> 烏布利希軟癱在床上，身後的枕頭支撐著他，眼底出現黑眼圈。他的瞳孔放大，焦慮地看著我……他的嘴邊出現深深的皺紋。在他蒼白的臉龐上，冒出了一片冷汗。他的呼吸吃力而且短促，我測量他的脈搏時嚇了一跳。三小時前，脈搏還算強勁，如今卻很薄弱，跳得很快、不規律而且幾乎量不到。[12]

烏布利希完全無法如期參與會議。他花了大把時間寫了告辭演說，卻無法唸給眾人。他獨自躺在床上的同時，他的同事一個接一個數落他。何內克提到「有些同志忘了批評和自我批判的價值……他們覺得自己不可一世且無法被擊敗。」其他人也開始削弱烏布利希的經濟政策以及與西德和解的政策。洛特．烏布利希也引人熱議，因為她在第二天布里茲涅夫的演說過後拒絕拍手，以表示她的不滿。

烏布利希的政治和個人形象遭到攻擊，同時他的身體也持續惡化。萬德利茨緊急搭設了加護病房，身為前國家領袖的烏布利希只能在上廁所和沐浴時下床。他一天被給予三次氧氣，並且持續監控健康情況。六月十八日，他再度病倒，出現極度痛苦的心絞痛。「醫生，我的心臟，」他喘著氣對林克說，「我吸了很多氧氣，可是沒有用。」[13] 儘管如此，他依然不肯取消隔天下午布里茲涅夫的拜訪。布里茲涅夫停留了很長一段時間，看著眼前被他驅逐的這個人，用冷靜且安撫的語氣對他說話。烏布利希不肯放棄他從青年時期就開啟的政治生涯。他眼睜睜看著何內克接手，預言年輕的何內克治理起來一定「缺乏靈魂，充斥官僚氣息，跟列寧主義扯不上關係」。[14]

一九七一年七月十四日，烏布利希心臟病發送醫，因為大腦短暫缺氧導致左半邊身體部分癱瘓，他到這一刻依然懷疑建議他完全退休的醫療意見是場陰謀，為的只是把他永遠驅逐出政壇。他抱怨醫生團隊和政要，說他們共謀來孤立他。醫院工作人員盡責地將他說的一字一句回報給何內克，而何內克因此更加排擠和羞辱烏布利希。一九七一年六月三十日，烏布利希七十八歲生日的這天，何內克到烏布利希家中拜訪。烏布利希此時明顯重病纏身，但這次何內克的到來並非禮貌性的私人拜訪，他帶了一組攝影團隊和一名攝影師，讓社會大眾看見一位身穿睡袍，甚至無法從扶手椅上站起來的病弱老人。精力充沛的何內克向他彎下身，雙手緊握烏布利希的手，流露出一股暖意，此時整個政治局的人都面帶擔憂和仁慈的神色。這個畫面傳遞了一個清楚的訊息，烏布利希甚至無法繼續勝任資深政治家的角色，必須要由何內克個人，而且只有何內克，才能夠帶領國家進入下一個十年。

何內克時代的黎明時分

一九七一年七月，波羅的海，菲姆（Vilm）。

二十八歲的侍者羅塔爾．赫佐格（Lothar Herzog）極力討好埃里希與瑪格特．何內克。他的上司跟他說，如果何內克假期結束後對羅塔爾有怨言，羅塔爾就保不住他的飯碗了。羅塔爾從一九六二年起就開始在封閉的森林官邸工作，跟裡頭所有員工一樣，他也是史塔西的一員。梅爾克讓森林官邸運作良好，並一心一意要確保森林官邸生活的和睦，而一旦何內克不希望羅塔爾出現在眼前，那麼在無從迴避的森林官邸，羅塔爾勢必得走人。

因此羅塔爾完全服從他得到的指令，最困難的就是在避免被撞見的情況下完成工作。菲姆是一座漂亮的小島，整座島的面積不到一平方公里。波羅的海更知名且更大的島是呂根島，隔壁就是較少人接觸的菲姆島，自從一九三〇年代初期開始就立為保護區。社會主義統一黨的領袖決定將島作為私人度假小島，專門用來接待部長會議的成員及其家人。島上建了十一座賓館，還有一座建築作為公共俱樂部，大家可以在此共進午餐。在這樣狹小的空間中，羅塔爾每天且無時無刻都要提供服務，因此很難完全避開何內克夫婦。天氣不錯的日子，何內克夫婦喜歡下午在海邊享用咖啡，那就需要搭帳篷，並且擺出露營用具。為了避免打擾到他們，咖啡與蛋糕會以無聲的電動車送上。何內克也喜歡裸泳，然而即使大部分東德人都喜歡在波羅的海沿岸的天體沙灘嬉鬧，何內克本人似乎相對害羞。羅塔爾必須等到所有人都回到俱樂部用晚餐，才能前往海灘收拾咖啡桌。四週的假期就這麼順利度過了，羅塔爾最終得以繼續擔任何內克的侍者和保鏢，直到一九八四年為止。[15]

對於何內克來說，這四週與世隔絕的美妙假期就是俗話說的暴風雨前的寧靜。他在出發前往菲姆島前，就在社會主義統一黨第八屆黨代表大會上宣布了重大計畫。如今老烏布利希已經不再礙事，何內克希望成為國家迫切需要的新氣象。雖然何內克外表並不出眾，也沒有獨特魅力或演說才能，但他有一張王牌，即他相對沒沒無聞。他長久以來在政要心中都是烏布利希的首要繼承人，有的人甚至直接稱他為「王儲」，但在大眾心中他卻接近一張白紙。何內克一百六十八公分高，身形瘦削，髮線後退，他給人的印象是有點無趣，甚至害羞內向。何內克在其他政要身邊相當不自在，會見外相時更是如此。在東德所有辦公大樓都會掛著何內克著名的彩色肖像，但就連這張照片看起來都平凡無奇，照片中的他穿著芥末黃的西裝，戴著厚重的角質框眼鏡。他的聲調並不像烏布利希那麼尖細刺耳，但也稱不上自信沉穩，他的講話方式與語調也並不突出。他口中說出的句子十分紊亂，詞彙量有限，而且總是急促不安，這很快成為他的招牌公眾形象。

但何內克不想要也不需要憑藉個人魅力贏得東德民心，他一心一意要做得更好，並且希望讓人民一起變好。「經濟與社會政策之團結」是他提出的口號，有點無趣，不過他的五年計畫野心勃勃，試圖推動改革，他希望讓工人的產值立刻再投入作為他們的福利。只要他們愈努力工作，國家就會愈來愈好。但這表示他必須確保國家有明顯且即刻的進展，才能讓人相信新時代的黎明真的已經到來。何內克粗糙地以「未計畫的奇蹟」批評烏布利希的經濟開放，並且表示那個時代已經結束。如今的全新秩序是「計畫奇蹟」。當時三十五歲的學者約翰尼斯．庫佩（Johannes Kuppe）正著手撰寫一本《東德手冊》，日後他回想起來，當時大眾將權力轉移至何內克視為一種「信號——『有事情發生了！』產能永遠不夠的經濟如果能夠緩解並得到適當回報，就會比較容易忍受一九六一年社會被迫分離的現實。」[16]

何內克從海邊度假回來，立刻動工，準備落實自己的承諾。首先要讓經濟權力回歸政府手中，並且將整套方法和各流程集中。烏布利希容許經濟中保有一絲創業氣息，一九七一年時，有超過一萬一千家私人商家、自由工作者以及半私有的企業，他們生產了東德四成的消費品。[17]對何內克來說，這不僅透露資本主義的氣息，同時還證明了國家無法提供他本希望能提供給人民的生活水準。一九七二年春天，基本上所有僅存的私人企業都被收歸國有，納入國營企業之中。負責經濟計畫的相關政府部門都鬆了一口氣，因為計畫經濟中設下了預期目標，無時無刻帶來政治壓力，而不可預測的經濟因素又造成了困擾。最好讓政府掌控所有生產，並且為自己的決策負責，而不是面對市場的波動。經濟歷史學家約克・侯斯勒（Jörg Roesler）曾說：「不再需要一直改革和實驗新的管理方法了，經濟改革再也未被提起。」[18]

同樣地，再也無法拿東德經濟跟西德相比了。何內克跟蘇聯保證，會讓東德安穩地回到蘇聯陣營，因此不再需要比較東西德差異了，至少暫時如此。何內克甚至在一九七四年將憲法中的「德意志國家」移除，藉此強調東德已經成為獨立國家，會永久存在。許多事物重新命名，以證明何內克的目標和野心不再是向西方學習。例如一九七一年十一月，「德國廣播電台」就改為「東德之聲」（Stimme der DDR）。何內克時代的黎明時分不再是用東德的亮眼表現來評估，根據何內克自己的說法，而是用「持續改善人民物質和文化生活品質」來評估。從住宅到民生消費品，何內克都誓言要做得更好。

藍色牛仔褲

一九七八年五月，薩克森，奧爾伯斯多夫。

安德蕾雅・胡達特（Andrea Rudat）看著鏡中的自己，相當滿意眼前所見。她是一名十四歲的女孩，身形纖瘦，一頭波浪棕髮。她最近剛加入了自由德國青年團，此刻的她驕傲地穿上燙熨整齊的藍色制服上衣，她穿起來很好看，上衣紮入漂亮的Levi's單寧短裙更是亮眼。她剛收到這件來自舅舅迪特（Dieter）的裙子，舅舅住在下薩克森邦（Lower Saxony）的希爾德斯海姆（Hildesheim），常常寄來親友淘汰的二手衣物。他知道在東德的家人有多熱愛這些搶手的服飾品牌，這件帶著招牌紅標的淡藍色單寧短裙也不例外。安德蕾雅一看到舅舅寄來的其中一個「西方包裹」出現這件裙子，便喜不自勝。包裹中除了裙子，還有其他常常出現的禮物，例如咖啡、巧克力和白蘭地。這件裙子甚至還有編織的皮帶環！她等不及要給朋友看了，特別是諾拉，因為她是同屆公認最酷的女生。安德蕾雅的同學當然都讚不絕口，甚至有點嫉妒。

諾伊曼小姐（Fräulein Neumann）倒是一點都不開心。她是全校最嚴厲的老師，而正是她在下課時間把安德蕾雅叫進辦公室。「胡達特小姐，」她開口，安德蕾雅不禁縮了一下，準備挨罵。「我非常失望，你是班上最優秀的學生，不但是學生代表，甚至還是『友誼委員會』成員！你怎麼敢？」安德蕾雅的心一沉，她並沒有想要惹事。她只是想讓朋友瞧瞧她的新裙子。「我真的想不到你會做這種事，」諾伊曼小姐繼續用令人不安的沉靜語氣對她說話，這比破口大罵更讓她不安。「所有人當中偏偏是你。你到底在想什麼？」

她到底在想什麼？她的父母會怎麼說？他們是下層階級的工廠工人，對於女兒亮眼的學業表現感到萬分驕傲。他們每次都搶著參加親師面談，好接受老師的熱烈讚揚。整體而言，西德的牛仔褲在當時是完全可以接受的，甚至只要東德政府有辦法進口到一些牛仔褲就會販售。然而，安德蕾雅也立刻想到，穿上Levi's單寧短裙再紮入自由德國青年團的上衣，當然就是完全不同的事了。她不經意地將自己變成行走的階級鬥爭樣板。幸運的是，諾伊曼小姐很喜歡安德蕾雅，她並沒有將這件事鬧大，也沒有通知安德蕾雅的父母，反而繼續支持優秀的安德蕾雅。安德蕾雅的父母堅決反對她升學，因為他們懷抱強烈的階級意識，希望安德蕾雅習得「正當的專業技能」。不過諾伊曼小姐依然為安德蕾雅費盡心思，好讓她能夠獲准進入鄰近的齊陶延伸中學，安德蕾雅將在此獲得高等教育和大學的門票。諾伊曼小姐知道穿著這些東德人口中的「藍色牛仔褲」（意指美國的Levi's）一點也不墮落，所有人都會穿，就算是安德蕾雅也會穿。[19]

何內克對這點心知肚明，他是自由德國青年團的創辦人，並沒有完全與青年脫節，依然了解他們的心願和喜好。他察覺到，如果他繼續堅持前任領袖的僵化路線，就會失去下個世代的東德人。他希望關注年輕人的需求，而美國「藍色牛仔褲」的吸引力永無止境，遂成為他的優先事項。東德特別難買到這些搶手的牛仔褲，擁有牛仔褲的人通常跟安德蕾雅一樣靠西德的親戚協助購買。但是在一九七一年十一月時，東德購物連鎖品牌「中心」（Centrum）旗下的「青年時尚」部門（Judendmode，簡稱JuMo）突然引進正牌的Levi's。東德年輕人欣喜若狂，大量湧入店鋪。當時在政治局中負責商業供應的雅羅溫斯基（Werner Jarowinsky）向何內克回報：「大量庫存快速售出，年輕人興致高昂，因此無法避免商家暫時出現大批人潮。我們已經決定派出更多銷售人員到店家中，甚至要動用到行政人員，並且建立更多更衣室。」[20]一九七一年十一月底，東德店家在短短四天內就賣出了將近十五萬件牛仔褲。

但是正牌的美國牛仔褲十分昂貴，就算是在西德也有很多人買不起。在東德的售價相當親民，因為政府大量補助，同時政府也希望這股熱潮盡快退去，但是牛仔褲的熱潮遲遲不肯消退。相反地，一九七〇年代初，牛仔褲突然無處不在，包括學校、舞廳，甚至是自由德國青年團的領袖都穿上了。

東德電影業也搭上了「藍色牛仔褲」的熱潮，國營的德國電影股份公司就製作了多部牛仔片，或是一九七三年出現的邪典經典之作《保羅與保娜的傳奇》（*Die Legende von Paul und Paula*），何內克甚至親自確保這部片通過審查。過去被視為反叛標誌的牛仔褲，突然被接受成為流行文化指標和日常生活中的亮點。

這也表示不能再用昂貴的西方進口商品來應付大眾對傳奇牛仔褲的需求了。而且還有另一個問題，美國原版商品實在太受歡迎，每次供貨就會造成混亂，因為大眾會湧進「青年時尚」搶購，讓店員和保全兵荒馬亂。一九七八年，東德輕工業部（Ministry of Light Industry）直接從美國下訂驚人的一百萬件Levi's牛仔褲，有了前車之鑑，他們更為謹慎，特別確保公平鋪貨，而且避免出現囤貨的情況。為此，政府決議將銷售地點選在大學、工作場所以及其他組織（甚至連史塔西都分到了一些美國牛仔褲），員工和學生收到消息時簡直不可置信：「牛仔褲特賣，來自美國原廠李維．史特勞斯（Levi Strauss），可憑工作證及學生證購買。」[21]一百萬件牛仔褲轉眼就銷售一空，而東德的一千六百七十萬人口卻還買不夠，這樣下去不是辦法。

何內克政府試圖發行國產的牛仔褲來消化人民的高需求。一九七〇年代中期開始出現了許多讓人產生聯想的品牌名，例如「維森特」（Wisent，意指歐洲野牛）、「博瑟」（Boxer）和「尚迪」（Shanty），①藉此模仿西方原版的風采，但就如以往，東德面臨原物料短缺的問題。東德確實從美國進口了一些棉花，特別是用來供應最受歡迎且最舒適的國產品牌「博瑟」，但「博瑟」卻也因此成為最貴的品牌。便宜的商品則大都使用比較劣質的材料製成。棉花主要進口自蘇聯，而這些棉花纖維較短，不適合製作牛仔褲，必須要加入合成纖維，但牛仔褲因此變硬、不舒服，而且很難清洗。這些牛仔褲也沒有眾人追求的褪色效果，剪裁也沒那麼合身。有些東德年輕人為了讓牛仔褲呈現像原版的貼身效果，甚至將牛仔褲泡入裝滿水的浴缸，這樣一來就能夠軟化並且拉伸纖維，等牛仔褲乾了之後，就會像是一層漆一樣緊貼著穿上的人。但是對許多人來說，這些被多數人稱為「鉚釘長褲」（Nietenhosen）的東德製牛仔褲仍聊勝於無，因此銷量依然驚人。舉例來說，「維森特」牛仔褲就在距離柏林車程一公里以北的滕普林（Templin）國營服裝工廠生產。這裡專門生產牛仔褲，工廠有四百名女工，她們每天輪三班製作高達六千件牛仔褲。一開始，這些牛仔褲也出口到西德，但是美國的李維．史特勞斯公司為此感到焦慮，因此介入指控東德抄襲其產品設計和工法（特別是後口袋的縫線設計）。最終的法律途徑是讓何內克只能在國內市場銷售國產牛仔褲，不得外銷。

不過身穿維森特牛仔褲的經驗仍然絲毫比不上穿著西方正版的體驗，不論就材質或心理層面來說都是如此。不管何內克多努力（到了一九八〇年代末，每一位東德年輕人平均擁有兩件牛仔褲），西方違禁品依然對東德青年具有莫大吸引力，對他們來說，一件進口的Levi's或藍哥（Wrangler's）牛仔褲，都是政治或個人反叛的宣洩管道。安格拉·梅克爾的家鄉滕普林就是東德牛仔褲的原產地，但年輕時的她——當時名為安格拉·卡斯納（Angela Kasner）——穿上漢堡親戚送來的西方牛仔褲和軍風大衣後倍感驕傲，她說：「我姑姑寄來或親自帶來的牛仔褲就是我們的希望，我幾乎從來沒有穿過東德製的衣服。」[22]

何內克投入龐大心力，就為了生產牛仔褲給人民，特別是為了年輕人，可見他願意讓東德人民的生活不只是過得下去，還要過得開心。一九七一年，他從烏布利希手中接棒時，並不是後人所記得的那個老古板共產黨員。一直到一九七〇年代中期，對許多東德民眾來說，何內克和他的五年計畫奏效了，甚至年輕人也這麼想。披著長髮的年輕人身穿牛仔褲和軍風大衣，聽著滾石合唱團（Rolling Stones）或平克·佛洛伊德（Pink Floyd）的歌，而比起第一書記，他們還更畏懼自己的父母和師長。

---

① 譯注：「博瑟」（Boxer，意指拳擊手）、「尚迪」（Shanty，意指棚屋）。

一九七三年紅色胡士托音樂節

一九七三年七月二十八日，東柏林。

這天是個豔陽高照的夏日，十三歲的烏維・施密特（Uwe Schmieder）從家鄉薩克森―安哈特邦寧靜的蔡茨小鎮（Zeitz）前來，在首都心臟地帶驕傲地敲打行進鼓。烏維身處同鄉的學長姐之中，就這樣陶醉在第十屆世界青年與學生聯歡節的氣氛中。他的年紀還不足以加入自由德國青年團，但因為家鄉隊伍急缺鼓手，他還是獲准披上自由德國青年團的亮藍制服。對烏維來說，現場氣氛「令人陶醉；那股和平的氛圍，那種友誼和那些口號。我們從來沒有練習過，臨時才加入的……我在那一刻感覺很貼近國家。」[23]

西德記者曼菲德・雷辛（Manfred Rexin）就在不遠處，他分享了現場無拘無束的歡樂和開放氛圍，他從西柏林被派「過來」，報導柏林圍牆另一側的大型盛會，令他大吃一驚的是，「東德不再是我們在一九五〇年代經歷過的那種樣貌，當初柏林圍牆建立後東德狀況甚至惡化了，但如今――看起來――東德正在改變，這點帶來了希望。」[24]

當時二十五歲的格列高・格斯（Gregor Gysi）律師也發現自己難以抗拒東柏林的魅力。「我一直前往亞歷山大廣場和其他地點。我見證了來自西德的年輕人如何與東德年輕人辯論。這個場面很令人振奮，也很有意義，他們的論點非常不同。當時有這麼一股自由氛圍。音樂隨處傾洩而出。」[25]

一九七三年夏天，長達九天的時間，東柏林轉變為一處熱鬧喧騰、文化多元的節慶場合。自一九四七年起，世界青年聯歡節就在國際上不同城市舉辦，提供了各式各樣的活動，由來自世界各國的左派青年組織和社團參與，內容包括音樂演出、辯論和藝術。這次輪到東德首都擔任主辦城市，自由德國青年團全力以赴，一百七十萬名成員齊心協力，讓第十屆世界青年與學生聯歡節達到史無前例的規模。總計有八百萬人從一百四十個國家前來參與，這當中包含許多西德人，其中八百人直接參與了花車、展覽、演說、音樂演出和其他活動。許多人（特別是西柏林年輕人）純粹是出於好奇而參與。格列高．格斯回憶起來依然十分驚訝：「甚至連基民盟（基督教民主聯盟）的青年聯盟都從西德前來。」[26]眾多與會的西方人士中，也包括多位支持共產的美國大人物。安吉拉．戴維斯（Angela Davis）帶領著美國代表團，她是一位著名極左人士和學者，曾在美國入獄一段時間，因為登記在她名下的武器使用於攻陷加州法庭的行動中，該起事件造成五人死亡。支持戴維斯的運動在東德大規模展開，高喊著「放安吉拉自由」的口號。她獲釋後，立刻飛往東歐巡迴，一九七二年九月拜訪了東德，當時數以萬計的民眾夾道歡迎她。何內克很滿意身為年輕黑人女性的安吉拉所引起的迴響，並且試圖加以利用。安吉拉獲頒萊比錫大學榮譽學位，並且受邀帶領美國代表團前往參加一九七三年的青年聯歡節。她應景地在開幕典禮以嘉賓的身分上台，並且發表了激勵人心的演說，現場掌聲如雷。

這樣的國際規模令東德年輕人對這次盛事興奮不已，活動現場出現即興演奏，還有熱烈的政治辯論，營造出一股開放、隨興氛圍，在地人對於能夠主辦這麼一場盛大熱鬧的活動感到滿心驕傲，同時還帶有一絲對於國際群眾的好奇心。當時十六歲的女學生伊娜・梅克爾（Ina Merkel）還記得，許多來自開發中國家的訪客對東德民眾滿懷敬仰：「他們身上還帶有革命精神、反叛和抵抗。這對東德民眾來說充滿吸引力，因為東德已經失去了這點。東德變得有點無趣。」[27] 一九四〇年代末期以及一九五〇年代初期，籠罩著第一批自由德國青年團的那份精神確實已經煙消雲散，年輕人不再認為自己需要捲起袖子打造更好的東德，以抵抗全世界的敵人。東德成熟了。一九七三年九月十八日，這個盛夏的尾聲中，東德跟西德一起成功加入了聯合國。一九七二年的《基礎條約》終於讓兩個德國承認彼此為主權國家，這表示東德可以自由與世界各國建交。到了一九八〇年，東德前往將近兩百個國家設立了大使館和代表處。伊娜說得沒錯，東德確實變得有點「無趣」，如今已經變得跟其他國家一樣，生活也相對舒適。

東德搖搖欲墜的建國時期已經告一段落，迎來了新的時代，彷彿為了更證明這點，在免費放送著音樂、愛、辯論和飲酒的九天中，烏布利希過世了。過去兩年來，何內克完全讓這位過去的盟友與導師噤聲，他的做法十分接近二十年前蘇聯的去史達林化運動，何內克的「新路線」承諾會帶來新的氣象。烏布利希過世前都掛名國務委員會主席，但他過去的功績從國家的意識形態中被完全抹去，大眾也不再提起。事實上，青年聯歡節開幕式所使用的體育場原本名為「瓦爾特·烏布利希體育場」（Walter-Ulbricht-Stadion），卻在活動幾天前改名為「世界青年體育場」（Stadion der Weltjugend）。羸弱的烏布利希偶爾會被推出來做秀，總是為了襯托老當益壯的何內克。著名東德歌手法蘭克·蕭貝爾記得一九七二年時他受邀前往國務大廈表演，當時烏布利希也出席了，他「整場坐著，明顯憔悴，可能是靠藥物才坐得起身。何內克就站在他旁邊……我唱到副歌時還壓低音量，因為我覺得任何太大的噪音都會讓他老人家負荷不了。最後他過來用招牌的尖細高嗓音向我們道謝。我覺得他誰都認不得了，只剩一具空殼。」[28]

一九七三年盛夏時分，烏布利希的名字跟他本人一樣淡出了公眾視野。這位東德開國元勳在一九七三年八月一日中午十二點五十五分安靜地離世，享年八十歲。他在社會主義統一黨的賓館裡嚥下最後一口氣，在柏林的邊緣、青年聯歡節的邊緣、公眾生活的邊緣。國家電視台以及廣播頻道在原本的青年聯歡節相關節目和廣播中插播烏布利希的死訊，接著播放他們認為合適的高雅古典音樂。社會主義統一黨黨報《新德意志報》用頭版滿版紀念逝去的前領袖。但是青年聯歡節本身並未中斷。蕭貝爾按照原定計畫，在電視塔下表演了整整兩個小時，並且在粉絲的絲綢圍巾上簽名。一九七三年夏天散發著一股無憂無慮的氛圍，而曾經建造並主宰東德二十年的人的死訊並無法破壞這氣氛，東德已經向前邁進了。

一九七三年八月七日，青年聯歡節結束兩天後，烏布利希獲得一場最高規格的國葬，除了降半旗，報紙也刊登來自世界各國的悼文，華沙公約組織成員國的代表團也受邀到國務大廈參加官方喪禮。蘇聯領袖布里茲涅夫親自現身莫斯科的東德大使館致意。倘若何內克以為烏布利希已經遭民眾遺忘，那麼他就錯了。葬禮當天一早，長長的人龍出現在國務大廈前的馬克思—恩格斯廣場，前來向打造他們國家的人道別。「他的成就不可小覷」，一名在排隊的男子如此說道。[29]烏布利希的遺體瞻仰時間比原本預期的要長，因為政府沒有預料到當天會有這麼多人前來。葬禮上演奏了國歌、貝多芬樂曲（由德勒斯登愛樂交響樂團演奏）和〈國際歌〉（Internationale），葬禮結束後，政府用軍用敞篷車載送烏布利希蓋著東德國旗的橡木棺材，經由東柏林街道送往火葬場。民眾成排站在街道上，進行最後一次的致意。九月十七日，烏布利希的骨灰下葬到腓特烈斯費爾德中央公墓，與過去的其他共產領袖如卡爾．李卜克內西、羅莎．盧森堡和威廉．皮克等人一同長眠於此。

烏布利希的最後一段路莊嚴隆重且情緒高漲，但他的死亡並沒有像二十年前史達林的驟逝那樣造成眾人心理衝擊。大多數人對於一九七三年的記憶並不包含深刻的惆悵或震驚，大家記得的是青年聯歡節以及炎熱的氣候，還朦朧感受到東德已經穩定下來。自從烏布利希協助建國以來，東德獲得了自信和穩定，眾人靜靜地告別開國元勳烏布利希，正好證明了這點。

東方搖滾（Ostrock）

一九七四年春天，東柏林，勞赫方斯半島（Rauchfangswerder）。

星期五下午，《自由國度》（*Freie Welt*）雜誌的多名記者出現在迪恩．利德（Dean Reed）家門口，他的妻子薇碧可（Wiebke）前來應門時，告訴記者當天是「黑色星期五」。他們的老屋位在柏林東南邊的措伊滕湖（Zeuthen Lake）寧靜湖畔，亟需整修。那天早晨，利德打算自己動工，卻被斧頭劃傷了手腕，留下一道需要縫合的傷口。利德那張帥氣的美國面孔露出大大的笑容，聳了聳肩把整件事拋諸腦後，決定還是要去滑水。這對記者來說再好不過了，他們登門拜訪就是為了拍一些照片來展現利德那熱愛自由的牛仔風格。薇碧可嘆了口氣：「迪恩總是不顧自己的安危。」他的丈夫吻了吻她，回道：「我放蕩不羈的日子已經過去了。」[30]

但迪恩．利德放蕩不羈的日子還沒過去。一九三八年，迪恩出生於科羅拉多州的丹佛，出道初期曾加入國會唱片（Capitol Records），想成為歌手兼演員，試圖打造魅力四射的形象。他在一九六〇年代初期巡迴智利、巴西、秘魯和阿根廷，在南美洲引起一波旋風，但這次的巡迴也讓他投身參與政治，日後據他的解釋，這是因為他見識到社會不平等。一九六六年三月，他邀請切．格瓦拉（Che Guevara）到他位於布宜諾斯艾利斯的家中作客，兩人徹夜長談，這次談話深深撼動了身為美國人的迪恩，也導致他因為「參與共產活動」而遭阿根廷驅逐出境。一九六六年秋天，他與國會唱片的合約到期，決定到蘇聯闖蕩，在蘇聯國營活動公司的安排下，巡迴了八座城市舉辦了三十九場演唱會。他獲得「紅色貓王」（Red Elvis）的稱號，靠著扭腰擺臀、個人魅力和搖滾樂在鐵幕後方成為巨星。他賣出數百萬張唱片，在蘇聯陣營以及義大利獲得許多演出機會。他透過美國形象與流行、搖滾和鄉村樂曲獲得巨大商業成就，他把這些收入視為用來抵抗資本主義的政治運動資金，對此他絲毫不感到諷刺。

利德成為知名反越戰人士，並且支持智利的阿言德（Salvador Allende）。在一次引人注目的行動中，他在聖地牙哥的美國大使館外將美國國旗丟入水桶中，宣稱：「這面北美國旗汙穢不堪，染上了南美洲、非洲和亞洲大多數人民的血和淚，數百萬人被迫生活在悲慘與不公當中，這都是因為美國政府支持箝制人民的獨裁政權。」[31]一九七四年《自由國度》記者來訪時，那面國旗還驕傲地掛在他位於東德的家後方。

一九七一年十一月，他在萊比錫的活動中遇見了東德教師薇碧可，兩人一見鍾情。多年後，薇碧可還記得兩人第一次碰面時的點點滴滴：「一切就這麼發生了，我突然無法克制自己，當我站到他面前，我的膝蓋一軟，用我殘破的英文喘著氣告訴他：『你是全世界最好看的男人。』」[32]一九七二年，利德搬到東德，他們兩人在一九七三年六月結婚。

何內克立刻發現自己挖到了流行文化的金礦。當時所有人都瘋狂追求美式文化，從牛仔褲到搖滾樂都蔚為風潮，而東德竟然在此刻獲得了屬於自己的共產牛仔。迪恩·利德簡直是流行文化與政治的完美結合，而且他不需要人說服，自己就會扮演好角色。他的傳記作者史提方・恩斯汀（Stefan Ernsting）寫道：「他渴望成為英雄，也堅定相信英雄主義，只有美國人會這樣。」[33]整個一九七〇年代，他不辭辛勞地接受訪談並舉辦演唱會（其中一次演出就是一九七三年的青年聯歡節），總是與黨口徑一致。他曾告訴報紙《人民之聲》：「感覺到我在決定性的時刻改變了我的人生，我發現馬克思列寧是唯一人性的哲學。」[34]整個一九七〇年代，他的演唱會場場爆滿，他也在多部電影中擔綱演出，賺來的收益讓他得以在全球推動政治運動。

利德後來經歷了一連串嚴重的個人危機，並對東德產生一定程度的幻滅（不過並非針對社會主義本身）。一九八六年時，他被發現漂浮在房子後方的湖面上，此時他的熱潮早已退去。他割腕後服用過量安眠藥自盡，留下長達十五頁的遺書，指名要給社會主義統一黨中負責電視與廣播的官員艾巴哈・芬奇（Eberhard Fensch），政府直到一九九〇年才將遺書公諸於世，並且將利德的灰心喪志怪罪到他最後一任妻子蕾娜特・布魯（Renate Blume）身上。然而更有可能的情況是，這位牛仔在東德過得十分焦躁，甚至到了嚴重憂鬱的地步。一方面，他很想家。雖然他對社會主義保持熱切信仰，卻從來沒有真正放棄自己的美國認同。他在東德時會收聽美國軍用廣播電台，並且多次回到家鄉。每次一回去，他就更加挫敗和幻滅，因為美國人民不接受他的意識形態。他在東德之所以大放異采，正是因為他身上純正的美國風采加上政治行動主義這股奇妙的融合特質，而最終他也被這當中的衝突所擊潰。

一九七四年六月十三日，西德，美茵河畔法蘭克福（Frankfurt am Main）。

在西德的瓦爾德球場（Waldstadion）中央，法蘭克．蕭貝爾和他的舞者群蹲在一顆巨大彩球中，感覺像等了永恆之久。以這個時節來說，現場濕冷到了極點，同時蕭貝爾也擔心觀眾的反應。他們在這個狹小潮濕的空間等著表演，這股緊張的氛圍令人難以承受。球場坐了六萬兩千人，他們前來觀賞德國第一次舉辦的世界盃足球賽的開幕活動。每個參與國家都受邀以五分鐘的表演環節介紹自己，東德派出了三十一歲的蕭貝爾，友人暱稱他為法蘭基（Fränki）。對於這位來自萊比錫的年輕歌手來說，這是大好機會。在烏布利希短暫的文化開放時期，他發行了幾首受美式文化啟發的暢銷歌曲，例如一九六四年的〈看吶！看吶！〉（Looky, Looky）和〈派對扭扭舞〉（Party Twist）。一九六六年，他甚至獲准參與國營的德國電影股份公司所製作的音樂電影《婚床之旅》（*Reise ins Ehebett*），片中他穿上了當時還被視為傷風敗俗的牛仔褲。但很快烏布利希又開始限制文化發展，蕭貝爾的星路大受衝擊，他也被迫屈服。他早期的暢銷歌曲被束之高閣長達數年，而且他被要求穿著軍服現身，以提升國家人民軍的形象。

一九七一年，何內克接掌東德，他認為蕭貝爾會給年輕人產生好印象，甚至還允許蕭貝爾在一九七二年時登上西德電視台，表演一九七一年的暢銷曲〈恍若星辰〉（Wie ein Stern），他是第一位在東德政府管治下獲得此殊榮的東德歌手。何內克在這位年輕俊美的偶像歌手身上看到潛力，他常常被形容為東德的狄恩．馬丁（Dean Martin）或克里夫．李察（Cliff Richard）。〈恍若星辰〉在東西德以單曲形式發行，傳唱整個東方集團，同時也傳入奧地利和瑞士。

蕭貝爾搖身一變成為巨星，但是他還記得一九七四年時，他在西德瓦爾德球場的緊張心情，他蹲在巨球中，接著巨球展開，在球場上形成一朵花，蕭貝爾眼前出現觀眾席的六萬兩千對眼睛，所有人都滿心期待地盯著這位著名的東德歌手。「等等聽到唱名東德時會不會噓聲四起呢？」他心想。但觀眾並沒有這麼做。他表演了〈四海皆兄弟〉（Freunde gibt es überall），表演完美落幕，不過他更想唱的是他特地為世界盃開幕所寫的歌〈足球跟世界一樣圓〉（Der Fußball ist rund wie die Welt）。但他還是心滿意足了。他後來獲知全球有六億觀眾收看他的演出。[35]

一九七四年的世界盃也讓其他許多東德人留下美好回憶，小小的東德贏得了小組賽，而且還打敗當時已經威風四震的西德地主球隊。東德與西德唯一的一次足球對決就發生在小組賽，令人驚豔的是，東德以一比〇獲勝，射門的是約爾根・施巴爾瓦薩（Jürgen Sparwasser）。雖然最終由西德二度奪下世界盃冠軍，但這已足以讓許多東德家庭振臂歡呼。蓋德・穆勒（Gerd Müller）、法蘭茲・碧根鮑華（Franz Beckenbauer）、瑟普・邁爾（Sepp Maier）和保羅・布萊特納（Paul Breitner）等家喻戶曉的西德球星，也被視為全德國人的英雄。蕭貝爾的演出則為這永駐人心的足球之夏提供了配樂。

這場活動成為了全球的矚目焦點，因此何內克極力確保蕭貝爾和他的樂團不會行徑脫軌。文化部派人陪同，提醒他們不准穿牛仔褲或任何其他太驚世駭俗的裝扮。「我們有政治任務在身」，文化部的人提醒樂團。因此蕭貝爾和其他人暗中策劃，首先他們會穿著過去在堅振禮時穿的正式西裝——尼龍白上衣、窄領帶、緊身長褲和尖頭鞋，看起來過時又可笑。他們在邊界檢查哨經過了一些西柏林人，飽受嘲諷：「看吶！東德人！」但是領隊愛死了他們的打扮：「跟我想的一樣！」一上火車，一行人立刻換裝，雖然不是牛仔褲，但至少是當時流行的喇叭褲。藉此，他們體現了無數東德民眾的妥協心態。東德政權不斷在民意和控制之間擺盪，東德人則想方設法在當中求存。

許多音樂人成功在東德爭取到足夠的藝術創作空間。搖滾樂團「城市」（City）在一九七二年時於東德出道，暢銷單曲〈窗邊〉（Am Fenster）於一九七七年推出，一年後也在西德發行，總計銷售超過一千萬張。他們是少數獲准在西方表演的樂團，甚至在一九八〇年發行了英文單曲專輯《夢想家》（*Dreamer*），合作對象是美國製作人傑克．瑞利（Jack Rieley），他曾經在一九七〇年代初促成海灘男孩（Beach Boys）的回歸。

另一個在東德成立的搖滾樂團是「克拉」（Karat），從一九七五年起，他們製作的音樂不但受歡迎，也獲得國家認可。一九七七年十月，「克拉」樂團獲得文化部藝文獎，並且從一九七八年開始由國營Amiga唱片公司製作發行。隔年，他們在西柏林舉辦首場商演，他們最暢銷的歌曲〈必定得跨七座橋〉（Über sieben Brücken mußt Du geh'n）也大受歡迎。一九八〇年，西德最知名的歌手彼得．曼菲（Peter Maffay）翻唱了這首歌，也成為家喻戶曉的歌曲。「克拉」至今依然是在商業上十分成功的樂團。

女歌手也成為東德搖滾流行樂的重要元素。一九七一年，十五歲的烏特．弗羅伊登貝格（Ute Freudenberg）被挖掘，接著進入家鄉圖林根威瑪的李斯特音樂大學（University of Music Franz Liszt）接受正規音樂教育。一九七八年的暢銷曲〈青春愛戀〉（Jugendliebe）公認為東德經典歌曲。另一首經典曲則是妮娜．哈根（Nina Hagen）的〈你忘了彩色底片〉（Du hast den Farbfilm vergessen），於一九七四年由Amiga製作。在歌曲中，哈根和男友米夏埃爾（Michael）去波羅的海度假，男友卻只帶了黑白底片而沒有帶到彩色底片，讓哈根忍不住痛罵：

我氣到赤腳在沙灘上跺腳
還把你的手從肩膀上拍掉
米夏，我的米夏，我心好痛
下次再這樣，米夏，我會離你而去
你忘了彩色底片，我的米夏埃爾
現在沒有人會相信這裡有多美了
你忘了彩色底片，我的天！
所有的藍和白和綠之後都不算數了！

當時十九歲的妮娜．哈根還沒成為日後的龐克巨星，在這首歌曲中，她以一種惹人憐、帶著孩子氣的任性來唱出這首歌，搭配的則是歡樂、朗朗上口的音樂。每位東德人都對歌詞感同身受，因為當時彩色底片不易取得，大多數東德人的私人照片都是黑白照。這首歌成為經典，連梅克爾都選擇以此曲作為二〇二一年官方卸任儀式上的歌曲。

妮娜．哈根跟其他當紅藝人不同，無法在東德為自己找到文化上和智識上的合適發展路線，她的母親伊娃—瑪麗亞．哈根（Eva-Maria Hagen）交往的對象是歌手兼異議分子沃夫．比爾曼（Wolf Biermann），因此扼殺了妮娜．哈根的星路。當局視她為政治阻礙，並且不對外公布她要如何才能表演，以及在哪裡才能表演。她在一九七〇年中獲得德國電影股份公司幾部電影的演出機會，但她在一九七六年末決定離開東德。她是靠著比爾曼的關係才能成功離開，而比爾曼當時剛被註銷公民身分並被流放。妮娜．哈根離開東德後，在美國、英國和西德成為了一名成功的龐克歌手。

妮娜．哈根不願意以及做不到的，就是聽從政權的指令調整風格和作品，不過其他藝人能夠接受。東德最家喻戶曉且成功的搖滾樂團，正是知道如何在政權和民眾之間謹慎遊走的Puhdys樂團。②一九六〇年代末，樂團的成員多次更動，但在一九七〇年時，他們被禁止在薩克森的卡爾—馬克思城（Karl-Marx-Stadt）（即今日的開姆尼茨〔Chemnitz〕）演出，那是東德最熱鬧的地區。他們在薩克森小鎮克勞斯尼茨（Claußnitz）開演唱會時，市政府的文化首長親自察看了其中一場，他整整聽了三個小時的表演，對於演出中的所見所聞頗有微詞。「這個樂團的表演都只用『英文』，」這名官員抱怨，「通常來說，裝備齊全的樂團會有自己的音響設備，大約在七十到八十瓦特，這支樂團卻有超過兩百瓦特的音響設備。」最大的問題是，聆聽這個吵雜樂團的觀眾很容易受到影響：「他們演出的幾首『歌』充滿尖叫和無意義的噪音，而觀眾都是年輕人，他們容易受到音樂鼓動，做出下流的動作。這支樂團的曲目不論怎麼安排，都無法避免年輕舞者出現動亂。」[36]審查機關迅速禁止Puhdys在整個地區的演出，理由是「因多次嚴重違反我國社會主義文化政策的準則」。

當時正值烏布利希壓抑年代的尾聲，Puhdys面臨如此強烈的官方抵制，他們深知自己的選擇有限。如果想要在東德成功，他們必須順應做出改變。他們跟地方官員晤談，詢問他們要怎麼做，並且保證會根據政府要求改變他們的樂團理念。一九七〇年十月二十三日，禁令頒布後的兩個月，Puhdys收到政府的一封信：「各位了解並且承諾改變演出內容，並且減少英文歌的比例，因此我們做出〔解除表演禁令〕的決議。預祝各位未來在文化政治領域鵬程萬里。」[37]

Puhdys確實遵守承諾。他們不再是那個到鄉村大廳和酒吧翻唱英美暢銷歌曲的樂團了。他們開始用德語寫自己的歌曲，演出的場地也隨之變得愈來愈大，最終他們的自由度也更多。就風

②譯注：這個團的前四個字母是每位團員姓氏的第一個字母，然後再加上Y。目前沒有發現固定的中文翻譯，故採用原文。

格上來說，他們的偶像依然是西方搖滾樂團，例如「尤拉希普」（Uriah Heep）和「深紫」（Deep Purple）。但是他們寫的是德語歌曲，並且在為東德電影製作音樂方面獲得極大的成就，也登上許多重要舞台，例如一九七三年東柏林的青年聯歡節。他們也到東方集團和西德表演，到了一九七七年，他們的專輯銷量超過四十萬。他們重新獲得當局的信任，而且遇上了一九七〇年代更為開放的文化風氣，Puhdys終於得以重拾他們英美音樂偶像所使用的語言了。一九七七年，他們發行第一張英文合輯《搖滾音樂》（*Rock'n' Roll Music*），收錄的全是翻唱歌曲。他們獲准繼續以英文製作更多音樂，甚至在一九八一年時到美國巡演。一年後，他們獲頒東德國家藝術成就獎，到了一九八九年，他們銷售了兩千萬張專輯，比任何東德搖滾樂團都來得多。

Puhdys最一開始順應政權的要求改變自己，許多東德知識分子和藝人常常為此批評他們，但這並不僅僅只是服從。正是因為他們願意用德語表演，使他們成為了在東德搖滾圈呼風喚雨的樂團。弔詭的是，小心眼的政府施壓，反而逼迫他們變得更具創意，找到了自己的聲音。同時期的許多其他音樂人也有相同經歷。一九七〇年代從東德出現的東方搖滾共同受到西方世界的啟發，但是這些音樂人的生命經驗和所處世界的境況均讓這個音樂類型與眾不同。這些音樂人的名氣不止步於東德國界之內，證明了他們作品的水準。東方搖滾或許是受到政治施壓，但卻不是政治的產物。

西方政策

一九七四年四月二十四日，西德，波昂。

清晨六點半，西德首都波昂巴特戈德斯貝格區（Bad Godesberg）烏比爾街（Ubierstraße）一〇七號的大門開啟，四十七歲的紀堯姆（Günter Guillaume）對著敲響家門的一批聯邦刑事警察局員警問：「有事嗎？」員警說明他們是前來逮捕他、他的妻子克莉絲特（Christel），以及岳母愛兒娜．布姆（Erna Boom）的。身上還穿著睡衣的紀堯姆脫口而出：「我是東德國家人民軍的軍官和國家安全部的職員，我請求尊重我的榮譽。」[38]

證據擺在眼前，西德總理布朗特的一名親信實際上是東德間諜。紀堯姆夫妻為此接受了特別訓練，從一九五〇年代起，他們就以代號漢森（Hansen）與海因策（Heinze）出現在史塔西的檔案中。他們的任務是搬到西德，滲透體制，盡力爬到權力頂層。原先他們捏造的身世看似縝密，克莉絲特的母親愛兒娜．布姆住在美茵河畔的法蘭克福，因此愛兒娜的女兒和女婿以為了與她同住為由，在一九五六年「逃脫」東德。這對夫妻從史塔西獲得一萬馬克作為創業資金，開了一家販售咖啡與香菸的店鋪，店名為「教堂旁的布姆」（Boom am Dom），以克莉絲特娘家的姓氏命名，而且地點就在教堂旁邊（Dom為德語中的「教堂」）。他們等了一年才加入當地的社會民主黨分部。

紀堯姆做事安靜有效率，態度認真負責，簡直無可挑剔，一路爬上政治權力階梯，沒有任何人起疑。到了一九七二年，他已經來到權力頂端。身為布朗特的個人助手，他得以出席高層會議，掌握高度機密文件，並且熟悉西德總理的私生活。他們兩人關係緊密，紀堯姆常常陪布朗特出差或出席競選活動，他甚至曾經邀請總理一家人到家中作客，參加花園派對，並且在週日上午還會一起散步。布朗特從開羅和阿爾及爾出訪回國後，獲知好友紀堯姆的雙重身分，飛機降落後，他走在通道上，此時才獲知當天早上紀堯姆遭到逮捕。短短十二天後，布朗特卸下西德總理一職，辭職下台。紀堯姆夫婦在監獄待了數年，一九八一年兩德間諜換俘時，他們才獲釋回到東德。回到國內後，這對夫婦立刻受到英雄式的歡迎。他們雙雙獲得卡爾・馬克思勳章（Order of Karl Marx），這是東德最高榮譽獎項，獎金兩萬馬克，同時他們也獲得史塔西高階官員職位。他們的地位儼然就是巨星，常常以貴賓的身分受邀出席活動或晚宴。

後來新的研究陸續出爐，例如艾卡特・米歇爾斯（Eckard Michels）撰寫的紀堯姆傳記，發現紀堯姆完全不是東德吹捧的那種頂級間諜，不過紀堯姆家喻戶曉的故事確實吐露了一九七〇年代兩德之間的關係。波昂與柏林或許在冷戰關係中扮演要角，但此時他們對於彼此更感興趣，反而對於他們的強國盟友和敵人沒那麼感興趣。布朗特的參謀長霍爾斯特・艾姆克（Horst Ehmke）適當地總結了西德聯邦情報局（West German Federal Intelligence Service）的三大首要任務：「東德、東德、東德。」[39]東德的梅爾克也報以同樣的關注，部署針對西德的間諜活動以及警戒西德所從事的間諜活動，在他麾下的史塔西，這兩者是各層級的首要工作目標。史塔西也視西德為首要目標，投入龐大資源，因此得以在西德的政治和行政組織中建立起龐大的間諜網絡。史塔西專家延斯．吉斯克（Jens Gieseke）找出了一百七十處在策略下部署的情報來源，其中五個成功部署在總理府、總統辦公室、新聞處以及聯邦刑事警察局的安全部門，包括總理府的一位祕書、一位記者，以及總理府的其中一個小組委員會職員。其他核心公部門，例如外交辦公室等，以及所有主要政黨中也都有相同數量的線人。[40]

矛盾的是，東西德之間對彼此的執念，也促進了兩德之間的關係，但同時何內克在取代烏布利希後，一開始急於向莫斯科政權證明他要撤銷這種與階級敵人親善的路線。許多人先前對於烏布利希親近西方社會民主人士的做法抱有疑慮，此時鬆了一口氣，例如東德外交部長奧圖．溫徹，他曾經將布朗特的東方政策比喻為「穿著毛氈拖鞋的侵略」。一九七二年，何內克前往呂根島視察，他也親口告訴士兵：「我國與西德之間的關係，等同於我們各自與第三國的關係。因此西德是外國，而且更重要的是，西德是帝國主義的外國。」[41]

儘管如此，出身西德薩爾蘭的何內克依然無法切斷自己與西德的連結，但同時他也深信東西德人民粗暴地被分離，確實是保護歐洲和平的必要之舉。一九七四年，他指出邊境部隊的接戰規則維持原樣，如果有人試圖穿越兩德邊界，警衛得以出言示警，接著開槍示警，如果無從拘捕目標，「可以毫無保留地開火，成功使用槍枝的同志會受到表彰。」[42]何內克的父母分別在一九六三年與一九六九年過世，但他一心要證明自己能夠遵守限制，因此並未出席於薩爾蘭舉行的喪禮。然而，就像許多其他東德民眾一樣，他無法放下僅僅分離約二十年的德意志國家歷史情懷。鐵幕另一邊的同胞依然對他有著強烈吸引力，而由社會民主黨掌握的西德，出現了將兩德關係正常化的政治意圖。

布朗特和何內克開始交涉，透過《兩德過境協定》（Transit Agreement）推動兩德和解，協定於一九七一年十二月十七日簽署完成，讓西德人可以更容易進入西柏林，③而且西柏林人每年至少可以進入東柏林三十天（特殊情況下可以再延長）。人員和商品過境需盡可能地「簡易、快速且便宜」，這僅表示那些要途經東德領土的汽車不再需要被搜查後車廂和人員。一九七二年五月二十六日，雙方又簽署了一項交通協定，讓東德人可以在發生「緊急家庭事務」的情況下前往西德探親，過去這極為困難，只有退休人員才做得到，因為他們被認為不再對經濟有所貢獻。

一九七二年十二月二十一日迎來重大進展，《基礎條約》簽署完成。雙方在第一條便同意「在平等權利之基礎上，發展正常睦鄰關係」。這些文縐縐的用語掩蓋了背後深遠的意涵。多年來，西德的霍爾斯坦主義導致東德被西方世界摒除在外，無法被認可為主權國家，西德政府宣稱代表所有德國人。《基礎條約》中提到「睦鄰」（neighbourly），以及「尊重兩國之自主與主權」，這項重大轉變讓西德得以將與東德的關係正常化，也讓其他國家有機會這麼做。兩德關係解凍的高峰，在於雙方在波昂與東柏林分別設立「常駐代表處」。東德驕傲地將使節稱為「大使」，西德卻做不到這點，因為其憲法依然要求兩德統一，並且視全體德國人為其人民（東德則早在一九六七年推出了自己的國籍法）。波昂政府因此特意避免使用「大使館」（embassy）一詞，並且稱其出任東德的使節為「東德常駐代表」（Permanent Representative by the GDR），而非「駐東德」（in the GDR）。東柏林並不被視為東德的一部分，就像西柏林也不受西德管轄，這是根據一九七二年的《柏林四強協議》（Four Power Agreement），這份協議確認了各占領勢力對柏林的責任歸屬。

對東德來說，「德國問題」早在一九七四年就塵埃落定。兩國是各自獨立的主權實體，各自擁有不同首都、國籍法和治理方式。東德視西德為他國，但是可以與之協商。同時，西德政府則一直到一九九〇年都在憲法上將兩德統一訂為目標，而且只認同部分的東德國籍法。不過重點是西德接受了東德的主權地位。常駐代表處以及雙邊關係的全新基礎，讓兩個德國可以在一九七〇年代開啟更緊密的政治和經濟關係。何內克成功度過危機，不但讓莫斯科政權相信自己對蘇聯的路線絕對忠誠，同時還與另一個德國建立了史無前例的連結。

③ 譯注：當時西柏林雖屬西方控制，但地理上完全被東德包圍，西德人欲前往西柏林，須穿越東德領土。儘管西德人理論上可進入西柏林，但實際需通過東德的嚴格邊境檢查與限制，通行權利並未受到保障。

跟西德做生意

一九七四年春天，薩克森，萊比錫。

亞歷山大．沙爾克—哥羅科斯基（Alexander Schalck-Golodkowski）忙得不可開交。今年四十一歲的他擔任外貿次長，目前身處在人聲鼎沸的「萊比錫商展」（Leipzig Trade Fair），如魚得水。萊比錫商展是萊比錫引以為傲的傳統，首次紀錄出現於一一六五年。就連社會主義都無法終止這樣歷史悠久的商業熱忱。東德在一九六五年歡慶萊比錫商展八百週年，並且開發了專屬吉祥物，是一位抽菸斗的商人，頭部是一顆橘色的球，手上提著公務包，上面寫著「萊比錫商展」。這尊商人吉祥物廣受好評，總計做出四十萬隻大小不一的娃娃，還常常客串《我們的小沙人》兒童電視節目。看到這尊吉祥物，大家就會聯想到萊比錫商展的熱鬧和國際氛圍，每年春天和秋天，西方代表團、公司和記者皆會出席展覽。正是像沙爾克這樣的人，負責讓這些與資本主義世界的商業交流盡可能豐收。

萊比錫商展遠不止是讓新產品亮相的市集場所，這是一場建立人脈的活動，為的是促進東德最重要的經濟支柱，即與西方的貿易。沙爾克集結這項工作所需的才華、創意和性格於一身，而且早在他完成學位前就顯露無餘。一九五六年，年僅二十四歲的他就被指派為東德外貿部的部門主管，接著在一九六六年，他協助開創和建立了「商業協調公司」（Kommerzielle Koordinierung），負責為東德賺取外匯。沙爾克從不缺席萊比錫商展，不過一九七四年春天展覽上，他在活動半途中被召到柏林，他十分詫異。「我被告知要立刻向總書記報到，」他後來回想時說道，「這將是我第一次與何內克見面。」[43]

他抵達柏林時，被叫到何內克明亮的辦公室中與他會面，除此之外，在場的還有史塔西首長埃里希・梅爾克以及中央經濟委員會祕書君特・米塔格。他們看著沙爾克圓潤的臉龐，一臉狐疑。眼前這個人是天生的生意人，善於掌握細節，行為舉止則相當沉穩，讓他在東德政要以及西德貿易夥伴眼裡看來都十分值得信賴。這三位權力高層需要知道一件事，這也是為什麼他們會從展覽會場把這位東德最重要的賺錢天才找來，他們想要知道，把囚犯賣給西德到底賺了多少？

何內克解釋：「梅爾克同志跟我說這筆收入全部經由你的部門處理，這是真的嗎？」[44] 確實如此。打從一九六二年開始，東德就開始跟西德政府、慈善機構、律師和一般家庭進行金錢交易，交易內容是釋放政治犯以及想離開東德的人。第一筆「交易」發生在一九六二年十二月，二十位囚犯，加上父母已經移民的二十位孩童被送往西德，以交換三卡車的肥料。一開始，這只是非正式交易，目的是為了用自願的人口交易來換取必要物資和貨品，但因為有利可圖，很快規模就開始擴大。到了一九八九年，東德「賣出了」三萬三千七百五十五人給西德，平均每人的「價格」也翻了超過一倍，從原本的四萬馬克變成九萬五千八百四十七馬克，不過囚犯的「價值」落差，取決於柏林圍牆另一邊那些希望換取他們自由的人認為他們值多少。一九七四年春天，何內克向沙爾克要了一份明細，此時沙爾克已經靠這門生意賺了價值將近五億西德馬克的貨品和現金。[45]

將人口從一個分裂國家中的一邊賣到另外一邊，著實反映出東德的經濟景況。不過值得注意的是，許多西德觀察家用「人口販賣」（Menschenhandel）一詞來形容這些交易，但這個詞並無法反映出許多囚犯其實也參與了交涉過程。舉例來說，新教與天主教會都利用了自己的兩德網絡，列出在他們教會內想逃離東德的人口名單，接著透過交易的管道安排他們離開。東西德的政府官員會被交付洽談價格的工作，依照個人或團體數量決定，雙方通常會保持緊密且友好的「商業」關係長達數年。東柏林以及波昂努力掩蓋這項祕密交易，避免爆發成為政治醜聞。在一九七七年與七八年間，這項行動達到高峰，所有合法離開東德的人當中，有百分之十二都是透過西德資金「保釋離開」。

何內克與沙爾克談話結束後，就出現了惡名昭彰的「何內克帳戶」（Honecker-konto），代號〇六二八，為的就是處理這些交易的金錢。一九七四年三月二十九日，帳戶設立在東柏林的德意志貿易銀行（Deutsche Handelsbank），受托人正是沙爾克本人。因此「何內克帳戶」這個名稱並不正確，因為身為第一書記的何內克本人從未直接獲得這筆資金，而是命令這筆資金必須透過「商業協調公司」運用。透過人口販賣賺得的收入（總價將近三十五億馬克）並不是要拿來資助東德政要，雖然常流傳這個說法，但事實上，這筆錢是要用來確認東德擁有足夠的擔保，讓西方債權人願意繼續貸款給東德；這筆錢也拿來資助進口貨物，例如鞋子、異國水果（包括以千金難買而聞名的香蕉），還會拿來買衣物，例如人人趨之若鶩的正版美國「藍色牛仔褲」。[46]一九八〇年八月七日，三千兩百萬馬克用來買「腳踏車輪胎、餅乾、巧克力、酒、男士襪子、成人內褲、毛巾布、外出鞋、清潔用布以及茶巾」。[47]醫療與體育等其他產業的進口產品同樣透過「何內克帳戶」支付，另外支付給波蘭與尼加拉瓜的數百萬馬克外援也是。這個帳戶也同時為現金永遠不足的東德提供了緊急備用金。有些錢會謹慎地投資於維也納、哥本哈根與盧加諾，有些會用來買黃金儲備。一九八九年十二月，帳戶裡頭還有二十二億馬克的信用，現金則有一億東德馬克，剩餘的則投資外國銀行，作為債權人的貸款擔保。

東德國家規模小，工業實力不足，而且持續面臨能源採購問題，因此東德仰賴對外貿易和進口，連天然氣、石油與機器等關鍵物資都是。一九六九年到一九八〇年間，東德對資本主義國家的貿易中，出口額從未超過進口額。雖然如此，一九七〇年代初，東德的制度依然運作良好，令人驚訝。一九六九年到一九七三年間，生產力上升了百分之二十三（接下來十年，這個趨勢持續保持，只是速度放緩），到了一九七五年，實質薪資成長了百分之三十。[48]雖然在看待東德計算的經濟數據時務必謹慎，不過大多數歷史學家現在都同意，東德經濟在一九七〇年代上半穩定成長，包括國民生產毛額也穩定上升。同一時間，何內克一心要實現一九七一年的承諾，「改善人民物質和文化生活品質」。在烏布利希治理的數十年裡，人民刻苦堅毅，如今生活已往前邁進，準備迎接東德穩定常態的「到來」。

國家因此在住宅、社福與娛樂方面投入龐大資金，到了一九七五年，建案已經達到一九七〇年的百分之一百二十八點五，因此改善了居住和工作環境，實現大幅現代化和增加居住空間。國家大幅補助租金，因此東德民眾不需要再擔心選了適合的公寓後負擔不起。從一九七一年開始，租金經過經濟狀況調查後才訂定，而且有小孩的工人家庭優先。西德的四人家庭需要將淨收入的百分之二十一拿來支付租金，但是同樣的家庭在東德只需要付出百分之四點四。全力興建新建築，表示舊建築在全國各地的市中心凋零，這樣的市容在外國觀察家看來醜陋不堪，但組合式房屋備有中央空調、隔熱設計、浴室以及寬敞的空間。何內克也確保提供給民眾的消費品快速成長。到了一九七五年，超過四分之一的家庭擁有一輛車，在一九七〇年代這個數據只有百分之十五，而到了一九七〇年代末，這個數字會上升到百分之三十八。到了一九八〇年，幾乎家家戶戶都有一台冰箱、電視和洗衣機。

但這一切都需要靠資金，西方國家從國內銀行和其他國內外的金融機構借貸，以支持自己的福利國家，到了一九八〇年，西德累積的國債相當於兩千三百九十億歐元。但這對東德來說相對困難，東德的經濟制度受到蘇聯宰制，也受制於莫斯科政權的需求。因此，向西德借貸成為有利可圖的手段。靠著何內克帳戶的經費，東德發現自己愈來愈容易吸引西德債權人。到了一九八〇年，這些債權人借給社會主義鄰居東德的金額來到兩百五十三億馬克，而借貸利息嚴重吞噬經濟發展的成果，東德於是透過賣油給西方來彌補。一九六四年，德魯茲巴（Druzhba，意指俄語中的「友誼」）輸油管道竣工，從俄羅斯輸送石油到東歐，其中包括東德，因此東德透過自己國內精良的煉油設施煉油，並賣到西歐，這個事業讓東德賺飽了荷包，特別是在一九七三年石油危機重創全球的時候。五年計畫固定了從蘇聯進口石油的價格，而西方買油的價格與需求則節節攀升。實際上，當時的生意好到在一九七〇年代初期時輸油管道全數投入運作，並且在一九七四年時，鋪下平行德魯茲巴輸油管道的第二座輸油管道，名為德魯茲巴二號。然而好景不常，一九七五年六月十八日，蘇聯外貿部發函至東柏林外貿部，告知石油價格不幸需要提高，以因應近期經濟發展。一公噸的原油價格翻了超過一倍，從原本的十四盧布變成三十五盧布。負責商業供應的政治局成員雅羅溫斯基去信何內克：「這表示一九七六年我們需要支出額外的七億兩千五百萬馬克。」[49]

何內克穩定的經濟成長慘遭莫斯科的決策扼殺，因此創造進步的幻象成為國家政策。先前，品質更好的產品透過進口或國內生產製造，如今東德只能將舊商品重新包裝，並且提高售價，便宜的商品則直接從市場上消失。特拉班特汽車成為最好的例子，這個車款的「改良」緩慢而且徒具形式，可說是毫無進步。這輛車跟不上時代，永遠維持二行程，而且大小和舒適度也毫無改善。東德也無法再從蘇聯進口棉花，這表示要從西德買進大量的昂貴布料。全新現代化的工廠靠著俄羅斯的石油和天然氣高效運作，如今只能重新改造，利用國產的褐煤發動，導致機器效率下降，而且骯髒不堪，同時產量下跌，售價因此攀升。這種老舊的技術對環境造成嚴重衝擊，也影響工人健康，他們必須忍受廢氣，並且持續在礦場賣命。在這樣的情況下，沙爾克與西方拉近經濟關係的工作就變得至關重要。為此，他製造獲利的方式愈來愈別出心裁。除了賣囚犯，東德也販賣沒收來的納粹裝備、藝術和工藝品，這些是東德在戰後早期「收歸國有」而來的，其他任何能夠變現的物品他們也都拿來賣。到了一九八九年，根據沙爾克的說法，「商業協調公司」賺了五百億馬克，其中一半立刻流進國庫，另一半則由「商業協調公司」拿來再投資。

也難怪一九九〇年時何內克會如此忖度：「在我看來，可以說沙爾克為東德對西方世界的外貿發展貢獻良多……可惜的是，東德沒幾個像他這樣的生意人。」[50]柏林圍牆倒塌後，作為生意人的沙爾克依然高枕無憂，他日後如此回憶：「我是一名篤信東德的公民，而且總是為國家的利益服務。或許我並未總是依照漢薩同盟的商業精神做事，但這要歸咎於德國的分裂。我們當時處在冷戰之中，兩邊陣營都無法避免弄髒雙手。」[51]

第八章

敵與友
(1976-1981)

Friends and Enemies

咖啡全都沒了！

教堂以及國家的其他敵人

一九七六年八月十八日，薩克森—安哈特邦，蔡茨。

早上十點二十分，蔡茨的包烏街（Braustraße）街口停了一輛淺灰色瓦特堡三一一（Wartburg 311）轎車，就在聖米歇爾教堂（St Michael's Church）大門前。蔡茨是一座工業城市，人口四萬五千人，教堂周圍曾經滿布中世紀木造房屋和鵝卵石街道，但是二戰時慘遭七次空襲，超過三千兩百噸的砲彈落在這座小鎮上。整座城亟需整修，但同時蔡茨接收了大量來自東歐的德裔難民，因此興建住宅比修復歷史老城更為重要。就跟其他地方一樣，現代風組合式住宅建築在郊區成群拔地而起，市中心則遭冷落，日漸凋零。到了一九七六年，聖米歇爾教堂周圍的街道看起來老態龍鍾，這座中世紀的教堂坐落在充滿店鋪的廣場旁，外觀明亮卻顯得萬般淒涼。

這輛瓦特堡的車主是路德宗牧師布呂賽維茲（Oskar Brüsewitz），他將車停在教堂門口，身穿黑色牧師服下了車，此時並未引起關注。他將一個手寫立牌放到車頂，眾人並未感到驚訝，立牌上頭寫著：「向眾人宣告……向眾人宣告……我們嚴正譴責共產主義在孩童與青少年所在的校園中打壓教會！」四十六歲的布呂賽維茲在當地廣為人知，他公開批評東德當局，並且常常以奇特的方式表達。有一年聖誕節，他在自己的教堂上方裝了巨大的十字架燈。當地人曾經回報說他在深夜敲響教堂的鐘，或是在禮拜時間讓羊群和鴿子在教堂遊走，並且在特拉班特轎車後方掛上犁，在田地裡馳騁。一方面，這些說法其實不可盡信，因為日後史塔西藉此證明布呂賽維茲精神失常；另一方面，布呂賽維茲也確實因為常常以有點古怪的方式抗議東德政府而為人所知。早先，他還用海報和大字報發表意見，並且因為眾人無動於衷而感到心灰意冷。馬德堡副主教鮑默（Friedrich-Wilhelm Bäumer）宣稱布呂賽維茲變得難以接近，並且「讓自己深陷黑暗的網，困在自己孤獨的思緒中」。[1]

是日早晨，布呂賽維茲開始在他的瓦特堡車上裝上更多政治標語，看起來跟往常一樣怪裡怪氣。但他緊接著打開後車廂，拿出一只二十公升的牛奶瓶，將裡頭的液體淋遍全身，直到自己的黑色長袍從頭濕到尾。然後他拿出一根火柴。在周圍的人意識過來以前，一團火從牧師身邊竄出，吞噬了他本人、他的後車廂，以及路面。布呂賽維茲從車旁往前跑了二十公尺，直奔教堂廣場，一名國家人民軍士兵正好站在電話亭附近。這名士兵嚇傻了，趕緊將著火的牧師撲倒在地。布呂賽維茲撞上人行道的那一刻，聖米歇爾教堂的鐘聲莊嚴響起。

一名路過的司機終結了布呂賽維茲的苦難，他拿著一件厚重羊毛毯下了車，跑過來裹住布呂賽維茲以滅火。這場悲劇般的奇景在三分鐘內落幕。這時廣場已經聚集了一百五十位民眾圍觀，布呂賽維茲立刻被送往當地醫院接受緊急治療，然而他全身八成面積遭受二度燒傷，包括他的頭部在內，四天後逝世。

史塔西鉅細靡遺地記載了這起事件，從報告中可以看出，當局立刻開始擔心布呂賽維茲自焚事件對國內外輿論的影響。史塔西訊問了現場目擊證人，問他們是否記得牧師在布告欄上寫的話，這些訊息當初迅速遭警方移除。史塔西後來鬆了一口氣，因為「絕大多數的人」都「只記得那些標語的片段」，並且「對於這個行為持負面看法，而且撇清關係」。[2]有幾個跡象可以看出這些描述並非史塔西自我安慰的幻想，布呂賽維茲長久以來不論是在個人交友圈還是工作上都難以融入。他出生於農家，十五歲時在戰爭末期受徵召加入了德意志國防軍，後來遭到紅軍俘虜。獲釋後，他搬到西德，成為一名鞋匠，結了婚並育有一女。但後來婚姻破裂，他在一九五四年搬到東德重起爐灶。他跟一個東德基督教家庭同住，找到了自己的信仰，並且開始接受神職訓練。一開始他苦於因焦慮而起的心理疾病，被迫中斷訓練。他在好轉後重拾鞋匠工作，再婚並且育有二女一男。但健康問題持續困擾著他，更悲劇的是，他的兒子在一九六九年因病去世。

為了逃避生活中的問題，布呂賽維茲全心投入宗教事業。一九七〇年，他獲授聖職，這次，他變得更加乖張，政治色彩更加濃烈。他身邊的人以及其他宗教領袖並非總是認同他，衝突終於在一九七六年爆發，因為教會建議他轉調到其他教區，而且應優先考慮西德教區。在探討布呂賽維茲的悲慘結局時，應該先了解他的背景。他的妻子與女兒皆證實他長久以來都飽受折磨，他甚至在自殺前挖了自己的墳墓，並且留下一封信，裡頭提到「光明與黑暗之間的戰爭，真相和謊言並肩而立」。[3]

布呂賽維茲經歷了太多苦難，成為殘破不堪的人，難以融入東德或西德的教會，因為教會大多只求過上正常的生活，不去管周圍肆虐的冷戰政治議題。布呂賽維茲無法這樣生活下去，他坐立不安，並且希望打敗世界的不公不義，而同時他的心靈和健康不斷打擊著他。因此，他的死亡並不僅僅是殉教，教會也並未因此興起為他復仇的反抗浪潮。令人悲痛的是，大眾並未對他有深入的了解，教會也大多在惡意的環境中找到生存之道，對他們來說，布呂賽維茲是個麻煩人物。就在他死前不久，薩克森的路德教會領袖團隊向教區發出一項聲明，旨在譴責布呂賽維茲的行為：「我們知道布呂賽維茲將他的服務視為見證上帝的一環，雖然有時候採用了異常的手段。但我們不能縱容自己人……我們認為我們的責任就是在社會中奉獻……我們拒絕讓任何發生在蔡茨的事情成為抗議德意志民主共和國的宣傳。」[4]

布呂賽維茲的自殺為東德當局帶來了麻煩，但這並不是因為教會或整體社會的反彈，而是東德政府自己的激進回應所導致。他們無法擺脫執政初期永久留下的病態偏執，整個體制由何內克與梅爾克這樣的人所把持，他們成長的年代經歷了政治迫害，面對威脅，他們承襲了史達林風格的回應方式。布呂賽維茲的家人以及教區在事件後保持沉默且置身事外，共產黨人因此相信這件事不會造成社會動盪，但布呂賽維茲的喪禮上湧入大批媒體，東德政府脆弱的自信心就此瓦解。至少九家西德媒體在場，他們利用了布呂賽維茲悲劇之死，以政治之名大做文章，史塔西的回擊方式是部署大量維安人員和線人，不僅監視宗教領袖，還阻止大眾在正式葬禮儀式之外到墓前放置政治宣傳和花圈。史塔西對於葬禮的紀錄透露他們明顯鬆了一口氣：「下午兩點五十分左右，葬禮在毫無干擾的情況下結束了。」[5]

但梅爾克的手下也發現有幾位宗教領袖以及布呂賽維茲的一名女兒接受了訪談。西德的德國電視二台（ＺＤＦ）攝影團隊也前往蔡茨拍攝。社會主義統一黨知道大多數東德民眾都能收看西德電視，因此將得以看到相關訪談和報導，因此他們決定了，詆毀布呂賽維茲是最好的應對手段。黨報《新德意志報》在喪禮前刊登了一篇文章，在當中先發制人，稱布呂賽維茲為「異常人士，有病態傾向，受偏執所苦」，試圖藉此加深眾人印象，讓人以為他的自殺是出於私人原因。[6]西方的政治報導也引發東德政府類似的反射性防衛機制。一九七六年八月二十九日，一篇措辭粗鄙且充斥激烈用語的報導因此誕生，而當時大多數東德民眾早已將這件事拋在腦後。

《新德意志報》在這篇長篇大論的報導中，鉅細靡遺地列出了傳說中的布呂賽維茲的種種古怪行為，這些是史塔西向蔡茨當地人收集來的內容，《新德意志報》卻未經事實查證就加以轉述，例如布呂賽維茲在傾盆大雨中爬上曳引機，宣稱神將讓洪水氾濫，以溺死異教徒。這篇報導還接著反駁西德媒體所稱的東德迫害教會一事，聲稱這個說法荒誕不經，因為國家允許「每個人以自認為合適的方式追求幸福」。為了佐證這個說法，文章內還列出「路德教有四千位牧師，天主教有一千三百位，六所大學有神學系，路德教會慈善機構則經營五十二家醫院，共提供七千張病床，還有八十七處身心障礙之家，兩百八十家養老院各提供十一個床位，還有一百一十二處康復之家，二十三家孤兒院，三百二十六家托兒所，其他還有一萬七千處類似空間和機構。更別提我們社會中所有的孩童都可以享有高等教育的福利。在西德，只有富人小孩才能享有。」[7]東西德教會的大多數人確實都接受了東德的現況，但是因為一名路德教牧師當眾自殺就出來大肆吹噓宗教自由和平等，許多人實在看不下去。

史塔西寫了一份八頁的報告，細數《新德意志報》這篇文章如何導致薩克森地區的路德教會領袖集體撰寫了回應，這些宗教領袖在各教會中朗讀這份聲明，還投書西德媒體。一個委員會於焉誕生，負責仔細調查布呂賽維茲一案，並且將調查結果送給所有宗教領袖以及教會事務國務祕書。史塔西的報告中提到「或許這將涉及對國家的批評……並且表達『東德基督教的困境』。」[8]東德宗教領袖也邀請西德同事們前往東柏林開會，共商最好的合作方式。他們發布正式公告，並投書到《新德意志報》，卻未獲刊登。宗教領袖表示他們有必要站出來發聲，因為他們認為布呂賽維茲同時受到了東西德的不公平對待，西德「試圖將布呂賽維茲塑造成政治殉道者」，東德則「將他描繪成精神失常者」。接著提供了修正版的布呂賽維茲生平，並且要求信件必須全文刊登，因為「我們感到很羞恥，一個人的尊嚴以及死後的名聲如此受到傷害。這樣的行為破壞了教會與國家之間，試圖建立信任的一切努力。」[9]

確實，早在一九七六年以前教會與國家間的信任就遭到破壞，因為東德長期打壓教會傳統，例如用世俗的成年禮（稱為Jugendweihe）取代教會中的堅振禮，並且拆除六十座教堂建築，其中有些其實並未遭到戰火侵襲。不過絕大多數基督教徒設法與體制共處，反之亦然。舉例來說，梅克爾成長於柏林北方大約八十公里的滕普林，她就是路德宗牧師之女。他們家保留了基督教信仰，不過梅克爾依然成功適應了東德的生活。她後來在自由德國青年團的宣傳鼓動部門擔任志工，積極參與事務，這個位置讓她得以參與並且組織文化活動。日後她表示，這是「七成的機會主義」，[10]但是相較於常常與東德相提並論的納粹，東德的生活至少還有一些私人空間。後來某一次，梅克爾罕見開口談及自己的東德生活，她說：「我總是有路可退。我的童年沒有陰影。」[11]對於大多數的新教徒與天主教徒來說，在布呂賽維茲事件後，他們依然維持相同心態，但是當局對事件的過度反應卻成了東德反對勢力的分水嶺。當局在《新德意志報》以及其他管道上詆毀死者的人格與心智，因此失去了道德制高點，讓反對派輕易獲得攻擊目標。這起事件點出了領導階層集體心智中的報復心態。

一九七六年九月十一日，布蘭登堡，普倫茨勞，聖尼古拉教堂。

教會集體撰寫完布呂賽維茲事件並投書的同一天傍晚，史塔西正在密切關注另一起相關活動。這是一場宗教活動，現場有演唱、書攤、食物和演講。三十九歲的歌手兼政治運動家沃夫·比爾曼成功獲得演出機會，在此之前他有長達九年時間遭東德禁演。此時的比爾曼還不知道，這將是他在一九八九年前在東德的最後一場演出。在政府與宗教出現緊張衝突之際，梅爾克想當然地是盯緊了這場活動。總共有三百人觀賞比爾曼的演出，這點史塔西倒是不太擔心。史塔西用有些輕佻的語氣提到：「他首先表演的是那首〈切格瓦拉之歌〉，獲得現場關注和掌聲，但接下來的表演中，愈來愈多聽眾離席去逛其他活動，例如書攤等等，有的人甚至離開了教堂。」[12] 比爾曼曾經跟西德的《明鏡週刊》（*Der Spiegel*）分享自己對當天表演的回憶，他的說法與史塔西大相逕庭，他形容現場掌聲雷動，而且他提到的觀眾人數更多。史塔西此時看起來並沒有特別擔心他受到的注目。令他們擔心的是，比爾曼公開提及發生在蔡茨的布呂賽維茲自殺事件，並將這起高度爭議的事件政治化，就跟西德媒體一樣，主張布呂賽維茲是「為了逃離東德而葬送生命」。[13]

史塔西長久以來都視比爾曼為政治威脅，他的父親是共產主義的猶太人，曾經積極抵抗納粹，並且死於奧斯威辛，因此成長於漢堡的比爾曼帶有強烈政治傾向。他就跟父親一樣，自幼就是共產主義支持者，並且希望延續這場政治鬥爭。一九五三年，他搬到了東德，當時年僅十六歲，他的媽媽則留在漢堡。在東德，他從一九六一年開始接觸藝術社群，因此開始嘗試舞台指導與歌曲創作，這兩項行為立刻引來政府的怒火，因為他強力批判柏林圍牆。一九六三年，他的劇院遭到關閉，他收到暫時的演出禁令，而且申請加入社會主義統一黨的申請遭駁回。比爾曼緊接著到西德參與政治活動，而一九六五年十二月，中央委員會發布了永久表演禁令。然而比爾曼持續在東德的公寓中非法錄製音樂，同時也在西德正式錄製，史塔西因此對他展開有系統地「侵蝕」（Zersetzung），那時這還是一個相當新穎的概念，要到一九七六年一月的《關於制定和修訂行動程序的第七十六之一號指令》（Directive No. 1/76 on the Development and Revision of

Operational Procedures）中才正式推出，其中包括採用「安靜」（也就是心理）手段來詆毀和攻擊特定人物，希望他們藉此放棄推動政府眼中的反抗運動。根據比爾曼的說法，德國共產黨的漢堡分部與史塔西勾結，鼓勵比爾曼的母親疏遠自己的兒子。

聖尼古拉教堂的這場演唱會觸動了東德當局敏感的神經，當時他們對於布呂賽維茲一案的緊張和恐懼剛好達到了最高峰。演唱會的時間點，加上比爾曼公開將布呂賽維茲之死與政治掛鉤，這兩點就足以終結他在東德的演藝事業。他後來受到西德的金屬工業工會（IG Metall）邀請而申請前往西德巡迴演出，據傳何內克介入並允許他離開東德。巡迴期間，他不斷批判東德，政府便以此為由，澈底擺脫這名異議人士。一九七六年十一月十六日，政治局祭出了「流放沃夫・比爾曼」動議，並且在當天下午宣布決議。

東德當局先前對布呂賽維茲一案的反應引發反彈，這次對沃夫・比爾曼事件的過度反應又再度帶來反效果。一群具影響力的作家、音樂人和其他藝文人士一聽到同業遭流放，當天就在柏林集結，撰寫並簽署了一份請願書，呼籲政府「再想想」。《新德意志報》拒絕刊登這份請願書，因此他們轉交給路透社等西方媒體，確保能夠觸及普羅大眾。公共電視台西德廣播公司（WDR）當天播放了一場比爾曼演唱會的影片以示支持。幾天過後，西德最大公共電視台德國公共電視第一台（ARD）完整播出整場演唱會，許多東德民眾因此第一次接觸到了比爾曼的音樂。許多東德藝人、演員和音樂人過去決定住在一個他們或許不愛但可以忍受的政權底下，如今他們公開表達不滿。東德失去了最知名的其中一位演員，曼夫瑞德·庫克，他在一九七七年成功申請移民而出走他鄉。同樣選擇出走的還有比爾曼的前女友兼演員伊娃—瑪麗亞·哈根和她的女兒妮娜·哈根。其他連署的藝人如果沒有離境，就遭到「侵蝕」手段對付，甚至鋃鐺入獄或面臨表演禁令。這是東德自我毀滅最嚴重的其中一項政策，一口氣就疏遠了一群創造力最旺盛的藝術家。

何內克在一九七〇年代前半開啟了文化開放路線，一九七六年理當持續下去。誠然，何內克已經將自己的職銜改回「總書記」，並且在十月時同時兼任國家委員會主席，藉此，他成功將自己的領導位置推回烏布利希受到箝制前的地位，但同時還有其他振奮人心的改革跡象。一九七五年八月一日，東德成為《赫爾辛基協議》（Helsinki Accords）的簽署國家，承諾跟其他歐洲與北美簽署國一樣維護基本人權，這使得東德藝文人士、宗教領袖以及反對派領袖都懷抱希望，認為東德正在演進並走向現代化。舉例來說，克莉絲塔·沃夫（Christa Wolf）的政治虛構作品在東德曾轟動一時，她在一九六三年出版《分裂的天空》（*Der geteilte Himmel*），這部膾炙人口的作品批評了東德政治和社會。書中主角為一對年輕情侶，掙扎著接受東德道德和經濟的現實境況。男主角曼夫瑞德（Manfred）在柏林圍牆建立的前一刻逃到了西柏林，而麗塔（Rita）雖然過得不如意，卻也對強調物質主義的西方感到失望透頂，因此她努力說服曼夫瑞德回頭，卻未能成功。麗塔自殺未遂，故事就從她在醫院醒來後的視角開始。沃夫公開表示這本書為半自傳作品，雖然內容公開且急切地批評東德和德國的分裂，這本書在東德仍然暢銷。這本書也在西德引發迴響，並被翻譯成多種語言。然而在一九七六年時，比爾曼遭驅逐出境，沃夫卻加入第一批請願書連署，要求政府撤銷決議。像她這樣才華洋溢的人才，被一個因為自己偏執而變得小心眼的政權所打壓，即使這些人民選擇在這個政權底下生活與工作，這個政權依然無法信任他們。

教會也並非東德的死對頭。福音教會聯盟祕書處主任史鐸佩（Manfred Stolpe）在一九七六年表示，所有教會都只是希望「不要變成黨的傳話工具，也不要成為反革命的特洛伊木馬」。事實上，甚至「紅色」社會主義教會這個想法還吸引了許多宗教領袖，例如梅克爾的父親赫斯特・卡斯訥（Horst Kasner）牧師。但是對於「布呂賽維茲弟兄」的愚昧誹謗讓許多溫和派轉而公開批評。

一九七六年局勢的諷刺點在於，不論是布呂賽維茲或比爾曼事件所引發的抵抗浪潮，都非他們兩人所造成。他們兩人都不是特別出名的人，而且都自願從西德搬到東德。他們都有著艱苦的過去，並且都迷失了，或許他們過於天真，認為自己想說的話能夠讓國家更好，但他們都沒有獲得注目，更不可能引發知名人物和團體起身抵抗。事實上，打造東德社會主義的就是納粹主義和史達林主義受害者，而他們將心中那無所不在、全面的恐懼融入了東德制度的基礎。他們害怕政權遭到顛覆，這本身就是過去警察國家留下的遺緒，而這份恐懼深植於東柏林政權的內心，不論是烏布利希或是何內克，都沒有鼓起勇氣正視並將之克服。東德就像一位從來沒有克服兒時夜驚的小孩，不斷在床底下尋找怪物。

咖啡危機

一九七七年夏天，布蘭登堡，波茲坦。

「咖啡全都沒了！他們都沒有咖啡了！」阿克瑟・弗拉迪米洛夫（Axel Wladimiroff）的母親一臉驚恐地告訴她二十三歲的兒子。她一早就跟阿克瑟的奶奶外出，試著採買一磅的咖啡豆，卻無功而返。一點都不剩了。多年後，阿克瑟還記得當初自己難以對母親開口：「媽咪，我也無法幫你買到咖啡，他們真的一點都不剩了。」對於他的母親和奶奶來說，咖啡不僅是可有可無、妝點生活的飲品，她們艱難地度過了戰爭的顛沛流離和一九五〇年代的經濟困境，對她們來說，咖啡代表的是穩定和物質安慰，這是她們在動盪人生中第一次擁有的體驗。下午茶成為每日例行公事，不只是安慰作用，而是就像不可或缺的心靈支柱一樣。西德的親戚送來的包裹通常都會包含咖啡，數百萬東德民眾至今都還記得打開「西德包裹」時的感受，深吸一口氣，就可以聞到包裹散發的咖啡香。高品質的咖啡無法大量或隨時取得，因此長期下來，讓咖啡以及關於咖啡的儀式增添神祕色彩。[14]

一直到一九七七年之前，東德的咖啡都供應無虞。一九五四年，蘇聯停止出口珍貴的咖啡豆到東德，但東德政府成功維持咖啡的供應。烏布利希的手下收到指令，要尋找足夠的強勢貨幣來購買國際市場上的咖啡——總計大約每年一億五千萬馬克。進口的咖啡豆當中，大約五萬噸由七個全國不同的工廠加工，其中包括隆多（Rondo）、墨納（Mona）、科斯塔（Kosta）等品牌，提供了不同種類和品質的咖啡供選擇。咖啡雖然並不算便宜（東德全體每年花費三十三億馬克購買咖啡，這筆金額相當於花費在家具的費用，而且是鞋子花費的兩倍），卻仍是永遠供不應求。政府清楚知道數百萬民眾殷殷期盼西德親友送來的包裹，一大原因就是他們期待收到咖啡。不過民眾並未自怨自艾，反而用經濟手段解決問題，大約五分之一的東德咖啡來自西德包裹，也就是有五分之一的咖啡不需要透過國際市場購買。唯一的問題是，東德民眾常常回贈「德勒斯登史多倫聖誕麵包（Stollen）」，這是聖誕時節常吃的傳統水果麵包。然而史多倫的成分大多為進口原料，例如糖漬橙皮、葡萄乾、杏仁和各式香料，因此咖啡持續供應不足，也意外造成了史多倫聖誕麵包的短缺。

但一九七七年的咖啡短缺情況卻不同，這次不是短期問題，也無法靠多跑幾家店就找到存貨，這是一場真正的危機。何內克先前就收到警告，一九七六年底可能會爆發危機，因為巴西咖啡豆歉收，加上眼前石油危機導致的經濟問題，為全球咖啡供給帶來一場完美風暴。突然之間，東德的進口支出翻了超過四倍，在一九七七年時來到六億六千七百二十馬克，何內克身邊負責處理的人就是沙爾克，他冷冷地建議，如果要避免完全下架人人喜愛的咖啡，唯一看來可行的經濟方案就是：「一九七七年七月一日起，將不再提供東德加工和販售的部分種類咖啡。」[15]只能剩下一種咖啡，而且成分只有一半是咖啡，另一半為替代品。其他經濟顧問補充道，他們建議禁止餐廳販售咖啡，那就可以減少八成的整體咖啡用量，讓民眾只能享用一丁點的咖啡混合飲品。政治局成員阿爾貝特．諾登（Albert Norden）對這項建議感到極為驚恐，他寫信給何內克說道：「我真的覺得難以置信……大眾將無法理解這些措施，而且會引發強烈不滿。」[16]

何內克當時正在例行的夏日假期中度假，因此由柏林的部下決定最後方案。七月二十六日，政治局通過了《咖啡供應法令》（Decree for the Supply of Coffee），從一九七七年八月一日起，所有機構、軍隊、工作場所，以及大多數的餐廳都只能夠提供全新的混合咖啡，其成分為百分之五十一的咖啡、百分之三十四的黑麥大麥配方、百分之五的菊苣、百分之五的甜菜渣，還有百分之五的斯佩耳特小麥粉。只有較為昂貴的「隆多、墨納與摩卡金選咖啡」可以繼續販售，而且政府指望隨著定價提高，需求就會下降。

當時大家稱呼這種咖啡配方為「埃里希的咖啡配方」（Erichs Krönung），①可想而知，大眾極其厭惡，抱怨連連，公開批評咖啡的味道糟糕，以及抨擊政府無法取得真正的咖啡。一九七〇年代末理應是穩定進步的時代，東德民眾拒絕將就。至少他們要抱怨一下，而不是默默忍受，後來這種咖啡被東德民眾稱為「莫克福克」（Muckefuck）。②阿克瑟還記得他的母親根本無法放棄

---

① 編按：何內克全名為埃里希．何內克（Erich Honecker），故而得名。

② 譯注：該詞源於法語「mocca faux」，意思是假摩卡。

她鍾愛的例行下午茶，雖然味道極差，「她每啜飲一口就厭惡地直打哆嗦，每一口都這樣。但是她還是硬把整杯都喝下去了，因為對她來說這起碼是咖啡。」[17]

一年後，情況稍稍好轉。國際咖啡價格開始回歸正常，東德的貨量和價格也改善了。雖然如此，一九七七年的咖啡危機不僅顯示當局有多依賴由非社會主義世界進口的咖啡，也顯示市場如果一旦動盪，咖啡價格會飆多高。平時東德民眾的生活大多過得滿意，卻在遇到咖啡短缺時怨聲載道，這點也讓政府很困擾，他們必須一勞永逸，找到穩定的咖啡供應管道。東德永遠不可能種植咖啡樹，但或許可以和其他社會主義夥伴國家進行貿易，這樣就不會需要外幣了。

一九七五年越戰終結，越南的經濟陷入泥淖。在法國殖民的數十年間，越南資源遭到剝奪，接著二戰期間又受到日本的殘酷占領。一九四五年後，法國人再度掌控越南，並且積極維持在中南半島的勢力，最後導致一九五四年的奠邊府（Dien Bien Phu）血腥戰役，這次衝突導致法國退出這塊殖民地，但越南也因此一分為二。美國人深恐北越領袖胡志明會將國家統一在共產政權之下，因此接管了法國的殖民地。長達二十年的時間，美國強大的軍事力量進駐這個蕞爾小國，所引發的衝突讓國家流乾了鮮血，在物質上、心理上與實際上都是如此，總計約一百萬越南人命喪其中。一九七五年的戰爭終結並未讓越南的苦難劃下句點，往後還有超過四萬名平民受到地雷波及，而且越南有將近五分之一的林地被噴上有毒的「橙劑」（Agent Orange），在土壤和地下水中留下長年汙染。戰爭期間，共產游擊隊到處強取食物和物資，導致各地饑荒和疾病肆虐。戰爭期間，共產黨向平民保證，只要堅持奮鬥下去，最後就會獲得救贖，但戰爭結束後卻沒有兌現。整個國家都亟需經濟復甦。

東德看到了一個大好機會，東德民眾可以幫助這個兄弟之邦重建，同時紓解自己國內的咖啡問題。一九七七年十二月，何內克親自拜訪了河內和胡志明市，並且帶著負責經濟事務的政治局成員君特·米塔格，以及政治局候補委員瑪格麗特·穆勒（Margarete Müller），另外還有一位農業生產和育林專家。何內克為了要讓越南弟兄們見識到跟東德建立經濟合作關係能夠帶來多少益處，特地帶了一桌饗宴，他派出一架專機載著東德盛宴以及一群主廚來供餐。何內克的保鏢羅塔爾·赫佐格記得這場盛宴包含了「瑞德貝格皮爾森啤酒（Radeberger Pilsner）、小紅帽氣泡酒（Rotkäppchen）、來自麥森（Meißen）的酒、圖林根香腸、豬腳，當然少不了德國煙燻厚豬排。」[18]在赫佐格看來，這場德式盛宴很不合時宜，因為「越南殘破不堪、飢腸轆轆且筋疲力盡，他們兩年前剛結束了長達數十年的戰爭。」河內顯然很努力找到合適的地點接待東德代表團，並且極力安排足夠的飲食給賓客享用。「但是這次拜訪越南具有重要政治意義，這是為了證明會持續團結下去。」[19]社會主義統一黨的精英最終認為經濟合作對雙方都有利，因此回國後立刻採取行動。

四十九歲的齊格飛·考夫（Siegfried Kaulfu）在國營民生用品和咖啡商業部門擔任副主任，他負責建立越南的咖啡生產。「我對眼前的任務一無所知，」他日後回想時說道，「但是現在回頭看，這項重責大任讓我滿懷感激。」[20]他前往越南超過五十次，種植培育了六千棵咖啡樹，這將成為保障越南未來的咖啡產業的核心。他的越南生意夥伴貧窮的程度令他震驚，但同時他也驚訝於他們充滿幹勁的態度。「那裡的人什麼都沒有，沒得穿也沒得吃。但是他們很友善，而且幫了我們。至今我依然感受到與越南深深的連結。」[21]東德和越南在一九八〇年簽署了發展協定，展開了浩大的工程。海拔六百公尺的得樂省（Dak Lak）中，有一片一萬公畝的土地被淨空來種植咖啡。大型機具被送到這裡，並且開始興建道路、住屋和學校，讓一萬名從海岸遷居山區的工人使用。工人在當地及東德受訓。東德送來貨車、農場機具和安裝複雜的灌溉系統。一座水力發電廠在德瑞赫林（Dray H'Linh）落成，造價相當於兩千萬美金。而這次龐大金援的目的，就是換取越南未來二十年一半的咖啡產量。

這項計畫的成果十分亮眼，甚至可說是史上成效最顯著的其中一次援助也不為過。越南如今成為世界第二大的咖啡生產國，每年生產大約三千萬袋每袋六十公斤的咖啡豆，而且整個產業僱用了兩百六十萬人。越南產的羅布斯塔咖啡豆（Robusta）咖啡因含量高，適合作為即溶咖啡粉，這項產品熱銷全球。只有百分之六的咖啡作物留在越南國內，其餘的都作為外銷，估算下來，為越南帶來每年三十億美元的收入。

東德坐享一半的越南咖啡產量，這不僅足以滿足其自身需求，還能外銷創造額外收入，但咖啡樹需要數年才能成熟並開始結豆。東德在越南的咖啡計畫一直到一九九〇年才首度採收，對東德來說太晚了，同一年東德就已不復存在。一九九〇年代，越南咖啡產量每年成長百分之二十到三十，因此成為國際咖啡市場的重要力量，東德民眾也享受了他們曾經協助種下的成果，不過此時他們已不再是社會主義弟兄姐妹的身分，而是資本主義消費者。

一九七七年，東德短暫嘗試了另一種收購咖啡的手段，卻更教人感到不安。維爾納・蘭貝茨是一位有才能且受歡迎的政治局成員，在他的政治職涯中，他比其他同事攀升的更快，儘管他從未負責外交或經濟政策，何內克卻相信他能夠開發與非洲國家的合作關係。蘭貝茨確實成功完成這項任務。一九七七年，許多非洲國家都在努力甩開帝國主義的連結，蘭貝茨此時拜訪了幾個咖啡生產國，例如安哥拉、尚比亞和衣索比亞，在他們的新興社會主義運動中提供意識形態和經濟上的支持。

衣索比亞就是蘭貝茨的首要目標。該年二月，社會主義軍官門格斯圖・海爾・馬利安（Mengistu Haile Mariam）在血腥的軍事叛亂後成為國家元首。事實上，當時盛傳就是他在一九七五年殺了海爾・塞拉西（Haile Selassie）皇帝，下手的方式是用枕頭套？讓他窒息。蘭貝茨跟這位革命人士見了面，提供給他各式東德產品，例如貨車、機具和農具，目的是換取咖啡。門格斯圖更在意的卻是鎮壓國內反對派以及「反革命」的勢力，同時也準備與鄰國索馬利亞開戰。他需要武器，或是可以買武器的現金。當時全球面臨咖啡短缺，他可以輕易用國產的珍貴咖啡換到現金，因此蘭貝茨處於下風。東德唯一讓門格斯圖感興趣的就是軍援，因此他們兩人生出了「咖啡協定」，以「藍豆換棕豆」。③蘭貝茨提供相當於五千三百萬馬克的武器，換取五千公噸的咖啡。門格斯圖對這項協議相當滿意，他在一九七七年十月拜訪了東德，告訴何內克和蘭貝茨：「多虧東德的援助才得以武裝一萬民兵，並且餵飽他們。為此，東德在衣索比亞革命發展中扮演了要角。」[22]擔任臨時軍事行政委員會德爾格（Derg）主席的門格斯圖沒有明說的是，這些武器用於所謂的「紅色恐怖」（Qey Shibir），這是門格斯圖的革命所造成的後果，數以萬計的人慘遭殺害。

東德與衣索比亞之間的協定只是曇花一現，一九七七年十二月，蘭貝茨再次飛到衣索比亞，此時他已經很難說服門格斯圖提高咖啡供應量。國際市場持續面臨咖啡短缺，這表示這種「黑金」的價格一路攀升，身價已經超過東德提供的軍武。蘭貝茨提出更多援助，以及貨車、基礎建設計畫和農業用機具，並主張這些比暴力更能穩定國家，但是門格斯圖興致缺缺。一九七八年，他一口氣終止了協定，並且跟東德說他只收現金，而東德並沒有足夠的現金。兩國之間的關係才發展短短不到兩年就分崩離析。蘭貝茨自己也有個不幸的結局，他搭乘的直升機因為不明原因墜毀在利比亞沙漠中間，當時他才剛跟利比亞領袖格達費（Muammar Gaddafi）結束會面，雙方見面是為了協商財務交易。

從一九七七年開始，咖啡供給一直是重大議題，而且所費不貲。如果政府得以買到國際市場上的進口咖啡，或是東德人的西德親友寄來咖啡時，東德人就有純正的咖啡可以享用。雖然心不甘情不願，許多人開始接受一點都不討喜的咖啡代用品。事實上，許多一九七〇年代後期和八〇年代的年輕人，都將東德混合咖啡的味道與咖啡聯繫在一起，因為過去這常常是唯一可取得的咖啡。

移工

一九七九年十月十七日，布蘭登堡，埃伯斯瓦爾德。

年輕的荷黑・諾格拉（Jorge Noguera）又冷又累。前一天，他人還在世界的另一端，如今卻和他的家鄉相隔數千公里，他開始想家了。他跟親朋好友道別後，登上了飛機，十二小時後降落在柏林舍訥費爾德機場。他跟其他四十九位旅伴都被送上一輛巴士，望著起霧的窗外，外頭只是陌生灰暗的景色。他們的目的地是柏林東北方五十公里外的埃伯斯瓦爾德，車程一小時，途經房舍、工廠和田地。一切看起來如此現代又陌生，與古巴完全不同。

荷黑從古巴到東德的旅程始於某天他在聖地牙哥—德古巴（Santiago de Cuba）聖路易（San Luis）打開當地報紙，看到了「古巴科技」（Cuba Técnica）這家公司的廣告。「古巴科技」是計畫經濟中技術產業的傘狀組織，他們正在尋求願意前往東德學習技能的人，並在未來歸國後，能對當地勞動力的發展做出貢獻。荷黑深受吸引，前往聖地牙哥的求職中心填了報名表。

③ 譯注：德文以「藍豆」指涉「子彈」。

幾個月後，「古巴科技」的代表來到聖路易，向報名者解釋他們到東德要做的事。這份工作沒有任何門檻。報名的人會簽署一份定期合約，在東德居住和工作，免費提供住宿，但九百馬克的薪水中，勞工領取的只有百分之四十，古巴政府獲得剩下的百分之六十。其他福利包括每兩年回國四十五天，還有提供假期，以及他們所在公司所補助的國內旅遊。荷黑以及其他幾十位當地的男男女女都簽了約。他們沒有一個人會說德文，也不知道未來等著他們的是什麼生活。

在埃伯斯瓦爾德，荷黑受僱於東德國營起重機廠，這家公司負責生產港口專用的高品質旋轉吊車，總共有三千名員工負責工程設計、開發與建造，埃伯斯瓦爾德生產的吊車品質與工藝皆享譽國際，至今在許多港口都還看得到。這家公司的產品大多銷售至蘇聯，不過也有很多產品賣到南美洲、非洲和歐洲，為東德帶來高額收益。荷黑和同行的其他人加入起重機廠的四百五十名受訓成員之中，把握機會盡可能學習，日後將技能和知識帶回古巴。

荷黑的第一項任務是適應東德的生活。他抵達時正值深冬，而過去一生他都生活在熱帶潮濕的古巴。公司發放了一套冬衣給新人，他滿懷感激地收下，但就算有了靴子和保暖大衣，他還是在初見雪時嚇了一跳。「一開始我嚇到了，」多年後他回想起時說，「這是什麼？那是我第一次看到雪。但接著我們跟一大群人來到外頭，還打了一場雪仗。」[23]另一方面，他們的工作受到嚴格規範。荷黑的組別分為不同專長，包含鋼鐵工人、技術員、焊工等。荷黑獲選入倉庫與物流團隊，他學到如何操作吊車和堆高機。荷黑也必須學德文，這對他來說很困難。週一到週五，他輪班工作，每週六日再花四小時學德文，幾個月後他就能夠和同事溝通了。每週一，這些古巴人獲得語言和職業訓練，接著他們在當週就加以應用。公司也安排他們到柏林、博物館或鄉間旅遊。空閒時間，古巴人喜歡聚在一起玩他們的國球——棒球。荷黑常常會前往哈雷、諾德豪森（Nordhausen）和菲爾斯滕瓦爾德與朋友碰面，一起玩這項一點也不德國的球類運動。

荷黑交到許多德國朋友，不過偶爾還是會爆發衝突。有一次衝突過於激烈，當地政府差點就要解散埃伯斯瓦爾德的古巴社群。某日在露天遊樂場因為誤會而引發衝突，當時當地人與古巴移工都喝多了啤酒，最後演變為大型鬥毆事件。當局原本預計將工人分配到新的場所，荷黑被分到艾森許滕施塔特。不過最後事情平定了下來，每個人都獲准留下。東德的族裔單一，因此荷黑總是意識到他長得不一樣、聽起來也不一樣。「我顯然就是外國人，遠遠就看得出來。我不是白人，也不是金髮，每個人都知道我是個外國人。」[24]但他適應了埃伯斯瓦爾德的生活與工作，還結了婚，他希望就算四年合約結束了也能繼續定居於此。荷黑跟其他八位古巴同事獲選進入進階培訓計畫，「只選最優秀、最自律的人。」他日後回想起時驕傲地說。他可以回古巴探親四十五天，然後再回到埃伯斯瓦爾德開始新的兩年訓練。一九八五年，他的兒子出生了，這個小家庭希望就此定居下來。

東德的簽約移工人數愈來愈多，荷黑就是其中之一。一九六五年與一九六七年，東德分別與波蘭和匈牙利政府簽下協定，接下來還與阿爾及利亞（一九七四年）、古巴（一九七五年）、莫三比克（一九七九年）、越南（一九八〇年）和安哥拉（一九八四年），隨後還有其他小規模的計畫，簽約的國家為蒙古（一九八二年）、中國（一九八六年）和北韓（一九八六年）。絕大多數移工年齡都不到三十五歲，合約到期後就返回母國。計畫宗旨並非要讓他們融入東德並留下，而是學習一技之長後回國。他們被安置在工作地點附近的宿舍，不用自己找地方住。東德是當時社會主義世界裡第二大的經濟體，還擁有悠久的德國工程歷史，因此東德相當適合協助兄弟之邦，而且計畫中的薪資結構也為這些國家帶來收入，因此他們也樂見其成。東德經濟長期缺工，短期的簽約移工可稍微補上這缺口。東德靠移工紓解缺工問題常常成為討論焦點，但是光是移工的實際人數就顯示缺工頂多只是次要原因。一九七九年當荷黑抵達東德時，東德的移工只有兩萬一千人。一九八〇年代移工人數加速上升，但最高峰時也從未超過九萬四千人。東德勞動人口為八百五十五萬，移工只占了百分之一左右。相比之下，西德在一九五五到一九七三年間招聘了一千四百萬移工，在最後一年，移工更占了西德勞動力的百分之十。

東德並非全然是為了經濟需求而招募移工，這些移工之所以要與德國人分隔開來，也不全然是如某些人所說，是由於對外國人的不信任或排外心態，這種推測是出於現代觀點，而且並未考慮到東德所處的經濟和意識形態背景。冷戰造成世界兩極化，社會主義這一端需要拚命追趕經濟，在這樣的觀點下，東德既然教育程度高，發展程度也較高，應該協助發展中國家增強經濟實力。東德與古巴的關係就是最好的例子，任一年來自古巴的移工人數都低於一萬人，當然這些人對東德的經濟貢獻了勞動，但是月薪九百馬克的條件下，一九七九年政府要付給荷黑的薪資，就跟其他本國勞工的平均薪資相同，此外東德還需要為荷黑提供訓練、教育、語言課程、旅費、衣服和宿舍。同時，東德也投入大量金援到古巴，不但以高於市場的價格向古巴收購甘蔗和柑橘，還出資建造學校和醫院，捐贈機具和農具，並且建造整座糖廠、蘭姆酒廠和其他產品的製造廠。位於德紹的東德國營水泥設備廠在古巴努埃維塔斯（Nuevitas）建了龐大的水泥工廠，其規模至今依然為拉丁美洲之最。東德對其他社會主義國家的投資，遠超過移工受薪勞動帶來的效益。

以上敘述無意淡化這項計畫的負面影響，部分移工最終因為不想回到母國而引發人道悲劇，其中受害最嚴重的是一萬五千名來自莫三比克的移工。跟古巴、波蘭和匈牙利不同的是，莫三比克當時陷入內戰，難以覓得穩定工作，就算成功找到工作，工資也完全比不上東德。這些工人在莫三比克還要服兵役，更多了一層風險。柏林圍牆倒下後，德國開始統一，這批年輕的莫三比克移工不再受到關注，最終決議要將他們遣送回國，而且沒有提供金錢上或任何形式的支援。原本母國政府承諾會讓他們在回國後獲得高薪技術人員職位，但實際上他們回國只會面對失業和貧窮。他們感覺受到雙重背叛，首先是遭到自己的國家所背叛，國家為了償還債務而將他們提供給東德，他們甚至在自己的國家會被稱為「德製人」（Madgermanes），④同時他們也受到再統一後

④ 譯注：Madgermanes為Made in Germany衍生而來。

的德國所背叛，因為德國在統一後二話不說就將他們送回母國。[25]

最大的移工母國為越南，移工人口約六萬，占了整體移工的三分之二，加入了超過七百間東德公司。前景一片看好的咖啡計畫簽訂後，緊接而來的是一九八〇年另一項更大型的經濟協定。相對於其他國家而言，越南送了大量女工前來東德，因為越南不僅在越戰期間失去大量男性，同時也更接納女性離家參與社會，這點跟其他社會主義友邦不同。一些案例顯示德國人認為很容易跟越南人共事，越南人也這麼認為，因為兩者之間的文化差異較小。越南女人出色的縫紉技術為東德所需，因此獲得重視。許多越南勞工面臨跟莫三比克勞工一樣的問題，他們難以回國，因為國內受到長期內戰的衝突和荼毒。一九八九年時，有一群合約還未到期的勞工受到特別嚴重的衝擊，他們原以為能夠拿到整個合約期間的薪資，但他們卻只是被遣送回國。德國統一後，總計只有大約五千名越南人得以留下。

西方歷史學家強烈抨擊移工計畫，誠然，這些簽了約的移工有些傾向留在東德而不是回到母國，因此確實面臨到困境，但除此之外，整個計畫並不像歷史學家所說的那麼糟。東德是出於意識形態的關懷才建立了移工計畫作為交流手段，並不是為了獲得立即的經濟利益。以此跟西方國家的後殖民拿來相比是一種誤導，甚至十分荒謬，因為東德的政治宣傳強力抨擊所謂的「帝國主義」。非洲、亞洲與南美洲國家紛紛獨立成功，此時東德出手支持在這股浪潮下興起的社會主義運動。當然東德並非完全出於人道因素，而是為了讓這些國家遠離資本主義，並且透過金援讓社會主義國家的經濟復甦，藉此打開迫切需要的市場和資源，展開國際貿易。東德總是積極尋求獲得原料的管道，這是一直以來籠罩東德經濟的夢魘。

東德愈來愈無法仰賴蘇聯，特別是一九七〇年代石油危機之際，蘇聯撤回了對社會主義兄弟之邦的援助。封閉經濟，即所謂的自給自足經濟，並無法成為東德這個小國的選項。東德要的是強化整體社會主義世界，在經濟上扶持各個國家，政治上則強調穩健的外交網絡和相互依賴。不管是對是錯，這個計畫的目的始終不是為了要將東德改造為移民社會，因此與西方國家後來的模樣是有所不同。資本主義出現了大量移民，因此出現族裔和文化多元的理念，但是將這類想法投射到東德之上不但不合時宜，還歪曲事實。社會主義擁抱國際主義意識形態，再加上東德所面臨的經濟挑戰，導致他們渴望打造由理念相近的國家所形成的全球市場。「民族間的友誼」這個概念並非只是流於空談。

軍事化社會

一九八一年一月，柏林圍牆。

安德烈亞斯．瓦荷（Andreas Weihe）的夜班似乎永遠沒有盡頭。這位十九歲的青年邊境守衛坐在水泥瞭望塔中，在零度以下的寒風中打著哆嗦，他正位於一片環繞西柏林的無人之境。這不是暖氣第一次故障，不過安德烈亞斯跟他的同事已經學會如何製作簡易「暖爐」，他們小心地擺了一圈水泥塊，中間放著發熱板的發熱元件加熱，湊合著使用。這些動手做的解決方式常常出現，因此許多瞭望塔在晚上都會溢散紅色的熱氣流，而且吃掉大量的電，導致守衛必須調整配電箱，不然邊境主要的大燈很可能會跳掉。安德烈亞斯後來說道：「邊境從來不是像許多人以為的那麼縝密。」[26]柏林圍牆在一九八〇年代進入結構最複雜的時期，不過這個「第四代」圍牆依然需要仰賴人力去阻止東德民眾越境前往西德，需要許多像安德烈亞斯這樣的年輕人坐在瞭望塔中，望著被稱為「死亡地帶」的沙地。圍牆上方冷颼颼的瞭望塔中，守衛的心情在極度緊繃和百無聊賴之間擺盪。

每個人都沉浸在自己的思緒中。人員輪調以及不可預測的班表讓守衛之間難以建立友誼，也無法形成任何同袍情誼，這個制度就是刻意如此設計，以防範守衛共謀逃跑計畫，或是協助他人跨越幾乎無縫可鑽的邊境。這個制度也滋養了懷疑與不信任。這些守衛都知道曾經有人遭試圖越境的同事殺害，其實幾個月前才發生過，就在一九八〇年十一月，當時安德烈亞斯才剛加入邊境部隊。三十四歲的烏立西．史特豪爾（Ulrich Steinhauer）被十九歲的同事埃貢．布恩（Egon Bunge）開了五槍，其中一槍從烏立西背部進入體內，直接穿過心臟。埃貢跑過了邊界進入西柏林，他身後的同事躺在地上流血致死。死者烏立西跟其他同事一樣，根本就不想來到這裡。他的家鄉是鄰近波羅的海沙灘的里布尼茨—達姆加滕（Ribnitz-Damgarten），他原是一名木匠，每年夏天利用存下來的錢在東德四處旅遊。然而一九七九年十一月，他受徵召加入邊境防衛訓練團第四十團，基地位於柏林西北的奧拉寧堡（Oranienburg）。他的父母都不是黨員，烏立西也並不特別關心政治。一九八〇年春天，他開始被部署在柏林的邊境，他告訴長官自己只願意在「極為緊急」時開槍，而關於他的史塔西檔案中還出現抱怨，說他只能做到「自己認為正確」的程度。[27] 烏立西真心希望在他那十八個月的服役期間，不會遇到真的需要使用武器的情況，他如此對自己的妹妹伊隆娜（Ilona）傾訴：「在軍中的時光過得永遠不夠快，」他在一九八〇年四月寫信給父母時有這樣一句：「明年此刻，一切就會一片光明。」[28] 他的最後一封信寫在他遭殺害的前兩天，他甚至在結尾寫下：「倒數一百七十二天。」[29] 這封信抵達烏立西的家人手中時，他已經逝世三天。

烏立西死後三個月，安德烈亞斯來到了同一段東西柏林邊境擔任守衛。這批年輕新兵被帶到烏立西流血致死的地點，被告誡要隨時保持警戒，不要相信任何人。他們再三被提醒，就連在他們身旁的守衛也都要謹慎監控。不久後，這整支部隊就改名為「烏立西．史特豪爾」，讓在這個部隊中服役的人無法忘懷他們之中有人曾遭遇到的事。這個人就像他們一樣，心不甘情不願地做這份工作，而且承受極大心理壓力。

就跟烏立西一樣，安德烈亞斯盡可能寫信給父母，藉此獲得安慰。通常要等半年的時間，守衛才能回鄉探望親友，有些人難以承受這份壓力和分離。安德烈亞斯記得有一次，一個擔架抬著他的同事經過他面前，這名同事舉槍自盡。夜晚總是特別漫長孤寂，他擁有全世界的時間可以思考自己的處境。時間緩慢爬行，安德烈亞斯瞪著燈火通明的寧靜夜晚。他筋疲力盡且全身痠痛，因為他必須用不自然的姿勢坐著，避免碰到他跟其他人一起搭的危險熱源。他的身體也因為戒備而變得僵硬。他看過同事在漫長緊繃的值班結束後，因為一直處於狹小空間，必須得奮力才能將手指從扳機處鬆開。磨人的思緒開始縈繞在他心頭，要是有人現在闖過他眼前燈火通明的區域怎麼辦？他有勇氣開槍嗎？「探照燈在我眼前跳躍起來，我開始看到一些不存在的東西，」安德烈亞斯回想道，「接班的人出現時我總是鬆一大口氣。」[30]

安德烈亞斯就跟其他許多坐在柏林圍牆瞭望塔的年輕人一樣，之所以會來到這裡，是因為「脅迫意志」，這是安德烈亞斯的說法。他在一九六一年九月出生，就在柏林圍牆建立後的幾週，而他成長的地方就在距離柏林圍牆兩百五十公里的阿本侯德（Abbenrode），這是一個位於哈茲山（Harz）的邊境小社區。他的家族歷史在當地可一路追溯至十九世紀，這表示就算這裡離西德只有咫尺之遙，他也不嚮往前去。但是住在兩德接壤地帶附近影響了他生活的各個方面，這個「管制地帶」的居民必須隨身攜帶自己的證明文件，上頭蓋有特殊印章，證明他們是當地居民。一座足球場和一座公共游泳池坐落在邊界的五百公尺處，因此居民不得使用，讓當地孩童大失所望。後來足球場斜對角出現一座圍欄，圍欄邊就成為新的足球場，但游泳池則直接遭到廢棄。

一九七〇年代，東西德之間的「綠色」邊界遭到無情地鞏固與擴張，完全不顧當地的基礎建設或當地人的情感。這個過程中，不只動用了國家人民軍的邊境人力，還有像曼菲德・胡達特（Manfred Rudat）這樣的平民。當時曼菲德才三十出頭，暱稱「曼尼」，原本在下薩克森與圖林根之間的邊境服義務役，就在克列滕貝格（Klettenberg）營區。就跟安德烈亞斯一樣，曼尼「每天都祈禱沒有人會在我站哨時試圖逃跑。我們都被下令要朝腳開槍，如果不這麼做，就會惹上麻煩。」[31]在那段日子裡，曼尼愛上了當地女孩英格麗特。他痛苦地發現，服完兵役後，他將無法自由進入她所在的「管制地區」，因此他決定在一九六七年與英格麗特結婚，直接搬到她所住的地區。他需要一份工作，因此再度開始在克列滕貝格營區工作，只不過這次是以平民的身分。

政府決定要加強整個鄉村地區的邊境制度，因此就需要曼尼這樣的人推倒舊圍牆，換成下一代的水泥強化設施、鐵刺網和三公尺高的圍籬，並在圍籬邊設下地雷區。曼尼的任務是駕駛貨車將原物料送到邊境。他在入伍前也受過相關訓練，可以駕駛和維修工業與農業用車，因此他的其中一項任務就是在圍籬邊設下平行的碎石路，供人員騎車巡邏用。他接著在自己鋪設的那條路上來回運送貨品和材料到有需要的地方。他接過最奇怪的其中一項任務是要負責餵德國牧羊犬。這些狗套著長長的牽繩在邊界漫步，牠們受過訓練，一旦有人試圖越過比較難進入的林地時，牠們就會上前追趕。他記得那些狗兇狠強壯的模樣，常常在想到底是因為牠們獲得良好獸醫照顧，還是因為他餵的那些含牛肉和湯的豐盛食物，才讓牠們如此健壯。曼尼所有的工作都需要進入鄰近邊界的高度敏感地區，因此他的行為和私生活受到史塔西人員的嚴密監控。他是否收看西德電視台？為什麼他不願意入黨？他是否希望投靠他在西德的親戚？「你絕對猜不到誰在監視你，我也希望我永遠不會知道。如果發現那是你的朋友、鄰居或同事，那怎麼辦？」[32]

往北六十公里就是阿本侯德，愈來愈強化的邊界也表示那些負責看守的人必須駐紮在當地。一支百人隊常駐於此，絕大多數的成員都在服役時到來，結束後就離開，但有些人跟曼尼一樣結婚後留了下來。阿本侯德裡像安德烈亞斯這樣的小孩跟守衛變得熟稔，他們常常在節日時拜訪守衛，甚至連聖誕節都不例外，並且在鎮上碰面。

居住在邊境旁有其優點，例如每位家庭成員能夠獲得七十馬克的「區域津貼」，但是同時也帶來了許多不方便。親戚來拜訪時，他們必須至少提前六週向當地人民警察提出申請，在抵達與離開時也要向人民警察登記。安德烈亞斯在一九八五年結婚，就算他明明是當地人，而且已經有服役三年的紀錄，甚至有在柏林圍牆守衛的經驗，這些都無濟於事，他還是必須遵守同樣的規矩。他所邀請的婚禮賓客必須搭同一輛巴士抵達與離開，這樣如果有人在婚禮上趁大家不注意時越過「綠色」邊界，才能及早發現。讓安德烈亞斯不悅的是，婚禮後巴士準備離開的時候，其中一位賓客真的不見蹤影，不過最後發現這名失蹤的年輕人並不是趁機大膽越過邊界，他很快就被發現跟一名當地女孩躲在鄰近田地裡。

如果真的發生逃跑事件，將會為所有相關的人帶來嚴重後果，不過這件事後來被阿本侯德當地人當作笑話看。對他們來說，一出生就知道自己住在邊界，就算有些人沒有像安德烈亞斯這樣曾經擔任守衛的經驗，他們還是常常面對阻嚇或監控的複雜程序。例如安德烈亞斯的父親就曾經擔任「邊境防衛」部隊的平民助手，需要巡視村莊，確定所有在地人都把梯子鎖好，才不會被偷走，用來攀爬邊界的圍籬，同時也要密切注意是否有任何可疑跡象需要回報。

到了一九八〇年，安德烈亞斯受邀加入社會主義統一黨，並且在國家人民軍服役至少三年，以換取大學入學機會，此時邊界對他來說並不令人畏懼。他在邊界旁長大，也曾想過如果他自願擔任守衛，就可以在家鄉待上那漫長的三年，就跟他兒時那些來來去去的守衛一樣。但他反而被送到柏林圍牆，因此他吃了一驚，不過安德烈亞斯很快接受了現實，在東德很多事情都沒得選。「我屬於徹頭徹尾成長於社會主義的那一代。我絕對是對於我們國家抱著一絲驕傲。」[33]安德烈亞斯日後如此回憶。花個三年做那些他從小看到大的事有什麼關係？他可以換到教育和工作機會，身為工人之子，他視這些機會為必須靠自己贏得的特別待遇，而不是與生俱來的權利。透過教育、提供動機、施加壓力和耳濡目染，從軍成為東德一整個世代的生命經驗。

一九八一年七月，圖林根，菲利普斯塔爾（Philippsthal）。

托拉爾夫・尤漢生（Thoralf Johansson）一點都不開心。十六歲的他與同學一起被送到為期十二天的「國防教育戰鬥營」，這項全新政策專門為這個年級的學生所設計，五月時才剛推出。帶隊的是年輕國家人民軍新兵，他們在這裡的目的則是要培養領導能力。男學生每天要經歷八小時的操課和團體活動，女學生則要上相同時程的「民防」課程。托拉爾夫渾身不自在，他個性聰慧，對科學與科技感興趣，但現在被迫參與體能活動，他覺得不自在又不適。「我們使用小口徑步槍打靶，不是用真槍實彈，只是小口徑步槍。我根本完全打不中靶，也因此惹上一點麻煩。」[34]他回憶道。他們片刻都無法休息，不在靶場的時候，他們要拿著羅盤在營區到處跑，努力完成團體任務。晚上他們睡在軍隊發放的帳篷內，白天他們練習行軍和立正，還被提醒敵人就在咫尺之外，就在通過菲利普斯塔爾的兩德邊界後方。「西德想攻擊我們，」托拉爾夫和他的朋友一再被提醒，「我們要自我防衛。」

托拉爾夫不得不參加這個營隊。他這個年紀的人本來就要服義務役，而他想上大學，所以還要報名參加額外的役期。學徒也必須接受訓練，在國家看來，延長役期是接受延伸教育的合理代價。托拉爾夫原先可以跟學校校長要求替代方案，不過那就表示他要參加女生十二天的「民防」課程，其實沒什麼差別，只是不用去營區，而且女生是在白天上課，每天只有六小時，比原本營隊的八小時短一些。因為差別不大，大部分青少年寧可不換，以免除了服役還要遭到羞辱。營隊由東德體育技術協會（Gesellschaft für Sport und Technik）舉辦，這個大型組織在一九五二年成立，目的是招募年輕人，作為當兵的事前準備。

當時地緣政治氛圍緊張，再加上東德就在冷戰前線，因此東德官員更深信民眾應該要隨時備戰。社會必須軍事化，直到所有人都具備保護自己和保護共產陣營的技能和態度，防範西方即將發動的侵略。東德體育技術協會成立第一年後，成員已經來到五十萬，這個組織坐享龐大國家資金，因此吸引許多人加入。除了負責招募新兵，這個組織也同時具有多重功能，成員可以上駕訓班，考取汽車、摩托車和貨車證照。組織提供了其他地方往往接觸不到的刺激活動，例如滑翔機和飛機，還有潛水和射擊。組織提供了職階、獎勵，而且比較容易進入某些行業。雖然曾經面臨幾次成員大出走，例如一九五六年時許多成員為了抗議對匈牙利革命的鎮壓而退出，不過除此之外成員人數都穩定攀升，在最後的一九八九年達到將近六十五萬人。有些人就算不是成員，也常常透過學校或其他單位的軍事預備訓練接觸到東德體育技術協會，例如托拉爾夫參加的營隊就是其中一例。

許多準軍事組織和國家人民軍本身幾乎從一開始就是東德的內建元素，但一九七〇年代末期和八〇年代初期政府還是突然增加了讓整體社會軍事化的政策。許多學校的歷史和體育課程一直以來就都有軍事預備的內容，學校和眾多青年組織也積極替國家人民軍、史塔西警衛團和其他準軍事組織招募人員。矛盾的是，冷戰解凍期間，政治局決定需要「幫年輕人在國際階級戰爭的複雜境況中找到方向，了解敵人是誰，並且隨時準備為社會主義而戰並提供保護」，這是何內克的說法。[35]一九七八年九月一日，「國防教育」成為理工中學的必修，這是所有孩童都會就讀的綜合學校。所有十四到十六歲間的男孩女孩都要修課，並且要一起上四次連兩節的課，學年結束時才分開，此時男生會去參加營隊。這個計畫的教育使命是「讓女孩和男孩熟悉特定基本國防技能，提升備戰程度。」36

軍事教育甚至往下延伸到最低的在學年齡，四到五歲孩童的中央課表上明訂「要增強孩童與軍隊的關係，他們應該收集照片，和老師討論；可能的話，跟一名軍隊成員建立友好關係。」37六到七歲的學生則要接受這樣的教育：

孩童更加認識我們國家人民軍士兵。與這個族群的現存關係變得密切了。孩童跟個別軍隊成員建立緊密的關係，將會滋養對他們的愛與愛戴。孩童知道我們的士兵也是勞工，負責保衛人民和勞動者，並且確保他們得以幸福玩樂。38

這個計畫與另一個擴及其他學科的綜合計畫相輔相成，就連藝術和音樂都會跟軍事議題掛鉤。學生練習演奏軍歌，或是畫下戰車和戰鬥場景。東德的調查顯示，這樣的教學成果不一。十四歲到十六歲學生族群中，只有不到一半表示他們喜歡「國防教育」，另外百分之四十三的人則說他們不喜歡，百分之八的人承認他們「一點都」不喜歡。

想要繼續升學的人，通常要面臨抉擇，是否要接受延長服役作為代價。一九六二年東德開始採義務役，那是柏林圍牆建立的隔年，而六年前西德就已經採用了。義務役通常長達十八個月，而且唯一一個拒服兵役的理由就是宗教，不過還是必須當替代役，稱為「建造兵」（Bausoldat）。

但是從一九七〇年開始，政府公開表明，想進入大學的男性必須向國家證明自己的價值。男性不再能選擇不當兵，還必須報名擔任三年的短期委任軍官。就算是最才華洋溢的未來研究者、學者和科學家都必須經歷長時間的軍事訓練才能進入大學就讀。有些人跟托拉爾夫一樣，勇於欺騙體制，他在義務役期間報名「自願延長」，這樣就能進入延伸中學，然後再大刺刺地跟政府說自己改變心意了。透過這方法，托拉爾夫只當了十八個月的兵，而不是原本報名的三年。

通常男大學生都以三年兵役作為上大學的代價，因此許多東德畢業生的婚姻中，夫妻都有三年的年齡差。同一屆的學生中，女性直接入學，比男性早三年。在男生當兵前相識的伴侶通常會分手，因為男生有長達三年時間幾乎都不在。國家人民軍希望擁有這些年輕男性，好好地把軍紀灌輸給他們，因此通常讓新兵離家鄉愈遠愈好，給的假期也很少，讓他們難以回鄉找親友或女友。透過讓他們完全孤立，使他們在心理上完全依賴同袍和國家。

這個手法對國家有明顯的不利之處，許多愛讀書、不好動，甚至公開抗拒的人被迫完成不適合他們的兵役。這些人原本可能會接受東德，但這個手段會造成或提升他們對國家的反抗。反過來說，這也讓不適合走學術的人有機可乘，可以獲得人人趨之若鶩的升學機會。學校和老師理應推薦最優秀傑出的學生填補少數的就學機會，但是他們從一九七〇年代初期就面臨壓力，要填滿國家人民軍的招募員額。老師、學校和學區定期受到監督，確認他們是否有說服足夠的男學生去服役，因此導致脅迫和承諾手段雙管齊下。瑪格特・何內克是埃里希・何內克的妻子，同時擔任教育部長，她在給社會主義統一黨中央委員會的報告中抱怨過，她擔心「校長和老師受到要交出成果的壓力，這造成受招募的學生在政治、學業、個性和體能上並不一定能滿足軍事訓練的要求，另外還顯示出……有些為個人職涯鋪路的人獲得機會，他們趁機進入延伸中學。」[39]雖然內部有人如此提出警告，學校的招募員額並未撤銷，甚至沒有下修，整個一九八〇年代，報名的人數持續上升，最後甚至超額。

儘管如此，社會軍事化也有帶來一些正面的影響。過去軍官階級由貴族占據，因此與社會分離，東西德都試圖打破這個局面。西德成功讓地主貴族退出，這是不可思議的成就，但是最終仍大多是受過教育的中產階級獲益。在一九七〇年代的西德，經過十二到十三年教育的人要參加德國的大學入學考（Abitur），沒有這項資格的人幾乎無法獲得軍階，但當時分流的教育制度讓窮人家的孩子依然很難獲得更高的教育。因此，只有百分之十五的軍人來自工人家庭。[40]在柏林圍牆的另一邊，東德有系統且全方位的社會軍事化雖有諸多缺陷，但同時也讓軍隊對所有社會階層開放。德意志歷史上第一次，大量擁有工人背景的年輕男性獲得軍階，他們在國家人民軍當中取得優渥的地位。打從一開始，軍官階級吸引的單一最大社會族群就是工人階級。一九五六年，四分之三的軍人有來自工人階級的父母，雖然東德的社會階級經過重組，但這個數字依然居高不下。一九八九年，國家人民軍中六成軍官來自工人階級，[41]這個數字自然隨著時間逐漸下降，因為一開始來自貧困階級的人進入了傳統中產階級的職業，不再被歸類為工人。

常有人說，這些軍官普遍是在脅迫下才用短期的委任軍職來換取大學入學機會，這種說法過於草率。軍職和學位帶來的威望，原本對於絕大多數的人來說都遙不可及，如果沒有東德推動的社會改造計畫的話根本不會發生，因此許多工人階級男孩視之為機會而非苦差事。以艾克哈特・諾伊德克（Eckehardt Neudecker）為例，他在一九六二年加入國家人民軍，並非出於政治動機，也不是被迫加入，反而正是因為他渴望這個穩定的體制和架構。十八歲的他在戰後動盪時期中長大，母親在他年紀尚幼時過世，父親則十分年邁，從戰場歸來後就變了個人，無法給予兒子需要的照顧和關懷。軍隊讓年輕的艾克哈特有了一個有架構且安全的環境，這是他在家中從未有過的體驗。他們給了他一張床、一份穩定收入、同袍情誼、規範和一個家。此外，國家人民軍並沒有限制他的發展，不將他困在基層，反而鼓勵他成為軍官，得以接受所有教育、訓練和獲得相稱的社會威望。

儘管如此，軍事化的網鋪天蓋地，所有人不論是否願意都會受到影響。在頂層的人無時無刻害怕西德入侵，因此將這份恐懼烙印在整個東德社會上。他們的意識形態堅信資本主義本質上就是要擴張。為了尋找新市場，將會消滅社會主義。這種想法在東德特別強烈，因為東德就位在冷戰的斷層帶上，因此讓人感覺整個國家持續受到圍剿。這股氛圍滲入社會，最後進入國家教育體制的每個層級。女大學生要穿上核生化防護衣演練，這種防護衣會完全阻隔核武、生物及化學攻擊，在炎熱的夏天練習時，穿起來特別難受。恩斯特・台爾曼先鋒組織（Ernst Thälmann Pioneer

Organization）的年輕男女有一句集體口號：「為和平與社會主義做好準備——永遠做好準備。」這句話變成敬禮的動作。老師或領袖會高喊：「做好準備」，接著先鋒隊員（六到十四歲）會齊聲回覆：「永遠做好準備。」同時將手直挺挺地舉到額頭，大拇指在下，小拇指在上。他們挺直身軀，整齊劃一地行進，向老師和領袖敬禮，這都是培養集體備戰精神常見的景象，沒有任何人能拒絕。

為了維持且提升警戒，整個東德密布警報器，在學校、工廠和公共建築都有。西德也有，但他們的警報器一年只測試兩次，分別在三月和九月。但是在東德，警報器每週三下午一點測試，定期提醒著大眾，就算國家看似安定，威脅依然存在。在政府看來，國防是全民事務，不只是邊境守衛或士兵的事。因此，每一個人不只是在教育過程中必須接受一定程度的訓練，也必須隨時保持警戒。在何內克的治理下，社會軍事化來到新高峰，成為東德體制的特色。

黃金時代？

一九八二年六月底，麥克倫堡，安克拉姆（Anklam）。

艾莉卡·克魯格（Erika Krüger）神采飛揚，她剛從新布蘭登堡的東德勞工節（Workers' Festival）回來。她是一位二十九歲的媽媽，來自人口兩萬的小鎮安克拉姆，這裡的工廠有負責生產系統櫥櫃的「旅」，艾莉卡就是其中一員，她為此感到自豪。安克拉姆在二戰期間曾經不幸接連遭受美軍、蘇軍和德軍轟炸，這相當罕見，但日後安克拉姆迅速從廢墟中重生，多了全新的市政廳、劇院、機場，一九六八年還出現東德第一座「人民游泳池」。安克拉姆也有多家大型國營企業，例如水泥廠、以及國營家具廠「威廉・皮克」，一九六八年，十五歲的艾莉卡就開始在這裡的生產線工作。艾莉卡的父母是鐵匠與裁縫師，他們有三個小孩要撫養，因此艾莉卡不可能當學徒或念大學，她要盡快經濟獨立。她成為一位能力出眾且充滿熱忱的勞工，負責製造著名的包浩斯風格系統櫥櫃，這在東德家家戶戶中都能看到。

這些東德製造的產品有著極佳的品質，因此超過九成是外銷，大部分出口到蘇聯，也有很多是賣到西德，透過大型郵購公司配送到顧客手中。「俄羅斯人喜歡拋光的熱帶木材，至於非社會主義的經濟市場，我們通常送去的是本地木材，例如松木、櫸木、橡木。」艾莉卡回想道。有一些是遠從古巴送來的，藉此協助遭到美國貿易禁令衝擊的古巴經濟。艾莉卡和同事每週生產超過七十座櫥櫃，但是許多東德人要存數年的錢才負擔得起一座要價六千馬克的櫥櫃。這些年來，年輕的艾莉卡引以為傲的是「我是用雙手工作——絕對不要在辦公桌上浪費生命！」她的辛苦工作獲得回報，也讓她能夠發揮創意，因此她心滿意足，而且也會獲得額外津貼、勳章和證書。她也深深享受工作上的社交，還創辦了鉤針和編織的團體，和一群愛好者每兩週在工作後相聚一次，一起針織和陪伴彼此。艾莉卡的動力和熱情受到認可，因此一九七七年她獲選參加晚上的木工課程，她在結束培訓後獲得更好的薪資。不過當時看來，學位對她來說還是遙不可及。

一九八二年的東德勞工節改變了這點，當地文化部門的代表要求與她面談：「您對社會主義的奉獻使您備受尊敬，克魯格女士。您怎麼不開始就讀織品設計學位呢？您可以邊就讀邊繼續在公司工作。」艾莉卡迫不及待地告訴她的先生蓋哈特（Gerhard），他一直以來都陪伴著她，作為她的支柱。兩人在兩年前相識，當時他們在一座家具廠，蓋哈特負責將櫥櫃的表面拋光。「去啊，艾莉卡！」蓋哈特說，而且他是真心這麼認為，全心全意支持他的妻子，並肩負起照顧兩個年輕兒子的工作，讓她安心去上晚間課程和參加週末的研討會。「這又何妨？」他們兩人都這麼想。或許他們出身卑微，但一九七〇年代何內克的改革讓艾莉卡得以繼續求學。工時已經下降為一週四十小時，每個月艾莉卡賺得八百七十馬克，再加上工作優異而獲得兩百六十馬克的獎金。政府的建築計畫在安克拉姆增添了一千零九十一所新公寓，艾莉卡和蓋哈特為自己和兩個兒子覓得四房公寓，還附有一個陽台。生活變得舒適了，而且還有餘裕可以追求更多。

克魯格夫婦的休閒生活也反映了一九七〇年代較高的物質富裕程度，他們跟許多家庭一樣，對自己的小花園投入極大心思，下班時間和週末都投入園藝工作。德國的市民農園原本就歷史悠久，這跟過去的工業化有關。十九世紀開始，工人居住在狹小的都市環境中，幾乎沒有戶外空間，因此他們都相當珍視能夠擁有一小塊種植用地。東德的市民農園有時會受到抨擊，批評者認為這帶有布爾喬亞色彩，因為使用上有諸多限制，例如如何種植以及管理，但是這個風氣起源於勞工運動。在許多歐洲國家，一小塊農園成為解決供給問題的手段，也能夠為負責照顧農園的組織成員帶來歸屬感，同時因為是在一塊封閉的土地上農作，故也可以帶有個人色彩。何內克了解到這點，並且支持這個制度，以彌補政府興建公寓而非獨棟透天的政策。東德有六十五萬處市民農園，一百五十萬名民眾或每八個家庭可以使用一塊地。將近三分之二的使用者都是像克魯格這樣的家庭，他們在這裡養兔子、種花、水果和蔬菜。農產品可以賣給店家，店家再以補助後的價格賣給顧客。雖然有時候會出現荒謬的情況，種植園藝的人可能會從超市架上買回自己的農產品，而不是直接將自家農產品拿來吃，不過這個制度還是解決了一部分的供給問題，並且確保當季食材的流通，也讓家庭可以獲得額外收入。

艾莉卡日後回想起來，他們一家在一九七〇年代與八〇年代初期過得相當愜意。「放假時，我們會前往奧伯霍夫（Oberhof）、哈茲山或齊陶的自由德國工會聯合會度假勝地……十四天的假期，我們只需付一百九十馬克，食宿全包。」生活或許稱不上奢華，但艾莉卡和她的家人感到安全，生活中也隨時會有小獎勵。「我們工作，然後獲得薪資，也會因為勤奮工作而獲得獎金。日子過得去，沒什麼需要擔心的……一直到一九八七年，我因為大嫂慶祝六十歲生日而拜訪了她，她住在西德，那時我才了解到，擁有太多東西會是什麼樣子。在歐登堡（Oldenburg）超市後方的垃圾桶，塞滿了日用品。過時的家具零件直接從店家丟入巨大的垃圾桶。在東德日常所缺少的東西，在那邊卻會遭到丟棄。」[42]

並非所有人都甘心屈就東德農產品，一九七〇年代末，東德擁有將近五百間「國際商店」（Intershop）。商店販賣西德產品，收的是西德貨幣。起初於一九五〇年代開始出現這類商店，主要可見於羅斯托克和維斯馬等港口城市，另外也包含萊比錫，因為國際旅客會前來參加商展。接著在機場、外國人住的高檔旅店和交通運輸地點也開始出現國際商店，這些都是為了服務來到東德的資本主義富裕旅客，東德人自己則不會接觸到國際商店，因為他們完全被禁止持有西德貨幣。然而一九七〇年代，兩德之間的緊張氣氛有所緩解，政府對於國際商店較為放心，最後在一九七四年二月一日起，也勉為其難地讓人民合法持有外幣。當時還有其他因素，因為東德民眾如果用自己的西德貨幣購買產品，特別是咖啡這類進口商品，那麼對政府來說是一石二鳥，他們不用再汲汲營營地尋找貨源，民眾自己就會找到供應者，同時外幣也會進入國庫，那麼政府就可以拿來買國際市場上的產品。國際商店由富侯貿易公司（Forum Handelsgesellschaft）經營，一九七四年到一九八四年間，他們賺來的西德馬克翻了超過三倍，從兩億八千六百萬馬克來到九億五千五百萬馬克。[43]因此公司甚至能夠每個月付國際商店職員三十馬克的獎金。國際商店因為充滿國際商品而吸引人，更讓人趨之若鶩的一點是，商品的價格並不便宜。錄音機用的卡帶要五馬克，火柴盒玩具汽車要價兩塊半，一件原版藍哥牛仔褲則是五十馬克。

高定價只增添了西方產品的吸引力，國際商店幾乎是具有魔力的地方，在東德民眾的集體文化中扮演要角。商店的貨架受到嚴密保護，上頭擺著眾人夢寐以求的商品。踏進商店的那一刻，映入眼簾的是炫目的色彩和閃亮的塑膠包裝，在社會主義世界看起來格外陌生，因為眾人習以為常的是黯淡的顏色，沒有任何廣告行銷或迷人的產品設計。對許多小孩來說，逛國際商店變成一種家庭行程，一旦存夠西德貨幣，就可以到商店選購西德玩具作為獎勵。許多驕傲的小孩會向同儕炫耀來自日本的蒙奇奇猴子玩偶，丈夫會購買昂貴的西方化妝品或香水作為特別禮物送給妻子。年輕家長會為新生兒購買搶手的德國牧羊人寶寶乳液（Penaten），青少女拿出努力攢了多年的錢來買時下流行的裙子或外套。不過讓東德民眾最難以忘懷的是國際商店的氣味，那是一股濃烈的洗衣粉與肥皂香味，加上咖啡豆的香氣，以及嶄新塑膠玩具奇妙的刺激味道。「聞起來就是西方。」許多東德人如此回憶著當時的情景。很多人將這股氣味帶回家並珍藏。高級肥皂放在櫥櫃中的衣服和毛巾之間，散發著香氣，而且等到香味都散去後，才會拿來做肥皂使用。蕊娜特．德穆用東德釀造的廉價Goldbrand裝入人頭馬（Remy Martin）干邑白蘭地空瓶，她的賓客從來沒有發現內容物被掉包了，還盛讚這種「西方酒」的美味。

這就是國際商店的魔力，任何在東德很難入手或根本買不到的東西都會在這裡出現，只要你有辦法弄到西德貨幣就能買。負責經營國際商店的富侯貿易公司成為關鍵字，只要有西德馬克，什麼事情都有可能，因此出現了「富侯可以！」（Forum geht's）這句雙關語，音近「發生什麼事？」（Worumgeht's？），也就是富侯可以讓事情發生。如果想要修理你家的特拉班特車，但是找不到需要的零件，只要有一點外幣現金就可以出現奇蹟——「富侯可以！」你需要更快拿到系統櫥櫃？「富侯可以！」最極端的例子體現於東德國營郵購公司「吉耐克斯」（Genex），⑤這家公司提供了郵購產品型錄，西德民眾可以透過他們寄禮物給東德親友。他們提供的產品多元，而且包含東德很難買到或根本買不到的品項。西德捐贈人可以買電視、餐桌、摩托車、汽車或甚至房子給東德的受益人。由於兩德政治關係緊張，吉耐克斯公司背後複雜的金流需要透過瑞士或丹麥的合作公司。西德民眾從產品型錄挑一項產品，付錢給西德銀行的帳戶，並且提供東德收件人的收件地址。一九六〇年代，東德嘗試建立國內的郵購系統，卻很快發現無法穩定供給。愈來愈多訂單無法寄出，客戶往往等了好幾週，最後卻收到官腔的回覆，讓更多人失望。一九七六年，政府決定這樣下去不是辦法，直接裁撤他們自己的郵購系統，完全交由吉耐克斯來滿足人民的消費主義欲望。

當局容忍這個雙貨幣制度，甚至很多政府員工都成為西方產品的用戶。穿制服的職員會被告知不要走進國際商店，一名警察則記得他常常需要提醒黨員至少蓋住他們的社會主義統一黨徽章再走進商店。這種容忍態度表示政府直接承認有兩種商店，人民可以使用兩種貨幣，也就是有兩種人會在兩種商店消費，一種人有慷慨的西德親戚，另一種則無。

雖然東德還是面臨很多問題，但是一九七〇年代是東德民眾生活水準的高點，許多人對這十年的回憶是物質相對舒適且生活穩定。東德民眾的生活水準是共產世界最高，而且不用擔心每天生活的著落。租金補助讓他們只需要付出薪水的一小部分，甚至可以住到全新中央供暖的公寓，附有廁所和廚房。冰箱、電視和洗衣機成為日常用品。同一時間，平均月薪從一九七〇年的七百五十五馬克穩定上升，一九八〇年來到一千零二十一馬克。特拉班特車常常受到嘲諷，歷史學家也都會強調要等多久才能拿到車，但是到了一九八〇年，幾乎百分之四十的家庭都擁有一台車。何內克最重視的就是他的民眾的需求和心願，而他確實做到了。

除此之外，政府為所有背景的人提供終身學習和社會流動的各種管道，這個現象不只出現在軍隊。來自弱勢家庭背景的人得以進大學和成為學徒，在工作時也會獲得繼續發展職涯的建議，因此開始站上領袖位置。在工廠中，生產目標並不總被視為壓迫手段，反而帶來真誠的成就感，集體精神因此成為許多人的認同和歸屬感來源。

雖然如此，因為東德靠近西德，再加上何內克為了拚競爭而打開了各種接觸消費主義的小管道，導致資本主義誘人的氣息滲入，同時東德已經給人過於保守的感覺。早年的革命情懷和熱情幹勁已經消退，年輕人沒有與他們理應對抗的法西斯敵人交過手，也不是在威瑪共和國的街頭戰中成長，年輕人因此過著舒適的生活，甚至有點了無生氣。

史塔西深刻感受到這點，因為史塔西首長梅爾克開始處處看見反革命的跡象。梅爾克對於何內克在東德開放西方消費主義深感疑慮，他認為國家可能就此走向終結。一九九二年，德國統一

⑤ 譯注：此處為譯者音譯。Genex為Geschenkdienst-und Kleinexporte GmbH的縮寫。

後兩年，他還認為「何內克支持向西方開放，這帶來麻煩。對我來說這顯而易見，來自西德的旅客持續增加，政要和平民都有，這一定會帶來毀滅性的結果。」[44]他為此滿腹憂愁，甚至開始對總書記抱持懷疑。梅爾克開始整理收集關於自己老闆罪行的證據，全部收在一只紅色皮箱中，並鎖在他的辦公室，直到一九八九年才被發現。裡頭有何內克一九三七年因叛國罪受審的檔案，他當時的自白牽連到其他共產黨地下抵抗組織的成員。還有一些是何內克的父親威廉寫給納粹的信，他在信中試圖拯救兒子的性命，因此聲稱他兒子已經變心，也說他兒子譴責了共產黨，而且「現在認為他年輕的理想已經在這個國家實現」。除此之外，還有何內克第二任妻子伊迪絲・包曼以及第三任妻子瑪格特・費斯特的信，她們都曾經寫信給烏布利希求助，還在信中互相批評。最不堪的證據是一份文件，上頭記載了政府資助的一項度假小屋的建築工程，屋主是何內克的祕密情人。

梅爾克整理這些不利於東德領袖的證據，顯示史塔西也已經開始往內部尋求敵人，而不只是監視一般大眾。梅爾克眼中處處是潛在敵人，因此他改變了他的間諜組織的精神思想，不只要尋找現階段的國家敵人，也要試圖預測一般人未來心境的改變。就算一個東德民眾愛國且努力工作，這依然隨時可能改變，而史塔西愈早發掘一個人心中的不滿跡象愈好。一九八一年四月三日，梅爾克發表了談話，他希望傳達給整個組織的所有階層。關鍵問題是「誰是誰？」誰可以信賴，誰又不能信賴？史塔西要如何分辨？梅爾克再繼續分析：「誰是敵人？誰懷有惡意態度？誰可能會因為惡意態度或其他作用而成為敵人？誰可能容易受到敵人影響？誰可能遭到敵人利用？誰可能立場不夠堅定？誰又可以無時無刻受到黨與國家的完全信賴。」[45]梅爾克列出這些類型的人民，其實包含五種敵人的型態，而只有一種可以信賴的對象，這點透露出他跟自己麾下組織的偏執程度已經來到最高點。政治局其他成員也受到監視，而且往往受到史塔西的控制。隨著何內克每次朝開放及西化邁出一步，梅爾克的監控就愈緊迫。

東德領導階層不斷向外比較，同時還向內看是否有人也在比較，這反映出這個政權本質上的不安。東德政府追求物質舒適以及一些消費主義的管道，希望藉此在短期內滿足人民。但是在這個過程當中，何內克治理的東德在經濟和意識形態上都過了頭。烏布利希治理下的社會出現了變革，例如史無前例的社會流動，這是以長遠的無產階級社會為願景，期待人們會自願放棄經濟階層頂端的奢侈享受，以避免另一端的極度貧困。不論是否實際，烏布利希相信社會要更溫和，集體才能爬得比個人更高。要提供免費的教育和健保、租金補貼以及讓每個人溫飽，代價就是要等很久才能拿到車或電視。不過何內克將對物質的渴望視為反叛的核心因子，因此努力靠著片面西化來滿足人民。政府買進一車又一車的美國牛仔褲，並允許人民在國際商店中買到西德洗衣粉，這些都只是助長了欲望，也讓人更感受到東德頂多只是半吊子地模仿西方，甚至還看起來更像一臉嫉妒的旁觀者。何內克為東德人民引進的物質享受，也許暫時提高了民眾的幸福感和生活滿意度，但同時也在人們心中種下了懷疑的種子，讓東德在第三個十年裡失去了明確的方向。

第九章

存在安逸的危機
(1981-1986)

Existential Carefreeness

做還是不做，這是個問題。

兄弟鬩牆

一九八一年八月三日，克里米亞半島。

何內克很喜歡拜訪布里茲涅夫的夏日小屋，這裡跟東柏林的簡樸氛圍相差十萬八千里遠，與莫斯科浮豔的接待氛圍也完全不同。訪客抵達克里米亞時，入目即夏日暖風輕拂之下搖曳的椰子樹，搭配海浪拍打聲及撲面而來的海洋氣息，而且飲品無限量供應。這類聚會成為常態，每年布里茲涅夫都會在克里米亞半島最南端的奧雷安達（Oreanda）村莊度假，他的夏日小屋位於黑海岸邊，周圍是大片土地，還有一座游泳池，往往讓賓客刮目相看又放鬆身心，是招待客人的絕佳地點。一九七一年，布里茲涅夫與西德總理布朗特一同在此游泳，根據布里茲涅夫的私人攝影師穆薩艾利安（Vladimir Musaelyan）所述，布朗特當時甚至大剌剌地向布里茲涅夫借了泳褲。一九七四年，布里茲涅夫以奢華宴席招待了美國總統尼克森（Richard Nixon）。奧雷安達景色宜人，同時也深具歷史意涵，鄰近羅曼諾夫王朝典雅的利瓦迪亞宮（Livadia Palace）就是一九四五年雅爾達的會議地點。透過克里米亞半島，蘇聯展現了在世界舞台上游刃有餘的形象。

布里茲涅夫偶爾才招待西方政要，但卻從一九七一年起每年都邀請社會主義兄弟之邦的領袖前往克里米亞作客。對何內克來說，「這些聚會氛圍友善、開放而且有建設性」，作為「交換意見和經驗的絕佳機會，能夠以鉅細靡遺且跳脫傳統的方式合作規劃未來」。[1]

一九八一年八月，何內克與布里茲涅夫第十一次會面，這次氣氛卻截然不同。如今七十四歲的布里茲涅夫不再足以勝任親切的東道主，因為一九七〇年代的動盪讓他身心皆受創。他的家庭失和，情況之嚴峻，他甚至考慮離婚並與小孩斷絕關係。他鎮日借酒澆愁，卻只是讓自己更為消沉。他深受失眠所苦，煩惱揮之不去，因此開始依賴鎮定劑。布里茲涅夫長期體重過重，又是老菸槍。一九七〇年代，無止境的蘇聯經濟危機為布里茲涅夫帶來難以克服的政治問題，他的私生活也問題重重，導致家庭無法作為他的避風港，最終他不敵壓力而倒下，經歷了數次小中風，接著一九七五年心臟病發，同年發生更嚴重的一次中風。雖然健康不再，身為蘇聯領袖的他卻一刻不得閒。蘇聯精英深恐政治動盪會帶來權力鬥爭，因此他們決定力保這位年老力衰的領袖持續在位。政策皆在幕後策劃，形容枯槁的布里茲涅夫只能坐在輪椅上被推出來，在國家活動中宣布政策。在公共場合裡，年邁的布里茲涅夫看起來毫無生氣且對凡事都漠不關心。東德的政治家維爾納·埃貝連在一九八一年二月見到他，維爾納還記得自己驚詫於眼前「這位年老體弱的人，他幾乎只能靠醫生才能撐起身子，黨代表大會上更是如此。布里茲涅夫與何內克談話時，一字一句都從稿子上唸出。」[2]

六個月後，何內克在克里米亞見到布里茲涅夫，這位過去的知己兼盟友如今已徒具空殼。何內克發現布里茲涅夫無法回應自己的疑慮，對此感到沮喪萬分。布里茲涅夫生硬地複述，蘇聯必須未雨綢繆，好好看顧自家的經濟事務，東德再也無法仰賴蘇聯的貸款。更慘的是，布里茲涅夫也無法承諾穩定供給石油。何內克大受打擊，因為他的國家原先將期望寄託在蘇聯每年簽約承諾提供的一千九百萬噸石油之上。

如我們所知，東德國內唯一可以供給的能源只有褐煤，但這項資源卻會造成生態浩劫，而且技術落後又不經濟實惠。蘇聯在烏拉地區、西伯利亞、哈薩克和土庫曼擁有豐沛的石油儲量，似乎可以作為長期解方，滿足蘇聯陣營的能源需求。德魯茲巴輸油管道在一九六四年落成，一九七〇年代擴建，直接連接了西伯利亞西部的油田與東歐煉油廠。輸油管道總長超過五千公里，這個計畫如此龐大，似乎代表未來會持續運作，東德因此調整自己的經濟，將巨大的煉油廠建在與波蘭接壤的施韋特（Schwedt），於一九六四年開始營運。煉油廠的三萬名員工利用蘇聯送來的石油生產了總計超過四百種的產品，除了汽柴油和燃料油，還包括焦油和潤滑油。東德的經濟完全仰賴煉油廠的產品，煉油廠所生產的複雜化工產品成為眾多產業的必須品，例如紡織產業、農業、洗衣劑生產和家具工廠等，族繁不及備載。

東德的能源也開始仰賴蘇聯進口。一九六〇年，煤依然占國內能源利用的百分之九十七；到了一九八〇年，石油占了百分之十七點三，天然氣則為百分之九點一。[3]石油的能源效率為褐煤的五倍，東德經濟因此轉向使用蘇聯送來的能源，國內褐煤的投資也開始下跌。一九七〇年代爆發石油危機，因此東德支出開始急劇飆升，到了一九八〇年，東德買一桶原油要付十五美元，一九七二年則只要兩到三美元，[4]因此國內再度大量開採褐煤。不過來自蘇聯的原油還是能夠透過東德煉油廠轉變為現金，煉油廠的產品外銷到世界市場上許多非社會主義國家，其中就包含西德。當時的外貿如此成功，在非石油生產國當中，東德的石油外銷名列前茅。當何內克在克里米亞半島椰子樹下，從布里茲涅夫口中獲知蘇聯將無法穩定供應石油，但此時東德石油製品已經占出口至非社會主義國家出口總額的百分之二十八。[5]

何內克苦苦哀求，卻毫無作用，布里茲涅夫回覆道：「（東德）獲得蘇聯石油與石油製品，再轉賣給資本主義國家，」藉此從中牟取暴利。他認為這不僅導致經濟優勢的失去，而且還拉近了與西方國家的距離，尤其是與西德的距離，這等於把「各種施壓手段」交給階級敵人，可能會造成「嚴重後果」，眼前波蘭的危機就「以極端的方式展現了這點」。[6]

在何內克看來，這類論述簡直是在傷口上灑鹽。身為東德領袖，他努力與西德拉近關係，並非單純出於財務需求，同時也因為波昂與東柏林都擔心冷戰會讓德國土地遭到核彈攻擊。西德社會民主派的總理海爾穆特．施密特（Helmut Schmidt）示意他願意舉辦兩德峰會，何內克也積極想策劃，但布里茲涅夫卻插手了，直接禁止兩德舉辦峰會，並且介入東德國內事務，表面上此舉看似蘇聯要制裁西德於一九七九年表態支持北約「雙軌政策」的行為，因為這項政策計劃在歐洲部署美國的中程核子飛彈，同時要求與蘇聯展開雙邊談判討論軍武控制。然而布里茲涅夫之所以禁止兩德峰會，事實上是因為莫斯科政權愈來愈害怕兩德共謀，最明顯的一點就是布里茲涅夫自己其實與施密特維持友好關係，並且在一九八〇年七月在莫斯科以最高外交禮遇接待他，但布里茲涅夫同時也害怕東德會成為蘇聯與西德的中間人，因為這將讓東德獲得可觀的政治資本。

何內克過去的盟友如今對他充滿不信任，何內克感到失望透頂。根據一九八一至一九八七年的東德駐蘇聯大使溫克爾曼（Egon Winkelmann）所言，何內克指示他在莫斯科的任務時，愈講愈生氣：「他們威脅我，不准我見施密特。簡直不可理喻！」他怒氣沖沖地說。[7] 何內克是一名堅貞的社會主義者，對於蘇聯共產主義的意識形態絕對忠誠，但他也是一名愛國者，深惡痛絕自己的國家成為了他國博弈的棋子。他不知道自己的國土上被放置了多少枚SS-20軍刀（Saber）核武飛彈，甚至不知道到底設置於何處。東德政權甚至沒有被告知，領土上到底駐紮了多少名蘇聯士兵（一九八〇年代時還有大約三十五萬名），只能透過蘇聯軍隊設施的用水量來預測人數。

過往何內克與布里茲涅夫這對獵人同伴的政治目標一致，如今卻信任破裂，而且克里米亞半島的那場夏日面談完全無助於重建雙方信任。布里茲涅夫身心都已無法回應何內克，成為被操縱的傀儡，只能重複他人要他說出的空洞話語，這些話證實了東德的夢魘，在經濟強敵環伺的情況下，東德必須自力更生。

確實，何內克回到柏林後不久就接獲正式通知，莫斯科政策即將轉向。蘇聯違反先前的承諾，提供給東德的石油少了超過一成，從一千九百萬噸減少到一千七百萬噸，為的就是要保留更多儲存量給公開市場，以緩解國內的經濟問題。莫斯科進攻阿富汗，帶來了龐大的軍事開銷，而戰事自一九七九年起就僵持不下；此外，蘇聯跟西方又開始新一波的軍備競賽，造成軍事開銷節節攀升，同時還面臨一連串的歉收，導致蘇聯陷入更嚴峻的經濟危機，供給嚴重不足，他們因此面臨類似波蘭團結工聯（Solidarność）的社會動盪。蘇聯開始退縮，而何內克過去將東德繁榮的希望寄託在德魯茲巴「友誼」輸油管道上，如今看起來就像諷刺十足的笑話。

何內克難掩其失落，他寫了兩封信給莫斯科，懇求布里茲涅夫重新評估。但他的努力徒勞無功。他的前好友布里茲涅夫只能派出蘇聯共產黨中央委員會書記魯薩科夫（Konstantin Rusakov），在一九八一年十月二十一日前往東柏林告訴何內克，布里茲涅夫束手無策。魯薩科夫向何內克保證：

> 我們了解此舉會讓你們面臨重大困境。但請相信我們，我們已經在國內採取最嚴苛的手段。為了維持社會主義國家的存在，我們過去曾經在諸多危機時刻向你們伸出援手，如今輪到我們請求你們的協助。我們別無他法。布里茲涅夫同志跟我說：「你跟何內克同志對話時，請告訴他，我在簽署這份決策時落下了眼淚。」[8]

布里茲涅夫在莫斯科流下的眼淚並未打動身處柏林的人，何內克冷冷地回覆：「請公開詢問布里茲涅夫同志，是否值得為兩百萬噸石油而讓東德陷入動盪。」[9]

何內克的絕望情有可原，蘇聯不論出於何種原因，確實讓東德陷入無力回天的窘境。東德被東邊的老大哥拋棄，也被禁止與西邊的潛在市場來往，因此東德這個蕞爾小國如今遭到孤立。東德缺乏自然資源，經濟無法自給自足，而就在一九八一年莫斯科的決策後，東德失去了從他處取得所需資源的管道。經濟即將完全潰敗，此時政要焦慮地關注鄰國波蘭的政治動盪。波蘭即將宣布戒嚴，以因應嚴峻經濟危機所引發的社會動亂。這一切快速演變的危機下，東德民眾被掩護著，但他們清楚感覺到有事情正在醞釀。當時曾流行一則笑話，有人問為什麼社會主義國家之間互稱「兄弟之邦」而非「友邦」，答案實在太過貼切：「因為你可以選擇朋友，卻無從選擇誰來做你的兄弟。」

經濟危機

一九八一年秋，薩克森，德勒斯登。

克勞斯．多伊貝爾（Klaus Deubel）不可置信地搖了搖頭，看著他眼前不可能的任務，[10]而這已經不是第一次了。三十九歲的克勞斯在德勒斯登的組織精簡研究中心（Institute for Rationalization）擔任研究員，他被分配到令人生厭的工作，就是負責提升當地效率。他處處掣肘，不論場面將會多激烈，只能盡力而為。他接收到的指令來自上級的電機與電子工業部（Ministry for Electrical Engineering and Electronics），這道指令遍及所有國營事業。克勞斯的不可能任務包括想方設法縮減在管理與行政上的花費，此項占了兩成的支出，他必須要將其減半。克勞斯發現這點十分困難，因為他跟同事感情良好，不希望自己的更動建議衝擊到他們。他努力制定一套策略，列出提升效率的合理建議，盡量減少對同事現有工作的衝擊。其中一個做法就是各機構可以再度回歸他們的核心業務，不用再投入生產他們不擅長的民生消費品，當初這個政策是要幫助何內克滿足人民的需求。舉例來說，布蘭德堡的亨尼希斯多夫電力機車廠（LEW Hennigsdorf）從一九一三年起就開始生產火車頭，但是近來卻被迫生產收音機、花圃家具以及桑拿加熱系統，讓東德民眾也可以擁有他們西德親戚所擁有的物品。眼前經濟危機逼近，克勞斯建議各產業回歸自己的專業，這個做法合情合理。在一場十五分鐘的主管會議中，他小心翼翼規劃的解方被棄之不顧，最後決議大刀闊斧砍掉百分之十的管理與行政開銷。

高度專業的產業受到政府直接干預，這並非什麼新鮮事。計畫經濟的定義本來就是涵蓋長時間以及大方向的規劃，不過到了一九八一年下半年，因為經濟危機步步進逼，政府未經思慮就草率訂定中央政策，最終導致荒腔走板的事態發展。產業的管理階層經費被刪得剩下最低限度，計畫經濟變得混亂且效率低落。主管階層的決策再也不能有效下達。電機與電子工業部的國務祕書負責直接向部長回報，克勞斯記得這位國務祕書親自在工廠間奔波分配零件。各公司也收到嚴格的計算公式，要照著減少工時。舉例來說，克勞斯記得德勒斯登的微電子研究與工程中心（Centre for Research and Engineering of Microelectronics）在計算公式推出後，被規定要減少的工時甚至超過原本依現有工作內容而實際分配到的工時。

一九八一年祭出了更多提升效率的手段，卻毫無道理且雜亂無章，一部分是因為社會主義統一黨的黨代表大會在同年四月推出了全新的五年計畫，「主要任務」跟過去相同，要讓東德經濟得以運行，這表示要提升生產力、精簡組織以及改善品質。中央委員會經濟祕書君特．米塔格指出國際市場上有幾個嚴重問題影響著東德的生產：「特別是能源資源、原物料的價格變化，以及開放國內資源基礎的支出上揚。」[11]米塔格深信唯一的解方就是在經濟鏈的各階層導入一定程度的經濟「自利」。他從一九六三年起就支持烏布利希的新經濟制度，主張的就是以更動態的模型取代五年計畫。然而當時的政治阻力讓這項願景難以完全落實。米塔格的另一項經濟理念則是「國家經濟唯有以最高技術標準運行才能在國際市場中生存。」[12]烏布利希完全認同，並且希望在一九七一年到一九七五年的計畫中，鉅額投資電腦科技以及其他看似充滿未來性的計畫。但因為他的健康下滑，來日也不多，這些願景遭到許多黨內同志嘲笑，他的想法也被視為空想，旁人只視他為試圖留下個人政績的老人。

十年後，局勢蛻變。烏布利希已逝世，蘇聯則即將在經濟上拋棄東德。多年後，米塔格忿忿地說，科技發展的時刻來臨時，「我們還妄想東德可以與蘇聯緊密合作」。[13]一九八一年，局勢明朗，布里茲涅夫愈來愈不情願，連原本規劃好的原物料都不想送，更別提跟東德一起開發微電子等新技術了。米塔格的選項很清楚，未來仰賴的是高科技，而如果莫斯科無法正視或不願意正視這點，那麼東德就必須自己開始尋求其他夥伴，就算是社會主義圈子以外的國家也在所不惜。

東德開始尋求工業模式，希望仿效其效率和技術，此時一個理想的國家脫穎而出，那就是日本。整個一九七〇年代，這兩個國家已經開始合作，並且在化學用品、金屬和電子工程等領域進行貿易。東德對電子工程特別感興趣，因為東德需要收音機、電視和音響，才能與西方消費文化匹敵。一九八一年五月，何內克親自飛往日本，這是一趟最高規格的國是訪問，兩國最終談妥高達四億四千萬美金的貿易協定。日本將會提供汽車離合器工廠以及鐵工廠，東德則會提供機械。日本工作文化以紀律和效率至上，而且維持集體合作而不是追求個人職涯，這讓何內克深受感動。日本在自動化流程中採用機器人製作高階產品，這讓何內克感到驚豔。回國後，何內克開始推動工業現代化。

要取得實際經濟成果的政治壓力龐大，因為東德政府愈滿足民眾的欲望，他們要的就愈多。到了一九八〇年，每一百戶人家擁有一百零五台電視，但這也表示愈來愈多人接觸到西方文化，其中包括廣告。根據東德自己的統計數據，超過百分之七十的民眾收看西德節目，因此會在廣告中看到吸引人的全新消費商品，例如卡帶機和錄音機。電子電機工業部國務祕書卡爾．能德（Karl Nendel）受命想辦法快速量產人民想要的電子產品。他要求位於格拉市（Gera）的國營電子元件公司製造出便宜的卡帶錄音機，但是這家公司發現難以達成，因為他們根本不知道製造方法，也沒有適當的人力。這個目標遲遲未能達致，能德十分不滿，因此召見公司的總經理，要求對方解釋清楚。總經理再次說明公司根本沒有人力，也沒有適當的開發工具，能德大發雷霆，「你要搞清楚，」他對著總經理的臉大吼，「為了政治，我們絕對必須擁有自己的錄音機！」總經理承受不住，突然緊抓自己的胸口，能德趕緊跑出來吩咐祕書找來醫生。總經理心臟病發。「現在想想，我認為當初在這種情況下，我太緊迫盯人了。」[14]能德多年後在自己的回憶錄中如此表示，但同時他仍不忘重複當初那句導致總經理心臟病發的咒語：「基於意識形態，我們必須為人民提供現代消費產品。」[15]

政府最終拍板定案，決定直接進口整條生產線，並且與日本工業巨頭東芝達成協議。東芝原本就已經插旗東德，協助在柏林和伊爾默瑙（Ilmenau）建立生產彩色電視的工廠，進口總額已高達八點五億德國馬克。一九八二年五月十三日，東芝又新增了一座音訊技術工廠，產能足以生產七十五萬台錄音機與三萬台高音質卡座。工廠選址位在柏林馬爾燦（Marzahn），這裡同時也是何內克住宅計畫的最大興建地，因此這個地區喜見新的工作機會。何內克的住宅興建計畫此時已經在全國蓋了超過一百萬戶新公寓，到了一九八〇年代末將達到接近兩百萬戶。國營柏林明星無線電廣播公司（Stern-Radio Berlin）開始擴建，新增了一棟生產大樓，裡頭全是日式系統與其他從美國進口的零件。工業技術進口國際貿易總監黑爾貝特・羅洛夫（Herbert Roloff）從一九八〇年開始負責監督製程，他日後回憶時說道，當時這項巨大工程的成果其實有限：「沒錯，我們成功讓幾種娛樂電子產品與家用電器上市，不只一種，而是兩三種。但是在西德的商店中（包含我們的國際商店）架上有二十種。」[16]

要治癒東德的經濟傷口，不能只靠專精微電子學以及組織精簡。一九七〇年代石油危機帶來嚴峻經濟問題，於是西方國家在一九八〇年代縮減社福支出，從西德總理柯爾（Helmut Kohl）到英國首相柴契爾（Margaret Thatcher），以及美國總統雷根都採取此一路線。但何內克卻沒有這個選項，因為東德補助租金、食物和育兒等民生必需已經是不變的事實。一九七七年，織品價格短暫上揚，憂心忡忡的民眾立刻開始囤貨，咖啡與巧克力等每日奢侈品一旦開始限制配給，也立刻引發恐慌。何內克進退兩難，社會主義開銷龐大，但布里茲涅夫中斷石油供給後，他也無法再繼續利用石油貿易的額外收入來補貼龐大支出。

借錢也不在選項之中。蘇聯清楚表明，再也不能繼續貸款給東德，因此東德唯一的選擇就是找上西德。問題是，西德也已經對鐵幕後方的市場失去信任，因為一九八一年時，波蘭與羅馬尼亞都深陷財務危機（一九八一年十二月，波蘭宣布破產，政府宣布戒嚴）。這個局勢直接衝擊了東德，光是一九八二年上半年，四成的西方投資從小小的東德撤資，而且沒有任何替代方案。[17]

火上加油的是，國家雖掩蓋了逐步進逼的經濟危機，但民眾在生活中每天都可以看到蛛絲馬跡。政府刻意穩定工資和物價，因此這些數據無法反映真相。不過社會主義統一黨的中央委員會成員兼經濟委員會成員克羅利科夫斯基（Werner Krolikowski）在一九八三年三月的報告中表示，「購買力與可供貨的商品不成比例」。[18] 換言之，勞工薪資維持原樣，在付完受補助的租金與食物等重要開銷後，口袋裡雖然還有錢，貨架上能買到的商品卻是愈來愈少了。克羅利科夫斯基繼續陳述：「供應的問題造成民怨四起，這已經可以說是常態了。」對於克羅利科夫斯基來說，比經濟情況更糟糕的，就是政府對自己的人民說謊。他提供了一九八三年初的工業生產成長數據，當時為百分之二點六，「而在公開場合，何內克卻說工業生產的成長數字為百分之四點三……這類誇大現實的謊言與欺騙行為持續進行，而且是何內克與米塔格直接下令。」[19]

就如同克羅利科夫斯基當時所言，東德民眾不可能永遠被蒙在鼓裡。政治人物說的話和人民生活現況完全不同，三十七歲的技師沃夫岡．迪特立西（Wolfgang Dietrich）在一九七〇年代經濟開放時得以開設自己的修車廠，一九八一年時卻真的感覺到自己的生意受到衝擊。[20]一九七七年開始營業時他就面臨困境，汽車零件總是難以取得，必須提早一年從萊比錫訂購。當時無法貸款，他只能自掏腰包支付所有營業支出。他勉強湊足了錢，只能買一組保養坡道，而且他一開始並未獲准聘僱他人，所以只能以自己的工作時間提供服務。後來他終於獲准聘僱另一位技師，但他能提供的薪資受到嚴格限制，金額低到完全無法吸引人才。他在員工生日時送了一束花，但在年度提交開支清單供稅務審查時，卻嚴格到連這筆開銷都不得計入。

到了一九八〇年代，局勢愈趨艱困。他的修車廠一年只能訂購三組替換引擎，因為所有的機械和工業產品都愈來愈難取得。不過沃夫岡懂得應變，開始開發不同業務。他打造了自己的拖車，並且在當地提供道路救援服務。這項服務大受歡迎，因為沃夫岡幾乎能夠修理任何有輪子的東西，從汽車到曳引機無一例外。一九五九年，十五歲的他在布蘭登堡鄉村的特雷布斯（Trebus）擔任學徒，在那裡學到（也學著愛上）如何修理農具。沃夫岡的道路救援工作充滿挑戰，尤其是他的修車廠沒有電話。這表示，任何汽車拋錨的車主或是農場需要協助的人，必須先找到付費公用電話，或是請警察打電話到沃夫岡距離修車廠數公里遠的家中，他的妻子會負責接電話，然後再出門告知沃夫岡來電內容，沃夫岡再駕駛拖車前往救援。這套曲折的方法後來終於改善，因為公部門的車在斯托爾科（Storkow）附近拋錨，裡頭坐著的正是郵政電信次長。沃夫岡前來救援，他在修車時，還讓這位大人物及其隨從坐在自家的沙發上，因為東德的飯店與賓館總是一房難求。想當然耳，事件發生過後不久，修車廠就接上了電話線。

像這樣的事件不只透露出東德經濟建設的窘境，同時也顯示出東德人高度的適應能力。長期來說，這個情況一定不能持續下去，政治局也心知肚明。東德急需外援，如果蘇聯拒絕提供，那麼東德只有一條出路了。不論布里茲涅夫同意與否，東德勢必需要尋求西德的協助。

同床異夢

一九八三年五月五日，兩德邊境，圖林根，施萊茨（Schleiz）。

這是個風光明媚的春日，東德負責籌措資金的大人物沙爾克乘著寬敞的雪鐵龍（Citroën）公用車，行經圖林根山區，車窗外是一片無止境、隨著地形起伏的墨綠松樹林。不過沙爾克此行目的並非賞景，他正被護送到巴伐利亞邊界，而且他務必要準時且安全抵達。在這樣重大的行程中，負責安排接送與維安的史塔西首長梅爾克寧可不要使用雪鐵龍，因為很難將這款車子改裝成防彈規格，而且很容易拋錨。不過他的上司何內克自從收到法國人贈送的CX Prestige車款後，就對這款暱稱為「檸檬車」（Zitrone）的雪鐵龍愛不釋手，他的保鏢布羅克納（Bernd Brückner）透露，這輛車柔軟的座椅以及平穩的懸吊系統成為了決定因素。[21]因此東德政府下訂了三十五輛車，每個人都只能忍受這些車的種種不便。不過梅爾克還是忍不住另外派了一輛車作為沙爾克此行的備用車。

雪鐵龍抵達巴伐利亞邊境的停車場後，沙爾克不再是梅爾克的責任。他如今只能靠自己，不過沙爾克並不介意。一輛特殊裝甲的深藍色寶馬七五〇已經在此等候，沙爾克坐上後座。司機駛過圖林根進入巴伐利亞，東西德邊境的警衛都沒有要求他們出示文件，一切安排得滴水不漏。向南行駛幾個小時後，車子駛離大路，轉向一條未鋪平的長路。遠處出現一幢如畫般的鄉村別墅，四周圍繞著綠色草皮和清澈藍天。沙爾克望著眼前的巴伐利亞景色，不禁想：「能在這裡找到解救東德財務問題的方法嗎？」[22]

沙爾克對此相當懷疑。他即將會面的是巴伐利亞州州長施特勞斯（Franz Josef Strauß），沙爾克形容他是「終極冷戰鬥士，西方帝國主義的化身」。[23]沙爾克來到這裡就是為了請求施特勞斯協助拯救東德社會免於財務崩潰。表面上看來，這個場景十分荒唐。施特勞斯公開反對西德提供金援給東德這個社會主義鄰居，據說他在一九六〇年代末擔任大聯合政府財政部長時，曾經堅持「一芬尼都不給東德」。不過沙爾克認為還是值得一試。到了一九八二年，東德經濟岌岌可危，危害到國家的存亡。東德經濟已經極為仰賴外銷，一年收入最高可達五、六百萬，但是這些全部都得拿來償還現有的債務。東德處處都需要投資，因為東德的技術與製造方法都落後西德。如果真的要借錢，跟邊界另一端的階級敵人借也合情合理，只要錢拿來重建東德並推動現代化，讓整個經濟重新出發，這筆投資最終一定會有回報。

必須耗費數百萬才能讓東德經濟迎頭趕上，蘇聯拿不出這筆錢，西德也不願意提供。負責維繫東德經濟的人開始感受到逐步進逼的壓力，「做還是不做，這是個問題」，沙爾克當時想。[24]接著，施特勞斯的政治盟友兼知己約瑟夫・馬茲（Josef März）在萊比錫貿易展前來與沙爾克搭話，告知他施特勞斯希望在馬茲的待客別墅古特施波克（Gut Spöck）與他見面，地點就在上巴伐利亞（Upper Bavaria）。

沙爾克踏出寶馬時，外頭是巴伐利亞的暖陽，阿爾卑斯山的美景映入眼簾。他十分緊張。「對共產恨之入骨的施特勞斯會如何接見『社會主義統一黨政權』的代表？」他忍不住想。[25]前次的外交危機還歷歷在目，就在一個月前，一名西德人穿越東德，在薩克森—安哈特邦的德雷維茲（Drewitz）營區接受邊界警衛訊問時，卻心臟病發而亡。這並不罕見。東德邊界警衛在訊問時特地營造心理壓力，卻常常做過頭，總計在兩德邊界檢查哨造成三百五十人因心臟病而喪命。不過一九八〇年代初期氛圍緊張，兩大強國在歐洲持續瘋狂的武裝競賽，同時也極力在全球南方競爭彼此的影響力，因此最近這起事件讓西德保守派媒體開始大做文章，死者「根本是被毆打致死」的說法甚囂塵上。[26]西德總理柯爾取消了與何內克的會面。沙爾克沉重地想到，施特勞斯本人也大力抨擊這起事件，還公開指稱死者死因形同政治「謀殺」。因此對這次會面內容毫無頭緒的沙爾克就這麼來到古特施波克宅邸門前，獲得馬茲及其妻的接待。在他們氣派的客廳裡，他可以看到外頭的群山圍繞著幽靜的湖泊。突然間，一陣直升機的嘈雜聲破壞了這幅恬靜的景色，直升機就這麼降落在別墅門口，施特勞斯現身了，他揮著手，臉上掛著大大的微笑。

雖然兩人的政治立場分歧，但他們卻一拍即合。沙爾克吃著豬腳與馬鈴薯沙拉，跟友善的東道主熱絡了起來。他發現插不上話，因為施特勞斯滔滔不絕地談自己在西德第一任總理阿德諾政權下擔任國防部長的政治戰役，還有他如何譴責一位陸軍將領買了便宜且受補助的玩具給人在東德的孩子。（「他買了東德人迫切需要的產品，難道都不覺得丟臉？」[27]）他也分享了自己周遊列國的政治出訪，從羅馬尼亞到安哥拉都去過。沙爾克如今放鬆地坐在舒服的扶手椅上，禮貌地傾聽。接下來又是長篇大論，談的是施特勞斯在聯邦政府的影響力有多大。（「波昂所有事都要先過我這關！」[28]）接著又滔滔不絕地闡述社會市場經濟的固有問題。他切入正題時已經很晚了，終於說明為何邀請沙爾克來作客：「沙爾克先生，現在我認識你本人了，也覺得你值得信任……」[29]

西德銀行願意提供十億馬克的貸款給東德。

施特勞斯很精明，他知道不能將這筆交易與固定條款和條件綁在一起。如果成功交易，西德不能被認為對東德人權議題做出妥協，同時東德也不能因被西德收買國內政治改革而失了面子。施特勞斯謹慎地提議，或許「何內克在他認為合適的時刻」，可以考慮放鬆對西德旅客前往東德旅遊的限制，此刻沙爾克馬上就知道事情出現轉機了。施特勞斯不僅了解東德微妙的政治局勢，還予以尊重。沙爾克很高興，「全新『管道』開通了，比過去的任何方案還更令人興奮且更重大。」[30]他立刻跳上寶馬趕回柏林，於凌晨四點抵達，直接前往辦公室找徹夜等他歸來的祕書，轉達稍早談話的結果。接著沙爾克撥了電話給他的妻子，告知她自己短時間內不會回家，接著等待米塔格和何內克的到來。他們兩人聽到這個好消息都振奮不已，並且希望盡一切所能來促成這筆貸款。沙爾克終於讓東德財務暫時避免崩潰，他鬆了一大口氣，陷入辦公室的扶手椅中，沉沉睡去。

急需資金挹注的何內克在情急之下，承諾在確保不受到西德媒體關注的前提下採取一系列的措施，例如邊界管制不再那麼嚴格，並移除十四歲以下的孩童造訪東德時需要兌換東德馬克的最低限額，他甚至考慮解除兩德長達四百五十公里邊界所設置的七萬一千把致命自動射擊裝置。雖然經歷了幾次外交挫敗，讓沙爾克常常有家歸不得，但最後這場交易終於談成了。兩德終於在一九八三年七月一日簽署貸款協定。同一天，東德國防委員會決定開發不需使用自動化系統與地雷的邊境管制措施。一九八四年又增加了十億馬克的貸款，沙爾克的「商業協調公司」也破紀錄提供了一年總計大約三十億馬克的資金。東德避免了一場近在眼前的財務崩潰。

兩德之間的財務關係也讓雙方的政治開始解凍。前總理施密特首開先例，在一九八一年十二月出訪東德，不過兩國關係依然緊繃，因為各自領土上都部署了核武。雙邊的政治人物因沙爾克與施特勞斯的「管道」而帶來轉變，開始往來互動。達成協定的短短幾週後，施特勞斯、他的妻子瑪麗安娜（Marianne），以及他的兒子麥克斯（Max）就拜訪了東德。沙爾克親自在邊境迎接施特勞斯一家人，護送他們前往何內克的狩獵別墅胡貝圖斯托克宮（Haus Hubertusstock），地點就位在柏林東北方優美的韋貝林湖（Lake Werbellin）。午餐時，眾人的交談還有些生硬與客套，坐在何內克對面的瑪麗安娜馬上就破了冰，直白地告訴他自己有多推崇東德廣大的托育福利，以及提供給年輕夫妻的補助，還有女性勞工入職後的懷孕和產後津貼。她很遺憾西德沒有提供類似的支持，導致人口萎縮。何內克聽了這一番話後深受感動，立刻對這一家巴伐利亞人熱絡起來，拜訪結束後他們仍保持聯繫，這段情誼也成為不同政治立場間的橋梁。

一九八三年與八四年間締結的財務協議，讓巴伐利亞與東德締結了難以置信的文化與經濟連結。兩地的城市和城鎮互結為姐妹市，安排了更多的研究與交流計畫。例如國立巴伐利亞博物館在德勒斯登舉辦了一場展覽，德勒斯登的藝術收藏則到慕尼黑展出。就如同沙爾克與施特勞斯所期待的，雙方貿易互動頻繁。一九八〇年代下半，來自蘇聯陣營的交易依然占東德進出口的一半。同一時間，兩德貿易從一九八〇年的一百零九億馬克成長為一九八八年的一百四十億馬克。[31]到了一九八八年，兩德之間出現超過一千件合作計畫。東德民眾趨之若鶩的一些西德產品，例如妮維雅（Nivea）保養品，都是西德公司到東德生產的產品。有人質疑為何西德公司要跟東德貿易，而不是與勞力更廉價的其他東邊社會主義國家合作，西德公司表示東德擁有品質優良的職員，雙方共用德語，而且東德值得信賴。同一時間，兩德邊境放鬆警戒，旅遊限制也稍微鬆綁，讓東西德所有民眾的互動更加頻繁。對於「另一邊」的恐懼開始消散。一九八七年秋天，何內克受到柯爾總理邀請後，親自前往波昂，在當地獲得最高規格的國家禮遇。看來，兩個德國已經找到共存的方法了。

馬丁路德是東德人

一九八三年五月四日，圖林根，艾森納赫，瓦爾特堡（Wartburg Castle）。

這一天異常的冷，瓦爾特堡上空籠罩著陰沉沉的灰雲，偶爾還灑下一些雨，刺人的風在中世紀城牆間狹窄的通道呼嘯而過。瓦爾特堡看起來十分壯觀，以鐵灰色天空為背景，坐落在海拔四百一十公尺高的圖林根森林懸崖頂上，俯瞰著風景如畫的市集小鎮艾森納赫（Eisenach）。瓦爾特堡居高臨下，成為高聳的地標，同時也受到風吹雨打。不過即使這天下午的氣候不佳，三千名訪客依然沿著蜿蜒的山路而上抵達城堡，眾人興致高昂。夜色降臨，眾人聚集在瓦爾特堡的庭院，穿上厚重雨衣彼此依偎。大家都不想錯過歷史性的一刻，有些人仰起頭看著眼前眾星雲集的場面。

西柏林市長（下任的西德總統）魏茨澤克（Richard von Weizsäcker）人就在現場，他出身貴族世家，是虔誠的基督徒，而且從一九五四年開始就是保守派基督教民主聯盟的一員，因此他可以說是與東德所代表的一切特質背道而馳。但現在他卻坐在離社會主義統一黨政要辛德曼僅幾公分之遙的地方，而辛德曼就是提出以「防堵法西斯的圍牆」作為柏林圍牆正式名稱的人。眼前的東西和諧場面對於在場的人以及在家收看轉播的人來說，都是不可錯過的景象。這場瓦爾特堡的活動同步在東西德、奧地利和瑞士轉播，畢竟眾人前來慶祝的對象並不只是東德人，而是所有德語族群歷史中的重要人物——馬丁路德（Martin Luther）。

馬丁路德出生於五百年前的艾斯萊本（Eisleben），一九四六年起他的家鄉正式改名為路德城（Lutherstadt）艾斯萊本。光是馬丁路德在宗教改革中所扮演的關鍵角色，就足以讓他在以新教為大宗的東德成為重要人物。他同時也是民族英雄，當初他就是在瓦爾特堡翻譯新約，當時各區域的平民所使用的方言差異極大，但馬丁路德選用的德語卻讓所有人皆能理解。相較於原先的譯本，馬丁路德刻意選用更簡單且抒情的用語，「移除阻礙和困難，讓其他人閱讀起來可以不受限制」，他如此表示。這招奏效了。他善用語言，再加上聰明運用印刷機，讓他的譯本能觸及大眾。使用德語的各邦原本像拼布一樣各有差異，但眾人開始將馬丁路德的表達方式與道德觀融入自己的方言與文化，拼湊成更連貫的織布，這是形成德意志民族概念的重要一步。

不過馬丁路德一直都是個爭議人物。因他而起的反猶太情懷不容忽視，而且對於德意志天主教來說，他促成基督教分裂，這也不是什麼值得慶祝的事。此外，馬丁路德的貢獻成為德意志新教的核心，而且他支持血腥鎮壓一五二四年與二五年間起義的（以他的話來說）「慣於謀殺與偷竊的農民暴民」，這使得他對東德來說更是十分棘手，畢竟東德推崇無神信仰的社會，而且自視為長久以來受壓迫族群的終極救星。然而馬丁路德促成統一，這點對於柏林圍牆兩側的人來說都比上述疑慮來得重要。德意志人認為分裂是他們民族永恆的詛咒，因此馬丁路德的功業引起重大迴響。一九八三年是「路德年」，對於東德來說機不可失。東德迫切需要深厚的歷史根源，要找到比二戰的泥土與鮮血更久遠的根。而且馬丁路德畢竟是東德人。

過去馬丁路德被抨擊為「公爵的僕人」以及「農民屠夫」，但是到了一九八三年五月四日，馬丁路德已經開始成為全球知名的進步派東德人物。一九八三年五月四日慶祝的是他抵達瓦爾特堡的日子，他就是在此著手翻譯聖經。雖然建材稀缺，當局依然在一九七〇年代末開始重建市中心與一些歷史建築，因為這些都與馬丁路德的生活和工作相關，其中包括他的家鄉艾斯萊本。據傳馬丁路德曾經在威登堡的諸聖教堂門上釘上著名的《九十五條論綱》，因此威登堡也開始修復工程。此外，瓦爾特堡與鄰近的艾森納赫當然也在修復範圍內，因為一九八三年就要在此迎接眾多國際訪客。何內克本身是來自西德天主教地區薩爾蘭的無神論者，如今卻親自帶領路德委員會，並且相信注入龐大修復計畫的金錢與資源是聰明投資。修復工程五年後，瓦爾特堡的中世紀風格成為焦點，何內克在一九八三年四月二十一日出席了開幕，他宣布：「對於許多德意志民主共和國的民眾來說，參觀瓦爾特堡將會增進他們對自己民族與故鄉的情感。」[32]

這次修復計畫除了為年輕的東德帶來歷史感，另一個目的是為了延續東德的優勢，讓民眾感受到國際社會的關注。東德當局公開招攬西方旅遊業，將之視為一九八三年路德年的一環，展開雙臂歡迎西德以及其他西方國家的訪客，特別是美國。國營旅遊業行銷路德觀光行程，其中包括「道地的在地餐廳」以及「路德紀念品」。西方媒體雖然批評東德在馬克思逝世百年之際紀念馬丁路德，但在西方媒體眼中，東德謹慎地跨出意識形態舒適圈的做法也同時釋出了正面的信號。一九八三年五月八日，《紐約時報》以整頁的頭版報導〈東德終於接受馬丁路德〉一文，文中指出何內克政府「信心漸增」，而且「國家對教會活動的限制已經移除，特別是建造新教堂的限制」。[33]美國的教會人士踏上了朝聖之旅，前往東德參觀馬丁路德相關景點，這喚回了當地的榮譽感，因為他們的傳統在一九四五年後若不是遭到忽略，就是受到嚴重破壞。一九八三年的「路德日」，來自東西德的教會領袖與顯要齊聚一堂，經由電視轉播，這並非只是象徵性的儀式，隨後還推出了紀念章，關於馬丁路德的一系列影片，以及《宗教革命歌曲》專輯，東德各地還舉辦了數十場活動。

馬丁路德重新受到重視，這只是將歷史根源賦予東德的其中一步。另一件經過重新詮釋後被當作東德歷史遺產的就是普魯士帝國，其核心領土包含如今被東德占據的地區。一開始，東德史學強調的是普魯士的軍事主義和嚴格的階級制度。一九五〇年代，東西德罕見地攜手合作，重新修復布蘭登堡城門上著名的四馬戰車雕像，當時東柏林的政府從馬車雕像上移除了他們眼中的「普魯士—德意志軍國主義象徵」。一九五八年八月二日那晚，他們悄悄地將四馬戰車雕像運入柏林米特區的新馬廄大樓，並拆除了雕像上的老鷹與鐵十字。移除這些標誌後的雕像就這麼矗立在布蘭登堡門的頂端，高高地俯瞰著柏林圍牆，直到一九九〇年代才再次獲得完整的修復（包括重新裝上普魯士徽章）。

一九五〇年代末，東德社會開始更細緻地看待普魯士這個國家，形塑出解放且進步的形象。像是東德科學院中央歷史研究所英格麗·米滕茨魏（Ingrid Mittenzwei）這樣的教授，在她影響深遠的腓特烈大帝（Frederick the Great）傳記中就促成這樣的轉變，她在書中強調「普魯士是我們歷史的一部分」。意識形態語言和帶有政治色彩的歷史敘事在一九八〇年代遭到大幅淡化，許多東德歷史學家的作品因此在西德也獲得商業成功，特別是熱銷的歷史傳記類書籍。萊比錫出版社（Edition Leipzig）仰賴大量出口，甚至公開要求作者避免使用「減少外銷量的句子」。[34] 雖然西德當地出版商極力從市場上驅逐東德競爭對手，《世界歷史戰役》（*Battles of World History*）這類東德書籍依然在西方大受歡迎。

一九八〇年代加速重新想像東德歷史，核心路線就是重新發掘普魯士。恰好在軍中早就建立了這個觀點。一九六二年，國家人民軍再次推出軍樂告別儀式（the Großer Zapfenstreich），這是普魯士的軍事傳統，發源自十九世紀，至今德國軍隊依然保留這項傳統。一九八一至一九八九年間，東德軍隊定期舉辦這個儀式，作為重建傳統的一環。眾人簇擁到新崗哨（the Neue Wache）前搶著觀看軍樂告別儀式，新崗哨過去是皇宮的守衛樓，紀念的是一八一三年抵抗拿破崙時普魯士所領導的解放戰爭。新崗哨建築本身就體現了東德的複雜歷史，一九五〇年代修復了外觀，但內部卻改裝為「法西斯主義與軍事主義受害者紀念館」。同樣的原則也應用到這裡的傳統換崗儀式，自一八一八年起就在這裡舉行，中間曾數次中斷。如今這裡站的不再是普魯士帝國的衛兵，而是弗里德里希・恩格斯警衛團（the Friedrich Engels Guard Regiment）的士兵，每週三的表演儀式成為東柏林的觀光盛事。

普魯士精神也在平民生活裡再現，一九八〇年的電影《克勞塞維茨：一位普魯士將領的一生》（*Clausewitz – Life of a Prussian General*）在電視台黃金時段播出，劇中將克勞塞維茨形塑為改革家，普魯士則是歷史上的進步力量。同一年，腓特烈大帝的騎馬雕像在菩提樹下大道上被重新立起，過去這座雕像曾經在一九五〇年時被移到波茲坦。馬克思主義歷史學家恩格爾貝格（Ernst Engelberg）甚至重新詮釋德意志帝國的第一任首相俾斯麥，過去他被視為守舊的普魯士容克貴族，也是社會主義的敵人。一九八五年，恩格爾貝格在他為「鐵血宰相」所撰寫的上下兩冊傳記中，稱俾斯麥「聰明、仁慈且富有同理心」，[35]這部作品在東西德同步出版。

一九八七年，何內克努力重建東德的普魯士傳統文化，他投入的心力相當驚人，甚至曾經派遣手下的媒體專家暨前文化部長漢斯・本青（Hans Bentzien）前往拜訪普魯士親王路易・斐迪南（Louis Ferdinand），這位親王是不復存在的霍亨索倫王朝（Hohenzollern dynasty）的家族長，同時也是德國皇帝威廉二世的孫子。漢斯・本青的任務是說服親王（還必須恭敬地稱呼「陛下」），請求將腓特烈大帝及其父腓特烈・威廉一世的遺骸遷回波茨坦的無憂宮公園（Sanssouci Park），以實現腓特烈大帝在遺囑中的遺願。路易・斐迪南甚至可以重新取得塞西琳霍夫宮（Cecilienhof）的使用權，這座仿都鐸王朝風格的宮殿興建於一戰時期，在二戰結束後則成為波茲坦會議的舉行地點。親王並不完全排斥這個做法，但他並不樂見自己的祖先遺骸回到東德，因為東德在戰後沒收了他的祖產土地，而且過去將他的家庭歷史指稱為軍事主義與法西斯主義。最終，著名普魯士帝王的遺骸依然回到了波茲坦，但是要等到一九九一年才會發生。雖然如此，這起事件證明了東德開始擁抱自己短暫政治存在以外的歷史連結，東德開始理解，一個沒有根的國家是無法成長的。

德國夥伴關係抑或是社會主義兄弟會

一九八五年三月十三日，蘇聯，莫斯科。

各國代表簇擁著紅色廣場上的列寧陵寢，有些人頭上戴著俄羅斯帽抵禦寒風。眾人厚重的深色大衣難以抵擋俄羅斯的冬天，他們只能盡力流露出哀悼的肅穆神情。這群人大有來頭，英國首相柴契爾、巴勒斯坦領袖阿拉法特（Yasser Arafat）、法國總統密特朗（François Mitterrand）、西德總理柯爾、羅馬尼亞總統希奧塞古（Nicolae Ceaușescu），以及東德領袖何內克等數十位國際顯要，一齊聚集在蘇聯的心臟地帶。美國總統雷根約於兩年前將蘇聯稱為「邪惡帝國」（Evil Empire），更值得注意的是，雷根缺席了這場活動，理由是「我要務繁多，忙得抽不開身」。[36]不過即使美國總統缺席，這場活動依然聚集了大部分資本主義國家與共產主義國家的重要領袖，他們來到莫斯科是為了出席第七任蘇聯共產黨中央委員會總書記契爾年科（Konstantin Chernenko）的葬禮。一九八二年十一月布里茲涅夫逝世，繼任的安德羅波夫（Yuri Andropov）卻只短短在位十五個月，隨後由契爾年科接任，任期同樣十分短暫。契爾年科的靈柩開放瞻仰，被抬著經過各國領袖面前，眾人表情肅穆，但他們都一致希望蘇聯領袖任期短暫的時代可以就此告終。一九七〇年代初布里茲涅夫健康開始走下坡後，將近十年來，世人已經對孱弱不堪的蘇聯各任領袖習以為常，如今甫滿五十四歲、看起來相對年輕的戈巴契夫（Mikhail Gorbachev）成為契爾年科的繼位者，帶來了新氣象。鐵幕兩邊的世界都期盼蘇聯能夠迎來改革、現代化與穩定政局。

這場葬禮對於西德總理柯爾和東德總書記何內克這兩位德國領袖別具意義。如今蘇聯領袖契爾年科逝世，他們希望蘇聯對於兩德對談的抵制能夠隨之一起入土為安。其實一九八五年三月的這個寒冷傍晚，這兩位領袖才第一次正式碰面。兩人長談了兩個半小時，西德總理柯爾再次邀請何內克出訪波昂。雙方發出聯合聲明，表明將一起盡心盡力建立「德意志民主共和國與德意志聯邦共和國之間正常且睦鄰的關係，以維護歐洲的和平與穩定。」[37]何內克先前不顧蘇聯領袖的反對，試圖推動這個路線。如果說布里茲涅夫對兩德合作抱持警戒，繼任的契爾年科則是有過之而無不及，他曾經公開抨擊兩德和解，在一九八四年八月二日時，於蘇聯共產黨黨報《真理報》上發表了〈走錯路〉（On the Wrong Track）一文：「這個合作根本不像西德所稱的是以人道主義發展為目標，而是試圖造成建立全新政治意識形態的影響管道。」

何內克盡全力保持強硬態度，他告訴當時西德國會主席耶寧格（Philipp Jenninger）：「東德外交政策在柏林制定，不是在莫斯科。」然而契爾年科幾乎毫不掩飾自己對何內克的不滿，大肆公開抨擊，這點對身為總書記的何內克來說帶來了政治危機。畢竟他自己就是靠著前輩烏布利希與布里茲涅夫之間的罅隙來推翻他。何內克清楚知道，自己的一舉一動都在莫斯科的監控下，監視著他的不只是國家安全委員會的特務，還包括黨內政敵。中央委員會內有些成員對於與西德建立更緊密的政治與經濟連結抱持疑慮。

除此之外，何內克也開始與柯爾建立微妙的私交，儘管莫斯科政權嚴厲阻止雙方交流，他們依然保持通話，電話中還大方討論會面的細節。兩人的對話並非公事公辦，一九八三年十二月的這通電話就讓政治局內部的人起了疑心：

何內克：是，請說？

柯爾：我是柯爾，您好。

何內克：您好，總理，我是何內克。

柯爾：是，您好，總書記。最近過得好嗎？

何內克：很好，我想這麼說，不過如果天氣再好一點就好了。

柯爾：您那邊天氣最近如何？

何內克：起大霧。

柯爾：這邊也烏雲密布，之前則是很冷。現在春天來了。

何內克：對，我懂。

柯爾：太熱了。總書記，我只是想在年末打給您交流一下想法。首先我想說的是，我對於我們今年的成果非常滿意，雖然面對這樣的國際政治局勢，我們還是達成了一些在我看來非常明智的事……

我們聯邦政府希望盡一切所能維護目前的成果，如果可能的話，再繼續延伸政治術語所說的「我們的關係紐帶」，或是我用更簡單的說法，「我們明智的關係」……我之前提出的邀請當然依然成立，如果您願意接受，請隨時讓我知道。[38]

何內克接著針對部署於西德的美國中程飛彈挑戰柯爾，但柯爾並未以相同方式回應，因為他知道「雙方立場完全不同」。[39]他反而向何內克保證，他承諾「絕對不會由聯邦共和國或是北約發動侵略戰爭」。[40]他接著提醒何內克，他們雙方都是德國人，肩負著讓歐洲免於戰火的歷史責任。他可能比總書記小了十八歲，但是：

柯爾：我小時候也經歷過戰爭，完全了解當時的情況。
何內克：終戰的時候，對嗎？
柯爾：對，甚至我最後還當過「空防助手」（Flakhelfer，為童兵的一種）。我在家鄉路德維希港（Ludwigshafen）也經歷過空襲，並且在戰爭中失去了我的哥哥。我的姐夫被納粹監禁。我經歷了所有當時德國家庭的命運……

他感受到對方依然懷抱不信任的狀態，因此繼續補充：

柯爾：您正在跟一個無意於傷害您地位的人談話。

他提及了德國共同的歷史，也間接保證不會炒作東德的反對勢力，因此何內克態度放軟了，在談話的最後他謹慎地與柯爾達成協議：

何內克：當然最重要的是，這是出於我們的責任，我們必須維持和平，也就是避免新的戰爭。我很開心地接受您的保證。我差點脫口：「上帝的旨意」，所有事情都會依照您所說的方式發生……

柯爾：是的，那麼，我祝您新年萬事如意。

何內克：我也祝您新年快樂。我聽說您人在路德維希港，那裡真美。

柯爾：我總是在奔波，很開心終於可以回家待一下。

何內克：真好。那麼，非常感謝您，祝您除夕夜快樂。再見。

柯爾：再見。[41]

這次特別的對話顯示出何內克與柯爾雖然堅守著各自的陣營，而且在與對方建立更緊密的關係時，必須考量美國與俄羅斯的反應，但同時他們也謹記著德國的共同命運。他們認為自己肩負了獨特的歷史責任，必須保衛德國與歐洲的和平。

這股德國意識開始興起，同時東德也試圖讓自己不受限於與蘇聯的聯繫，這導致東德與蘇聯這兩個兄弟之邦出現了嚴重罅隙。一九八四年八月，契爾年科與何內克在莫斯科聚首，試圖消除雙方分歧，官方會議的紀錄是「釐清我們之間的一些重要問題」。[42]何內克發言超過一小時，強調兩德確實有必要拉近關係。他說完後，契爾年科無動於衷，他反駁道，西德的角色終究是「從軍事、經濟和意識形態來說……在我們大陸落實雷根政策的執行者。西德政治的兩面手法和軍國主義傾向，超過了阿德諾執政時期在波昂所做的一切。波昂與華盛頓步調一致。」[43]他還接著糾正何內克，說他不應認為東德外交政策是在柏林制定。「東德與西德之間的關係走向是我們共同的大政策，這個問題與蘇聯直接相關。」[44]彷彿這樣還不足以讓何內克放棄與柯爾單獨建立關係，當時同樣在場的蘇聯國防部長烏斯季諾夫（Dmitry Ustinov）直接表明這件事不容討論。難道何內克看不出來，柯爾給他的任何保證都只不過是「做做樣子，只是意識形態的欺騙手法？」[45]烏斯季諾夫進一步表示。東西德雙方在任一議題上互動愈頻繁，安全問題愈可能遭到妥協。「我們也要問，如果把大門更加敞開，難道不會影響到士兵嗎？」[46]

烏斯季諾夫質疑東德軍隊對於社會主義的忠誠度，何內克再也忍不下去了，他憤怒地反駁道，自己是在沒有選擇的情況下被迫與西德合作，因為「只有少數東德民眾沒有親戚住在西德」。到了這場會議的尾聲，「何內克被暗示，如果不放棄拜訪波昂的計畫，他的職位將會受到討論」，當時在東德主要負責西德關係的赫伯特・哈伯（Herbert Häber）日後回憶道。[47]

提議波昂與東柏林組成「理性聯盟」的重要策劃者之一就是哈伯，但政治局日益擔憂會與莫斯科產生衝突，導致連哈伯這樣的人也受害。何內克為了維護自己在柏林與莫斯科的權力地位，因此隔年也參與了逼迫哈伯下台的政治操作行動。哈伯最終不敵壓力，在一九八五年八月十八日精神崩潰，住院長達數個月，在這期間，何內克逼他「以健康為由」從政治局請辭。雖然兩人過去關係甚為密切，但如今何內克需要找一位替罪羔羊，在柏林與莫斯科示眾，以證明自己與柯爾的對話，以及來自巴伐利亞州州長施特勞斯的大筆借貸，並未成為讓西方敵人趁虛而入的意識形態破口。

何內克與蘇聯的關係日漸惡化，這點從契爾年科與烏斯季諾夫公開討論東德領袖人選的問題中即可看出，當時甚至尚未發生莫斯科會議的那場衝突。當時在政治局最年輕的克倫茲日後回憶道，蘇聯國防部長烏斯季諾夫在一九八四年六月邀請他私下談話。「烏斯季諾夫打量了我一番，然後從他的茶杯啜飲了一口，接著問：『你不認為你們總書記的日子差不多了嗎？難道你不想跟你們的政治局聊聊這件事嗎？』我被這麼直接的態度嚇到了……有些人強烈懷疑何內克可能背著莫斯科與波昂私下往來。」[48]

一九八五年三月，何內克與柯爾終於碰面，此時契爾年科與烏斯季諾夫都已經離世，取而代之的是一位截然不同且更為年輕的接班人。戈巴契夫似乎能理解，東西德之間持續不斷的衝突是不可能長久的。在一年前，即一九八四年二月，那時他被認為還不夠資深，無法接掌蘇聯，因此契爾年科在安德羅波夫短暫在位後獲選為接班人。戈巴契夫善用了多出來的這一年，常常代理病重的契爾年科，雖然比較年輕，他卻證明了自己相當可靠。戈巴契夫愈來愈常主持政治局的會議，因此許多政治局成員都對他的風格留下深刻印象，而契爾年科逝世後，戈巴契夫就自然而然地成為接班人。他也擔任蘇聯國會的外交事務委員會主席，雖然這個職位其實只是掛名，並無實質政治影響力，但也讓他因此得以周遊列國。

他渴望與西方世界接觸，在外訪期間也發現許多西方人士報以相同熱忱。舉例來說，英國首相柴契爾夫人曾經寄信給莫斯科的幾位重要人物，希望與他們會面，戈巴契夫就接受了她的邀請。柴契爾夫人後來回想他們在一九八四年十二月的首度會面，她對戈巴契夫的印象是，對於西方領袖，他比過往的蘇聯領袖都要更加開放：

> 我們在大廳喝一杯，戈巴契夫先生跟我說，他在來到契克斯莊園的路上，對途經的農地很有興趣，我們因此討論了各自國內不同的農業制度……沒過多久，談話便從瑣碎話題（無論是戈巴契夫先生還是我其實都毫無興趣）轉向了一場激烈的雙向辯論。從某種意義上來說，這場辯論自那時起即持續下去，我們每次見面便會再次展開討論。由於這場辯論觸及了政治的真正核心，我始終樂此不疲。[49]

戈巴契夫對西方世界展開胸懷，何內克因此燃起了希望，或許他也能獲准前往波昂。但很快就能明顯看到，比戈巴契夫年長十九歲的何內克，對西方開放的想法其實與戈巴契夫截然不同。對於戈巴契夫來說，這表示減少昂貴的軍備競賽，因為這正對他的國家造成嚴重的經濟破壞；緊接而來的就是一套開放政策，以兩句口號為代表，即「開放政策」（glasnost）與「經濟改革」（perestroika）。何內克則強烈限制國內改革，對他來說，對西方開放指的是接受雙邊現狀，並且開始貿易，但並不試圖改變對方的治理制度。

這兩種不同的願景在一九八六年四月發生衝突，戈巴契夫當時出訪東德參與社會主義統一黨的黨代表大會，何內克於會中再次挑戰戈巴契夫，要求獲准與柯爾會面，戈巴契夫重申過往蘇聯領袖的反對原因。雖然一年後戈巴契夫自己就在莫斯科以最高禮節接待西德總統魏茨澤克，但對於何內克希望到波昂與西德總理會面的計畫，戈巴契夫提出抗議：「埃里希，如果你在這個情勢下拜訪西德，我要怎麼跟人民交代？」何內克反問：「那我們又要怎麼跟我們的人民交代？他們對於和平極為擔憂，因此希望我能踏上這趟旅程。」[50]

莫斯科一直對何內克抱著不信任的態度，這讓他很受傷，他向老友兼蘇聯駐東德大使科切馬索夫（Vyacheslav Kochemasov）抱怨：「要怎麼解讀這個情況？他們是不信任我，還是拒絕承認這趟旅程對我們雙方都有利？顯然其他人能去，就我不能去。這可是我首次受邀出訪，而且可能讓我們跟西德能建立平等的雙邊關係。」[51]何內克希望被視作獨立的國家元首，也希望東德能被視為主權國家，而非蘇聯的附庸國。他與莫斯科的關係開始出現裂痕。

戈巴契夫後來謹慎地向何內克示意，表達自己願意開始考慮未來讓兩德領袖聚首，不過東西德政要早已用自己的管道建立了聯繫，不受莫斯科指揮。一九八七年西德的選舉中，柯爾所屬的基督教民主聯盟看來可能在政治上受挫，此時東德的社會主義統一黨再度接觸西德社會民主黨，承諾在選舉中提供支持，條件是社會民主黨勝選後必須完全承認東德民眾的國籍。柯爾後來勝選，何內克決定放下政治立場的分歧，繼續與對方合作。他們兩人已經建立穩固的關係，而且在一九八七年八月，柯爾政府決定不要升級西德的潘興一型飛彈（Pershing 1a），再加上一九八六年蘇聯與美國達成協議，減少歐洲的軍武，如今舞台已經架好，兩德即將找到和平共處的方法。

一九八七年九月七日，柯爾在波昂以最高禮節接待何內克，雖然表面上這是一次「工作訪問」，而非「國是訪問」。魏茨澤克總統也以國賓的規模接待了何內克，並且稱呼他為「德國人中的德國人」。全球超過兩千名記者報導了這個事件，東德因此在國際上獲得一席之地，這是東德夢寐以求的事。何內克與柯爾共同討論了如何放寬旅遊限制、展開共同研究、文化計畫以及建立更緊密的經濟連結，同時雙方對兩國依然處於敵對狀態均表示遺憾。柯爾在晚餐的演講中提到「對民族統一的意識」，體現在「共同的語言、共同的文化傳統，以及一段漫長且仍在延續的共同歷史」中。

何內克私下拜訪了他的妹妹蓋兒圖・霍普施泰特（Gertrud Hoppstädter），她依然住在與法國接壤的薩爾蘭，這讓何內克感觸甚深，他承認「邊界情況並不理想」，他希望未來有一天「邊界不再讓我們分立，而是讓我們團結，就如同東德與波蘭人民共和國之間的邊界團結了我們一樣。」[52]儘管雙方對未來願景仍存在巨大分歧，但西德總理與東德總書記都認同，他們屬於同一個民族——但這個民族仍須繼續在兩個不同的國家中生活。

社會不滿

一九八六年春，柏林舍訥費爾德機場。烏爾里希・斯特魯維（Ulrich Struwe）站在十幾名陌生人當中，開始懷疑自己做的事是否正確。他今年三十四歲，已婚且育有二女。他有一份工作、一間公寓、一片市民農園，生活過得十分愜意。他怎麼會想要離開這樣的生活長達兩年呢？他看著其他男性的臉，想起了原因。他們臉上都帶著相同的表情，混雜著不安與興奮之情。

他的朋友常叫他「烏里」，而如今烏里有點碰壁了。他出生於薩克森福格特蘭地區（Vogtland）的厄爾斯尼茨（Oelsnitz），十七歲時曾受訓成為工廠技工。在服完兵役後，一九七六年他在輪胎工廠重新接受了焊工訓練，自此開始負責能源的配送，但是單調的工作很快就讓他感到乏味。「都是一樣的苦工，日復一日。」烏里後來如此回憶道。[53]「我澈底受夠工廠的一切了，已經掉入谷底。難道就要這樣度過一生嗎？」一九八六年初，他再也受不了了。但是要怎麼辦呢？他的家中有兩個女兒，分別為七歲與九歲，因此不可能完全不工作。此時他突然靈光一閃，有個方法可以讓他賺的比現在多更多，而且還可以體驗冒險人生。他過去在軍中接受新兵訓練時，自由德國青年團常常出現，總是在徵求願意花個幾年時間赴蘇聯建造德魯茲巴輸油管道的人。一九八一年大名鼎鼎的第一條管線落成了，但第二條管線此時還在大規模鋪設，所有兄弟之邦都要出力，以換取俄羅斯的石油。東德在一九八二年到一九八三年間被分配到三個全新的工地，由自由德國青年團的中央青年計畫（Zentrales Jugendobjekt）執行，並且與僱主合作，帶來專業勞動力停留兩到三年的時間，所有人都是志願參與。

參與者從頭到尾都會被派駐在蘇聯，一年可以有兩次假期回家探望親友。這份工作除了本薪較高，還有其他多重福利。由於工作時間較長，因此賺得的錢也更多，除此之外，工人每天會領到二十五馬克，作為在輸油管道工作的津貼。半數薪水會匯進吉耐克斯郵購公司的帳戶，而工人就可以藉此買到東德難以買到的產品，例如高級玩具、家電或家具。如果兩年合約延長為三年，工人可以獲得特別證書，讓他們能選擇要買的車，通常可以立刻就買到特拉班特或瓦特堡車，如果要的是俄羅斯產的拉達（Lada），則需要多等六個月。一般新車取車時間為十年起跳，因此光是這項福利就讓許多受招募的人覺得划算。

對烏里來說，這些物質條件讓他能充分說服妻小，即將申請的工作很值得。他非常需要透透氣，嘗試刺激的事。他在東德的生活既安全又舒適，但也很乏味，麻木了他的心靈。他需要出走，在未開發的歐亞大草原待上一段時間，聽起來讓人難以抗拒。他環顧在舍訥費爾德的其他旅客，發現其他人也有相同感受。在簽下德魯茲巴管道工作合約前，他們素不相識。就跟烏里一樣，他們某天前往當地的自由德國青年團辦公室，或是直接接獲辦公室聯繫，因此發現相關技術勞工一直是急需的人才。

報名後，他們參與了一次為期三天的密集課程，為即將到來的旅程做準備，其中一堂課的主題是行為舉止，例如任何情況下他們都不得讓工地空無一人。他們大多與俄羅斯勞工分開工作，但有時也會合作，因此他們學習相關文化差異，例如俄羅斯紀念二戰戰勝納粹德國的「五月九日勝利日」，東德勞工被教導必須予以尊重。他們也被警告，必須服從蘇聯的管控，任何實際的犯罪行為，或是犯下任何與政治及工作相關的輕微過失就會遭受懲罰。他們必須注意到，蘇聯職場的安全與品質標準可能與本國不同（後來發現這根本是輕描淡寫的說法）。舉例來說，他們可能會發現在迅速移動的工作車輛上，當地勞工站在踏板上，這是正常現象，不該有所評論。最後，這群人被要求穿上西裝外套，打了領帶，以拍攝護照相片。兩個月後，他們準備出發。烏里與妻女道別，登上飛機，出發前往莫斯科。

「然後瘋狂的旅程就此展開。」烏里如此回憶道。火車將他們從莫斯科載到烏拉地區的皮姆市（Perm），一路向東行駛了一千五百公里。這趟二十七小時的旅程沿途只見一片荒蕪之地，偶爾才零星出現一些聚落和城市。他們還經過大名鼎鼎的伏爾加河，雪融後的冰水從河面溢出。氣候惡寒，而且處處泥淖不堪。烏里灰心喪志，看著眼前可怕的光景，未來兩年這裡將成為他的家。這群人從皮姆市被帶到東北方一百七十公里外的輸油管道工地，地點是格列米亞欽斯克（Gremyachinsk）。他的同事還注意到一件很諷刺的事，就是這個地區曾經奴役過許多德裔戰囚，他們被迫在惡劣的條件下勞動，採集木材、煤炭與石材。附近則是惡名昭彰的古拉格集中營皮姆三十六號，依然在當地作為監牢使用，裡頭關押的是「特別危險的國家罪犯」，其中包括許多當權者的政敵。

對於烏里和他的德國同事來說，格列米亞欽斯克工地旁的營區是個不錯的地方。在這個廣大的營區中，他們根據各自專長被分配到不同宿舍以及工作團隊當中。他們當中有木匠、建築工人、水泥技師和水電工，大家各司其職。烏里是焊工，因此他所在的團隊負責架設巨大渦輪。理論上他是在蘇聯資深工程師帶領下工作，但是德國勞工的生活起居卻完全獨立分隔開來，他們的飲食與住宿條件比俄羅斯同事好上許多。他們住在獨立營區裡，與住在貨櫃式小屋的俄羅斯人隔離開來。他們住的地方通常有五個房間，每個房間有兩到三張床和一間共用廁所。在烏里的記憶中，那地方相當溫馨舒適，有地毯、扶手椅和衣櫃。高熱值的煤塊特別從東德運送過來供應暖氣，食物也是，其中包括德勒斯登附近的瑞德貝格啤酒。「我必須說，我們三餐從頭到尾都獲得很好的照料，但最特別的還是『輸油管道工人日』，這個特殊的日子是為了表彰我們的工作。這一天，我們獲得一場饗宴，就連現代郵輪上的美食都比不上。」

這些男子遠離親友，長期待在異鄉，當局深知他們可能士氣低落。因此，他們對於任何不滿或想惹是生非的人皆抱持警覺，一旦有人被認定會干擾或打擊士氣，立刻就會被送回東德。當局也利用文化活動來娛樂那些留下來的人，他們會被帶到皮姆市以及舞廳，這些男人將這個行程暱稱為「陶醉在音樂中」。另外還會去時裝秀、電影院或劇院。讓這些勞工最印象深刻的，就是東德音樂圈的所有明星都前來為他們演出。烏里當時就看過Puhdys和著名的搖滾小提琴手漢斯（Hans die Geige）。

由於工作繁重，因此娛樂與美食是提升士氣的要素。工人們每天值班十二小時，時間為早上六點到晚上六點，或是晚上六點到早上六點。他們只有週六能夠休息，可以休息或享受娛樂活動。清潔和洗衣等家事都有專人打理，但在輸油管道工地現場的工作十分粗重，而且是極為艱難的工作環境。「夏天時，太陽從未完全落下，而且總是很熱；冬天則反過來，讓人無所適從，完全失去時間觀念。」烏里回想時說道。此外，德國勞工跟俄羅斯同事不同的地方在於他們手邊並沒有適當的工作配備。在冬天冰冷的空氣中，他們使用的一般柴油變得跟「卡士達醬一樣濃稠」，然後他們才意識到必須使用冬天專用的柴油。零下四十四度的氣溫之下，烏里的延長線凍結，而且如果他在外頭試圖將線捲起來，就會直接折斷。因此他將凍結的延長線帶到有供應暖氣的貨櫃，等到解凍後才把線捲起來。他們分配到的合成頭盔在冰天雪地之下也變得易碎，在焊接時四散的火花則容易讓頭盔著火。烏里有一次被同事溫和地提醒他的「頭著火了」，所幸能及時發現。

俄羅斯人總是欣喜地用自己保暖的毛帽來交換德國人才能拿到的高品質巧克力或烈酒。雪也很有幫助，烏里記得冬天時，他們的住屋完全被雪掩埋，他就打開窗戶，將伏特加酒瓶塞入外頭的雪中保存。不過並非一切回憶都如此美好，工人時不時就會凍傷，或者甚至不知不覺就凍死。烏里和他的同事工作時從不落單，晚上在小屋間移動時也確保有人陪同，特別是喝醉之後。在烏拉地區無情的嚴冬中，很容易就失去手指、腳趾甚至生命。

雖然面臨種種考驗，烏里依然熱愛他在俄羅斯的冒險旅程。他將兩年的合約延長，並且待滿了三年，一九八九年才回鄉，買了一輛米色瓦爾特車，有些男人甚至待了十年或更久，他們享受無憂無慮的存在，這個經驗帶來冒險與成就感。跟烏里一樣，許多人驕傲地從俄羅斯帶回便宜的黃金或珠寶。他們從吉耐克斯郵購公司的型錄上幫孩子訂購玩具。對於在工地上「跟男人一樣工作」的強悍女人，他們嘖嘖稱奇。他們蒐集了許多在異鄉差點出事的軼聞，回到故鄉跟親友分享。對於許多人來說，建造輸油管道讓他們可以完美逃脫故鄉安全卻枯燥乏味的工作。

有人覺得故鄉生活苦悶，有人卻偏好這樣的安穩。何內克自豪地看著東德生活水準在他的治理下提升，他的自豪並非毫無道理。雖然東德時常遇到供應問題，技術也落後西德，但是整體而言局勢穩定，生活水準也算高。東德社會的設計就是要實現充分就業，而受補貼的租金、食品、文化活動和托兒服務，也讓民眾幾乎都能生活無虞。相比之下，當時西德正面臨約百分之八的失業率，連有工作的人也擔心會職位不保，東德家庭則從未真正擔憂收入會突然中斷，也不擔心會付不出房租。到了一九八七年，超過半數的家庭擁有一台車，幾乎家家戶戶都有至少一台洗衣機、冰箱和電視機。[54]難以透過一般管道取得的產品，通常要透過西德親戚直接在吉耐克斯的禮品目錄中訂購，或是拿西德親戚提供的西德馬克前往國際商店購買，也有機會靠有權有勢的親友提供協助。總結來說，一九八〇年代中期，東德的經濟雖然檯面下瀕臨危機，但是在許多東德民眾眼中卻只是造成生活不便，並未帶來生存危機。

這種對生存沒有危機意識，再加上穩定的生活與工作平衡，使東德人擁有相當多的金錢與閒暇時間，也無需焦慮是否有善用這些時間。因此，東德人花更多時間來社交與享受休閒活動。俱樂部、小菜園、餐館、公共燒烤區以及社區內的派對空間，這些都是朋友、同事與鄰居聚會放鬆的熱門場所。東德的酒精消費量也因此飆升，到了一九八八年，東德人平均每年飲用一百四十二公升啤酒與十六點一公升烈酒，這是西德鄰居的兩倍，也使國營的諾德布蘭德酒廠（VEB Nordbrand）成為歐洲最大的烈酒生產商。[55]美國學者柯尚（Thomas Kochan）認為，這種現象並非如許多人所稱，是因為東德人想要逃避枯燥的現實生活，而是源於「低競爭的集體社會」所帶來的「存在安逸」（existential carefreeness）的焦慮。[56]大多數東德人飲酒不是為了澆愁，而是因為他們的生活實在沒什麼好擔心的。

這種相對安逸的生活狀態在東德政治上也導致了一定程度的自滿，尤其當整個一九八〇年代波蘭社會都因配給制度與食品價格飆升而爆發動盪，兩者形成了強烈對比。當然，東德也存在著受到國家嚴厲鎮壓的反對運動。然而，與諸多鄰國不同的是，東德的民眾不曾大規模走上街頭表達不滿，示威活動直到一九八九年秋天才爆發。事實上，一九八六年時，社會主義統一黨的黨員人數創下紀錄，來到兩百三十萬人，因為大眾漸漸習慣於將黨員身分視為職業晉升的跳板。

儘管如此，烏里並非唯一覺得東德生活停滯不前的人。一九八六年一月，已經三十一歲的梅克爾為自己的量子化學論文答辯，她悠閒地花了七年才完成這項研究。她的生活相對優渥，卻也顯得有些漫無目標。當時，她在柏林阿德勒斯霍夫科學院（Academy of Sciences in Berlin-Adlershof）獲得穩定的職位，每月收入約一千馬克，這在白領階層中已屬較高的薪資。生活沒有急迫感，也沒有太大壓力。若沒有黨員身分，很難晉升至更高職位，梅克爾早已明確告知史塔西她不會為他們監視自己的同事，這也使得她幾乎不可能在職場中快速晉升。

一九八〇年代時，梅克爾在東柏林過得相當舒適，特別是因為她經常藉機逃離。她深深著迷於波蘭的政治動盪，因此在一九八〇年和一九八一年間三次前往波蘭，其中兩次是透過自由德國青年團旅行社「青年旅遊」（Jugendtourist）的官方管道前往波蘭，另一次則是與科學院的同事私下出行。這趟私人旅行是相當大膽的冒險，因為這種行程需要邀請函。梅克爾的同事奧斯滕（Hans-Jörg Osten）會說波蘭語，由他偽造了一封邀請函，讓這群朋友得以成行。[57]對當時二十六歲的梅克爾來說，與波蘭年輕人交流讓她大受感動，因為他們毫不掩飾地談論變動與改革。此外，她也藉機造訪了母親的出生地，位於波羅的海沿岸的但澤（Danzig，今格但斯克Gdańsk）。在她返回東德時，邊境警衛搜查了她的行李，發現了一些照片、一份波蘭報紙，以及一枚屬於團結工聯的徽章。團結工聯於一九八〇年在格但斯克的列寧造船廠成立，並成為推動波蘭變革的核心力量。梅克爾直接裝作不知情，以自己不懂波蘭語為由蒙混過關。[58]

一九八三年夏天，梅克爾踏上了更大膽的冒險旅程，這次是為期三週的旅行，途經蘇聯的亞美尼亞、亞塞拜然和喬治亞，這些是少數她尚未造訪過的東方集團地區。這次旅行對她來說也是最冒險的一次。在莫斯科、列寧格勒和布拉格的交換學生計畫獲得官方許可且由官方安排，但梅克爾希望獨自遊歷蘇聯最南端的地區。然而，蘇聯嚴格限制可以自由行動的官方簽證數量，因此這趟旅程著實困難重重。所有旅行都必須事先經過官方安排和計劃，並獲得官方邀請函作為支持。東德的背包客之間流傳著一個公開的祕密，只要聲稱自己計劃透過陸路和海路，途經波蘭和烏克蘭前往保加利亞，便會獲得為期三天的蘇聯過境簽證，而這張簽證可用於入境蘇聯。一旦成功進入，就可以逗留當地並繼續旅行，等到回程時再設法應對。梅克爾和她的同事如法炮製。

抵達基輔後，他們並未按照簽證所載，搭乘前往敖德薩（Odessa）的火車，再轉乘輪船前往保加利亞，而是直接搭上火車前往喬治亞，然後消失在群山之中。「不去旅館、不去官方露營地、不去車站，在這些地方，他們一定會檢查我們的證件。」梅克爾後來回憶道。[59]於是，她和兩名同行者選擇搭便車，在能夠紮營的地方搭帳篷，並適時向當地人求助。在前往喬治亞東部古城哥里（Gori）的途中（這座城市是史達林的出生地）他們搭了便車，但隨即驚愕地發現，開車的人竟是一名身穿制服的警察。最初，這位警察似乎無意追究，因為他自己也希望低調行事——他的車頭綁著一頭他從亞塞拜然非法帶回來的死鹿。不久後，這輛車因超速被交通警察攔下，雖然這名交通警察輕鬆放行了自己的同事，但卻將梅克爾這群持有可疑證件的外國旅客帶回了派出所，地點就在中世紀古城姆茨赫塔（Mtskheta）。

梅克爾再一次展現了她透過伶牙俐齒脫困的本領。她解釋說，喬治亞實在太美了，以至於他們的簽證過期後仍捨不得離開。他們怎麼可能就這樣直接前往保加利亞呢？這番魅力攻勢贏得了警察的好感，他不僅放走了這三個人，甚至還建議他們在離開前務必要去首都第比利斯（Tbilisi）看看。他們照做了，最後甚至在車站的遊民收容所過了一夜。由於喬治亞沒有直飛東德的航班，梅克爾和她的同伴決定前往黑海沿岸的俄羅斯城市索契（Sochi）。他們知道沒有簽證並不會面臨太嚴重的懲罰，畢竟他們的目的地是回到東德，最糟糕的情況無非是被暫時禁止出境或被處以小額罰款。最終，他們三人只是被要求寫悔過書作為懲罰，題目為：「為何知法犯法？」[60]

雖然旅行能讓梅克爾一段時間在智識和身體上保持忙碌，但在柏林生活的茫然很快又淹沒了她。她在研究所的自由德國青年團裡組織文化活動，藉此填滿自己的時間。她後來回憶說，這些活動包括「去買劇場演出的票、組織讀書會和講座。我們也對一切在字裡行間批評東德的事物感興趣。」[61]一般來說，青年團的成員在完成學徒或技職訓練後便會結束會員身分，但對於學術界人士來說，由於他們所受的教育本身就比較花時間，故將成員資格延長至三十歲。一九八四年七月十七日，梅克爾迎來自己的三十歲生日，她的父親是嚴格的神學家，特地來看望她。面對女兒尚未完成的博士論文，以及她長期處於學生狀態的生活方式，他責備道：「妳還沒有什麼成就。」[62]梅克爾作為年輕的科學家，知道父親說得沒錯。回顧這段人生經歷時，她想到自己很難保持動力：「在柏林圍牆倒塌的那段時間，我很慶幸我沒有辜負自己。」[63]

烏里和梅克爾在東德諸多限制的生活中找到了發洩精力的管道，但其他人卻未能如此。每年申請合法且永久離開東德的公民數量不斷上升。一九七三年和一九八三年間，平均每年約有九千名東德人以這種方式離開（而每年的申請人數在兩萬至三萬之間）。自一九八三年起，官方設立了「永久離境」程序後，光是第一年就有四萬一千人提交了申請。在一九八四至一九八八年間，當局批准了十一萬三千份永久離境申請。[64]提交此類申請並非毫無風險。官僚的行政機構故意放慢速度，讓史塔西尋找方法將申請者的行為定罪。一九八三年十月十五日，教育部長瑪格特·何內克在其部門發布指令，宣稱「試圖遷往非社會主義國家或西柏林的教育工作者，應立即以不適合從事教育工作為由，將其從兒童和青少年的教學和教育工作第一線移除……解除其工作合約的原因不得提及到別處定居的意圖。」[65]在其他工作領域提交離境申請的人面臨丟掉工作的風險，或其親近親屬（包括子女）的教育和職涯發展可能受阻。然而，愈來愈多人嘗試以團體方式離開，並透過示威和運動來揭露政府阻撓他們的手段。這使得當局更難以掩蓋此類活動，因此更多的申請獲批准，也更容易前往西德探親、工作或學習。

這時期許多史塔西檔案呈現出相似的景象，對於現狀，部分民眾雖表面看似平靜，但內心隱藏的不滿正悄然蔓延，並且紛紛採取各種方式來應對。舉例來說，電工技師沃爾夫岡·穆林斯基（Wolfgang Mulinski）是一位已婚且育有兩名子女的市民，曾在一九七七年的史塔西檔案中被描述為模範市民：

> 穆氏閒暇時熱衷於手工藝，可說是他的愛好。至於他的品行，檔案中並未記錄街坊鄰居對他有何評價。他的生活無可挑剔，他不酗酒，且極少光顧酒吧。在社區中，穆氏致力於美化環境，曾參與過兩次社區大會，討論一些需要迫切解決的問題。每逢國定假日，他還會裝飾自家公寓外牆，並慷慨捐款。[66]

然而到了一九八〇年代，沃爾夫岡開始對東德僵化的生活感到不滿。他在政治上找到了宣洩情緒的出口，加入了自由民主黨，力圖推動改革與政治變革。因此史塔西檔案中對他的記錄也變得更為批判。曾經值得信賴的他現在卻「與同事兼摯友（姓名已塗黑）一道被列為工作態度令人存疑的人」。負責監視沃爾夫岡的線人被指示「持續嚴密監控與分析穆氏的活動」，並進一步「調查穆氏閒暇時的活動」。正如許多東德公民一樣，沃爾夫岡明知自己正遭史塔西監視，卻從未查明究竟是哪位線人在向當局報告他的動向。然而，與大多數東德同胞一樣，他從未考慮離開自己的家園和國家。他已習慣了現狀，並試圖從內部尋求改善的方法。

整體而言，大多數東德人都已接受了自己所處的體制。這總非易事。畢竟，東德是個面積相當有限的國家，就算想短暫離境也十分困難。對許多人來說，這裡顯得有些古板，甚至帶點鄉下氣息；但對那些渴望過著安靜生活、享受舒適居家生活的人來說，東德卻是一個穩定且幾乎無憂無慮的地方。隨著時間推移，儘管國家在何內克的統治下加強了監控力道，卻逐漸開始寬恕小過失。史塔西的監視強度創下了新高，但收集到的情報往往並未加以利用。那些願意忽視私生活遭窺探的人，大部分也就視而不見。東德早已失去了建國頭三十年那股狂熱的節奏以及隨之而來對公民的嚴格控制，國家也放棄了戰後初期追求平等與進步的瘋狂動力，同時也捨棄了以事業成功與消費主義為導向的雄心壯志，東德雖然讓許多人過得舒適，卻也過得漫無目的。

第十章

一切都走上社會主義之路（1987-1990）

Everything Takes Its Socialist Course

永往直前，永不後退。

帶有東德色彩的社會主義

一九八七年夏，東柏林。

彼得・克勞森（Peter Claussen）抵達東德首都東柏林就任美國大使館副公共事務官（Deputy Public Affairs Officer），此刻的他不確定即將迎來什麼樣的未來。身為美國人的他，出身德國北方的家庭，因此他是這個職位的絕佳人選。他精通德語，而且只有非常輕微的口音，這點看來會讓他的工作更順利，因為他必須贏得東德民眾的信任，抓住那些願意與西方培養中長程關係的受眾。簡而言之，彼得要找的是「假象中的破綻」，[1]這個任務既刺激又艱難。他聽過東德歷史的簡報，也被提醒史塔西無所不在的監控，不論是工作上或是他和家人被分配到的公寓都逃不過。「我們認為監控無所不在，我們接收到的建議是隨時保持警覺。」彼得日後回憶時說道。[2]過去曾在東德工作的同事分享了東德政權恐嚇他們的種種手段，曾有一任美國大使暫時離開公寓後，回來時卻發現廁所明顯被使用過，而且還沒有沖水。另一位則在度假回來時發現，他們五歲孩子最喜愛的玩具遭到破壞。為了因應即將失去隱私的生活，克勞森一家準備了一塊「魔術」玩具黑板，在公寓裡時，把要跟對方說的話寫上去，並立即擦掉。「但後來我們根本沒用到，」彼得回憶道，「當你習慣了一切，也會習慣被監視和竊聽，而且這件事實際上並沒有什麼影響，並沒有摧毀你的人生。」[3]

一九八七年夏天，彼得與家人抵達柏林，他們發現情勢已異於過去幾任大使所經歷的不友善氛圍。一九八七年六月十二日，美國總統雷根在布蘭登堡門前發表演說，他大聲疾呼：「戈巴契夫先生，拆掉這道牆！」然而，當時沒有人預料到，兩年後柏林圍牆就倒下了。雷根的演說一開始只是噱頭，真正扭轉彼得和他的同事在東德生活的關鍵，是何內克九月出訪波昂的行程。作為元首，何內克希望自己的國家看起來值得尊重，因此致力改善東德與西方各國的關係，進而讓東德的生活實際獲得改變。

美國大使館獲准舉辦全新的文化交流活動，例如傅爾布萊特獎學金計畫，派送九名東德博士生與講師到美國，也讓九名美國博士生到東德來研究和教書。大使館有一座免費圖書館，也在萊比錫書展設攤，在這兩個地方，只要有人對書感興趣，就會有人員跟進並留下聯絡方式，以便日後以信件聯繫或相約聚會。大使館也懂得掌握東德大眾的渴望與熱情。他們得知整個德國的民眾（包含東德在內）都依然深愛經典的西方主題，例如「牛仔與印第安人」，因此他們邀請美國內政部印第安事務助理部長來到東德。一名貨真價實的切羅基人，甚至是前任切羅基民族首席酋長，竟然即將訪問偏遠的東德，此事引起了極大的轟動。羅斯．史威默（Ross Swimmer）和他的妻子在巡迴東德的時候行程滿檔，他們拜訪了許多地方，其中包括拉德博伊爾（Radebeul）的卡爾．麥博物館，就在德勒斯登附近。卡爾．麥（Karl May）是十九世紀德意志小說家，他的故事主角溫內圖（Winnetou）與老鐵手（Old Shatterhand）都還十分受到歡迎。彼得還記得，當時當地人對印第安人帶著膚淺的認識，因此史威默並未符合當地民眾的想像。這些民眾小時候認識的西方來自於東德製作的電視節目，導致他們見識到真正的「印第安人」時略顯失望：「他看起來就像銀行家，不但沒有留長髮，也沒有頭戴羽毛。他就只是穿著藍色西裝、打著紅色領帶，長得像共和黨人士，一名再正常不過的政治家。」[4]彼得的工作正是要消除東德民眾對西方的迷思。

政府持續與西方建立緊密關係，特別是拉近與西德之間的關係。一九八七年八月二十八日早晨，黨報《新德意志報》在全國各地銷售一空。通常這份報紙刊登的都是政治公報和枯燥乏味的事件報導，並非以引人入勝的內容聞名。然而就在這個夏日尾聲的早晨，《新德意志報》的一篇報導令人感覺自己參與了歷史，這是一份西德社會民主黨與東德社會主義統一黨的共同聲明，題為〈意識形態競爭與共同安全〉，這份文件是一九八四年起開始的定期會談成果，這些會談一直持續到一九八九年。雙方代表團輪流在東德與西德舉行會議，隨著時間推移，代表逐漸熟絡，甚至在米格爾湖（Müggelsee）舉辦了保齡球之夜，政治討論與粗俗笑話齊飛，氣氛融洽。[5]

布朗特與何內克兩位黨魁都未曾反對讓他們兩國的思想家相互交流、討論兩德分裂背景下左翼政治的未來。在這些討論結果正式以書面發表的前一天，兩黨代表在東西德共同展示了〈意識形態競爭與共同安全〉這份文件，在社會中投下了震撼彈。兩黨在文件中共同呼籲「制定一項保障和平的共同政策，一項對話的政策，同時也是裁軍、妥協、平衡利益與合作的政策。」[6]不再有人要求德國應在某種特定意識形態的旗幟下統一。相反地，社會民主黨與社會主義統一黨主張：「兩種體系的和平競爭……將為解決人類面臨的重大問題做出最重要的貢獻。」[7]因此，「雙方都必須接受，在很長的一段時間內，兩德將不得不共存並相互應對。任何一方都不應否定對方的生存權」，也不應「干涉其他國家的實務政策」。[8]

社會民主黨代表此刻幾乎是在呼籲結束冷戰，而且還聲稱他們不只是代表自己發聲，更代表「西方民主」本身。他們雄心勃勃地宣稱，在他們所追求的世界秩序中，社會主義與共產主義是可以與資本主義共存的——換言之，冷戰無需在短期內由任何一方取得勝利或有人敗北，人民將自行決定哪種體制最適合他們。何內克對此感到欣喜。他一生都在擔憂他的意識形態會受到真實及想像中的威脅，如今，他似乎看見了一條通往東德穩定未來的道路。至於該文件同時訴求「政治討論文化」以及「文化、科學、藝術和政治意見在不受規範下所形成的多元化」，這些內容在確保安全的前提下似乎也可以接受。

奧圖・萊因霍爾德（Otto Reinhold）是社會主義統一黨中主要撰寫〈意識形態競爭與共同安全〉的人，他將一份副本送交總書記審批。文件最終送到政治局時，何內克潦草地寫下：「這是一份歷史性文件。」主持會議的克倫茲回憶道，會議中確實有一些人持反對意見，例如長期與何內克對立的諾伊曼（Alfred Neumann）。然而，整體氛圍十分正向，文件最終獲准發布。[9]無論在東德還是西德，這份文件都在政治光譜的各個層面以及反對派團體中引發了爭議與討論。九月一日，東德電視台在一檔直播節目中討論了該文件，甚至史塔西也留下注記：「該文件引起了全國各階層極大的關注，特別是在社會主義統一黨員與其他進步力量中，並激起了大量討論。」[10] 儘管社會主義統一黨與社會民主黨所關注的重點與處理方式有所不同，但他們的初衷已經達成了一大部分。一種新的討論文化正在萌芽，關於兩德未來的宏大構想不僅在黨內會議中被熱烈討論，也開始出現在酒吧和街頭的對話。

克倫茲有充分的理由相信戈巴契夫也會對眼前事態發展感到佩服，因為他曾呼籲東德參考他為自己國家所計劃的改革。克倫茲會見了蘇聯代表，此人正是蘇聯共產黨政治局成員雅科夫列夫（Alexander Yakovlev），也就是提出「公開」與「改造」兩大概念的人物。克倫茲深信，兩黨文件所提出的內容在在體現了「公開」的概念。不過根據克倫茲所述，雅科夫列夫並不認可文件內容，他夏天在東德度假時讀了這份文件，認為內容暗地裡「批判蘇聯勢力，卻隻字未提美國對社會主義國家所使出的對峙策略與重新武裝戰略」。克倫茲是東德領導階層的競逐者，同時也是蘇聯的忠誠支持者，因此對雅科夫列夫的解讀感到驚訝。而雅科夫列夫則告訴他，他期望兩黨交流應該建立在「馬克思主義」的基礎上，而非「大眾化的馬克思主義」。他做出一番嚴厲批評，最後警告「克倫茲同志」應該「糾正這一失誤，否則這份文件將一文不值」。[11]

這場出人意料的私下斥責過後，到了十一月，又迎來了一次官方責難。當時蘇聯駐東柏林大使科切馬索夫轉達了來自蘇聯政治局的訊息。蘇聯政治局深入研究了這份文件，並得出結論：「社會主義統一黨已經允許共產主義與社會民主主義之間的根本分歧變得模糊。該文件暗示社會主義與資本主義意識形態可以共存。」[12]科切馬索夫親手交給東德領導層一份來自蘇聯政府的兩頁文件，其中詳列了何內克政黨的錯誤，並指出：「在我們看來，這些失誤本可以避免。」[13]

東德社會主義統一黨政治局的許多人怒火中燒。西方左翼政治人物將兩黨聯合發表的文件視為戈巴契夫開放政策的成果，而莫斯科卻試圖控制這份文件帶來的影響，因為在他們看來，社會民主黨人士「可以利用該文件滲透東德的意識形態」。[14]這場衝突進一步激起了東柏林原本就存在的反戈巴契夫情緒。社會主義統一黨的意識形態主導人庫爾特·哈格長期以來懷疑任何改革東德的企圖，並抵抗蘇聯施加的改革壓力。一九八七年四月，他接受西德雜誌《明星》（*Stern*）採訪，採訪者提問：「『改造』是否表示東德也需要重組？」哈格回覆，雖然「我們德共人士一直以來都對列寧國度抱有極大的尊重與仰慕……但這並不表示（過去也未曾如此）我們會複製在蘇聯上演的一切。」採訪者繼續逼問，此時哈格顯然開始不耐煩，他以一則比喻回覆，這番話將引起東德內部強烈的反彈聲浪，隔天《新德意志報》就刊登了完整的訪談逐字稿：「那麼，您是否會因為隔壁鄰居貼了壁紙，就覺得有必要也在自家公寓貼壁紙呢？」[15]哈格拒絕了蘇聯以及兩德的改革概念。兩黨文件發布後，哈格在一九八七年十月的演說中宣布：「我們不會停止抵抗帝國主義的進犯勢力，他們是人類和平生活的敵人。」[16]文件起草人之一萊因霍爾德如今面臨國內意識形態主導人哈格的反彈以及蘇聯的壓力，他在兩週後被迫與哈格公開達成協議。

何內克與戈巴契夫的關係來到最低點，他既不願意推行與莫斯科相同的改革，又因莫斯科的牽制而無法與西方建立更緊密關係。何內克愈發感到沮喪，他原本懷抱雄心壯志，希望與波昂直接協商德國裁軍，如今這份遠大抱負也逐漸流逝，因為戈巴契夫正著手減輕因與華盛頓軍備競賽而帶來的沉重負擔。七十五歲的何內克總書記雖然仍頻繁出行（在波昂之後，他又訪問了比利時和巴黎），但他似乎愈來愈與其他國家較年輕的領袖脫節。所有人的目光都聚焦在戈巴契夫身上，他那和藹而聰慧的氣質，與日益呆板、身體日漸羸弱的何內克形成了鮮明對比。

何內克的回應方式就是積極遠離蘇聯。自一九八七年十月起，政治局決定審查那些發表於他們曾深感敬仰的蘇聯的演說。不到一年後，廣受歡迎的蘇聯雜誌《衛星》（*Sputnik*）德文版遭停刊，這實際上相當於禁令。社會主義統一黨辦公室、自由德國青年團、東德新聞機構總部及其他多個單位紛紛湧入大量信件和投訴，要求解釋並復刊該雜誌。反對派圈子則開始重燃學習俄語的熱情，以便能夠不受東德當局的干預，直接獲取和閱讀原文資料。許多年輕人萬般欣喜地展示印有戈巴契夫面孔、「開放政策」和「經濟改革」口號的上衣或貼紙——畢竟，教師和校方很難譴責他們對「兄弟之邦」所表現出的熱情。

與此同時，何內克絲毫不打算放棄自己的雄心大志，依然要讓東德在國際社會中成為一個更獨立、受人尊重的國家。他在一九八六年四月告訴戈巴契夫：「祝你們的改革好運，親愛的同志們，但我們將走自己的路。」[17]兩年後，這位總書記驕傲地宣稱他的國家將找到一套屬於自己的體系，將會出現「東德色彩的社會主義」。在許多方面，這象徵東德與莫斯科已決裂。無論是好是壞，東德如今已自立門戶。

遙遙無期

一九八八年二月二十七日，晚間八點，加拿大，卡加利（Calgary）。

一位緊張的二十二歲運動員抬頭望向耀眼的聚光燈，看向觀眾席上一萬七千張滿懷期待的臉龐。此刻，就是決定永恆的一刻。她渴望成為最出色的選手，成為唯一一位連續奪得奧運花式滑冰金牌的女性。她的妝容是否得當？卡塔琳娜・維特（Katarina Witt）一次又一次地返回洗手間檢查，重新塗抹那鮮亮的紅色唇膏和醒目的眼影，襯托出她貼身的禮服。維特知道，「花上三十秒的漫長時光，與九位裁判調情，而不僅僅是七位紳士」，[18]必定能帶來回報。在她人氣最盛時期，《時代》雜誌稱她為「社會主義最美的面孔」，而她那受到弗朗明哥啟發的豔麗禮服，配以透明拼接，從頸部延伸至腰部，更加鞏固了她作為大膽迷人年輕運動員的形象。維特回憶道，一九八七年秋天她得知自己的勁敵——美國的黛比・托馬斯（Debi Thomas），也將在奧運會上演出卡門一角，以比才歌劇中的音樂作為配樂。無論東方還是西方的國際媒體都爭相報導。這場所謂的「卡門之戰」幾乎令人難以置信，這場比賽在美國收視率達三分之一；而在東德，這個數字接近三分之二。比賽時間為東柏林的凌晨四點，連何內克本人也在半夜起床，看著他的明星運動員開始跳起卡門那充滿戲劇張力的最後之舞。

維特自己日後回憶道，當時她緊張得不能自已：「我全身無力，又很疲憊，幾乎想要停下來。」[19]她立刻意識到自己已經無力完成表演中預定的困難三圈跳，於是改執行一次完美的二圈跳。剩下的幾分鐘，一切照計畫進行，最終，維特癱在冰上，筋疲力盡又同時鬆了一大口氣，以卡門死亡之姿劃下句點。輪到黛比・托馬斯上場時，空氣中劍拔弩張。維特注意到她的對手試圖與教練擊掌，但卻沒有拍中教練的手掌。維特把這當作好預兆，而她是對的，托馬斯稍微失態，犯下的錯足以讓她與金牌擦肩而過。卡塔琳娜・維特贏得了金牌，以英雄之姿回到家鄉。等著她的是蘇聯製的拉達汽車，還能與社會主義統一黨的精英共進晚宴。

一九八八年常被視為東德走向終結的開端。然而，儘管幕後的經濟、政治與社會困難日益嚴峻，但大多數一般東德人並未覺得自己正迎來一個時代的終結。東德生活與社會的許多面向仍在不斷演進中，競技運動便是一例。對於一個僅有一千六百五十萬人口的小國而言，東德在體育領域取得了驚人的成就，如在一九八四年塞拉耶佛（Sarajevo）冬奧會上奪得第一，而在一九八〇年代所有的奧運中（無論夏季或冬季），東德在獎牌數上均獲得第二名，總是領先蘇聯與美國。當然，這份成功也有其陰暗面，因為廣泛且有系統地使用興奮劑，模糊了體育成就與道德之間的界線。但競技運動仍然是民眾寄予厚望與夢想的焦點，讓許多人在這個小國家中找到了自信與驕傲，無懼來自西方的批評以及東方要求順從的壓力。

體育對於女性而言更是別具意義，從小參與競技運動能夠幫助她們培養自信。卡塔琳娜・維特常常受到抨擊，因為她讓當局將自己的體育成就作為政績，藉此換得種種特權，如前往西方國家旅行，以及在國內獲得貴重禮物。但她是一名自信滿滿的年輕女性，清楚自己所需，以自己的成就要求國家提供相應的特權。

在其他領域當中，也常見到女性擁有抱負。卡塔琳娜・維特贏得「卡門之戰」之際，超過九成東德女性也在自己的職場上奮鬥。東德的女性就業率為全球之最，女性得以進入過去所有由男性占領的行業，攻下了最後的堡壘。也是在一九八八年，國家人民軍的第一批女軍官於齊陶結業。男性畢業生會拿到傳統的「榮譽匕首」，這把讓人欣羨不已的匕首是軍官地位的象徵，但這批女性畢業生卻發現自己不會獲頒，因此立刻向上級申訴。時任國防部長海因茨・凱斯勒（Heinz Kessler）在畢業典禮前兩天做出決策，宣布女軍官也可以獲頒匕首。當時軍隊緊急從匕首製造地米爾豪森（Mühlhausen）的傳統刀匠那裡取得匕首，裝盒的匕首及時抵達，而女軍官的制服還得趕緊修改，才能讓她們像男同事一樣把匕首繫在夾克上。同一年，位於卡門茨（Kamenz）的空軍也首度有女性飛官結訓，此時的國家人民軍已經更懂得如何根據新的女性軍官需求做出調整。

不過女性軍官依然是少數，到一九八九年為止，只有一百九十名受訓女性軍官，但是整體而言，國家人民軍各部門的女性新兵人數在一九八〇年代已達到兩千人。對於年輕女性來說，軍職依然相當冷門，但是決定從戎的人將之視為嚐鮮且與眾不同的選擇。十九歲的凱爾絲汀・哈克

（Kerstin Haack）是一名打字員，來自薩克森的施托爾貝格（Stollberg），在辦公桌坐了兩年後感到無趣。「我需要一點冒險，」她日後回想起時說道，「我心想人生不可能就這樣過。」[20]一九八四年，她向軍區指揮部報到，並且「直接答應」迎接全新的軍旅生活。幾個月後，她不再坐在辦公桌前打字，而是在丟手榴彈、泥地上匍匐前進，以及槍擊打靶。新訓時期，她在東德空軍軍事技術學院受訓，身處男人之中，這點並未對她造成困擾。「當然，時不時有人會對你說些蠢話，」多年後她笑著說，「但整體而言那段經驗讓我獲益良多。我跟其中一些男性成為摯友，共事起來很融洽。」[21]工作內容很吸引人，凱爾絲汀學會如何利用俄語引導飛機降落或離開機場。她一成為下士（Unteroffizier），就被分發到東揚施瓦爾德（Jänschwalde-Ost），接著到馬克思瓦爾德（Marxwalde），這兩個地方都在國家東緣，鄰近波蘭邊界。一開始，她對分發地點有點失望。在新訓時期，她與另一位女性新兵結為好友，如今兩人被派駐到不同的地方，分隔兩地。她也是自己部隊中的唯一一名女性，有時會有點尷尬。男人們住在營區，她則駐紮在稍遠的地方，不論晴雨，每天必須騎腳踏車上工。一九八六年的寒冷冬天格外令她難忘，她抵達機場的時候，往往眼睫毛與頭髮都凍直了。廁所跟更衣室沒有分性別，她要使用時，一位上級必須在這些設施前「站崗」。不過作為飛航管制員，她過得既忙碌又充實，而且也很享受與部隊男同事培養出來的真摯情誼。

像凱爾絲汀這樣的女性在東德武裝部隊中為女兵開創一席之地，同一時間，西德憲法卻仍完全禁止女性作戰。因此，一九九〇年在國家人民軍服役的兩千名女性，全部都在兩德統一後失去了工作、角色與地位。此後，僅有極少數人得以重新加入德國聯邦國防軍，而且多數以文職身分任職。在東德，儘管穿制服的女性無論是在軍隊內部或是更廣泛的社會中都還未能獲得普遍認可，但這個機會本身卻是邁向平等的重要一步。即使在消失的前夕，東德依然不斷在轉變。

政府極力自上而下推動改革，但卻不願意參與由底層發起的變革。一九八八年，大多數東德民眾都不希望政府垮台，也沒有幻想要立即與西德再統一，卻強烈期待東德應該讓政治變得更為現代化。政府制度僵化，導致缺乏大眾輿論空間、透明度以及課責制度，這些都與急遽變遷的社會改革相牴觸。東德識字率高、技術人才充沛，而且也高度政治化，對於自身成就相當自豪，也積極想要前進。這裡成了改革與民主化的沃土。戈巴契夫改革蘇聯的理念，以及東德日益接受西方文化影響，遇上了依然在史塔西箝制與審查下但足以接受智識對話的心靈。戰後艱苦的生活已然遠去，西方國家愈來愈願意承認東德存在的權利，也願意與東德互動，看起來似乎沒有必要永遠保持戒備。開放東德絕對不是要摧毀它，恰好相反，許多年輕知識分子與勞工視之為鞏固國家與社會主義的手段。

有一點愈來愈顯而易見，那就是何內克並非帶領這項改變的人選。他與戈巴契夫分道揚鑣，這點到了一九八八年就已經昭然若揭。萊比錫中央青年研究中心負責人瓦爾特·弗里德里希（Walter Friedrich）負責向政府稟報國內青年的態度、興趣與發展，他在一九八〇年代末期所見的光景讓他日益擔憂。他深知如果直接找上何內克，將不會獲得任何回應，於是他轉向當時五十一歲、被視為總書記「王儲」的克倫茲。一九八八年十一月，弗里德里希交了一份機密分析給克倫茲，內容毫不留情：「我國的缺陷與弱點（即供應和替換問題、資訊政策、粉飾太平、實質的民主參與等）日漸被察覺，而且愈來愈常遭到批評。社會主義的自大日益遭到質疑，拒絕採取改造路線讓事態更加惡化。」[22]

弗里德里希附上一則直截了當的警示，日後讀來簡直就是預言：

> 如果要人民更加認可我們的目標和價值，以及認同我們黨的政策，就必須找到能夠實質與人民互動的方式（例如資訊、透明、民主參與），否則未來一到三年內，人民將離我們愈來愈遠，造成危機。[23]

這些批評是希望透過改革來鞏固政府，而弗里德里希並不孤單。政治局內部也吵得不可開交，國家計畫委員會候補委員蓋哈特·舒勒爾（Gerhard Schürer）要求全新的經濟路線，因為他看到在當前的局勢下，破產無可避免。何內克一如以往地堅持己見，沒有把這些警告放在眼裡，並且譴責舒勒爾是「破壞分子」，在共產術語中，這是很嚴重的指控。僅僅一年後，一九八九年的秋天，在時任總書記克倫茲帶領下，舒勒爾受命撰寫〈東德經濟形勢分析及結論〉，但為時已晚。就連君特．米塔格都顯得十分沮喪，而他可是在開放政策下積極防衛計畫經濟的要角。他日漸羸弱的身體也可能促成了這個發展，一九八四年，他的一條腿因糖尿病而被截肢，一九八九年另一條腿也遭逢相同命運。虛弱的米塔格面臨政治與經濟的多重壓力，在一九八八年九月他向政治局承認：「我們已經瀕臨崩潰邊緣。」24

風向轉變

幾乎沒有人料到東德會立刻終結或是與西德再統一，不過其實從一九八九年初風向就開始轉變了。許多不滿當局的人無法實質參與政治或選舉，因此無從影響政界上層，於是乎他們轉而在國家政治結構外集結。許多人主張和平主義，或是關心環境保育，這些不異於西德的目標和結構。一九八六年四月車諾比核災爆發，飄散的輻射雲團進入東西德，暴露了政府對這類災害毫無防備，因此社會更加害怕在德國領土部署核武，不論是民間還是軍中，圍牆兩端對於核能技術的反抗聲浪都水漲船高。

一九七〇年代中期開始，有些人申請永久移民，計劃永遠離開東德，落腳西德，這些人開始建立網絡以讓自己的訴求被看見。申請移民者往往容易遭到歧視與恫嚇，甚至可能丟了工作，因此他們往往選擇公開自己的困境，而非獨自忍受。由於東德媒體牢牢掌握在政府手中，而西德報紙則總是積極報導反對東德政權的內容，因此西方媒體成為這些人有效的發聲管道。

經典的案例包括薩克森邦里薩市（Riesa）的尼奇克（Karl-Heinz Nitschke），他長期不斷試圖離開東德，手法漸趨極端。一九六一年柏林圍牆建立後不久，尼奇克計劃要幫他的家庭經由波羅的海搭乘橡皮艇逃離。這當然極其危險。波羅的海上的東西德邊界稱為「北部國境」，超過五千六百人試圖透過游泳、漂浮、衝浪或其他方式，經由此道前往西德，而最終只有九百一十三人成功。其他人有些遭到第六邊防海岸旅逮捕，有些直接放棄，或是甚至溺死。尼奇克為了讓自己及年輕的家人獲得最大的成功機率，便請住在西德杜塞道夫（Düsseldorf）的姪子偷渡一艘適合的船進入東德。他們兩人冒著風險在公路上交貨，如果被抓到，後果不堪設想。尼奇克一家人在布蘭登堡的湖面上練習，時不時沿岸而上，尋找適合的地點。最後，他們決定從達爾斯半島（Darß peninsula）博恩（Born）出發，往丹麥的方向前進，直到找到西德船隻把他們救起來。但是這個年輕家庭甚至還沒開始冒險逃跑，就被友人背叛，尼奇克在一九六四年九月二十二日遭史塔西逮捕，原本他預計在幾天後出發。他最終入獄服刑兩年。

一九七五年，尼奇克嘗試經由羅馬尼亞和南斯拉夫逃亡，兩次皆失敗作收，他索性嘗試另一條路，也許能夠以其人之道還治其人之身。他遞交了十三份申請，要求解除自己的東德國籍，然而全部均無由遭到拒絕。作為一位高度專業的醫生，不論其政治立場為何，他在當局眼中都是不可或缺的人才。僅從一九七四至一九七六年，東德就有四百零四名醫療專業人士前往西德，而申請離開的人數則是三倍。因此，尼奇克知道若他繼續孤軍奮鬥，將永遠無法合法離境，他必須走入大眾視野中。東德剛剛簽署了《赫爾辛基協定》，所有簽署國承諾將尊重「人權及基本自由」，根據這點，尼奇克在一九七六年的《里薩充分落實人權請願書》（Riesa Petition for the Full Accomplishment of Human Rights）中辯稱，東德當局有義務允許公民自由選擇居住地。請願書僅有七十九位簽署者，其中大部分來自里薩和里薩以南七十五公里處的卡爾—馬克思城（開姆尼茨）。由於尼奇克對地方以及對全民的影響力十分有限，他將這份文件寄給了多個西德人權組織。多家大報如《柏林晨報》（*Berliner Morgenpost*）和《法蘭克福匯報》（*Frankfurter Allgemeine Zeitung*）等都報導了，之後該事件又傳回了東德，受到其他反對派團體廣泛討論。

根據史塔西檔案中對這起事件的描述，尼奇克認為「單靠個別申請是無法有所作為的，唯有透過集體行動，申請才會變得有力。」[25]除了公開請願書之外，他還將每份申請的副本寄給住在西德的姐姐，並試圖聯絡政治家、電視台和報紙來提升聲量。起初，尼奇克的抗議似乎沒有斬獲，史塔西利用令人膽寒的心理戰（「侵蝕」）打壓他以及其他許多請願者。他的一舉一動都受到嚴密監視，以尋找更多的罪證，直到一九七六年八月三十一日，三名史塔西軍官進入他的公寓逮捕他。許多其他請願者在心理壓力下撤回了支持，史塔西看來對自己的成果十分滿意，並寫下：「這些異議分子已進一步被孤立，不再有機會聚集或培養進一步的敵對行動。」[26]許多不屈服的人遭到逮捕，其中至少有九位原始簽署者透過沙爾克的交換計畫，被西德政府從監獄中「買出」。最終，尼奇克透過西方媒體施壓的做法終於獲得回報，史塔西原本計劃舉行作秀審判，預計將判處尼奇克九年監禁；然而，尼奇克在預防性羈押十二個月後，被遣送西德。

正如尼奇克一案所顯示，集體行動下的理念勢力驚人。在整個一九八〇年代，東德境內其他團體也變得愈發活躍。其中特別引人注目的例子便是所謂的「白圈」（white circles）。一九八二年起，在圖林根州耶拿，一個團體發起在公共廣場或街道上穿著白衣，藉此和平抗議申請永久離境遭拒的困境。抗議者一句話也不說，導致當局無法採取任何行動；從各方面來看，他們只是一群選擇同時出現在公共場所的普通人。

其他活躍的團體則抵抗社會軍事化以及導致東德部署核武的軍備競賽，如「化劍為犁」（Swords to Ploughshares）和平運動，這個名稱隱含聖經典故，因為與新教教會密切相關。這些教會有效協助組織示威與其他行動，甚至與西德的教會合作。這個運動團體採用了極具特色的標誌，一名英勇的男性用錘子揮擊一把劍，將劍彎曲成犁頭。一九八〇年代初期，東德當局禁止這個標誌出現在學校、大學及公共場所，年輕人如果佩戴此標誌，將會遭到當局懲罰，往往會危及自身教育機會及未來職涯。該團體隨後以和平方式反擊，不再展示原有標誌，而是在衣物上縫上圓形白色補丁，這幾乎無法被視作犯罪行為。一九八〇年代期間，教會活動日、論壇以及「化劍為犁」相關活動經常吸引成千上萬的人參加。

環保團體的規模與信心也漸增。在來自西德綠黨的鼓舞下（該黨成員與政治家經常前往東德參加和平遊行、教會會議及論壇），東德激進分子自發的運動穩健發展。一九八六年，他們在柏林的錫安教堂（Zionskirche）成立了「環境圖書館」。這座教堂曾屬於潘霍華（Dietrich Bonhoeffer）的教區，他曾英勇地組織反納粹運動，勢力龐大，一九四五年他在弗洛森比格集中營（Flossenbürg concentration）遭到處決。這為激進分子提供了強烈的情感背景，如今他們在教堂地下室自製書架，存放被禁的書籍與雜誌。該處同時也成為反對派團體的聚會場所，使他們能夠組織抗議行動並印製傳單，例如《環境通訊》（*Umweltblätter*）——該刊物於一九八六年首刷一百五十份，一年後劇增至超過一千份。這情況令史塔西極為憂慮，以至於一九八七年十一月二十五日對該圖書館發起了夜襲，行動代號為「陷阱」，一共出動高達二十名特務，闖入地下室並高喊「手舉起來，暫停機器」，[27]逮捕了正在印製最新一期《環境通訊》的年輕激進分子，如二十二歲的伊洛（Uta Ihlow）和十七歲的伯特歇爾（Till Böttcher）。他們甚至將五十二歲的牧師西蒙（Hans Simon）拖下床，向他出示包含印刷機等沒收物品的清單，隨後便逮捕了現場的激進分子。

史塔西這次的鎮壓適得其反。第二天，兩百人聚集在錫安教堂守夜，他們被驅散後，卻又有更多人手持蠟燭前來。當局隨即封鎖教堂及廣場，不允許民眾進入，但此時西方媒體已獲悉此情況並大肆報導。三天後，當局終於鬆動，釋放了該團體成員，展示了和平反抗有多強大，而對於「陷阱行動」的報導更遠超過僅靠發傳單所能達到的宣傳效應。環境圖書館吸引了愈來愈多的訪客，並開始與其他團體（例如離境申請者與和平運動）建立聯繫。這起事件再一次證明了東德固有的偏執心理總是引來自我毀滅。

　　環境圖書館受到的矚目與獲得的成果啟發了大眾，其他團體在一九八八年集結了愈來愈多人，舉辦示威、教會禮拜及顛覆行動。由於許多活動均在東柏林舉行，西方記者隨時可抵達，政府便放棄過去幾十年來的殘酷鎮壓方式，改以掩人耳目的手段來控制局勢。人權團體則不斷想出更巧妙的方法來宣傳及要求改革。例如，一九八八年一月七日，他們利用每年舉行的羅莎・盧森堡與卡爾・李卜克內西紀念遊行，發表部分共產主義知識分子的言論，讓政府更難對活動中的訊息提出質疑。他們混入一般人群中，舉著標語牌，上頭印有盧森堡所說的「永恆且唯一的自由，即給異見者的自由」，結果導致一百五十名抗議者被監禁。當局也從中吸取教訓，不再舉行更多引起媒體關注的作秀審判，而是給知名異議人士一個簡單的二選一，不是被遣送至西德，就是在東德面對長年的刑期。大多數人選擇被遣送到西德，其中包括三十八歲的弗雷婭・克利爾（Freya Klier）和三十二歲的創作歌手克拉夫奇克（Stephan Krawczyk），他們均成為東德公民運動的代言人。這一切均多虧了東柏林主教福克（Gottfried Forck）的支持，他曾在公事包上放上「化劍為犁」運動的徽章，並創造了許多機會讓年輕改革領袖在他所在的東柏林會面。他也關心史塔西監獄中的抗議者，協助說服被囚禁的激進分子接受遣送的方案。

　　由於許多領袖已離去或被懷疑涉及共謀，運動在一九八八年逐漸式微。史塔西對此表示欣慰，並在二月十六日的報告中指出：「大多數團體已不再活躍。」[28]然而，各種網絡已建立、方法已試行，改革精神亦被點燃。離開東德的申請者比以往多，年底破了紀錄，申請人數高達十一萬三千。何內克固執且病重，在一九八九年一月以挑釁的口吻預言，柏林圍牆「五十年甚至一百年後仍將屹立不搖」。[29]儘管此時很少有人真的預期東德即將走向終結，但提倡公民權利的社運人士大力呼籲出境自由與政治改革，並在東德廣泛引起共鳴。

一九八九年五月七日地方選舉登場，社會氛圍開始轉變，足以讓當局擔憂，尤其是柏林。十一天前，史塔西寫了一份報告，題為「人民對當地選舉準備之反應」，報告中反映出大眾對於改革的渴望。選舉候選人選前會在「人民對話」（Volksaussprache）活動中面對公眾，而這次許多地區的氛圍明顯相當激烈。史塔西的報告中指出：「這是參與選舉準備的工作人員的看法，許多公民表現得非常苛刻，甚至咄咄逼人。他們要求議員和候選人針對問題給予有力、令人信服的回答和建設性的解決方案。」[30]正如史塔西報告所指出，投訴事項不勝枚舉，包括住房、商品與服務的等待時間、工業與農業缺乏替換零件、道路與人行道的狀況、街道照明、消費品短缺、價格上漲，也抱怨整體而言「未能兌現過去幾年的『選舉承諾』」。[31]

一九八二年，史塔西曾注意到沃爾夫岡．穆林斯基表現出的所謂「對工作倫理與實踐」的「不穩定態度」，也注意到他在一九八九年五月還加入德國自由民主黨，成為候選人投入地方選舉。如我們所見，自一九四五年起自由民主黨便存在，而且是政黨聯盟中的一員，這個聯盟中還包括基督教民主聯盟、德國國家民主黨以及德國民主農民黨。東德的選舉與多黨制民主不同，東德選民投票時並不是在不同政黨之間做出選擇，而是只拿到一份所謂「民族陣線」的候選人名單，他們是同一政黨聯盟的政黨所派出的候選人，也包括來自群眾組織和協會的成員（例如自由德國青年團、紅十字會、自由德國工會聯盟或建築師聯盟）。理論上，這份名單並非是要讓候選人展現不同的政治傾向，而是代表工人、學生及各種職業等不同利益團體；實際上，這一制度意味著該名單實際上由執政的社會主義統一黨控制。然而，到了一九八〇年代末，其他黨的批判力道變強，特別是基督教民主聯盟和沃爾夫岡所屬的自由民主黨，許多成員主張仿效戈巴契夫的改革。沃爾夫岡也將此視為推動變革的途徑。像許多東德人一樣，他渴望改革，但東德是他的家，他不願背棄這片土地，而是希望東德變得更好。

一九八九年五月的選舉依然不民主。選民仍需攜帶選民登記證與身分證件進入投票室，並獲得一張列有當地民族陣線候選人名單的選票。這張選票上既沒有供畫記的圓圈，也沒有可勾選的方框，僅僅是一列姓名。若要表示同意這份名單，只需將選票摺起來並立即投入投票箱；而表達反對的唯一方式則是將選票帶入投票間。一九八六年，在韋爾尼格羅德選區（Wernigerode）的人民議院選舉中，一百九十六名有投票資格的選民中僅有一人將選票帶入投票間。在投票間中，若要反對這份名單，要在每個名字上以一條整齊的橫線劃去；僅劃去部分名字的話仍會被視為同意該名單。於是，儘管沃爾夫岡知道在地方選舉中將自己的名字列入候選人名單本身並不是什麼改革行動，但他希望藉此獲得一個職位，讓他得以反映朋友、鄰居和同事所關心的事務。沃爾夫岡也在為選舉做準備的「人民對話」中感受到了撲面而來的變革。與以往的選舉相比，「這次大眾直言不諱」，他後來回憶道。[32]「例如，當時仍然缺乏足夠的合適住宅，而且民眾對國內環境遭到破壞的情況感到極度擔憂。環境問題更是大家最關心的其中一個議題。這些都是真切的憂慮，而我也希望能有所作為。在地方上成為一名全職政治人物，似乎比繼續在私下抱怨來得更有建設性。」[33]

反對派倡議人士也認為是時候改革了，尤其是身在東柏林的人。正如史塔西在一份報告中指出，[34]有一百六十名男女在東柏林霍恩施豪森的新教社區中心會面，討論「大規模監控投票站」的事宜，[35]計劃要讓倡議人士於一九八九年五月七日在所有投票的地點靜坐，仔細觀察投票情形，特別是開票過程。他們將全程記錄，以揭露並公布選舉舞弊情況。光是在霍恩施豪森這場小型會議中，就有五名西方記者在場，而德國公共電視第一台則在外拍攝。[36]整個一九八〇年代組織起來的反對派網絡不斷精進方法，而西方媒體的報導不僅是發聲的最佳途徑，亦提供了珍貴的保護，或至少在某種程度上緩解了史塔西的鎮壓措施。選舉後，梅爾克的特務在報告中稱，「選舉監察」行動確實十分廣泛：

在投票站中，被辨識出來的有所謂草根教會組織成員以及永久離境申請者。就首都而言，此類人士分別在柏林普倫茨勞爾貝格的六十四處投票站、柏林腓特烈斯海恩的四十四處投票站，以及柏林米特的二十三處投票站被記錄下來。這些人通常會記錄下選舉官員宣布的選舉結果。37

根據柏林的這些報告，投出的選票中有百分之十到二十的人反對民族陣線候選人名單，這意味著投票者並非直接將選票摺好投入投票箱，而是進入投票間。當晚中央選舉委員會主席克倫茲在電視上宣讀投票結果，候選人名單獲得了百分之九十八點八九的同意票，而非往常的百分之九十九點九。即使是經過美化的官方數據也承認情況已大不如前，而這將是東德最後一次出現這般同意票率的選舉結果。

一九八九年的一整年，大眾愈來愈覺得必須改變。儘管激烈的公開反對聲浪仍主要集中在東柏林，而且大多數東德人並不期望或希望國家崩潰，但似乎當局固守舊有作風的態度讓許多一般民眾感到愈來愈沮喪。

共和國的最終日

一九八九年十月七日，東柏林。

我當時四歲，是個情緒高昂的小女孩，頂著一頭完全無法梳理整齊的雜亂黑髮。我站在柏林電視塔的旋轉觀景台上，緊握著扶手，試圖盡可能貼近全景玻璃。我的腳離開了地毯，突然之間我難得陷入了沉默。我驚奇地望向下方兩百零三公尺的街道，努力將一切盡收眼底。在柏林街頭上呼嘯而過的小車看起來十分迷人，就像我收藏的珍貴火柴盒玩具汽車，旁邊則是許多迷你的人，而且更多人持續湧入。我對於俯瞰柏林的景色興奮不已，轉身開始大喊，音量有點不受控制：「爸爸，過來看！所有人看起來都像小螞蟻！」我急切地向下指著，上下跳動，試圖看得更清楚。「而且你看！到處都是警車！」我的話終於吸引了我父親的注意。他原本在觀景台中央的高級餐廳幫我和我懷孕的母親買飲料，但我說的最後一句話迫使他半途停下腳步。他看著電視塔下方愈來愈擁擠的廣場，臉上血色盡失。他認得屬於準人民警察單位的武裝車輛，而我手指的許多人群正是示威民眾。顯然政府預測會出現騷動，已經準備回應。「卡提雅（Katja），快過來，我們該走了。」他催促道。但我釘住腳跟不動，下方開始騷動的迷你場景讓我移不開目光。我的指節因為緊抓著扶手不放而發白，以免有人要拉我離開，事情剛變得有趣，我父親就想要走了。他不顧我的反對或我母親的疑問，拉著我們回到電梯。

搭乘電梯下樓時，父親的心頭不斷浮現各種擔憂。如果衝突升溫怎麼辦？警察會如何反應？這兩個問題都讓他憂心忡忡，但最好的做法就是回家等待風頭過去，不要靠近首都。如果事態一發不可收拾，至少他的家人會安全無虞。我們就這麼開著二手的白色特拉班特車趕回家，幾年前我父母以高得嚇人的八千馬克買下了這輛車，因為他們不想耗費時間排隊等待新車。回程路上車裡的對話相當激動，我坐在後座認真傾聽，眉頭深鎖，陷入沉思。我什麼都聽不懂，但一切似乎驚心動魄。

我敬佩我的父親，一部分是出於我們見面不夠頻繁。他在空軍擔任軍官，總是在執勤。但是每次他一回來，就會帶我到萊比錫動物園一日遊，我們會餵大象；他也會帶我前往波茲坦的無憂宮公園，在裡頭幅員廣大的花園中訴說大量我聽不懂的普魯士和德意志歷史。一九八九年十月七日這天正是東德四十週年紀念，這個國定假日在柏林會舉辦閱兵儀式，外國領袖都會前來參加，包括戈巴契夫本人。我的父母就跟其他許多家庭一樣，想要享受這異常高溫的一天，好好放鬆。我們跟許多家庭一樣，不知道我們的生活即將永遠改變。

父親匆忙帶我們回家時，心中五味雜陳。和大多數東德人一樣，他並不打算參與柏林的示威活動。當時我們的生活相當舒適。我們住在一九六〇年代早期建造的組合式住宅區中，我們家是一間兩房公寓。沒錯，用來供暖（包括供應熱洗澡水）的瓦斯爐有時確實令人頭痛，但從地窖搬煤上樓卻成了我和父親深愛的儀式。我記得每次我都興致勃勃地把自己的小水桶裝滿煤，再提著上樓。住在這棟公寓大樓裡的其他家庭也有與我年齡相仿的孩子，我很快就和樓下法爾克家（Falk）的兒子羅馬諾（Romano）成為好朋友。暑假時，我們會去波羅的海那片白色沙灘度假；冬天，父親會帶我們回去圖林根山脈的家鄉澤拉—梅利斯（Zella-Mehlis）。對我這個在布蘭登堡遼闊平坦土地上長大的人來說，滑雪和雪橇依然是全新的體驗。

就像我們大多數鄰居一樣，我的父親法蘭克被派駐在國家人民軍的空軍總部，位於柏林以東三十公里處的施特勞斯貝格。他是一名專攻無線電與通訊技術的軍官，工作地點離家只有幾分鐘的步行距離。有時，他會帶我去基地參觀，因為我對各式軍事裝備以及穿著制服的男女充滿好奇。總的來說，父親很喜歡他的工作，但也顯然感受到工作日益政治化的趨勢。一九八一年，他初次參加國家人民軍的軍官訓練時，對這個機會相當感激。作為來自蘇台德地區和波美拉尼亞的德裔難民之子，他得以接受高等教育並有機會在職場晉升；然而，很快便顯示出這些機會同時也伴隨著政治壓力。

一九八二年是他入伍的第二年，他正籌備著共和國日年度遊行，也就是一九八九年他緊急離開電視塔的整整七年前。當時眾人滿心期待。這批年輕的受訓軍官在飛行場上一再演練，最後兩次彩排在晚上舉行，就在正式遊行的地點，柏林卡爾・馬克思大道之上。父親和其他同志幾乎一夜未眠，而且他們被告知必須完美執行所有細節。活動前一晚，法蘭克的團隊被載到柏林進行最後一次練習。這群年輕人沿途聊著天消解緊張氣氛，此時父親犯下了重大失誤。「如果出了差錯，」他並未對著特定的某個人發話，「我們不如就拿顆子彈光榮就義。」他的友人臉色僵硬，他立刻知道自己踩到了底線。他們抵達柏林，車門打開，兩名穿著平民西裝的人已經就位準備逮捕他。父親立刻被帶回薩克森齊陶的軍校，他的上級罰他十天禁閉，因為他「以死要脅」。年輕的父親坐在監牢中，這裡什麼都沒有，只有一張睡覺用的窄床，他留下包裝午餐用的錫紙，每半個小時做個記號，藉此保持理智。這個嚴厲懲罰還不夠，父親最終職涯中斷，無法繼續編碼和解碼機密的無線電訊號。

父親跟其他同樣處境的人一樣，受軍官訓練三年後面臨艱難的抉擇，如果不成為社會主義統一黨成員就無法畢業。父親第一次被鼓勵入黨的時候，他剛結束禁閉。他簡直不敢相信就在他最挫折、憤怒和受辱的時刻，竟然被邀請加入造就這一切的黨。他直截了當地跟史塔西官員表達他的心情。不過如果要為了他人眼中只是形式的事而棄三年訓練不顧，又是完全另一回事了。父親放棄抵抗，他入了黨，並且獲得黨的紅書。

父親選定的未婚妻也惹惱了當局。我的母親安德蕾雅（Andrea）在西德有眾多親戚，她的父母也定期前往西德探親。每次他們探親回來後，國家人民軍基地的史塔西官員就會花上一點時間處理流程，但父親大約六週後就會被他們的辦公室召見。「這個嘛，同志，」開場白一向如此，「你知道你未來的岳父岳母到聯邦共和國探親嗎？」這成為例行公事。父親會回覆他當然知道，因為幾週前他們才剛去，而就他所知，他未來的岳父岳母確實回來了。母親在婚後幾年才發現，史塔西官員曾經試圖說服父親跟她切斷關係，以掃除職涯阻礙。

就許多方面來看，父親就是受過良好教育但相對不關心政治的典型男人，他希望能夠負擔得起日常用品，有個充實的職涯，而且有足夠的錢和時間度假與享受家庭生活。有一陣子，這對他以及其他許多人來說仍是可行的。但是到了一九八〇年下半年，當局立場變得強硬，連父親這樣並沒有高度參與政治的人都被找碴。

圍牆倒下

一九八九年十一月九日，晚間七點半，麥克倫堡，羅斯托克。

三十三歲的交通警察羅蘭・施奈德（Roland Schneider）正在待命中。長達幾週的時間，東德各地動盪不安，氛圍愈來愈浮躁，羅蘭不知道自己該做何感想。「身為一介公職人員，我對於未來稍微感到擔憂，」羅蘭日後回想道，「我必須說，老實講，我深信這一切。我成長過程中學到的是——『社會主義終將獲勝』。」[38]不過這位已婚且育有四子的父親也開始更加理解為何東德人想要改變。他發現他前往探視的工廠中，工人不再討論交通，而是侃侃而談改革。他們口中一再出現的抱怨就是日常用品供給問題，以及當局不聆聽他們的意見，導致眾人日益麻木。一九八九年四月，第一波示威遊行在他的家鄉羅斯托克登場，羅蘭陷入兩難。他從自家窗戶望向下頭的街道，聽到羅斯托克同鄉人高喊：「下來，加入我們！」[39]他可以加入嗎？他應該加入嗎？他畢竟是一名警察。但他不久就放棄抵抗，下樓加入示威——起先他還穿著一身黑，因為擔心自己被認出來。

大壩已被衝破，改革勢不可擋。一九八九年一整年，數千名東德民眾前往西德，有些是合法前往，因為官方批准愈來愈多的申請案件，有些則是經由東歐國家前往西德，因為戈巴契夫的改革已經在這些國家帶來改變。許多東德民眾在各地西德大使館尋求庇護，包括華沙、布達佩斯、布拉格與東柏林，而匈牙利在九月十日晚上打開了與奧地利的國界，更多人藉機前往西方。匈牙利總理內梅克（Miklós Németh）向西德總理柯爾保證：「絕不可能將難民遣送回東德。我們正開放國界。只要沒有軍事或政治勢力從外部強迫我們改變行為，我們的國界會持續對東德民眾保持開放。」[40]他知道外界勢力這次不可能出現。就在幾個月前，一九八九年七月六日，戈巴契夫對歐洲理事會談話時，清楚表明蘇聯「尊重各民族的主權，他們得以自主選擇自己想要的社會制度。」[41]如果匈牙利希望對過去的夥伴奧地利敞開國界，可以自主決定，不需要尋求蘇聯或東德的同意。九月與十月這段期間，五萬名東德民眾取道匈牙利前往西方。

並非所有人都希望遠走他鄉展開新生活，也有許多東德人試圖改變國內環境，向政府證明，不能只靠讓想走的人走來解決問題。一開始，反對運動採用的口號是：「我們想離開！」現在他們開始高呼：「我們會留下！」藉此在東德形成全新且更大的政治反對勢力。這是第一次在教會組織外出現這類運動。九月時，社運團體「新論壇」（New Forum）成立，在東德各地的布告欄傳遞訊息，組織創辦人宣布：「在我們國內，國家與社會的溝通明顯受阻……眼前重要的是人民參與社會改革。」[42]這份聲明最終由二十萬人聯署，運動也吸引了一萬名正式會員。新論壇提供了一個契機，讓一九八九年史塔西注記的一百六十個左右反對派團體能夠彼此建立連結。[43]即使到了這個階段，也幾乎沒有人想要完全廢止東德，政治運動人士呼籲的是改革或民主變革。不過一九八九年十月七日東德迎來四十週年之際，大規模示威遊行在東德各城市引爆。施奈德所居住的羅斯托克只有大約六七百人上街頭，但萊比錫、德勒斯登、哈雷以及東柏林則有上千人上街高喊：「我們才是人民！」「戈比（Gorby）！」，①以及「杜絕暴力！」

戈巴契夫前來參加紀念遊行時警告何內克：「危險等待著那些對現實世界無動於衷的人」，這句話後來更廣為人知的版本為「遲到者將受到生活的懲罰」。莫斯科拒絕支持何內克，這明顯讓他感到震驚，但他仍固執地回應：「永往直前，永不後退。」[44]當局試圖解散個別集會，特別是在柏林，有時甚至殘酷地出動警棍和警犬。雖然沒有全面使用槍枝鎮壓，但氣氛依舊緊張。同一時間，中國政府在六月於天安門廣場向抗議者開火，造成數百甚至數千名平民死亡。隨著愈來愈多的示威者聚集在東德城市的街頭，「中國式解決方案」似乎仍然是應對東德起義威脅的選項。不過政府沒有以暴力回應，但更多人受到鼓舞參與其中。十月十六日，十二萬人走上萊比錫街頭，要求民主變革、自由選舉和言論自由。施奈德目睹了羅斯托克的兩千人示威遊行，訴求是官方承認新論壇。社會主義統一黨領導層下令緩和局勢，但不得使用槍枝，結果警察部隊主要都在保護財產和驅散人群。這意味著大規模集會和示威勢必成為政治局勢的一環。東德政治結構已

① 譯注：對戈巴契夫的暱稱。

經開始被迫民主化，社會主義統一黨只能設法應對。

由於社會主義統一黨面臨壓力，必須證明正在改革，因此需要一位新領袖。何內克在一九八九年夏季大部分時間因健康問題而無法履職。八月接受膽囊手術前，他已出現併發症，醫生還懷疑他右腎患有癌症。在多次療程和康復期間，何內克近三個月無法工作。在他為數不多的公開露面場合中，他有次參觀了國營愛爾福特聯合電子微晶片企業（VEB Kombinat Mikroelektronik Erfurt），在那裡他看到了一款三十二位元處理器的原型機。他所說的一句話流傳後世，當時他似乎完全無感於國內正在發生的事情，引用了十九世紀社會主義者倍倍爾的話：「無論是牛還是驢，都無法阻止社會主義的步伐。」

五天後，匈牙利開始開放邊界，而此時手術後的何內克正在醫院休養。九月底他重新公開現身，此時的他身形消瘦，明顯衰老，政治局清楚意識到他們的領袖已不適任穩定東德局勢的最佳人選。他生性固執，拒絕接受批評或正視改革需求，現在又了無生氣，總是迴避衝突。何內克已經力不從心，他的日子屈指可數。

一九八九年十月十七日上午十點十分，七十七歲的總書記何內克走進政治局全體會議，一切似乎如常。他宣布會議開始，詢問是否有人要提出討論事項，部長會議主席史托夫提出了。他建議第一個事項為解除何內克的總書記職務，由克倫茲接任。史托夫說：「埃里希，我們不能再這樣下去了。你必須離開。」房間陷入沉默，何內克面色蒼白。稍作鎮定後，他回應：「那麼，我就宣布討論開始吧。」三小時後，政治局正式同意何內克辭職，這是包括他本人在內的一致決定。三天後，瑪格特·何內克也辭去了她的職務。她回憶當晚丈夫對她說：「你知道嗎？我感到如釋重負，我已經無法再繼續了。」[45]

五十二歲的克倫茲擔任新任總書記，顯得更有活力，並願意接受東德需要改革的現實。像史塔西負責人梅爾克這樣不受歡迎的人物被從政治局中移除。克倫茲在他的首次電視演說中承諾「轉型」（Wende），這個詞後來成為整個變革時期的代名詞，最終帶來德國的統一。然而，克倫茲所描述的「轉型」並不包括廢除東德的國家制度。他相信「我們社會中的所有問題都可以透過政治手段解決」，[46]並在十月十三日未經何內克批准就下達了不對示威者使用槍枝的命令。然而，很明顯，改革的範圍僅限於平息當前的憤怒，同時保持社會主義統一黨的權力。克倫茲並不打算徹底改革體制。儘管如此，他還是啟動了變革的第一步。他搬出了「森林宅邸」，以表明他不再像過去的總書記們那樣與大眾脫節。他帶領的政治局於十月二十四日通過了新的旅行法草案，允許公民申請前往西德的旅行許可，並且無需提供如探親訪友等一般的理由。

然而，這些改革為時已晚，力度也不足。新的旅行法草案直到十一月六日才公布，且未明確說明在何種情況下申請可能遭到拒絕。此時，幾乎所有東德城市的群眾示威已經如滾雪球般擴大，參與者來自各行各業，甚至包括社會主義統一黨的成員。十一月四日，五十萬人聚集在柏林的亞歷山大廣場，要求民主和出境自由。當天的二十位演講者中也包含政治人物。社會主義統一黨黨報《新德意志報》前主編沙博夫斯基（Günter Schabowski）也在場，他將在兩天後成為政府發言人。曾任史塔西情報機構對外負責人直到一九八六年的「隱面人」馬科斯・沃爾夫也出現了。他們兩人都獲得了一些掌聲，但也有噓聲和口哨聲。社會瀰漫著變革的氣息，但正如東德歷史學家沃勒所言，政治精英無法「趕上革命的火車頭，響亮地吹響汽笛，並讓這輛高速行駛的車輛慢慢停下來」。[47]

五天後，即一九八九年十一月九日晚上，羅斯托克警察施奈德對南方兩百四十公里外首都發生的事情一無所知。於是，他在晚間七點三十分打開電視，收看新聞節目《時事聚焦》（*Aktuelle Kamera*）。民眾熟悉的四十五歲主持人安格莉卡・溫特勞夫（Angelika Unterlauf）以她一貫的正式風格出現在螢幕上，她宣布，沙博夫斯基當天晚上稍早告訴大批國際媒體，東德公民將獲准前往西德，包括西柏林，並且無需事先獲得許可或旅行證件。她補充道：「人民警察的相關部門被指示立即簽發永久移民的簽證。可以透過由東德前往西德和西柏林的所有邊境檢查站辦理永久移民。」雖然社會主義統一黨中央委員會原本打算讓這一變化從次日早上十點開始生效，但由於沙博夫斯基未獲得正確資訊，於是他在當天的記者會上向聚集的記者和收看直播的觀眾宣布該政策「立即」生效。

在柏林里希坦伯格區，三十二歲的安德烈亞斯・法爾格（Andreas Falge）在他母親的彩色電視上收看了沙博夫斯基的直播。他心想：「什麼？他真的能就這樣打開大門嗎？」[48]安德烈亞斯對這個消息感到興奮，但那天是星期四，他在著名的巴比倫電影院擔任技術人員，隔天還得回去上班。他決定週末再去探究此事，從母親的公寓帶走了一百西德馬克和一張西柏林地圖，然後回到普倫茨勞爾貝格區的家中。他打開電視，想看看西德廣播公司德國第二電視台對當晚事件的報導，但失望地發現正在轉播足球比賽。晚間十點四十分，新聞節目終於宣布：「東柏林已經打開了圍牆。」新聞畫面顯示柏林多個邊境檢查哨站擠滿了人群。安德烈亞斯的好奇心此刻被激起。他穿上皮夾克，帶著母親的錢和地圖，加入街上的人群，朝博恩霍爾默街（Bornholmer Straße）檢查哨站走去。

現場人滿為患，大家似乎都在問：「你看到新聞了嗎？」交通陷入癱瘓，電車無法行駛。安德烈亞斯被洶湧的人潮推向柏林圍牆。他到達時，現場一片混亂，看起來沒有人知道發生了什麼事。大約有一千人聚集，要求根據沙博夫斯基新聞發布會上所宣布的新規定來通過邊境。

負責博恩霍爾默街護照檢查的耶格爾中校（Lieutenant Colonel Harald Jäger）一再致電上級尋求指示。當他啟動無聲警報後，才收到指示允許個別人員通過，最好是「最麻煩的人」，並在他們的護照上蓋章，讓他們無法返回，目的是要有效地將那些比政府計劃更早離開的人驅逐出境。守衛寡不敵眾，場面開始失去控制，情況變得愈來愈不穩定。當局沒有進一步的指示。安德烈亞斯記得，當時氣氛愈來愈緊張，甚至「有點激進」，守衛無所適從。耶格爾擔心衝突升溫，並對上級推卸責任感到憤怒，他決定自行處理。晚間十一點二十九分，他決定開放檢查哨，停止護照檢查。柵欄升起。一九六一年以來，東柏林人首次可以自由進入西柏林。

鐵路線分割了東西柏林，上頭有座連接的柏瑟橋（Bösebrücke），此時數百人湧上橋。安德烈亞斯意識到第二天還需上班，便擠到檢查站蓋章。他不知道這個章理論上會使他根據現行命令無法重新進入東德。他走過橋，踏上橋的最後三十公尺，事實上這已經屬於法國占領區，此時他看見兩名西德警察。安德烈亞斯知道這兩名警察不能進入東柏林。「那一刻，我意識到我真的在西方了。」

但他該去哪裡呢？雖然安德烈亞斯是土生土長的柏林人，但城市的這一區對他而言完全陌生。搭乘地鐵？不，他不知道怎麼搭，也不知道會搭去哪裡。叫計程車？電話亭都被興奮的東柏林人占滿了。也許他可以從附近的酒吧打電話叫車？但安德烈亞斯苦笑著回憶，他當時「對這邪惡的資本主義仍有所懷疑，他們可能會要你付錢才能叫計程車」。最後，他在附近的街道上找到一輛等候的計程車，便跳了上去。司機問他從哪裡來，他回答：「普倫茨勞爾貝格。」這位西柏林的司機驚呼：「但那是在東德！哇靠……」[49]西德人和東德人一樣對當晚的緊張情勢感到困惑。安德烈亞斯要求前往夏洛滕堡區朋友住的合租公寓。看著計程車窗外西柏林街道和房屋的炫目景象，他心想：「看起來就像我們的柏林，只是商店的櫥窗更五彩繽紛。我永遠不會忘記他們那些耀眼的霓虹燈。」他抵達夏洛滕堡時，當晚的氛圍讓他感到難以承受。這一切都太過於震撼——彷彿他踏入了另一個世界。他來到朋友的住處後終於鬆了一口氣，癱坐在沙發上，打開了他的第一瓶貝克啤酒（Beck's）。[50]

約在北方兩百四十公里處，施奈德也難以理解他在電視上看到的情景。他和同事負責整個羅斯托克地區，包括與西德什列斯威—霍爾斯坦邦（Schleswig-Holstein）接壤的邊界。警方應該怎麼做？沒有人告訴他任何消息。這是否意味著東德人可以越過邊界？萬一他理解錯了怎麼辦？

施奈德與同事們見了面以討論當下的情勢。幾小時內，大批人群聚集在施魯圖普（Schlutup）的邊境哨所，要求獲准進入西德。該怎麼辦？那裡的警察打電話給地方的副主任，因為他們原本的領袖哈德少將（General Major Hader）「生病了」。最終，他們接到的命令是「開放邊界」。但這代表著什麼？他們不再需要檢查證件了嗎？如果需要，應該檢查什麼證件？如果民眾沒有攜帶證件怎麼辦？現場一片混亂。警方猶豫不決，不確定正確的程序是什麼，交通堵塞因此持續到清晨。最終，隨著天亮，車輛逐漸疏通。正如施奈德所說：「勤勞的東德人民自然要去上班。」[51]

在整個兩德邊境，好奇的東德民眾開著他們的特拉班特和瓦特堡汽車，聚集在各個檢查哨，想要了解在電視和廣播中聽到的令人困惑的消息。由於一九八九年十一月九日這天是星期四，許多東德人意識到第二天需要上班，因此真正的高峰出現在週末，當時發放了超過四百萬張簽證給前往西德的東德公民。許多人在經過邊境檢查站時搖下車窗，告訴守衛：「別擔心，我們會回來的，我們只是想看看那邊是什麼樣子。」

確實，許多東德人只是對西德感到好奇，或者想購買現在唾手可得的特定物品。十月中下句，施奈德的家人也開始前往「西方」。他記得因為他需要工作，他的妻子和孩子最初在他無法同行的情況下前往。他從「那邊」得到的第一樣物品是一塊瑪氏（Mars）巧克力棒，這是他特別要求的。許多東柏林人湧向西柏林著名的購物大街庫達姆大道（Kurfürstendamm）。西德政府於一九七〇年推出了「歡迎金」（Begrüßungsgeld）計畫，每位抵達聯邦德國的東德公民都有資格獲得三十馬克，後來增加到一百馬克。以瑪氏巧克力棒每塊約六十芬尼的價格來說，這筆錢可以買很多塊。然而，邊境開放後的週末，有四百萬東德人試圖在西德的銀行領取他們的歡迎金，因此場面相當混亂。到了十一月二十日，訪客人數增至一千萬。許多東德公民對他們用這筆錢購買的物品記憶猶新，從糖果和玩具到異國水果都有。邊境城市和西柏林的街頭小販十分機靈，立刻設立攤位吸引東德顧客，歡迎他們的到來。

再統一之路

一九八九年十一月中，巴伐利亞，梅爾里希施塔特（Mellrichstadt）。

伊妮絲·斯托佩（Ines Stolpe）站在一家小型電子商店裡，手中握著一台隨身聽（Walkman）。[52]她反覆端詳，猶豫著是否要購買。這台隨身聽的售價是七十馬克，貴得離譜。幾天前，東德剛剛開放了通往西德的邊界，數百萬東德人湧向像梅爾里希施塔特這樣的邊境小鎮。伊妮絲也感到好奇，但這位二十二歲的年輕女子已經忙得不可開交。她懷有身孕，還要獨自照顧她的長子羅伯特。她的丈夫史提方是人民海軍的直升機飛行員，駐紮在北方六百四十公里外的史特拉頌，與他們在圖林根的家剛好位在國家的兩端。這對夫妻在史特拉頌找到了不錯的公寓，有兩間房和一小房，儘管他們不再確定是否值得全家搬到那麼遠的地方，史提方仍然著手翻修。畢竟面對正在發生的劇烈政治變革，誰知道未來會怎樣呢？

考量到他們的情況，伊妮絲並不想抱著扭來扭去的小羅伯特在人群中排隊等候超市和銀行服務。然而，當情勢稍微平靜下來後，她在好奇心驅使下忍不住出發。畢竟她從未去過西德，至少可以去看看那裡長什麼樣子。於是她向南行駛了一個小時，越過邊界進入巴伐利亞州。在梅爾里希施塔特購物需要西德馬克，但像許多東德人一樣，她不好意思從銀行領取「歡迎金」。她是幼兒園教師，在羅伯特出生前已工作了兩年；她的丈夫是海軍軍官，這對夫妻收入尚可，且為此付出了努力。對伊妮絲而言，排隊在西德銀行領取救濟金讓她感到屈辱。一旦領取，護照上會蓋上已領取一百西德馬克的章，防止重複領取，這點讓她感到更為難堪。

她的旅途依然相當不順。在從銀行前往商家的路上，羅伯特的尿布需要更換。她找不到育嬰室，於是只是將她的兒子放在鄰近的牆上，完成該做的事。處理好了之後，她終於能夠好好逛逛這座人口六千的邊境小鎮，看看當地的超市和店家。她的心情開始好轉，因為巴伐利亞店家顯然對她以及其他東德訪客極度熱情。這座小鎮位置鄰近鐵幕，因此有聯邦國防軍的兩個營駐紮。當地人清楚感受到邊境所帶來的緊繃氣氛，也很開心看到牆另一側的人民終於能自由前來，因此歡迎他們的到來。不過伊妮絲抵達之際，已經難以找到她想要的香蕉和隨身聽了。貨架被比她早一步抵達的訪客搶購一空，具有商人精神的店家也很快因應水漲船高的需求，調漲剩下的商品價格。伊妮絲在電子商店中遞出不屬於她的這筆錢，購買了不值得這個高價的隨身聽，內心感到十分不安。

在回家的路上，伊妮絲思索著她和全家的未來。她明白情況需要改變。「每個人都知道國家運作不佳，」她回憶道，「但我擔心這對我們代表著什麼。似乎沒有人知道任何事情。我們所依賴和計劃的一切現在都變得不確定。」[53]許多東德公民以這般複雜的心情面對「轉型」。大眾認為這將是具有歷史意義的變革，因為眼前急需政治改革，再加上當下經濟局勢，轉型應該是件好事。但對於那些在東德社會主義下生活了四十年而且產生認同的人來說，這也讓人不安。他們的生計、家庭和個人境況將會如何？沒有人能給他們一個答案。

在政治層面，邊界開放後，事態以驚人的速度發展。那些多年來穩坐政治高位的人不再能確保自己的地位。十一月十三日，柏林圍牆倒塌短短四天後，東德的人民議會召開了會議，討論國內局勢。受近期事件的鼓舞，同時人民議會渴望展示問責能力，向該負責的人追究缺乏開放、民主和改革的情況。其他政黨的代表要求社會主義統一黨放棄憲法上的至高地位，允許在沒有預定候選人名單的情況下自由選舉。像部長會議主席史托夫這樣的資深政治家被推上風口浪尖。甚至史塔西負責人梅爾克也不得不面對其他成員的質詢，他本人擔任人民議會代表已有三十一年，但過去從未在議會上發言。

梅爾克曾經是東德最令人畏懼的人，如今已近八十二歲，外貌也老態龍鍾。他無視手中的講稿，漫無邊際地重複著陳腔濫調的政治語言，顯然已失去了曾使他長期掌權的威懾力和控制力。梅爾克對議會說：「各位同志，親愛的各位代表，我們與所有勞動人民有著高度連結」，議會中迴盪著笑聲。[54]此時，他感到不安且防衛心重，試圖吸引對他已失去尊重的聽眾，導致發言變得語無倫次。一位代表打斷他，對他反覆使用「同志」一詞提出異議，這顯然是他自一九二一年年少時加入共產黨青年團所養成的習慣。「並非所有坐在這裡的人都是同志。」這一插話贏得了熱烈的掌聲。[55]梅爾克亂了陣腳，結結巴巴地說：「這只是形式問題。我愛——我愛每個人，所有人類。」[56]這些胡言亂語引來了眾人喧鬧的笑聲，史塔西的魔咒就此被打破。

梅爾克所帶領的史塔西如今也反過來對付他，九萬一千名員工對他在公開場合的表現感到丟臉，擔心自己將遭到批評。在梅爾克於人民議會上災難性露面的五天後，他遭到免職。他一手創立的國家安全部被更名為國家安全辦公室，由他的前副手施萬尼茨（Wolfgang Schwanitz）帶領。十二月三日，梅爾克被社會主義統一黨開除，四天後遭逮捕。自十一月初以來，梅爾克下令銷毀文件和證據，十二月四日全國各地民眾占領當地史塔西辦公室，銷毀行動戛然而止。一九九〇年一月十五日，位於柏林里希坦伯格的總部也遭到占領。除了曾由沃爾夫帶領的史塔西對外情報部門（HVA）獲准自行解散並銷毀幾乎所有檔案外，大部分資料都保存了下來。梅爾克和史塔西的時代已然告終。

許多高層人物接連迅速倒台。曾要求何內克辭職的前部長會議主席史托夫在人民議會上承認，他和他的部長會議從未履行作為東德政府的憲法職責，而是允許社會主義統一黨中央委員會的政治局管理國家。因此，他難以帶領國家亟需的改革。在梅爾克於人民議會上出醜的同一天，議會代表從社會主義統一黨的核心圈外選出漢斯・莫德洛作為史托夫的繼任者。六十一歲的莫德洛自一九七三年以來一直擔任德勒斯登的社會主義統一黨第一書記，並在幾天前剛剛成為政治局成員。與史托夫、克倫茲、梅爾克和何內克不同，莫德洛並未居住在柏林北部神祕的森林宅邸，而是住在德勒斯登市中心的一間三房公寓中。當選後，他匆匆返回家中，「向妻子告別，因為接下來幾週將不會回家，我也帶上了前往柏林所需的衣物。」[57]許多人民議會的社會主義統一黨代表希望莫德洛被視為真誠且平易近人的人物，要能夠說服公眾相信該黨和整個東德有能力改革。

然而，社會主義統一黨已無法挽救。這個黨已經身敗名裂，人民議會的調查委員會不斷揭露貪汙和濫用權力的醜聞。此外，許多不情願入黨的黨員看到，他們的黨籍不再帶來任何好處，反而可能成為汙點。黨員大量流失，截至一九八九年十二月初，已失去了六十萬名黨員。到一九九〇年一月底，這一數字將達到九十萬。同時，該黨不得不放棄憲法中規定的「領導地位」。隨著統一社會黨成為眾多政黨的其中之一，總書記克倫茲不再是國家的實際領袖，而由莫德洛的部長會議接手。

剩餘的社會主義統一黨員還超過百萬人，也都要求黨內改革。一九八九年十二月三日，原本的領導團隊被迫集體辭職，包括整個中央委員會在內。過去呼風喚雨的大人物，例如何內克、梅爾克、沙爾克和史托夫均遭驅逐出黨。實際上，有些人此時已經遭到預防性羈押。僅存的社會主義統一黨改組為民主社會主義黨（SED-PDS），直到二〇〇七年才與西德的一個政黨合併為左翼黨（Die Linke）。新的主席為四十一歲的格列高・格斯，此時此刻他還只是一名沒沒無名的律師。他的黨齡已經長達二十二年，但也曾經為多名反對派領袖辯護，例如貝貝爾・博勒（Bärbel Bohley）。博勒是新論壇的其中一位創始人，她曾經因為政治行動而鋃鐺入獄。格斯能言善道，十一月四日，他在亞歷山大廣場上倡議改革，接著登上電視，儼然成為媒體寵兒。「我切換到政治跑道是場意外，但同時也是命中注定，」他日後回憶道，「在黨的危急之際，我對黨產生了興趣。」[58]

事後證明，民主社會主義黨已經近乎無可救藥。自從失去對其他黨派和組織的絕對掌控後，如今只能努力與其他人競爭。臨時治理的委員會舉辦了一次「圓桌會議」，出席的不只是民主社會主義黨，還有所有其他政黨和新論壇這類政治團體的代表。十二月七日，第一次會議在東柏林召開，不同政治黨派展開激烈辯論。反對派團體「即刻民主」（Democracy Now）的其中一位創始成員烏麗可・波佩（Ulrike Poppe）參與了圓桌會議，她日後回憶她所代表的這類團體與原先存在的政黨有多麼不同：「黨代表們有各自的辦公室和體系，背後站著幕僚，我們則坐在自己的廚房裡，焦躁得像熱鍋上的螞蟻。」[59]雖然如此，圓桌會議總共召開了十六次，而且影響深遠，因為會議籌備了東德第一次自由且祕密的選舉，就在一九九〇年三月十八日登場。

這次選舉的關鍵問題正是長期以來導致不同政治團體分裂的議題，東德應該在保持獨立國家地位的狀態下改革和民主化，還是應該與西德統一？許多反對社會主義統一黨政權的人並不完全反對東德的經濟體系。大眾熱議在社會主義和資本主義之間的「第三條道路」。一九八九年十一月二十八日，包括知名作家克莉絲塔．沃夫和史蒂芬．海姆（Stefan Heym）在內的三十一位公眾人物，發表了一份題為〈為了我們的國家〉的新聞稿，主張保留獨立的東德，他們認為若非如此，將導致「我們物質和道德價值開始遭出賣，遲早會導致德意志民主共和國被德意志聯邦共和國吞併。」[60]然而，公眾情緒正朝著不同的方向發展。在柏林圍牆倒塌前的週一示威中，流行的口號是「我們是人民！」旨在提醒當局，特別是人民警察，他們宣誓要服務的對象是誰。但隨著大規模集會在柏林圍牆倒塌後持續到冬季，口號變成了「我們是同一個民族！」大眾直接要求統一。

為了利用東德內部情緒轉變所帶來的機會，西德總理柯爾認為必須迅速行動以實現統一。然而，蘇聯、法國、英國以及東歐大部分地區對此計畫抱持懷疑態度，因為他們擔心統一的德國將再次主宰歐洲大陸。最初，只有美國總統布希毫無保留地支持德國統一，但柯爾知道德國人民渴望自決權的明確立場將使得外界難以抵制。柯爾預料到西德國內也將出現對統一的抵制，特別是波昂，於是他在一九八九年十一月二十八日出人意料地向聯邦議院提出了一項為期十年的統一十點計畫，旨在逐步合併兩個國家。這一既成事實的計畫實在精妙，議員們不得不表示贊同——很少有人願意被視為阻礙這一歷史時刻的人。在獲得西德的同意後，柯爾於十二月十九日前往東德，來到示威活動頻繁且聲勢浩大的德勒斯登。總理面對的是一片黑、紅、金三色的海洋，布條上寫著「將統一列入議程！」並引用了東德國歌中「德國——統一的祖國」的歌詞，由於這句歌詞的存在，這首國歌在過去二十年中大多僅以純器樂形式演奏。柯爾當時正面臨國內的嚴重政治危機，一部分是因為居高不下的失業率。他看到了一九九〇年選舉的黃金機會，並把握良機。統一不能再等十年，必須更早實現。

許多東德人在一九九〇年三月的首次、也是唯一一次自由議會選舉中支持快速統一。到那時，幾乎所有的政黨都主張某種形式的統一，但在時間表上存在分歧。由基督教民主聯盟、民主覺醒和德國社會聯盟組成的「德國聯盟」獲得了近半數選票，投票率高達九十三點四。他們主張以「再也不要社會主義」為口號，推動最快速的統一進程。其中包含：

- 根據現有的西德憲法，東德將加入西德，而非起草新的共同框架。
- 西德的德國馬克為共同貨幣，並以一比一的匯率兌換儲蓄。
- 引入市場經濟，允許西方投資者無限制地進入東德市場和資產。

新成立的東德社會民主黨（SPD，一九九〇年以前稱為SDP）只獲得百分之二十二的票，他們的主張是社會主義市場經濟以及較為謹慎的再統一路線。過去的執政黨、現今的民主社會主義黨只獲得百分之十六點四的票。這般清楚的選舉結果被視為人民授權再統一，而且是東德加入西德現有體制，而非將東西德整合後建立新的德國。

然而，這段時間的政治辯論、抗議和決策過程，雖然讓渴望透明政治的民眾感到振奮，但也帶來了社會、經濟和心理上的不安。自從短暫前往巴伐利亞後，伊妮絲·斯托佩與丈夫史提方在史特拉頌團聚，搬進了剛整修完的公寓。這原本是要在史提方於當地服役期間，作為這個年輕家庭的長期住所。然而，統一進程使他們的未來變得不確定。西德的托育機會相對較少，這讓伊妮絲擔心統一後她可能無法在兒子羅伯特和未出生的孩子上學前繼續擔任幼兒園教師。此外，史提方所屬的東德武裝部隊將何去何從？東德軍官何時會失業呢？這些人可能會失去職位，而他們缺乏私有化就業市場上所需的技能。他們是否會繼續留在距離家鄉數百公里的史特拉頌？一九九〇年五月，伊妮絲生下了第二個孩子，是一名女嬰。她很欣慰能夠開始另一年的產假，但之後呢？她回憶道：「沒有人知道會發生什麼事。」[61]作為幼兒園教師和軍官，這對年輕父母都受僱於國家。他們曾憧憬著長久而充實的職業生涯，如今卻焦慮地試圖預測一個充滿不確定性的未來。

斯托佩一家和許多其他東德人民努力跟上選舉後天翻地覆的政局動盪。在東德基民盟梅齊耶（Lothar de Maizière）帶領下，德國聯盟、社會民主黨與自由派組成大聯合政府，儘管眼前的工程浩大，事情依然快速推進。東德在四十年的歷程中，建立起與西德截然不同的政治、經濟和社會制度。雖然如此，帶領再統一協商的西德內政部長蕭伯樂（Wolfgang Schäuble）卻表示，只有東德要做出改變。「這並非兩個平等國家的統一，」他堅稱，「有一部憲法，還有一個德意志聯邦共和國。我們先假設你們遭排除在這兩者之外長達四十年，如今你們獲得參與的權利。」[62] 協商的方向不容置喙，唯一的問題就是相關政策可以落實得多快，而且應該要多快。

在通往統一的道路上，一九九〇年七月一日生效的貨幣聯盟是關鍵的一步。民眾湧進銀行，將最多六千東德馬克的存款以一比一的匯率兌換。國會在此之前不久成立了「託管局」（Treuhandanstalt，簡稱 Treuhand），負責監督國有經濟的私有化進程，該機構開始積極將國營工廠和其他公共資產等「人民財產」出售給私人。由於託管局缺乏專業知識、監督和人手，導致混亂和貪汙腐敗。許多東德人認為這是一種不光彩的「廉價拋售」。許多曾以自己的技藝為傲、收入不錯的工人，現在發現自己準備的機器和車輛是要提供給以低價（通常象徵性地以一馬克）購買設備的西德公司。其他人則被要求全面拆除自己的工廠和工作場所，實際上是在讓自己失業。許多人在國家被拆解時感到無助，這種感覺將伴隨他們數十年。

一九九〇年八月二十三日，東德人民議會正式投票決定將東德併入西德。一週後，兩國於八月三十一日簽署了最終統一條約，確定在一九九〇年十月三日實現統一，並將該日定為國定假日，名為德國統一日。在為期八週的談判中，雙方努力解決兩國在政治、經濟和社會等方面的根本差異。一些敏感議題，如墮胎和女性從軍，引發了激烈的討論。雖然部分問題找到了解決方案，但其他問題則遭到擱置。九月十二日，兩德與二戰戰勝國之間舉辦「二加四」協商，最終在莫斯科成功簽署了條約，賦予統一後的德國完全主權，允許其成為北約的正式成員，並要求外國軍隊撤出德國領土。到九月底，兩德統一的所有準備工作已經完成，主要政黨（除民主社會主義黨外）也與其西德對應政黨合併。再統一的道路至此走到了終點。

在充滿歡欣鼓舞和期待的氛圍中，在德國統一日的到來前，舉行了多場官方和非官方的慶祝活動。人民議會莊重地自行宣布解散，位於東柏林和波昂的德國大使館關閉，並在西柏林廢棄的國會大廈前舉行了官方活動。許多人揮舞著布條和旗幟，歡迎這場期待已久的團聚。少數人則最後一次抗議他們國家的消失。一九九〇年十月三日午夜，德意志民主共和國不復存在。

尾聲

統一

Unity

「我們已經達成我們祖先一直以來努力追求的德國目標：統一。」[1] 當德意志皇帝威廉一世於一八七一年三月二十一日在首屆全德議會上說出這句話時，這個國家才剛像拼布一樣將眾多邦國統一起來。儘管大多數德國人張開雙臂歡迎國家統一，但這並不意味著他們已準備好要遺忘過去的一切。各地區已發展出來的經濟、文化與社會傳統，並不會因政治統一而在一夜之間消失。

如同一八七一年的統一那樣，將近一百二十年後的再統一，應被理解為德國追尋統一進程中的一個里程碑，而非圓滿結局。前西德總理布朗特曾預言：「如今，歸屬在一起的將會一同成長。」然而，這需要時間與同理心來實現。將一九九〇年十月三日視為德國恢復原狀的時刻，無疑令人心動。然而，這種解讀將「西德」等同於「正常」。許多人認為，東德公民只需要時間，就會擺脫那個陌生的社會主義體制所塑造的習慣，重新成為德國同胞。

然而，東德人並非被要求回歸某個他們曾經所屬的體制，而是要融入一個在二戰後發展而他們未參與其中的西德國家。儘管東西德擁有共同的文化、語言和社會根基，但自一九四九年以來，兩者在此基礎上發展出來的社會已大相逕庭。值得注意的是，許多東德人往往不使用「再統一」（Wiedervereinigung）一詞，而是稱之為「轉型」（Wende 或 Wendezeit），即一個變革的時代。一九九〇年十月三日以後，西德人的生活如常，東德卻上演了一場變革，其影響力、方向與速度皆不在掌控之中。只能努力適應，否則便會遭到淘汰。

一直以來，大眾默默懷抱希望，期盼隨著首批在統一後出生與成長的東德人逐漸進入社會，那些殘存的生活方式、期待與心態上的差異會自然而然地消失。然而，舊有的裂痕並未消散。無論是從投票模式、疫苗接受度、肥胖率，到語言使用、對俄羅斯的態度以及葡萄酒消費習慣，幾乎任何一張顯示德國社會現象的地圖，都能看到東西德之間的舊有分界線依然清晰可見。東德留下的印記就如同揮之不去的殘影，至今仍未消散。

綜觀歷史，冷戰期間德國分裂的四十年或許稱不上漫長，但在一九九〇年，這段時間已占據了德國國家存在歷程的三分之一。在這段期間，東西德人各自找到了不同的方式，自納粹暴行與種族滅絕的陰影中重建社會。兩個體制都是對這場浩劫的直接回應，並且源於同一個理念——德國土地上「絕不能再度」誕生這樣的邪惡。長期以來，東西德並存於兩種不同的願景之下，各自追求實現這一目標的最佳方式。接受這一點，並試圖將東德置於德國動盪的二十世紀歷史脈絡中，這並不意味著認同柏林圍牆的暴行或史塔西的高壓統治，但這確實代表必須承認東西德人在戰後的關鍵年代中經歷了截然不同的現實，而這些經歷，都是德國國家敘事的一部分。

一九九〇年後，德國統一所面對的最大阻礙就是東西德之間的經濟鴻溝。東德的國有化經濟遭賣出與私有化，許多西德觀察家卻認為能夠靠目標性投資的方式，克服後續導致的失業問題與經濟匱乏。一九九一年引進了高收入家庭百分之五點五的「團結稅」，以支付前東德地區再統一後所需的費用，並升級基礎建設，但是再好的道路或電話線都無法撫慰失去了工作的民眾，到了二〇〇五年，全東德失業人口達五分之一。即使失業率驚人，依然未能顯露出專業領域真正遭受的衝擊。政府迅速推出暫時聘僱方案，但卻是要求有自尊心且技藝高超的勞動人口，接受一些短期的工作，例如清潔、維護公共空間，或更慘的是要他們動手清拆工廠以便賣出，這實在令人心痛欲絕。

一九九〇年後的世界中，許多東德原有的工作不復存在。光是再統一的首二十個月，四千家公司倒閉，只有四分之一的國營企業員工能保住飯碗。政府推出再訓練計畫以協助失業人口，但無庸置疑的是，有些計畫相當有用，特別是那些將行政人員帶入電腦科技領域的課程，因為過去東德在這些領域當中比較落後。然而許多東德人被要求重新學習他們過去做了幾十年的工作，例如許多老師必須重讀大學，即使他們已經擔任教職多年。

對大多數東德民眾來說，再統一使經濟產生巨大動盪，帶來改變的同時也帶來不安，許多西德人認為這是可想而知的，短期內的轉型勢必會打擊經濟，這是因為社會主義本身就位居弱勢。有些東德人指出他們從一九九〇年以來，就深陷經濟不穩定之苦，卻依然被指責為「無病呻吟」，還有人叫他們「放下過去」。再統一過程中的經濟成果與失敗之處當然值得辯論，但再統一對東德民眾生命與生活型態所造成的激烈影響卻不容置喙。這個過程中有贏家也有輸家，但每一位東德人都或多或少受到影響。

東德的社會政策同樣留下了深遠的影響，並未因一九九〇年的統一而消失。最重大的其中一項社會挑戰是女性角色的發展，這點在東西德呈現根本性的差異。一九八九年，東德的女性就業率為全球最高，幾乎所有女性都投入職場；但在西德，僅有一半的女性能參與勞動市場，而且大多數從事兼職工作。[2]對東德女性而言，兼顧事業與育兒是稀鬆平常的事，幾乎不需妥協。從嬰兒出生起，托育服務便隨處可得且幾乎免費。這些機構的運作時間為早上六點至晚上六點，為了涵蓋一般上班時間而設計，使得父母雙方皆能全職工作。相比之下，雖然西德的托育體系自一九五〇年代以來已有長足進步，但仍被視為個人選擇，父母需自行負擔費用並投入時間。此外，托育服務往往僅在部分工作時段開放。柏林圍牆倒塌後的最初兩年，東德為縮減高昂的社會福利開支，削減了半數以上提供給三歲以下兒童的托育名額。這一趨勢一直持續，直到二〇〇七年達到最低點，當時僅有百分之四十的適齡兒童能獲得托育服務。許多東德母親突然發現，她們難以在母職與職業發展間取得平衡，甚至還需要為自己「為何想要兩者兼得」而辯解。她們感到困惑，甚至被認為是不稱職的母親。此外，由於東德女性的第一胎平均年齡為二十三歲，比西德女性早六年，這也帶來了人口結構上的影響。一九九〇年前出生的最後一代東德兒童，普遍擁有比西德同齡人更年輕的父母。在這些方面，以及許多其他層面，東德的社會政策所留下的影響，遠遠超越了東德政權本身存在的時長。

轉變為多黨制民主對一些東德人來說也是一大挑戰。在二〇二一年的德國聯邦選舉中，超過四分之一的東德選民選擇不投票，而近百分之十六的人將選票投給極右翼政黨「德國另類選擇」（AfD），百分之七則支持極左翼政黨「左翼黨」。從整體來看，幾乎一半的東德選民似乎已經對主流政黨失去信任。然而，這種對中間派政治的失望態度往往被嘲諷以待，並沒有促成對話。二〇二一年，負責東部地區事務的聯邦專員旺德維茨（Marco Wanderwitz）曾表示，一些東德人「即便在三十年後，仍未融入我們的民主」。[3]這番話出自一位本應改善前東德地區狀況的官員之口，顯示出令人震驚的消極態度。當局不但不開啟對話，探討為何部分東德人覺得現行政治體制無法為他們帶來福祉，還直接假設當前的政治體制及政黨已臻完善，不容批評或改革，而且認定部分東德人只是「無法理解」民主。然而，一九九〇年東德舉行的首次自由選舉卻顯示了相反的情況。當時，幾乎所有東德公民都前往投票站，而絕大多數人選擇支持主流民主政黨。東德人曾經主動選擇議會民主制，而非獨裁統治。今日，許多人的幻滅，並非意味著他們背離了民主，而是因為他們認為現有的體制無法真正代表他們的利益。

統一進程中令許多西德人擔憂的另一個現象，就是東德人對東德的記憶揮之不去。在二〇〇三年電影《再見列寧》（*Good Bye Lenin!*）的結尾，主角亞力．柯拿（Alex Kerner）感嘆道：「我母親所離開的那個國家，是她所信仰的國家；是一個我們保存到她嚥下最後一口氣的國家；是一個從未以這種形式存在過的國家。」這部悲喜劇巧妙地揭示了許多東德人難以接受自己出生的國家已經消失的事實。劇中，亞力的母親克莉絲蒂安娜（Christiane）是東德及東德意識形態的忠實信仰者，但在一九八九年十月（柏林圍牆倒塌前不久）陷入昏迷。八個月後，她甦醒過來，醫生警告她身體虛弱，強烈的情緒波動可能導致致命的心臟病發作。於是，亞力決定隱瞞外界劇變，讓母親以為東德仍然存在。儘管這部電影的情節略有誇大，但現實中確實有不少東德人真誠信仰東德的社會主義意識形態，並難以接受這個體系在一九九〇年十月三日完全消失。然而，西德人對所謂「東德懷舊」（Ostalgie）的恐慌並無真實依據。雖然東德執政黨社會主義統一黨的繼承政黨在東部地區的選舉支持率相對較高，但始終只是少數人的選擇。截至目前，圖林根州州長拉梅洛（Bodo Ramelow）仍是唯一一位成功當選重要政治職位的「左翼黨」成員。事實上，並沒有證據顯示大多數東德人希望回到東德的社會主義體制當中。

「東德懷舊」作為統稱的詞彙，經常被用來形容東德人對一九九〇年以前生活的美好回憶。確實，有許多跡象顯示，前東德公民樂於回憶過去。翻新後的特拉班特愈來愈受歡迎，甚至能賣到一萬歐元。有些東德品牌也被重新推出，主要吸引那些熟悉原版產品的消費者。例如，「維他可樂」（Vita Cola）是一九五〇年代末期，東德第二個五年計畫下的產物，當時的目標是仿效西方消費品。該品牌於一九九四年重返市場，如今已成為德國銷量最高的可樂品牌。許多東德人也會在每年聖誕節時翻出法蘭克．蕭貝爾的黑膠唱片。他的《家庭聖誕節》（*Weihnachten in Familie*）這張專輯最早發行於一九八五年，一九九四年則重新推出了CD版本。然而，這種對東德產品與記憶的依戀，讓許多西德人感到不安，他們認為這是一種美化專制政權的「粉飾式懷舊」。但大多數東德人與電影《再見列寧！》中的克莉絲蒂安娜不同，他們十分清楚東德已經徹底消失，並無意使之復活。對他們來說，東德的聲音、畫面、味道和氣味喚起的是個人回憶，而非政治意識形態。例如，在學校舞會時在體育館後偷喝明亮綠色薄荷酒的甜膩味；在政府機關與公共建築中四處可聞的「沃法賽普特」（Wofasept）消毒水的刺鼻氣味；或是夏日開車前往波羅的海時，特拉班特二行程引擎所發出的獨特聲響。對大多數人來說，東德懷舊情結只是對過往生活的緬懷，相當無害。梅克爾在二〇二一年的退休儀式上，請德國聯邦國防軍樂隊演奏妮娜．哈根的〈你忘了彩色底片〉，當時她的目的顯然不是試圖重現東德，她眼中淚水所流露的只是對自己經歷柏林圍牆倒塌前與倒塌後的感慨。

如今，在柏林圍牆倒塌後出生的第一代東、西德人已開始承接這些歷史脈絡，也逐步塑造新的認同。他們或許能夠慢慢削弱德國對「克服過去」（Vergangenheitsbewältigung）這一概念的過度執著。這個概念長期以來讓德國社會傾向於將歷史分割為「乾淨的斷裂」，而忽視了歷史的延續性。因此，一九九〇年被視為一道分水嶺，彷彿東德的歷史自此被澈底抹去。然而，德國統一並非歷史的終點，就如同一八七一年的統一並未結束德國的歷史一樣。德國的「統一」並非能在某個時間點「完成」的任務。東德人反而是將「轉型」視為持續變動的歷史進程，這樣的觀點或許更具建設性。它提供了一種流動、開放、可變的詮釋方式，讓我們能夠理解這個已不復存在的國家，不再將之視為必須征服的敵人。是時候以德意志民主共和國真正的面貌去看待它——東德是德國歷史的一環，越過高牆之上。

謝辭

撰寫《越過高牆》的過程極度緊湊。無論白天或黑夜，我幾乎沒有一刻不沉浸在那個奇特而消逝的國度之中。我身邊的人對於這個情況適應得異常良好，他們不僅包容我時時思索東德，還能忍受我幾乎無時無刻的討論。他們的參與、指導、質疑、鼓勵與支持，使我在探索過去的同時仍然與當下緊密相連。我要先感謝傑出的編輯卡西安娜・伊奧尼塔（Casiana Ionita），她對這本書付出無以倫比的熱情與奉獻；助理編輯艾德・柯克（Edd Kirke）和行銷經理科琳娜・羅蒙蒂（Corina Romonti）共同組成了企鵝出版的夢幻團隊。我的經紀人托比・蒙迪（Toby Mundy）從一開始就相信這個構想，並且總能提出關鍵問題。歷史學者如奧斯特曼與芮德成科慷慨地撥冗與我分享了他們的研究成果。

賦予這本書生命力的是曾生活在德意志民主共和國的那些人。我衷心感謝他們與我分享自己的故事，包含會計師英格・施密特，她在柏林封鎖期間細數舊幣與新鈔的流轉；還有水管工埃里希・庫菲，他在郵輪上的驚險經歷讓人屏息。我笑過、哭過、驚嘆過、沉思過，並且不斷傾聽——因為他們願意將人生故事託付給我。我要感謝我的家人和朋友。他們無窮的耐心、慷慨與鼓勵，使這一切變得不同。母親特地犧牲了一個週末，載我去與克倫茲喝咖啡。父親陪我偷偷溜進森林宅邸，我們花了一整天對照這些房屋與曾經居住其中的政治人物。諾拉（Nora）在我艱難地拜訪完史塔西總部後，請我在里希坦伯格吃了土耳其烤肉捲。每當我的貓哈利（Harry）覺得我該休息時，就會在我的鍵盤上蜷成一團呼嚕作響。我要感謝我的推特追蹤粉絲，以及那些來聽我演講、閱讀我文章、收聽我Podcast的讀者與觀眾。能有這麼多人願意參與我的工作，我深感謙卑，他們的質疑與讚美都讓我受益匪淺。還有許多人曾經讓我思考、停下腳步、解釋、用餐、休息與反思。你們知道自己是誰，也知道我對你們滿懷感激。我的思緒仍然深陷東德歷史之中，對於這本眾人同心完成的作品，我感到由衷的欣慰。

Pastor, Werner. *Willi Budich. Eine biografische Skizze. Ein unbeugsamer Revolutionär aus Cottbus*. Druckerei Lausitzer Rundschau. 1988

Petersen, Andreas. *Die Moskauer: Wie das Stalintrauma die DDR praegte*. S. Fischer. 2019.

Przybylski, Peter. *Tatort Politbüro. Die Akte Honecker*. Rowohlt. 1991.

Rasch, Birgit and Dedio, Gunnar. *Ich. Erich Mielke. Psychogramm des DDR-Geheimdienstchefs*. Sutton Geschichte. 2015.

Roesler, Jörg. *Auf holen ohne Einzuholen. Ostdeutschlands rastloser Wettlauf 1965–2015*. Edition Berolina. 2016.

Schabowski, Günter. *Der Absturz*. Rowohlt Repertoire. 2019.

Schalck-Golodkowski, Alexander. *Deutsch-deutsche Erinnerungen*. Rowohlt. 2000.

Schlögel, Karl. *Terror und Traum: Moskau 1937*. Hanser Verlag. 2008.

Schöne, Jens. *Die DDR. Eine Geschichte des 'Arbeiter-und Bauernstaates'*. Berlin Story Verlag. 2020.

Schroeder, Klaus. *Die DDR: Geschichte und Strukturen*. Reclam. 2019.

Stuhler, Ed. *Margot Honecker. Eine Biographie*. Ueberreuter. 2003.

Thatcher, Margaret. *The Downing Street Years*. HarperCollins. 1993.

Ulbricht, Lotte. *Eine unvergeßliche Reise*. Verlag für die Frau. 1965.

Ulbricht, Lotte. *Mein Leben*. Heyne. 2003.

Van der Heyden, Ulrich, Semmler, Wolfgang and Straßburg, Ralf (Eds). *Mosambikanische Vertragsarbeiter in der DDR-Wirtschaft. Hintergründe, Verlauf, Folgen*. Lit Verlag. 2014.

Weber, Hermann (Ed.). *Deutsche Kommunisten: Biographisches Handbuch 1918 bis 1945*. Karl Dietz Verlag. 2008.

Wilke, Manfred (Ed.). *Anatomie der Parteizentrale – Die KPD/SED auf dem Weg zur Macht*. Akademie Verlag. 2014.

Wolle, Stefan. *Auf bruch nach Utopia. Alltag und Herrschaft in der DDR 1961–1971*. Bundeszentrale für politische Bildung. 2011.

Wolle, Stefan. *Die heile Welt der Diktatur. Alltag und Herrschaft in der DDR 1971–1989*. Bundeszentrale für politische Bildung. 1998.

Deutschlandpolitik von Stalin bis Chruschtschow. Vandenhoeck & Ruprecht. 2007.

MacGregor, Iain. *Checkpoint Charlie: The Cold War, the Berlin Wall and the Most Dangerous Place on Earth*. Constable. 2019.

Mählert, Ulrich. *Kleine Geschichte der DDR*. C. H. Beck. 2010.

Mählert, Ulrich and Stephan, Gerd-Rüdiger. *Blaue Hemden Rote Fahnen. Die Geschichte der Freien Deutschen Jugend*. Leske + Brudrich. 1996.

Menzel, Rebecca. *Jeans in der DDR. Vom tieferen Sinn einer Freizeithose*. Ch. Links. 2004.

Michels, Eckard. *Guillaume, der Spion: Eine deutsch-deutsche Karriere*. Ch. Links. 2013.

Mittag, Günter. *Um jeden Preis: Im Spannungsfeld zweier Systeme*. Das Neue Berlin. 2015.

Mitteregger, Dennis. *Die konstruierte Nation und ihre Manifestierung im Fußball: Die Verbindung von Nationsvorstellung und Fußball bei der Weltmeisterschaft 1974. Ein Vergleich zwischen der Deutschen Demokratischen Republik und der Bundesrepublik Deutschland*. Diplomica Verlag. 2011.

Modrow, Hans. *Ich wollte ein neues Deutschland*. Econ Tb. 1999.

Morré, Jörg. *Hinter den Kulissen des Nationalkomitees: Das Institut 99 in Moskau und die Deutschlandpolitik der UdSSR 1943–1946*. Oldenbourg Verlag. 2010.

Müller, Michael Ludwig. *Die DDR war immer dabei: SED, Stasi & Co. und ihr Einfluss auf die Bundesrepublik*. Olzog. 2010.

Müller, Reinhard. *Menschenfalle Moskau. Exil und stalinistische Verfolgung*. Hamburger Edition. 2001.

Müller-Enbergs, Helmut. *Der Fall Rudolf Herrnstadt. Tauwetterpolitik vor dem 17. Juni*. LinksDruck Verlag. 1991.

Müller-Enbergs, Helmut (Ed.). *Wer war wer in der DDR? Ein Lexikon ostdeutscher Biographien*. CH Links Verlag. 2010.

Mussijenko, Natalija and Vatlin, Alexander. *Schule der Träume: Die Karl-Liebknecht-Schule in Moskau (1924–1938) – Reformpädagogik im Exil*. Klinkhardt, Julius. 2005.

Nendel, Karl. *General der Mikroelektronik: Autobiographie*. Edition Berolina. 2017.

erfand. Die Nachkriegszeit 1945–1949. Penguin Verlag. 2019.

Jähner, Harald. *Wolfszeit: Deutschland und die Deutschen 1945–1955*. Rowohlt Taschenbuch Verlag. 2020.

Jöris, Erwin. *Mein Leben als Verfolgter unter Stalin und Hitler*. Selbstverlag. 2004.

Judt, Matthias (Ed.). *DDR-Geschichte in Dokumenten*. Bundeszentrale fur politische Bildung. 1998.

Kardorff, Ursula von. *Berliner Aufzeichnungen Aus den Jahren 1942–1945*. Deutscher Taschenbuch Verlag. 1992.

Kotschemassow, Wjatscheslaw. *Meine letzte Mission, Fakten, Erinnerungen,* Überlegungen. Dietz Verlag. 1994.

Khrushchev, Nikita. *Khrushchev Remembers: The Glasnost Tapes*. Little, Brown & Co. 1990.

Kitchen, Martin. *A History of Modern Germany. 1800 to the Present*. Wiley-Blackwell. 2012.

Knopp, Guido. *Goodbye DDR*. Bertelsmann. 2005.

Koop, Volker. *Armee oder Freizeitclub? Die Kampfgruppen der Arbeiterklasse in der DDR*. Bouvier. 1997.

Krenz, Egon. *Herbst '89*. Edition Ost im Verlag Das Neue Berlin. 2014.

Krenz, Egon. *Wir und die Russen: Die Beziehungen zwischen Berlin und Moskau im Herbst '89*. Das Neue Berlin. 2019.

Laszewski, Chuck. *Rock'n' Roll Radical: The Life & Mysterious Death of Dean Reed*. Bookhouse Fulfillment. 2005.

Lenhardt, Gero and Stock, Manfred. *Bildung, Bürger, Arbeitskraft. Schulentwicklung und Sozialstruktur in der BRD und der DDR*. Suhrkamp. 1997.

Leonhard, Wolfgang. *Die Revolution Entlässt Ihre Kinder*. Kiepenheuer & Witsch. 2019.

Leonhard, Wolfgang. *Meine Geschichte der DDR*. Rowohlt. 2007.

Lippmann, Heinz. *Honecker: Porträt eines Nachfolgers*. Verlag Wissenschaft und Politik. 1971.

Lorenzen, Jan. *Erich Honecker. Eine Biographie*. Rowohlt. 2001.

Loest, Erich. *Durch die Erde ein Riß. Ein Lebenslauf*. Hoffmann Und Campe. 1981.

Loth, Wilfried. *Die Sowjetunion und die deutsche Frage: Studien zur sowjetischen*

Engelberg, Ernst. *Bismarck: Sturm über Europa. Biographie*. Siedler Verlag. 2014.

Ernsting, Stefan. *Der Rote Elvis. Dean Reed – Cowboy – Rockstar – Sozialist*. Fuego. 2014.

Gröttrup, Irmgard. *The Rocket Wife*. Andre Deutsch. 1959.

Frank, Mario. *Walter Ulbricht: Eine Deutsche Biografie*. Verlag Wolf Jobst Siedler GmbH. 2001.

Fulbrook, Mary. *Anatomy of a Dictatorship. Inside the GDR, 1949–1989*. Oxford University Press. 1995.

Fulbrook, Mary. *The Divided Nation: A History of Germany, 1918–90*. Oxford University Press. 1993.

Fulbrook, Mary. *The People's State. East German Society from Hitler to Honecker*. Yale University Press. 2008.

Gieseke, Jens. *Die Stasi. 1945–1990*. Pantheon Verlag. 2011.

Gleb, Albert. *Deutschland, Russland, Komintern – Dokumente (1918–1943). Nach der Archivrevolution: Neuerschlossene Quellen zu der Geschichte der KPD und den deutsch-russischen Beziehungen*. De Gruyter Oldenbourg. 2015.

Hager, Kurt. *Erinnerungen*. Faber & Faber. 1996.

Halder, Fritz. *Kriegstagebuch. Tägliche Aufzeichnungen des Chefs des Generalstabes des Heeres 1939–1942, Bd. 2: Von der geplanten Landung in England bis zum Beginn des Ostfeldzuges*. Kohlhammer. 1963.

Herrnstadt, Rudolf. Über 'die Russen' und üb*er uns. Diskussion über ein brennendes Thema*, pp. 3–12. Gesellschaft für Deutsch-Sowjetische Freundschaft. 1949.

Hertle, Hans-Hermann. *Damals in der DDR*. Goldmann. 2006.

Hertle, Hans-Hermann. *Der Fall der Mauer. Die unbeabsichtigte Selbstauflösung des SED-Staates*. VS Verlag für Sozialwissenschaften. 2013.

Hitler, Adolf. *Mein Kampf*. Eher Verlag/Zentralverlag der NSDAP. 1943 reprint.

Hoffmann, Dierk. *Otto Grotewohl (1894–1964): Eine politische Biographie*. Oldenbourg Verlag. 2009.

Honecker, Erich. *Aus Meinem Leben*. Dietz Verlag. 1987.

Hortzschansky, Günter and Wimmer, Walter. *Ernst Thälmann. Eine Biographie*. Frankfurt am Main Verlag. 1979.

Iken, Katja, Klußmann, Uwe and Schurr, Eva-Maria (Eds). *Als Deutschland sich neu*

Sowjetischen Imperiums'. Büro Leipzig. 1993, pp. 55–61.

Wettig, Gerhard. 'Vorgeschichte und Gründung des Warschauer Paktes'. In: *Militärgeschichtliche Zeitschrift*. 64/2005, pp. 151–76.

Wilke, Manfred. 'Der Honecker-Besuch in Bonn 1987'. In: Deutschland Archiv. Bundeszentrale für politische Bildung. 25 July 2012. https://www.bpb.de/themen/deutschlandarchiv/139631/der-honecker-besuch-in-bonn-1987/(last accessed 3 June 2022)

Wilke, Manfred. 'Die SED und der Prager Frühling 1968. Politik gegen Selbstbestimmung und Freiheit'. In: *Die Politische Meinung*, Konrad-Adenauer-Stiftung. 456. 08/2008, pp. 45–51.

Wippermann, Carsten. '25 Jahre Deutsche Einheit. Gleichstellung und Geschlechtergerechtigkeit in Ostdeutschland und Westdeutschland'. Bundesministerium für Familie, Senioren, Frauen und Jugend. 2015.

Würz, Markus. 'Ausreise'. In: Lebendiges Museum Online, Stiftung Haus der Geschichte der Bundesrepublik Deutschland. http://www.hdg.de/lemo/kapitel/geteiltes-deutschland-krisenmanagement/niedergang-der-ddr/ausreise.html (last accessed 7 July 2022)

書籍

Anonymous. *A Woman in Berlin*. Virago. 2002.

Bahr, Egon and Ensikat, Peter. *Gedächtnislücken zwei Deutsche erinnern sich*. Aufbau Verlag. 2012.

Bollmann, Ralph. *Angela Merkel. Die Kanzlerin und ihre Zeit*. C. H. Beck. 2015.

Boveri, Margret. *Tage des Überlebens: Berlin 1945*. Wjs Verlag. 2004.

Brückner, Bernd. *An Honeckers Seite. Der Leibwächter des ersten Mannes*. Das Neue Berlin. 2014.

Damarius, Helmut. *Unter falscher Anschuldigung: 18 Jahre in Taiga und Steppe*. Aufbau. 1990.

Decker, Gunnar. *1965: Der Kurze Sommer der DDR*. Carl Hanser Verlag. 2015.

Dimitroff, Georgi. *Tagebücher 1933–1943*. Aufbau Verlag. 2000.

Eberlein, Werner. *Geboren am 9. November. Erinnerungen*. Das Neue Berlin. 2002.

ueber-dean-reed-85 (last accessed 9 November 2022)

Schneider, Roland. 'Die friedliche Stimmung stand manchmal auf der Kippe'. In: Rahming, Dörte. *1989 – Die Wende in Rostock – Zeitzeugen erzählen*, pp. 6–9. Wartberg Verlag. 2019.

Schönfelder, Jan. 'Nationale Neubesinnung in der DDR' (4 May 2017). In: https://www.mdr.de/nachrichten/thueringen/kultur/zeitgeschehen/wartburg-refjahr-lutherjahr-ddr-100.html (last accessed 28 May 2022)

Segert, Astrid and Zierke, Irene. 'Gesellschaft der DDR: Klassen – Schichten – Kollektive'. In: Judt, Matthias (Ed.). *DDR-Geschichte in Dokumenten*, pp. 165–224.

Steppat, Timo. F.A.Z. 'Podcast für Deutschland. Ostbeauftragter über AfD-Wähler: "Nach 30 Jahren nicht in der Demokratie angekommen" '. In: *Frankfurter Allgemeine Zeitung*. 28 May 2021. https://www.faz.net/podcasts/f-a-z-podcast-fuer-deutschland/ostbeauftragter-ueber-afd-waehler-nach-30-jahren-nicht-inder-demokratie-angekommen-17363632.html (last accessed 11 November 2022)

Soziologischer Almanach. Sozialerhebungen des Deutschen Studentenwerks, 1979. In: Geißler, Rainer. Bildungsexpansion und Bildungschancen. Bundeszentrale für politische Bildung. https://www.bpb.de/shop/zeitschriften/izpb/198031/bildungsexpansion-und-bildungschancen/(last accessed 22 November 2022)

Suckut, Siegfried. 'Die Entscheidung zur Gründung der DDR. Die Protokolle des SED-Parteivorstandes am 4. und 9. October 1949'. In: *Vierteljahreshefte für Zeitgeschichte*. 1/1991.

UNICEF Study. Hohe Wirtschaftskraft Garantiert Keine Bildungsgerechtigkeit. 30 October 2018. In: https://www.unicef.de/informieren/aktuelles/presse/2018/ungleiche-bildungschancen-kinder-in-industrielaendern/177516 (last accessed 26 September 2021)

Walter, Franz. Spiegel Online. 26 August 2007. In: https://www.spiegel.de/geschichte/das-sed-spd-papier-a-947080.html (last accessed 14 June 2022)

Walther, Peter. 'Bilding und Wissenschaft'. In: Judt, Matthias (Ed.). *DDR-Geschichte in Dokumenten*, pp. 225–42.

Werkentin, Falco. 'Die strafrechtliche "Bewältigung" des 17. Juni 1953 in der DDR'. In: Friedrich-Ebert-Stiftung. 'Der 17. Juni 1953, der Anfang vom Ende des

Sondernummer, pp. 131–58.

Oldenbourg Wissenschaftsverlag. 2006.

LeMO. Stiftung Haus der Geschichte der Bundesrepublik Deutschland. Various biographies and articles as indicated in notes. https://www.dhm.de/lemo/

Michelmann, Jeannette. 'Die Aktivisten der ersten Stunde. Die Antifa 1945 in der sowjetischen Besatzungszone zwischen Besatzungsmacht und Exil-KPD'. Friedrich-Schiller-University of Jena. In: https://d-nb.info/964631822/34 (last accessed 18 June 2021)

MDR. 'Kaffee gegen Waffen' (06 August 2014). In: https://www.mdr.de/geschichte/ddr/wirtschaft/kaffee-gegen-waffen-aethiopien-100.html (last accessed 25 September 2022)

MDR. 'Puppen und Teddys aus Sonneberg' (27 February 2020). In: https://www.mdr.de/zeitreise/ddr-spielzeug-aus-sonneberg-100.html (last accessed 18 August 2021)

Morré, Jörg. 'Sowjetische Speziallager in Deutschland'. In: Kaminsky, Anna (Ed.): *Orte des Erinnerns. Gedenkzeichen, Gedenkstätten und Museen zur Diktatur in SBZ und DDR*, pp. 610–14. Third ed., Ch. Links Verlag. 2016.

Müller-Güldemeister, Katharina. 'Papa baute Raketen für Stalin: Deutsche Techniker in der Sowjetunion'. In: https://www.suedkurier.de/ueberregional/wissenschaft/Papa-baute-Raketen-fuer-Stalin-Deutsche-Techniker-in-der-Sowjetunion;art1350069,9650454 (30 October 2022)

Niemetz, Daniel. ' "Junkerland in Bauernhand" – Bodenreform in der Sowjetzone'. In: MDR Zeitreise (3 September 2020). https://www.mdr.de/zeitreise/schwerpunkte/1945/bodenreform-fuenfundvierzig-sbz-sachsen-anhalt-thueringen100. html (last accessed 14 July 2021)

Orlow, Dietrich. 'The GDR's Failed Search for a National Identity, 1945–1989'. In: *German Studies Review*. Vol. 29, No. 3 (2006), pp. 537–58.

Ostermann, Christian F.. ' "Keeping the Pot Simmering": The United States and the East German Uprising of 1953'. In: *German Studies Review*. Vol. 19, No. 1 (1996), pp. 61–89.

Reed, Wiebke. 'Wiebke Reed spricht über US-Rocker Dean Reed'. In: *Superillu* (22 August 2007). https://www.superillu.de/magazin/stars/wiebke-reed/wiebke-reed-

Friedrich-Ebert-Stiftung. 'Die Energiepolitik der DDR: Mängelverwaltung zwischen Kernkraft und Braunkohle'. Verlag Neue Gesellschaft GmbH Bonn, pp. 5–63.

Gebauer, Ronald, Remy, Dietmar and Salheiser, Axel. 'Die Nationale Volksarmee (NVA)—Eine Arbeiter-Und Angestelltenarmee? Empirische Befunde Zur Rekrutierung von Offizieren in Der DDR'. In: *Historische Sozialforschung*. 32, no. 3 (121) (2007), pp. 299–318.

Hampel, Torsten. 'Die Endlosband'. *Der Tagesspiegel*. 3 January 2009.

Herrmann, Daniel. 'Halle-Neustadt. Späte Besinnung auf die Moderne'. In: http://www.kulturblock.de/downloads/Halle-Neustadt.pdf (last accessed 7 November 2022)

Hertle, Hans-Hermann. 'Der Weg in die Krise: Zur Vorgeschichte des Volksaufstandes vom 17. Juni 1953'. In: Bundeszentrale für politische Bildung. https://www.bpb.de/geschichte/deutsche-geschichte/der-aufstand-des-17-juni-1953/154325/der-weg-in-die-krise (last accessed 26 July 2021)

Hinz-Wessels, Annette. 'Tourismus'. In: Lebendiges Museum Online, Stiftung Haus der Geschichte der Bundesrepublik Deutschland. http://www.hdg.de/lemo/kapitel/geteiltes-deutschland-modernisierung/bundesrepublik-im-wandel/tourismus.html (last accessed 18 August 2021)

Ickler, Günter. 'Erwerbsbeteiligung im Wandel. Entwicklung des Arbeitskräfteangebots seit 1950'. In: *Statistische Monatshefte Rheinland-Pfalz Erwerbstätigkeit*. 04/2007, pp. 242–7.

Judt, Matthias. 'Häftlinge für Bananen? Der Freikauf politischer Gefangener aus der DDR und das "Honecker-Konto" '. In: *Vierteljahrschrift Für Sozial-Und Wirtschaftsgeschichte*. 94(4), pp. 417–39.

Kerneck, Barbara. 'Traumschule des Sozialismus'. *Die Tageszeitung*. 6 January 1997, p. 15.

Kuppe, Johannes. 'Die Imponderabilien eines Machtwechsels in Diktaturen'. In: Timmermann, Heiner. *Die DDR zwischen Mauerbau und Mauerfall*, pp. 445–9. Lit Verlag. 2012.

Laufer, Jochen. 'Stalins Friedensziele und die Kontinuität der sowjetischen Deutschlandpolitik 1941–1953. Stalin und die Deutschen. Neue Beiträge der Forschung'. In: *Schriftenreihe der Vierteljahrshefte für Zeitgeschichte*

25 August 2021)

Aktion Ungeziefer – Vertrieben in der DDR by Sven Stephan. 2020.

Ahrends, Martin et al. 'Todesopfer. Ulrich Steinhauer'. In: Chronik der Mauer. https://www.chronik-der-mauer.de/todesopfer/171329/steinhauer-ulrich?n#footnode1-2 (last accessed 21 July 2022)

Bainbridge, John. 'Die Mauer. The Early Days of the Berlin Wall'. In: *The New Yorker*. 27 October 1962.

Bald, Detlef. 'Sozialgeschichte der Rekrutierung des deutschen Offizierskorps von Reichsgründung bis zur Gegenwart'. In: Sozialwissenschaftliches Institut der Bundeswehr. Berichte. Heft 3. 1977.

Birt, Raymond. 'Personality and Foreign Policy: The Case of Stalin'. In: *Political Psychology*. Vol. 14, No. 4 (December 1993), pp. 607–25.

Der Spiegel. 'Schlicht verschlafen'. In: *Der Spiegel*. 17/1983, 24 April 1983. https://www. spiegel.de/politik/schlicht-verschlafen-a-600eb300-0002-0001-0000-000014021175 (last accessed 27 September 2022)

Bundesregierung, Archiv. 'Honecker: Die Mauer besteht auch noch in 50 und auch in 100 Jahren'. In: https://www.bundesregierung.de/breg-de/service/archiv/alt-inhalte/honecker-die-mauer-besteht-auch-noch-in-50-und-auch-in-100-jahren-905890#:~:text=18.,in%20100%20Jahren%20noch%20bestehen%E2%80%9C (last accessed 11 November 2022)

Erler, Peter. 'Vom MGB zum MfS/SfS. Die Übernahme sowjetischer Haftorte und die Entwicklung des Gefängniswesens der DDR-Staatssicherheit in der ersten Hälfte der 1950er Jahre in Ostberlin. Eine chronologische Übersicht'. In: *Zeitschrift des Forschungsverbundes*. 33/2013, pp. 36–56.

Erler, Peter. 'Einsatzplanung der Moskauer KPD-Kader im Frühjahr 1945. Zur Entstehungsgeschichte der Gruppen „Ackermann", „Sobottka" und „Ulbricht" '. In: *Zeitschrift des Forschungsverbundes*. 35/2014, pp. 116–27.

Francke, Victor. 'Kanzler-Spion Guillaume Der Tag, der die Bonner Republik erschütterte'. In: Bonner Rundschau. 23 April 2014. https://www.rundschau-online.de/region/bonn/kanzler-spion-guillaume-der-tag--der-die-bonner-republikerschuetterte-2729772?cb=1664106096562& (last accessed 25 September 2022) der SED. Extract in: Judt, p. 478.

Ulbricht's speech at the SED conference in July 1950. Report in TV news programme *Der Augenzeuge* 34/1950. DEFA.

Ulrich Steinhauer's Stasi file. BStU, MfS, AOP 3507/91, Bd. 3, Bl. 212–13.

Ulrike Poppe's recollections on 'Achievements and Problems of the Round Table'. In: Stiftung Haus der Geschichte der Bundesrepublik Deutschland. Zeitzeugenportal. 2013. https://www.zeitzeugen-portal.de/personen/zeitzeuge/ulrike_poppe/videos/lnrFrMFecQw (last accessed 6 July 2022)

'Urlauberschiff in Not'. In: Archiv-Leipziger Volkszeitung, Ressort Magazin, Sektion L/Leipziger Volkszeitung-Stadtausgabe/Stadtausgabe.

Uwe Schmieder's account of the 10th World Youth Festival. In: https://www. bpb.de/geschichte/deutsche-geschichte/weltfestspiele-73/65333/wie-ein-rausch-und-die-flachtrommel-mit-dabei (last accessed 7 January 2022)

Volksstimme, 17 August 1972.

Vorschlag Walter Ulbrichts zu den Änderungen der Politik der KPD-Politik nach dem Stalin-Hitler Pakt. Russian State Archives for Social and Political History. 495/10a/317,100-102. In: Gleb, Albert, Document 457.

'Was sahen 58 deutsche Arbeiter in Rußland? Bericht der deutschen Arbeiter-Delegation über ihren Aufenthalt in Rußland vom 14. Juli bis zum 28'. Neuer Deutscher Verlag. 1925.

Werner Krolikowski's note about the domestic situation in the GDR of 30 March 1983. In: Przybylski.

Willy Brandt's speech, 16 August 1963. Bundeskanzler-Willy-Brandt-Stiftung Berlin. In: https://www.willy-brandt-biografie.de/wp-content/uploads/2017/08/Rede_Brandt_Mauerbau_1961.pdf (last accessed 15 August 2021)

ZK [Central Committee] Meeting, 26/27 October 1950. In: Central Party Archive IV 2/1/45, Bl. 247, 44, 175.

文章和媒體

Aehnlich, Kathrin. 'Der Leipziger Beataufstand'. MDR. 2016. In: https://www. mdr.de/zeitreise/stoebern/damals/renft220_page-0_zc-6615e895.html (last accessed

'Note from the Soviet Foreign Ministry to the American Embassy, Enclosing a Draft for a German Peace Treaty, March 10, 1952'; reprinted in *Documents on Germany, 1944–1959: Background Documents on Germany, 1944–1959, and a Chronology of Political Developments affecting Berlin, 1945–1956*, pp. 85–7. Washington, DC: General Printing Office. 1959.

Stalin, Joseph. Order No. 55, Moscow, February 23, 1942. In: http://www.ibiblio.org/pha/policy/1942/420223a.html (last accessed 14 July 2021)

Stasi Report. Gegen die Kommunalwahlen (7. Mai) gerichtete, feindliche Aktivitäten. BStU, MfS, ZAIG 3763, Bl. 9–13 (11. Expl.).

Stasi Report. Information an die SED-Führung über eine Petition für mehr Menschenrechte. BStU, MfS, ZAIG, Nr. 2557, Bl. 1–6.

Stasi Report. Reaktion der Bevölkerung auf das SED-SPD-Grundsatzpapier. BStU, MfS, ZAIG, Nr. 4230, Bl. 1–9.

Stoph, Willi, *Direktive des X. Parteitages der SED zum Fünfjahrplan für die Entwicklung der Volkswirtschaft der DDR in den Jahren 1981 bis 1985*. Dietz Verlag. 1981.

Table showing female employment rates. In Segert and Zierke, p. 214.

Table showing income of the GDR population 1950–1988. In: Segert and Zierke, p. 191.

Ten Commandments for the New Socialist Person. 30 July 1958. Issued by the Central Committee of the SED. Section Agitation and Propaganda. Bundesarchiv 183-57163-0001.

Thoralf Johansson's recollections on 'Defence Education in the GDR'. In: Stiftung Haus der Geschichte der Bundesrepublik Deutschland. Zeitzeugenportal. 2013. https://www.zeitzeugen-portal.de/personen/zeitzeuge/thoralf_johansson/videos/tr4mrfp_7TE (last accessed 8 March 2022)

Transcript of a meeting between Honecker and Chernenko in Moscow, 17 August 1984. SAPMO-BArch, DY 30/2380, Doc 104.

Transcript of a phone conversation between Erich Honecker and Helmut Kohl, 19 December 1983. SAPMO-BArch, DY 30, SED Doc 41664.

Transcript of the meeting between Comrade L. I. Brezhnev and Comrade E. Honecker at Crimea on 3 August 1981. SAPMO-BArch, ZPA, J IV 2/2/A-2419.

Ulbricht, Walter. Schreiben vom 1 Dezember 1950 an alle Mitglieder und Kandidaten kultur-kunst-und-propaganda/videos/qKRWdWIqYzw and https://www.zeitzeugen-portal.de/themen/kultur-kunst-und-propaganda/videos/Da8nplfBBkM (last accessed 13 June 2022)

Pieck, Wilhelm. 'Die gegenwärtige Lage und die Aufgabe der Sozialistischen EInheitspartei Deutschlands'. 24 July 1950. Extract in: Judt, p. 487.

Pieck, Wilhelm. 'An der Wende der deutschen Geschichte'. In: *Reden und Aufsätze*. Bd. II. 1954, p. 295–303.

Press coverage of Yuri Gagarin and Valentina Tereshkova visiting the GDR on 19 October 1963. In: https://www.mdr.de/zeitreise/video-204670_zc-9291bc85_ zs-6c7954ac.html (last accessed 22 August 2021)

Protocol of 45th session of the National Defence Council of the GDR on 3 May 1974. In: BA, DVW 1/39503, Bl. 34.

Reactions to the self-immolation of Pastor Oskar Brüsewitz on 18 August 1976 in Zeitz. BStU, MfS, ZAIG, Nr. 2617, Bl. 17–28.

Recording of Rosenberg's interrogation by the Stasi. BStU, MfS, ZAIG, Tb 274.

Reichstag protocol of its first session on 21 March 1871. In: http://www.reichstagsprotokolle.de/Blatt3_k1_bsb00018324_00030.html (last accessed 31 July 2022)

Report about the self-immolation of Pastor Oskar Brüsewitz in Zeitz. BStU, MfS, BV Halle, AP, Nr. 2950/76, Bd. 3, Bl. 40–48.

Report about Wolf Biermann's Performance in St Nicholas Church in Prenzlau on 11 September 1976. BStU, MfS, AOP, Nr. 11806/85, Bd. 18, Bl. 121–4.

Rolf Bayer's account on 'Possibilities for GDR citizens to travel abroad'. Arbeitsgruppe Zeitzeugen der Seniorenakademie. University of Leipzig. In: https://research.uni-leipzig.de/fernstud/Zeitzeugen/zz177.htm (last accessed 18 August 2021)

Siegfried Umbreit's recollections on 'Testing Toys in the GDR'. In: Stiftung Haus der Geschichte der Bundesrepublik Deutschland. Zeitzeugenportal. 2015. https://www.zeitzeugen-portal.de/personen/zeitzeuge/siegfried_umbreit/videos/KgOf7hGEIeU (last accessed 18 August 2021)

Sourcing of new military recruits, Ministry for National Education/Main Division Extended Schools. SAPMO-BArch, ZPA, IV 2/2039/201, Bl. 1.

Soviet Draft of a German Peace Treaty – First 'Stalin Note' (March 10, 1952). In:

Merkel, Angela. Speech on German Unity Day. Rede von Bundeskanzlerin Merkel anlässlich des Festakts zum Tag der Deutschen Einheit am 3. Oktober 2021 in Halle/Saale. In: https://www.bundesregierung.de/breg-de/suche/rede-von-bundeskanzlerin-merkel-anlaesslich-des-festakts-zum-tag-der-deutschen-einheit-am-3-oktober-2021-in-halle-saale-1964938 (last accessed 10 July 2022)

Message to the Parish, 21 August 1976, Church Leadership of the Protestant Church of the Church Province of Saxony. In: https://www.ekmd.de/asset/_nwdGs1YRnmDq66_q_WVRA/pm-bruesewitz-wort-an-gemeinden-1976-09-08-2006.pdf (last accessed 25 September 2022)

Minutes taken at Stalin's meeting with Ulbricht, Pieck and Grotewohl on 18 December 1948. In: Laufer, Jochen and Kynin, Georgij (Eds). *Die UdSSR und die deutsche Frage 1941–1949. Dokumente aus russischen Archiven, Band 4*. Duncker & Humblot. 2012, p. 209ff.

'Mission Statement' of the Secretariat of the FDJ Central Council of 13 August 1961. In: Bundesarchiv. SAPMO, DY 24/3753-I.

Namensliste der KPD Einsatzgruppe. BArch, NY 4036/517.

Neue Berliner Illustrierte, Nr. 10/1956.

Neues Deutschland, 10 April 1987, p. 3; reprinted in 'SED und KPD zu Gorbatschows "Revolution" ' ['SED and DKP (German Communist Party) on Gorbachev's "Revolution" '], Deutschland Archiv 20, no. 6 (1987), pp. 655–7. Translation: Allison Brown.

Operativer Befehl No. 00439 des Volkskommissars für innere Angelegenheiten der Union der Sozialistischen Sowjet-Republiken. Transcribed from a photocopy from the FSB Archives in St Petersburg by the Krasnoyarsk 'MEMORIAL' Society. In https://memorial.krsk.ru/deu/Dokument/Dok/370725.htm (last accessed 29 May 2021)

Oskar Brüsewitz's letter to the Sisters and Brothers of the Church Community of Zeitz. BStU, MfS, BV Halle, AP, Nr. 2950/76, Bl. 61–3.

Otto Müllereisert's notes. In: Iken et al., p. 22.

PdVP-Rapport No. 234, 23/8/1961. In: PHS, PdVP-Rapporte, Archiv-No. 8037, Bl. 8.

Peter Claussen's recollections. In: Stiftung Haus der Geschichte der Bundesrepublik Deutschland. Zeitzeugenportal. 2015. https://www.zeitzeugen-portal.de/themen/

Information for the politburo, July 1959. In: SAPMO-BArch, DY 30/IV 2/2029 (Büro Apel)/34, o. Bl.

Interview 1 with Siegfried Kaulfuß. In: *Die DDR-Kaffee-Offensive – Bückware ade*, an MDR Production first broadcast on 20 October 2015.

Interview 2 with Siegfried Kaulfuß. In: Kaffeebohnen mit Geschichte. https://www.daklakcoffee.de/(last accessed 12 Feburary 2022)

Interview with Peter Claussen by Kristen Allen. The Local, 6 November 2009. In: https://www.thelocal.de/20091106/23073/(last accessed13 June 2022)

Interview with Weber-Koch. Stasi-Unterlagen-Archiv. Kreisdienststelle Zerbst. Hagen Koch. 27 January 1960.

Jorge Norguera's recollections on 'Cubans in the GDR'. 2021. In: https://www.youtube.com/watch?v=E6Zv5USAMU8 (last accessed 20 Februrary 2022)

Jutta Kuhfeld's account. In: https://urlauberschiff-fritzheckert.de/geschichte/reisebericht.html (last accessed 18 August 2021)

Karl-Eduard von Schnitzler's commentary on 17 June 1953. In: Schroeder, p.169f.

Katarina Witt's account of Calgary 1988. In: https://www.katarina-witt.de/de/eiskunstlauf/olympiasiegerin-1988.html (last accessed 27 September 2022)

Klaus Deubel's recollections on 'Rationalising Away' and 'Inefficient Economic System'. In: Stiftung Haus der Geschichte der Bundesrepublik Deutschland. Zeitzeugenportal. 2014. https://www.zeitzeugen-portal.de/personen/zeitzeuge/klaus_deubel (last accessed 15 May 2022)

Kurt Müller's letter to Otto Grotewohl. 'Ein historisches Dokument aus dem Jahre 1956. Brief an den DDR-Ministerpraesidenten Otto Grotewohl'. In: *Aus Politik und Zeitgeschichte*. 9 March1990.

Manfred Rexin's account of the 10th World Youth Festival. In: https://www.bpb. de/mediathek/383/das-erlebnis-einer-ddr-die-nicht-so-muffig-war (last accessed 7 January 2022)

Margit Jatzlau's recollections on 'Stuffed Trabant'. In: Stiftung Haus der Geschichte der Bundesrepublik Deutschland. Zeitzeugenportal. 2013. https://www.zeitzeugen-portal.de/videos/bKnL3NuOWVc (last accessed 18 August 2021) Markham, James. 'East Germany finally embraces Luther'. *New York Times*. 8 May 1983.

Funeral of Pastor Oskar Brüsewitz in Rippicha (Zeitz). BStU, MfS, ZAIG 2617, Bl. 10–15.

Gerda Langosch. Zeitzeugen-Eintrag: Erinnerungen an den 13. August 1961, Berlin, 2000. In: https://www.hdg.de/lemo/zeitzeugen/gerda-langosch-erinnerungen-an-den-13-august-1961.html (last accessed 15 August 2021)

Gerhard Rudat's private CV, 5 January 1983. Document held by his family.

Gerlinde Böhnisch-Metzmacher's and Christa Schleevoigt's testimonies. In: Der 17. Juni 1953 in Jena. Skizzen eines Aufstandes. Projekt „Zeitzeugenwerkstatt" of the Geschichtswerkstatt Jena (2014).

Hagen Koch's recollections on 'Motivations to Join the Guards Regiment of the Stasi'. In: Stiftung Haus der Geschichte der Bundesrepublik Deutschland. Zeitzeugenportal. 2011. https://www.zeitzeugen-portal.de/zeitraeume/epochen/1949-1961/die-aera-ulbricht/B-A2C6DH9Ck (last accessed 2 August 2021)

Handwritten biography by Erich Mielke, 15 March 1951. In: Staatsanwaltschaft II Berlin, Az. 2/24 Js 245/90, Bd. 19, Bl. 45–54.

Heinz Just's recollections on 'Backbreaking Work at the Milling Machine'. In: Stiftung Haus der Geschichte der Bundesrepublik Deutschland. Zeitzeugenportal. 2013. https://www.zeitzeugen-portal.de/themen/wirtschaft-mangel-und-ueberfluss/videos/qHbEnY0t2lY (last accessed 26 July 2021)

Helmut Breuninger's notes. Wie wir am 22.10.1946 nach der Sowjetunion kamen. Persönliche Aufzeichnung von Dr. Helmut Breuninger. In: http://www.karlist.net/spez/Wie-wir-in-die-UdSSR-kamen-1946.pdf (last accessed 30 October 2022)

Hermann Matern's contribution at the 2nd Conference of the District Delegation of the Ministry for State Security, December 1962. In: Bundesarchiv, SAPMO, DY 30 A 2/12/128, p.17f.

Hubert Marusch's recollections on the 'Fateful Year of 1953'. In: University of Leipzig. AG Zeitzeugen. 2014. https://research.uni-leipzig.de/fernstud/Zeitzeugen/zz1060.htm (last accessed 26 July 2021)

Ina Merkel's account of the 10th World Youth Festival. In: https://www.bpb.de/mediathek/ 380/hinterher-war-alles-beim-alten#:~:text=Die%20Kulturwissenschaftlerin%20Ina%20Merkel%20st%C3%BCrzte,eher%20tristen%20real%2Dsozialistischen%20Alltag (last accessed 8 January 2022)

Beschluss des Politbüros des ZK der SED über 'Probleme, die sich aus der Einschätzung des Deutschlandtreffens ergeben'. In: SAPMO-BArch, DY 24/6030.

Biermann, Wolf. 'Es gibt ein Leben vor dem Tod'. *Der Spiegel*, 19 September 1976.

'Carl Zeiss Jena blockt EDV-Entwicklung ab. 19. Januar 1962.' Extract in: Judt, *DDR-Geschichte in Dokumenten.*

Christine Nagel's recollections on 'Happiness in 36 Square Metres'. In: Stiftung Haus der Geschichte der Bundesrepublik Deutschland. Zeitzeugenportal. 2013. https://www.zeitzeugen-portal.de/zeitraeume/epochen/1949-1961/die-aera-ulbricht/g6BqL2qeclI (last accessed 2 August 2021)

Dokument 'Aufbruch 89 – Neues Forum'. Stiftung Haus der Geschichte, EB-Nr. 1990/6/104, Foto: Axel Thünker. In: https://www.hdg.de/lemo/bestand/objekt/dokument-aufbruch-89.html (last accessed 2 July 2022)

Dorothea Günther. Zeitzeugen Eintrag: Das Kriegsende in Potsdam 1945, Berlin, June 2010. In: https://www.dhm.de/lemo/zeitzeugen/dorothea-g%C3%BCnther-das-kriegsende-in-potsdam-1945 (last accessed 6 June 2021)

Erich Mielke's presentation at the central conference on 3 April 1981 about problems and tasks in relation to the further qualification and perfection of the political-operative work and its leadership regarding the solution to the question 'Who is who?'. BStU, MfS, BdL/Dok. 7385, BL. 7.

Erich Mielke's speech in the *Volkskammer*, 13 November 1989. Protokoll der 11. Tagung der Volkskammer der DDR. In: Chronik der Mauer. https://www.chronik-der-mauer.de/material/180401/rede-von-stasi-minister-erich-mielke-in-der-ddr-volkskammer-13-november-1989 (last accessed 11 November 2022)

Erika Krüger's account. 'Früher dachte ich: Gott sei Dank, du lebst bei Erich in der DDR'. In: *Republik der Werktätigen. Alltag in den Betrieben der DDR*, pp. 113–23. Bild und Heimat. 2020.

Erika Reinicke's recollections. In: Iken et al., p. 33.

Ernst Wicht's recollections on 'Peace Ore'. In: Hertle, *Damals in der DDR*, pp. 40–45.

Figure 2: Household car ownership (Great Britain). In: Leibling, David. *Car ownership in Great Britain.* Royal Automobile Club Foundation for Motoring. 2008.

Freie Welt, 25/1974, 3 June 1974.

參考書目

原文書中所有來自德語原始資料的引文，均由作者先翻譯成英文。

文件檔案

Address given by Mikhail Gorbachev to the Council of Europe (6 July 1989). In: Council of Europe – Parliamentary Assembly. Official Report. Forty-first ordinary session. 8–12 May and 3–7 July. Volume I. Sittings 1 to 9. 1990. Strasbourg: Council of Europe. 'Speech by Mikhail Gorbachev', pp. 197–205.

Aktion Aufruf. 'Für unser Land'. BArch, TonY 16/123.

Andreas Falge's account. 'How the Fall of the Berlin Wall on 9 November 1989 felt'. In: https://www.berlin.de/tourismus/insidertipps/5055005-2339440-wie-sich-der-mauerfall-am-9-november-198.html (last accessed 30 July 2022)

Ausstattung der Haushalte mit langlebigen technischen Konsumgütern. In: *Statistisches Jahrbuch der Deutschen Demokratischen Republik*. Zeitschriftenband (1990), pp. 291–6.

Axel Wladimiroff's recollections on 'The Coffee Crisis'. In: Stiftung Haus der Geschichte der Bundesrepublik Deutschland. Zeitzeugenportal. 2012. https://www.zeitzeugen-portal.de/themen/wirtschaft-mangel-und-ueberfluss/videos/SEhWQ4EXpOQ (last accessed 9 February 2022)

Bassistov, Yuri. 'Die DDR – ein Blick aus Wünsdorf'. In: Biographische Skizzen/Zeitzeugenberichte, *Jahrbuch für Historische Kommunismusforschung*, 1994, pp. 214–24.

Bericht des Nationalkomitees Freies Deutschland in Greifswald, 3.5.1945. Museum der Hansestadt Greifswald.

47. Wolle, *Die heile Welt*, p. 326.
48. Andreas Falge's account.
49. Ibid.
50. Ibid.
51. Schneider, p. 7.
52. Names changed for her and her family members. Interview with the author.
53. Interview with the author.
54. Erich Mielke's speech in the *Volkskammer*, 13 November 1989.
55. Ibid.
56. Ibid.
57. Modrow, p. 327.
58. Interview with the author.
59. Ulrike Poppe's recollections on 'Achievements and Problems of the Round Table'.
60. Aktion Aufruf. 'Für unser Land'.
61. Interview with the author.
62. Quoted in Mählert, p. 179f.

尾聲：統一

1. Reichstag protocol of its first session on 21 March 1871.
2. Wippermann, p. 10.
3. Quoted in Steppat.

18. Katarina Witt's account of Calgary 1988.
19. Ibid.
20. Interview with the author.
21. Ibid.
22. Quoted in Mählert, p. 152.
23. Ibid.
24. Ibid.
25. Stasi Report. Information an die SED-Führung über eine Petition für mehr Menschenrechte.
26. Ibid.
27. Quoted in Wolle, *Die heile Welt*, p. 297.
28. Ibid., p. 302.
29. Bundesregierung, Archiv.
30. Stasi Report. Reaktion der Bevölkerung auf Vorbereitung der Kommunalwahl Bericht O/216.
31. Ibid.
32. Interview with the author.
33. Ibid.
34. Stasi Report. Gegen die Kommunalwahlen (7. Mai) gerichtete, feindliche Aktivitäten.
35. Ibid.
36. Ibid.
37. Quoted in Wolle, *Die heile Welt*, p. 307.
38. Schneider, p. 7.
39. Ibid.
40. Quoted in Schroeder, p. 135.
41. Address given by Mikhail Gorbachev to the Council of Europe (6 July 1989).
42. Dokument 'Aufbruch 89 – Neues Forum'.
43. Schöne, p. 219.
44. Both quoted in Schroeder, p. 136.
45. Lorenzen, p. 209.
46. Mählert, p. 165.

55. Figures from DDR Museum Berlin.
56. Ibid.
57. See Bollmann, p. 80.
58. Ibid., p. 81.
59. Quoted in Bollmann, p. 84.
60. See Bollmann, pp. 77–84.
61. Quoted in Bollmann, p. 94.
62. Ibid., p. 96.
63. Ibid., p. 97.
64. Figures from Würz.
65. Quoted in Stuhler, p. 169.
66. File provided to the author.

第十章 一切都走上社會主義之路（1987-1990）

1. Peter Claussen's recollections in Zeitzeugenportal.
2. Interview with Peter Claussen in The Local, 6 November 2009.
3. Peter Claussen's recollections in Zeitzeugenportal.
4. Ibid.
5. Walter, Spiegel Online, 26 August 2007.
6. *Neues Deutschland*, 28 August 1987, p. 3.
7. Ibid.
8. Ibid.
9. Krenz, *Wir und die Russen*, p. 68.
10. Stasi Report. Reaktion der Bevölkerung auf das SED-SPD-Grundsatzpapier.
11. Krenz, *Wir und die Russen*, pp. 67–8.
12. Ibid.
13. Ibid.
14. Ibid.
15. *Neues Deutschland*, 10 April 1987, p. 3.
16. Speech was printed in *Neues Deutschland*, 28 October 1987.
17. Quoted in Lorenzen, p. 182.

25. Ibid., p. 289.
26. See *Der Spiegel*'s sympathetic report 'Schlicht verschlafen' from 24 April 1983.
27. Schalck-Golodkowski, p. 292.
28. Ibid., p. 294.
29. Ibid.
30. Ibid., p. 295.
31. Roesler, p. 54.
32. Quoted in original footage in Schönfelder.
33. Markham, *New York Times*.
34. Wolle, *Die heile Welt*, p. 134.
35. Engelberg, loc. 1263.
36. Quoted in *Washington Post*, 12 March 1985.
37. Quoted in *Neues Deutschland*, 13 March 1985.
38. Transcript of a phone conversation between Erich Honecker and Helmut Kohl, 19 December 1983.
39. Ibid.
40. Ibid.
41. Ibid.
42. Transcript of a meeting between Honecker and Chernenko in Moscow, 17 August 1984.
43. Ibid., p. 46f.
44. Ibid., p. 47.
45. Ibid., p. 69.
46. Ibid., p. 72.
47. Lorenzen, p. 173.
48. Krenz, *Herbst '89*, p. 117.
49. Thatcher, p. 461.
50. Schabowski, p. 214.
51. Kotschemassow, p. 137.
52. Both quoted in Wilke, 'Der Honecker-Besuch'.
53. Interview with the author.
54. Judt, *DDR-Geschichte in Dokumenten*, p. 158.

43. Figures from Wolle, *Die heile Welt*, p. 76.
44. Quoted in Rasch and Dedio, p. 142.
45. Erich Mielke's presentation at the central conference on 3 April 1981.

第九章　存在安逸的危機（1981-1986）

1. Honecker, pp. 363–4.
2. Eberlein, p. 388.
3. Figures from Friedrich-Ebert-Stiftung, 'Die Energiepolitik der DDR', p. 10.
4. Ibid., p. 26.
5. Hertle, *Der Fall der Mauer*, p. 60.
6. Transcript of the meeting between Comrade L. I. Brezhnev and Comrade E. Honecker at Crimea on 3 August 1981.
7. Quoted in Lorenzen, p. 149.
8. Quoted in Mählert, p. 136.
9. Ibid., p. 137.
10. Klaus Deubel's recollections.
11. Stoph, p. 11.
12. Mittag, loc. 2449.
13. Ibid.
14. Nendel, loc. 721.
15. Ibid.
16. Roloff in Nendel, loc. 721.
17. Schöne, p. 181.
18. Werner Krolikowski's note about the domestic situation in the GDR of 30 March 1983.
19. Ibid.
20. Interview with the author.
21. Brückner, p. 47.
22. Schalck-Golodkowski, p. 289.
23. Ibid., p. 284.
24. Ibid., p. 285.

12. Report about Wolf Biermann's Performance in St Nicholas Church in Prenzlau on 11 September 1976.
13. Biermann. In: *Der Spiegel*, 19 September 1976.
14. Axel Wladimiroff's recollections.
15. Quoted in Wolle, *Die heile Welt*, p. 200.
16. Ibid.
17. Axel Wladimiroff's recollections.
18. Herzog, p. 121.
19. Ibid.
20. Interview 1 with Siegfried Kaulfuß.
21. Interview 2 with Siegfried Kaulfuß.
22. MDR, 'Kaffee gegen Waffen'.
23. Jorge Norguera's recollections.
24. Ibid.
25. For more on workers from Mozambique in the GDR see Van der Heyden et al.
26. Interview and notes shared with the author.
27. Ulrich Steinhauer's Stasi file.
28. Quoted in Ahrends.
29. Ibid.
30. Interview and notes shared with the author.
31. Interview with the author.
32. Ibid.
33. Interview and notes shared with the author.
34. Thoralf Johansson's recollections.
35. *Neues Deutschland*, 19 February 1978.
36. Quoted in Wolle, *Die heile Welt*, p. 258.
37. Ibid.
38. Ibid.
39. Sourcing of new military recruits.
40. Figures from Bald, p. 11.
41. Figures from Gebauer et al., pp. 300, 301.
42. Erika Krüger's account.

37. Ibid.
38. Francke.
39. Quoted in Gieseke, p. 220.
40. Gieseke, p. 221.
41. Quoted in Mitteregger, p. 36.
42. Protocol of 45th session of the National Defence Council of the GDR on 3rd May 1974.
43. Schalck-Golodkowski, p. 207f.
44. Ibid., p. 208.
45. Judt, 'Häftlinge für Bananen', p. 417.
46. Ibid., p. 426.
47. Ibid., p. 439.
48. Wolle, *Die heile Welt*, p. 195.
49. Ibid., p. 197.
50. Quoted in Knopp, p. 221.
51. Ibid.

第八章　敵與友（1976-1981）

1. Funeral of Pastor Oskar Brüsewitz in Rippicha (Zeitz).
2. Report about the self-immolation of Pastor Oskar Brüsewitz in Zeitz.
3. Oskar Brüsewitz's letter to the Sisters and Brothers of the Church Community of Zeitz.
4. Message to the Parish, 21 August 1976.
5. Funeral of Pastor Oskar Brüsewitz in Rippicha (Zeitz).
6. *Neues Deutschland*, 21 August 1976, p. 2.
7. Ibid., 31 August 1976, p. 2.
8. Reactions to the self-immolation of Pastor Oskar Brüsewitz on 18 August 1976 in Zeitz.
9. Ibid.
10. Bollmann, p. 5.
11. Ibid., p. 52.

6. Modrow, p. 125.
7. Ulbricht, *Mein Leben*, p. 25.
8. Ibid., p. 14.
9. Ibid., p. 15.
10. Ibid., p. 25.
11. Quoted in Frank, p. 431.
12. Ibid., p. 432.
13. Ibid., p. 433.
14. Quoted in Schroeder, p. 101.
15. Herzog, p. 103ff.
16. Quoted in Kuppe, p. 448.
17. Mählert, p. 121.
18. Roesler, p. 35.
19. Interview with the author.
20. Quoted in Wolle, *Die heile Welt*, p. 44.
21. See, for example, the letter sent by the Academy of Sciences to its employees. In Menzel, p. 161.
22. Angela Merkel quoted in Bollmann, p. 49.
23. Uwe Schmieder's account.
24. Manfred Rexin's account.
25. Interview with the author.
26. Ibid.
27. Ina Merkel's account.
28. Interview with the author.
29. Frank, p. 446.
30. *Freie Welt*, 25/1974, p. 8.
31. Laszewski, p. 122.
32. Interview with Wiebke Reed in *Superillu*, 22 August 2007.
33. Ernsting, p. 130.
34. *Volksstimme*, 17 August 1972.
35. Interview with the author.
36. Hampel.

24. Walther, p. 229.
25. Mählert, p. 110.
26. Fulbrook, *The People's State*, p. 216.
27. Lenhardt and Stock, p. 115.
28. Soziologischer Almanach; Sozialerhebungen des Deutschen Studentenwerks.
29. Figures on consumer items from Wolle, *Auf bruch*, p. 183ff.
30. See also ibid., p. 187.
31. Mählert, p. 11.
32. Ulbricht, *Eine unvergeßliche Reise*, pp. 5–6.
33. Ibid., p. 33.
34. *Neues Deutschland*, 25 February 1965, p. 1.
35. See also Frank, p. 375ff.
36. Ulbricht, *Eine unvergeßliche Reise*, p. 6.
37. Honecker, p. 226.
38. *Neues Deutschland*, 9 November 1968, p. 2.
39. UNICEF Study.
40. Quoted in protocol published in Przybylski.
41. Quoted in Frank, p. 386.
42. Ibid.
43. Ibid.
44. Orlow, p. 546.
45. Ibid.
46. Eberlein, p. 355.
47. Ibid.

第七章　計畫奇蹟（1971-1975）

1. Bassistov, p. 222.
2. Modrow, p. 125.
3. Quoted in protocol published in Przybylski.
4. Interview with the author.
5. *Neues Deutschland*, 4 May 1971, p. 1.

54. Ibid., p. 222.

第六章　另一個德國（1965-1971）

1. Ulbricht's interpreter, Werner Eberlein, who was also known as 'Khrushchev's German Voice' as he frequently dubbed the Soviet leader on television, expertly transferring the emotional sing-song Russian into German, retold this episode many years later with the benefit of hindsight (Eberlein's account in Lorenzen, p. 98).
2. Quoted in Stuhler, p. 105.
3. Fulbrook, *The People's State*, p. 131.
4. According to his waiter Lothar Herzog. See Herzog, p. 28.
5. Quoted in Lorenzen, p. 53.
6. Quoted in Stuhler, p. 76.
7. Mählert, p. 106.
8. Fulbrook, *The People's State*, p. 131.
9. Quoted in Aehnlich.
10. Fulbrook, *The People's State*, p. 131.
11. Quoted in Aehnlich.
12. Quoted in Schroeder, p. 107.
13. See also Wilke, 'Die SED und der Prager Frühling 1968'.
14. Quoted in Rasch and Dedio, p. 110.
15. Gieseke, p. 76.
16. Ibid., p. 77.
17. From Hermann Matern's contribution at the 2nd Conference of the District Delegation of the Ministry for State Security, December 1962.
18. Quoted in Gieselke, p. 81.
19. Figures from Rasch and Dedio, p. 105.
20. Quoted in ibid., p. 111.
21. Ibid., p. 112.
22. Quoted in ibid., p. 119.
23. Interview with the author.

24. Modrow, p. 90f.
25. Quoted in Frank, p. 352.
26. *Süddeutsche Zeitung*, 17 July 1963.
27. 'Carl Zeiss Jena blockt EDV-Entwicklung ab. 19. Januar 1962.'
28. Roesler, p. 27.
29. Herrmann, p. 45.
30. Ibid, p. 43.
31. Interview with the author.
32. Ausstattung der Haushalte, p. 291.
33. Figure 2: Household car ownership (Great Britain), p. 4.
34. The term used by the Soviets and other socialist states for astronauts.
35. See, for example, press coverage of Yuri Gagarin and Valentina Tereshkova visiting the GDR on 19 October 1963.
36. Interview with her son by the author.
37. Figures from Fulbrook, *The People's State*, p. 128.
38. Stuhler, p. 100.
39. Ibid., p. 103.
40. Ibid.
41. Ibid.
42. *Neues Deutschland*, 21 September 1963, p. 3.
43. Ibid., p. 2.
44. Ibid., p. 3.
45. Wolle, *Auf bruch*, p. 198.
46. Ibid., p. 199.
47. Beschluss des Politbüros des ZK der SED über 'Probleme, die sich aus der Einschätzung des Deutschlandtreffens ergeben'.
48. Wolle, *Auf bruch*, p. 219.
49. Fulbrook, *The People's State*, p. 151.
50. *Neues Deutschland*, 23 December 1961, p. 1.
51. Ibid.
52. Quoted in Wolle, *Auf bruch*, p. 220.
53. Ibid., p. 221.

55. Mählert, p. 91f.
56. Roesler, p. 23.
57. See also Frank, p. 293ff.
58. Stuhler, p. 87f.
59. Ibid.

第五章 磚牆築起（1961-1965）

1. Kitchen, p. 340.
2. Gerda Langosch. Zeitzeugen Eintrag.
3. Honecker, p. 205.
4. Quoted in Koop, p. 94.
5. Ibid., p. 96.
6. Extracts from 'Mission Statement' of the Secretariat of the FDJ Central Council of 13 August 1961.
7. Mählert and Stephan, p. 139.
8. Kitchen, p. 341.
9. Willy Brandt's speech, 16 August 1963.
10. PdVP-Rapport No. 234, 23/8/1961.
11. *Neues Deutschland*, 1 September 1961, p. 8.
12. See also MacGregor, p. 76f.
13. Bainbridge.
14. Based on Jutta Kuhfeld's account.
15. See 'Urlauberschiff in Not'.
16. Margit Jatzlau's recollections.
17. Rolf Bayer's account.
18. Hinz-Wessels.
19. Schroeder, p. 88.
20. Siegfried Umbreit's recollections.
21. MDR, 'Puppen und Teddys'.
22. Figures: ibid.
23. Quoted in Stuhler, p. 99.

25. Loest, p. 213f.
26. Mählert, p. 79.
27. Frank, p. 249f.
28. Knopp, p. 60.
29. Loest, p. 214.
30. Interview with the author.
31. Quoted in Müller-Enbergs, *Der Fall*, p. 244.
32. Frank, p. 250.
33. Andrei Gromyko, later Soviet Foreign Minister, remembered Beria saying this and repeated the claim on several occasions.
34. Interview with the author.
35. Ostermann, p. 61.
36. Koop, p. 94.
37. Schroeder, p. 67.
38. Interview with the author.
39. Müller-Enbergs. In: Judt, *DDR-Geschichte in Dokumenten*, p. 433.
40. *Neue Berliner Illustrierte*, Nr. 10/1956, S. 3.
41. Frank, p. 250.
42. Ibid., p. 257.
43. Mählert, p. 85.
44. Schroeder, p. 73.
45. Interview with the author.
46. Schroeder, p. 76.
47. From 311 marks a month in 1950 to 555 marks in 1960. See table showing income of the GDR population 1950–1988. In Segert and Zierke, p. 191.
48. Christine Nagel's recollections.
49. Table showing female employment rates in Segert and Zierke, p. 214.
50. Ickler, p. 245.
51. Interview with Weber-Koch.
52. Hagen Koch's recollections.
53. *Der Spiegel*, 22 July 1953.
54. Ten Commandments for the New Socialist Person.

46. ZK [Central Committee] Meeting, 26/27 October 1950.
47. Schroeder, p. 50.
48. Khrushchev, p. 100f.
49. Mählert, p. 62f.
50. Schroeder, p. 50f.

第四章 建造社會主義（1952-1961）

1. Heinz Just's recollections.
2. Interview with the author.
3. Hertle, 'Der Weg in die Krise'.
4. Ulbricht's speech at the SED conference in July 1950.
5. Mählert, p. 65.
6. Knopp, p. 48.
7. Hubert Marusch's recollections.
8. Ibid.
9. See also Frank, p. 244.
10. Ibid., p. 247.
11. Ibid., p. 242.
12. Gerlinde Böhnisch-Metzmacher's and Christa Schleevoigt's testimonies.
13. Werkentin, p. 56.
14. Mählert, p. 68.
15. Gerhard Rudat's private CV, 5 January 1983.
16. Georgy Malenkov's words on 2 June 1953, quoted in Wettig, p. 168.
17. Knopp, p .52.
18. Ibid., p. 53.
19. Mählert, p. 63.
20. Karl-Eduard von Schnitzler's commentary on 17 June 1953.
21. Figures from Schroeder, p. 64.
22. Interview with the author.
23. Fulbrook, *Anatomy*, p. 186.
24. Frank, p. 278.

15. Quoted in Lorenzen, p. 62.
16. Ibid., p. 63.
17. Modrow, p. 56.
18. Lorenzen, p. 61.
19. Honecker, p. 38.
20. Quoted in Mählert, p. 59.
21. Ibid.
22. Müller, *Die DDR war immer dabei*, p. 38.
23. Erler, 'Vom MGB zum MfS/SfS', p. 42.
24. Recording of Rosenberg's interrogation by the Stasi.
25. Quoted in Rasch and Dedio, p. 71.
26. Kurt Müller's letter to Otto Grotewohl.
27. Handwritten biography by Erich Mielke, 15 March 1951.
28. Quoted in Rasch and Dedio, p. 64.
29. Fulbrook, *Anatomy*, p. 26.
30. Reflections by Carl Klußmann's grandson Uwe Klußmann. In: Iken, p. 223ff.
31. Interview with the author.
32. Ernst Wicht's recollections.
33. Ibid.
34. Judt, *DDR-Geschichte in Dokumenten*, p. 116.
35. Schroeder, p. 28.
36. Ibid., p. 29.
37. Information for the politburo, July 1959.
38. Anneliese Fleischer's recollections in *Aktion Ungeziefer*.
39. A former East German policeman interviewed for *Aktion Ungeziefer* put on record that he still believed it 'targeted the right people'.
40. Loth, pp. 175–84.
41. Soviet Draft of a German Peace Treaty – First 'Stalin Note' (10 March 1952).
42. Ibid.
43. Quoted in Loth, p. 180.
44. Soviet Draft of a German Peace Treaty – First 'Stalin Note' (10 March 1952).
45. Loth, p. 180.

30. Morré, 'Sowjetische Speziallager', p. 610.
31. Bahr and Ensikat, p. 20.
32. Helmut Breuninger's notes.
33. Gröttrup, p. 159.
34. Quoted in Müller-Güldemeister.
35. Ibid.
36. Anonymous, p. 99f.
37. Quoted in Mählert, p. 37.
38. Ibid., p. 34
39. Ibid., p. 38.
40. Interview with the author.
41. Both quotes from the minutes taken at Stalin's meeting with Ulbricht, Pieck and Grotewohl on 18 December 1948.
42. Suckut, p. 161.

第三章　東德誕生前的陣痛（1949-1952）

1. Pieck, p. 303.
2. Quoted in Knopp, p. 39.
3. Quoted in Judt, *DDR-Geschichte in Dokumenten*, p. 77.
4. Frank, p. 217.
5. Quoted in Frank, p. 216
6. Quoted in Knopp, p. 41.
7. Pieck, 'Die gegenwärtige Lage'.
8. Schroeder, p. 51.
9. Ulbricht, Schreiben, 1 December 1950.
10. A phrase used by historian Wilfried Loth and others who argue that Stalin never wanted the GDR to be a Soviet satellite state.
11. Entry 'Leo Bauer' in Müller-Enbergs, *Wer war wer in der DDR?*
12. Mählert, p. 57.
13. Fulbrook, *The Divided Nation*, p. 190.
14. Leonhard, *Meine Geschichte*, p. 132.

第二章 餘燼再生（1945-1949）

1. Dorothea Günther. Zeitzeugen Eintrag.
2. Halder, p. 335.
3. Anonymous, p. 84.
4. Interview with the author.
5. Ibid.
6. Ibid.
7. Ibid.
8. Ibid.
9. Kardorff, p. 266.
10. Namensliste der KPD Einsatzgruppe.
11. Leonhard, *Die Revolution*, p. 404.
12. Morré, *Hinter den Kulissen*, p. 166.
13. Frank, p. 185.
14. Michelmann, p. 110.
15. Frank, p. 185.
16. Loth, p. 62.
17. Leonhard, *Die Revolution*, p. 440.
18. Otto Müllereisert's notes.
19. Jähner, p. 31.
20. Erika Reinicke's recollections.
21. Interview with the author.
22. Leonhard, *Die Revolution*, p. 429.
23. Ibid., p. 438.
24. Ibid., p. 439.
25. Herrnstadt, p. 7.
26. This line originally stemmed from Stalin's Order No. 55 given on 23 February 1942.
27. Quoted in Knopp, p. 35.
28. Bericht des Nationalkomitees Freies Deutschland in Greifswald, 3.5.1945.
29. Quoted in Knopp, p. 35.

8. Birt, p. 611.
9. Ibid., p. 613.
10. Schlögel, p. 637.
11. Petersen, pp. 13–15.
12. Factual information from Weber.
13. Gerbilskya's memories of her husband, quoted in Pastor, p. 37.
14. Müller, *Menschenfalle Moskau,* p. 13.
15. Quoted in Georgi Dimitrov diaries in Dimitroff, p. 149.
16. Quoted in Petersen, p. 82.
17. Kerneck.
18. Leonhard. *Die Revolution*, p. 37f.
19. Ibid., p. 57.
20. Ibid.
21. Kerneck.
22. Damerius, p. 72.
23. Hager, p. 79.
24. Vorschlag Walter Ulbrichts, Doc. 3.
25. Quoted in Knopp, p. 27.
26. See Frank, p. 142.
27. Ibid., p. 143.
28. Quoted in Knopp, p. 31.
29. See Frank, p. 160.
30. Quoted in Knopp, p. 32.
31. Quoted in Decker, p. 31.
32. Entry 'Fritz Erpenbeck' in Müller-Enbergs, *Wer war wer in der DDR?*
33. Interview with the author, July 2021.
34. Laufer, p. 151.
35. Ibid.
36. Initially, there had been a third man, Wilhelm Florin, but he died in July 1944 of natural causes.
37. LeMO: Biografie Ackermann.
38. Quoted in Petersen, p. 153.

注釋

前言

1. Merkel, Speech on German Unity Day, 3 October 2021.
2. Quoted in Bollmann, p. 95.
3. Ibid., p. 96.
4. Merkel, Speech on German Unity Day, 3 October 2021.
5. Ibid.
6. Ibid.
7. https://www.bpb.de/themen/deutsche-einheit/lange-wege-der-deutschen-einheit/501149/buerger-zweiter-klasse/
8. Merkel, Speech on German Unity Day, 3 October 2021.

第一章　在希特勒與史達林的夾縫間求生存（1918-1945）

1. Account from interviews Jöris gave to the Swiss historian Andreas Petersen. In: *Die Moskauer*, p. 40.
2. Interview with the author.
3. 'Was sahen 58 Deutsche Arbeiter in Rußland?'
4. Leonhard, *Die Revolution*, p. 20.
5. Mussijenko and Vatlin, S. 472–5.
6. Operativer Befehl No. 00439 des Volkskommissars für innere Angelegenheiten der Union der Sozialistischen Sowjet-Republiken.
7. Hitler, *Mein Kampf*, p. 751.

另眼看歷史 Another History 49

越過高牆：一九四九至一九九〇年的東德

Beyond the wall: East Germany, 1949-1990

作　　者　卡提雅・霍伊爾（Katja Hoyer）
譯　　者　王琳茱
責任編輯　李銳俊
校　　對　魏秋綢
排　　版　張彩梅
封面設計　井十二設計研究室

副總編輯　邱建智
行銷總監　蔡慧華
出　　版　八旗文化／左岸文化事業有限公司
發　　行　遠足文化事業股份有限公司（讀書共和國出版集團）
地　　址　新北市新店區民權路108-3號8樓
電　　話　02-22181417
傳　　真　02-22188057
客服專線　0800-221029
信　　箱　gusa0601@gmail.com
Facebook　facebook.com/gusapublishing
Blog　gusapublishing.blogspot.com
法律顧問　華洋法律事務所／蘇文生律師

印　　刷　中原造像股份有限公司
定　　價　700元
初版一刷　2025年7月
ISBN　978-626-7509-48-7（紙本）、978-626-7509-49-4（EPUB）、978-626-7509-50-0（PDF）

國家圖書館出版品預行編目（CIP）資料

越過高牆：一九四九至一九九〇年的東德／卡提雅・霍伊爾（Katja Hoyer）著；王琳茱譯. -- 初版. -- 新北市：八旗文化，左岸文化事業有限公司出版：遠足文化事業股份有限公司發行, 2025.07
面；　公分. --（另眼看歷史；UAH0049）
譯自：Beyond the wall : East Germany, 1949-1990
ISBN 978-626-7509-48-7（平裝）

1. CST: 德國史

743.27　　114005387